BIBLIOTHÈQUE
DE L'ÉCOLE
DES HAUTES ÉTUDES

PUBLIÉE SOUS LES AUSPICES

DU MINISTÈRE DE L'INSTRUCTION PUBLIQUE

SCIENCES PHILOLOGIQUES ET HISTORIQUES

CENT-ONZIÈME FASCICULE

LES LAPIDAIRES INDIENS, PAR LOUIS FINOT

PARIS

LIBRAIRIE ÉMILE BOUILLON, ÉDITEUR

67, RUE DE RICHELIEU, AU PREMIER

1896

Sur l'avis de M. S. Lévi, directeur adjoint des conférences de Sanscrit et de MM. Michel Bréal et A. Meillet, commissaires responsables, le présent mémoire a valu à M. Louis Finot le titre d'*Élève diplômé de la Section d'histoire et de philologie de l'École des Hautes Études.*

Paris, le 7 janvier 1894.

Les Commissaires responsables,
Signé : Michel Bréal.
A. Meillet.

Le Directeur adjoint
des conférences de Sanscrit,
Signé : S. Lévi.

Le Président de la Section,
Signé : G. Paris.

LES

LAPIDAIRES INDIENS

CHALON-SUR-SAÔNE, IMP FRANÇAISE ET ORIENTALE DE L. MARCEAU.

LES

LAPIDAIRES INDIENS

PAR

Louis FINOT

ANCIEN ÉLÈVE DE L'ÉCOLE DES CHARTES
ET DE L'ÉCOLE DES HAUTES ÉTUDES

PARIS
LIBRAIRIE ÉMILE BOUILLON, ÉDITEUR
67, RUE DE RICHELIEU, AU PREMIER

1896

INTRODUCTION

I. La ratnaparîkṣâ, art de juger des pierres précieuses : son origine et sa place dans la culture indienne. — II. Sources de la ratnaparîkṣâ. — III. Objet et méthode des ratnaçâstras. — IV. Résumé de la ratnaparîkṣâ. — V. Observations sur la présente publication.

I

Gemmiferi amnes sunt Acesinus et Ganges, terrarum autem omnium maxime India[1]. Ce mot de Pline est longtemps resté vrai : jusqu'à l'ouverture des mines du Brésil, au commencement du XVIIIe siècle, l'Inde a été pour le monde entier le grand marché des pierres précieuses. De ce trafic incessant sortit peu à peu une série de règles propres à guider les marchands indiens dans l'estimation des gemmes et à devenir la loi commune des transactions. On catalogua les pierres ; on les distribua en espèces et en variétés ; on apprit à en mesurer la densité, la coloration, l'éclat ; on dressa la liste de leurs qualités et de leurs défauts. Tous les gîtes furent relevés, et une comparaison attentive permit de distinguer les pierres de même espèce provenant de localités différentes. Plus tard, lorsque d'habiles faussaires multiplièrent les imitations, il fallut découvrir le moyen de reconnaître les gemmes authentiques. Enfin on nota soigneusement les propriétés bienfaisantes ou funestes qu'on crut remarquer en elles. L'ensemble de ces observations forma un corps de doctrine appelé *ratnaparîkṣâ*, l' « appréciation des gemmes ».

La plus ancienne mention de la ratnaparîkṣâ est vraisembla-

1. *Plinii Hist. nat.*, XXXVII, 76.

*

blement celle du *Kâmasûtra*, qui met au nombre des 64 *kalâs* (arts) les deux suivantes :

rûpyaratnaparîkṣâ
maṇirâgâkarajñânam.

On considérait alors, apparemment, la connaissance des couleurs et des lieux d'origine comme une science distincte de la ratnaparîkṣâ, laquelle avait pour objet, suivant le commenteur Yaçodhara, les qualités, les défauts et le prix[1].

A quelle époque la ratnaparîkṣâ a-t-elle été rédigée en forme de traité technique, de çâstra? Nous l'ignorons. Mais ce çâstra existait avant le VIe siècle de l'ère chrétienne, comme on le verra plus loin.

Ce serait une erreur de considérer le ratnaçâstra comme un simple manuel à l'usage des joailliers. Sans doute il formait une des principales branches de l'instruction commerciale : les fils de marchands Pûrṇa et Supriya, par exemple, dont le *Divyâvadâna* nous raconte la vie, apprennent « l'écriture, l'arithmétique, les comptes, la chiromancie, ce qui regarde les partages, les gages et les dépôts, l'art de juger des étoffes, des terrains, des pierres précieuses (*ratnaparîkṣâ*), des arbres, des éléphants, des chevaux, des jeunes gens, des jeunes filles, des huit objets[2] ». Mais on l'enseignait également aux princes ; et même c'est pour leur usage que les ratnaçâstras que nous possédons semblent avoir été composés. L'habileté à juger des pierres précieuses est un talent dont les rois aiment à se glorifier. L'un d'eux est loué en ces termes dans une inscription[3] :

nîlotpalâmbujavanâkṛtinâpi samyag
anvîkṣitaṃ kṣaṇakaṭâkṣanirîkṣaṇena
yasya dvipâçvalalanâpuruṣâdiratnaṃ
vajraprabhṛtyupalarâçiṣu kâ kathaiva

« D'un rapide regard de côté, pareil cependant à une forêt de lotus bleus, il discernait parfaitement les joyaux tels qu'éléphants,

1. *Kâmasûtra*, éd. Durgâ Prasâd, p. 32 sq.
2. *Divyâvadâna*, pp. 26, 99. Burnouf, *Introd.*, p. 237.
3. *Inscriptions sanscrites de Campâ et du Cambodge*, 2e fascicule, pp. 305 et 321, st. 14.

chevaux, femmes et hommes. Que dire de son habileté à discerner des monceaux de pierres, diamants et autres[1] ? »

Il y a une troisième catégorie de personnes à qui est recommandée l'étude de la ratnaparîkṣâ : ce sont les poètes. Kṣemendra n'a garde de l'oublier dans son Art poétique[2]. Il suffit, en effet, de jeter les yeux sur le premier poème venu pour constater le rôle prépondérant de la joaillerie dans la rhétorique indienne : les poètes puisent avec délices à cette source inépuisable de comparaisons, de métaphores, de jeux de mots. Mais cette facilité n'est pas sans danger : elle glisse aisément à la banalité. Il faut pour y échapper une extrême finesse dans l'idée, une extrême justesse dans les mots, et ces mérites ne s'acquièrent que par une étude approfondie de la technique. Ainsi le bon poète doit connaître la ratnaparîkṣâ. En fait, cette prescription était suivie. Voici par exemple un texte concluant. Il est emprunté à la description du palais de Vasantasenâ dans la *Mṛcchakaṭikâ*, acte IV[3] :

« Hî hî bho idha bi chaṭṭhe paoṭṭhe amuṃ dâva suvaṇṇaraaṇâṇaṃ kamma toraṇâïṃ ṇîlaraaṇavinikkhittâïṃ indâûhaṭṭhâṇaṃ via darisaanti | veruliamottiapabâlapuppharâaïndaṇîlakakkeraapaümarâamaragaapahudiâïṃ raaṇavisesâïṃ aṇṇoṇaṃ viârenti sippiṇo | bajjhanti jâdarûbehiṃ mâṇikkâïṃ ghaḍijjanti suvaṇṇâlaṅkârâ rattasutteṇa gatthîanti mottiâbharaṇâïṃ ghasîanti dhîraṃ veḍuriâïṃ chedîanti saṅkhaâ sâṇijjanti pabâlaâ... »

« Ah ah ! ici dans la sixième cour, on travaille l'or et les gemmes. Les arcades incrustées de saphirs ressemblent à l'arc-en-ciel. Les ouvriers vérifient l'une par l'autre les gemmes de toutes sortes : œil-de-chat, perle, corail, topaze, saphir, chrysobéryl, rubis, émeraude. On monte sur or les rubis, on combine les parures d'or, on relie par un fil rouge les parures de perles, on frotte longuement les œils-de-chat, on fend les conques, on frotte les coraux sur la pierre de touche. »

Il est impossible de ne pas être frappé de la précision des termes employés. L'auteur dit que les arcades ornées de saphirs

1. Rappelons à ce propos qu'au témoignage de Tavernier, Shâh Jâhan, père d'Aurengzeb, était l'homme de l'Empire le plus savant dans la connaissance des pierres : les experts de la cour différant d'opinion sur la question de savoir si une certaine pierre vendue à Aurengzeb était un rubis balais, la question fut soumise à Shâh Jâhan qui la trancha souverainement (Tavernier, liv. II, c. 22).

2. *Kavikaṇṭhâbharaṇa*, dans *Kâvyamâlâ*, guccha IV, p. 136.

3. Ed. Stenzler, p. 70.

ressemblent à l'arc-en-ciel : c'est en effet le caractère des beaux saphirs d'avoir un reflet d'arc-en-ciel (Buddhabhaṭṭa, 195). Il indique le double procédé au moyen duquel on contrôle les gemmes : l'une par l'autre (*anyonyam*), et sur la pierre de touche (*çâṇe*). C'est exactement celui que prescrit Buddhabhaṭṭa, 136 :

apraṇaçyati saṃdehe çânâyâṃ parigharṣayet
svajâtikaviçuddhena vilikhed vâ parasparam

Les mots *badhyante*, *ghṛṣyante*, pour désigner le montage et l'opération de la pierre de touche, sont les termes consacrés ; plus expressif encore est le mot *ghaṭyante* : on appelle ainsi la combinaison de diverses pièces formant une parure :

pramâṇena ghaṭayanti tena saṃghaṭṭa ucyate
(*Agastimata*, 331.)

Il paraît évident, d'après ce passage, que l'auteur de la *Mṛcchakaṭikâ* avait étudié un ratnaçâstra, et sans doute il n'était pas une exception.

La ratnaparîkṣâ était donc une science estimée, d'autant plus estimée qu'elle était plus difficile. Aussi l'expert en pierres précieuses est-il un personnage considérable. Les textes en parlent avec grande révérence. C'est un trésor difficile à trouver. Lorsqu'on est assez heureux pour le rencontrer, il faut lui demander son entremise en termes respectueux, l'accueillir comme un hôte, en lui offrant un siège, des parfums, des guirlandes[1]. Le véritable expert (*parîkṣaka*) est celui qui possède à la fois l'expérience pratique et la science des çâstras : l'empirique ne mérite pas ce nom, et il ne faut pas l'employer[2].

L'expert idéal, selon l'*Agastimata*, c'est le *maṇḍalin*. Ce nom vient probablement du cercle (*maṇḍala*) où il se plaçait pour opérer. (AM. 54, 66.) Le *maṇḍalin* est « celui qui reconnaît une gemme comme indigène et provenant de l'une des huit mines ou comme étrangère et provenant des autres dvîpas » (62). C'est encore, d'après une autre définition, « celui qui connaît le temps présent, le lieu, l'art de plaire aux rois, le prix des marchandises, le calcul ». (Variantes, 62.) Le *maṇḍalin* est l'intermédiaire obligé entre le vendeur et l'acheteur. L'*Agastimata* nous le montre

1. *Agastimata*, 67-68.
2. Buddhabhaṭṭa, 14-15.

dans l'exercice de ses délicates fonctions : « D'abord qu'il étende la main et la donne au marchand ; puis qu'il exprime par le langage des doigts le prix qu'il lui plaît d'offrir » (72). Qu'est-ce que ce langage des doigts ou de la main (*karasaṃjñâ, hastasaṃjñâ*) ? Nous l'apprenons par un extrait du *Ratnavyavasâya* (ouvrage inconnu d'ailleurs) qui se trouve à la suite de l'*Agastimata* (App. 15-23). Il consiste en ceci que le vendeur et l'expert, au lieu d'énoncer les chiffres de vive voix, ont recours à certaines pressions des doigts, dont chacune exprime une valeur conventionnelle.

« Les chiffres 1, 2, 3, 4 s'expriment en prenant successivement l'index et les autres doigts ; si on saisit en même temps le pouce, on obtient 5. Si on touche la surface des doigts, en commençant par le petit doigt, on a la série 6, 7, 8, 9 ; on exprime 10 par l'index, en le prenant par l'extrémité de l'ongle... » etc.

On pourrait croire que ce singulier procédé n'a jamais existé que dans l'imagination d'un théoricien. Il n'en est rien. C'est un tableau de la vie réelle qui nous est présenté ici. On lit dans Tavernier, liv. II, c. 15 :

« J'ay à faire icy une remarque assez singulière et curieuse touchant la manière dont les Indiens, tant Idolâtres que Mahométans, font leurs marchez pour toutes sortes de marchandises. Tout se passe en grand silence et sans que personne parle. Le vendeur et l'acheteur sont assis l'un devant l'autre comme deux tailleurs, et l'un des deux ouvrant sa ceinture, le vendeur prend la main droite de l'acheteur et la couvre avec la sienne de la ceinture, sous laquelle, en présence de plusieurs autres marchands qui se rencontrent quelquefois dans la même sale, le marché se fait secrètement, sans que personne en ait connoissance. Car alors le vendeur et l'acheteur ne se parlent ni de la bouche ni des yeux, mais seulement de la main, ce qu'ils font de cette manière.

» Quand le vendeur prend toute la main de l'acheteur, cela veut dire mille, et autant de fois qu'il la lui presse, ce sont autant de mille pagodes ou roupies, selon les espèces dont il est question. Quand il ne prend que les cinq doigts, cela signifie cinq cents, et s'il n'en prend qu'un, c'est cent. N'en prenant que la moitié jusqu'à la jointure du milieu, cela veut dire cinquante, et le petit bout du doigt jusqu'à la première jointure signifie dix. Voilà tout le mystère que les Indiens apportent à leurs marchez[1]. »

---

1. Cf. Sylvestre de Sacy, *De la manière de compter au moyen des jointures des doigts usitée dans tout l'Orient.* (JA., t. IV [1824], p. 65-71.)

L'expert en pierres précieuses ne jouissait pas, semble-t-il, chez les Buddhistes, de la même considération que chez les Brahmanes. Il est stigmatisé dans le *Sàmañña Phala Sutta*, en compagnie des jongleurs, des astrologues, des sorciers et autres personnages peu recommandables : « Comme on voit de respectables Samaṇas ou Brahmanes qui... se font des moyens d'existence à l'aide d'une science grossière et par une vie de mensonge, par exemple par la connaissance des signes des joyaux... lui (le Religieux) au contraire il a de l'aversion pour se faire des moyens de vivre à l'aide d'une science grossière et par une vie de mensonge. Cela même lui est compté comme vertu[1]. »

Au reste ces anathèmes avaient sans doute peu d'influence sur les mœurs, et nous voyons le respectable âcârya Buddhabhaṭṭa composer un ratnaçâstra avec, en tête, une pieuse invocation aux Trois Joyaux.

II

La ratnaparîkṣâ s'est transmise dans une série de traités plus ou moins complets, plus ou moins développés, que nous avons essayé de réunir dans le présent recueil. En voici la liste avec quelques observations préliminaires :

1. — Ratnaparîkṣâ de Buddhabhaṭṭa.

2. — Bṛhatsaṃhitâ de Varâhamihira.

Le premier traité, qui comprend 252 stances de mètres variés, est l'œuvre d'un âcârya buddhiste nommé Buddhabhaṭṭa ou -bhaṭa. On ne connaît ni la vie, ni même l'époque de ce personnage[2]. La question toutefois est d'une importance secondaire, attendu que l'ouvrage n'est pas original, mais abrégé d'une œuvre antérieure. Voici en effet ce que dit l'auteur lui-même (st. 1) : « Buddhabhaṭṭa, après avoir fait une étude complète du Ratnaçâstra, en présente ici un simple abrégé, dans lequel il a fait entrer les gemmes principales, laissant de côté les secondaires. » Le point important serait donc de découvrir la date du çâstra, dont le petit traité de Buddhabhaṭṭa n'est qu'un résumé. Il me semble qu'on peut au

---

1. Burnouf, *Lotus*, p. 469.

2. Une donation du roi Çilâditya de Valabhî, datée de 403 saṃvat, est écrite par Çri Gillaka, commandant de l'armée, fils de Çrî Buddhabhaṭa. (*J. Bomb. Br.* XI, 357.)

moins fixer un *terminus ad quem* assez vraisemblable, par la comparaison de Buddhabhaṭṭa avec le second des textes qui forment notre recueil.

Ce texte est un extrait de la *Bṛhatsaṃhitâ* de Varâhamihira [1]. Il comprend les adhyâyas 80-83. Ces quatre chapitres traitent respectivement des quatre pierres suivantes : diamant, perle, rubis, émeraude. Le chapitre sur l'émeraude se réduit à un çloka. En tête du premier adhyâya figure une liste de 22 pierres. Cette liste peut être considérée comme la table des matières du çâstra qui servait de canevas à Varâhamihira ; et si celui-ci l'a reproduite, c'est apparemment qu'il en avait fait le plan de son propre travail. Il est dès lors surprenant que l'exposé s'interrompe tout à coup au début du quatrième chapitre (car il est assez évident que le çloka initial n'en est que l'amorce). L'auteur s'était-il réservé de reprendre plus tard cette partie de son œuvre laissée en suspens ? Ce qui est certain, c'est qu'elle est incomplète. Le fragment que nous possédons est néanmoins assez étendu pour fournir une comparaison instructive avec la *Ratnaparîkṣâ* de Buddhabhaṭṭa. Si on rapproche ces deux ouvrages, on reconnaît qu'ils possèdent en commun certains traits caractéristiques qui en font un groupe distinct. Leur affinité est surtout visible dans les passages suivants :

a) La nomenclature des pierres. Sur les 22 espèces ou variétés énumérées par Varâhamihira, 16 sont décrites ou mentionnées [2] par Buddhabhaṭṭa, savoir : vajra, indranîla, marakata, karketana, padmarâga, rudhirâkhya, vaiḍûrya, pulaka, sphaṭika, candrakânta, saugandhika, gomedaka, mahânîla, puṣyarâga, muktâ, pravâla.— 6 pierres secondaires sont passées sous silence, ce qui concorde parfaitement avec l'avertissement cité plus haut. — Buddhabhaṭṭa n'a en plus que deux pierres, le *bhîṣma* et le *çeṣa :* encore le chapitre relatif à cette dernière pierre, qui manque dans certains mss., peut-il n'être qu'une interpolation. Cette remarquable concordance prendra toute sa valeur, si on remarque que l'*Agastimata*, type d'un autre groupe de textes, ne connaît que les 5 *mahâratnâni.*

b) Le tarif des prix du diamant :

---

1. Né en 505, mort en 587. La Bṛhatsaṃhitâ a été publiée, en 1865, dans la *Bibliotheca Indica* par Kern, qui l'a ensuite traduite dans le J. R. A. S. Nos quatre chapitres sont t. VII (1875), p. 125-132.

2. Ceci s'applique au *gomeda*, qui n'est point traité dans un chapitre à part, mais mentionné st. 46, comme une des pierres qui servent à contrefaire le diamant.

Buddhabhaṭṭa.

38. Un taṇḍula équivaut à 8 sarṣapas.

35. Si un diamant pèse 20 taṇḍulas, les connaisseurs lui attribuent le plus haut prix : 2 lakhs de rûpakas.

37. Les prix ainsi fixés sont ceux du diamant diminué chaque fois de 2 taṇḍulas.

36. Un tiers en moins, la moitié, le quart, le sixième, le treizième, le trentième, le soixantième, le quatre-vingtième, le centième, 1000 : voilà la série des prix.

Varâhamihira.

12. 8 sarṣapas font un taṇḍula.

Un diamant pesant 20 taṇḍulas vaut 2 lakhs.

Le poids décroissant de 2 en 2, le prix diminue successivement comme il suit :

13. Un quart, un tiers en moins, la moitié, le tiers, le cinquième, le seizième, le vingt-cinquième, le centième, 1000.

L'échelle des prix diffère quelque peu dans les deux textes, mais la méthode est identique, l'échelle des poids est la même, ainsi que les prix maximum et minimum. Au contraire, dans l'*Agastimata*, le système est absolument différent.

c) Le tarif du prix des perles :

			Buddhabhaṭṭa.	*Varâhamihira.*
1 perle de	4 mâṣas	=	5300	5300
—	3 1/2	=	3200	3200
—	3 —	=	2000	2000
—	2 1/2	=	1300	1300
—	2 —	=	800	800
—	1 1/2	=	325	353
—	1 —	=	120	135
—	4 guñjâs	=	50-60	90
—	3 1/2	=	»	70
—	3 —	=	25-28	50
—	2 1/2	=	»	35
—	2 —	=	10-12	»
1 dharaṇa de 13 perles		=	gucchâ	pikka.
			et vaut 150	325
1 dharaṇa de 16 perles		=	dârvikâ	picca.
			et vaut 110	200

Etc.

Ici encore les chiffres diffèrent en partie, mais le système est le même, et il est différent de celui de l'*Agastimata*.

Ces rapprochements qu'on pourrait multiplier[1] montrent qu'il existe entre Varâhamihira et Buddhabhaṭṭa un rapport étroit. Quel est ce rapport ?

Aucun des deux textes ne peut être la source de l'autre : 1° parce que chacun d'eux contient des données qui manquent dans l'autre ; 2° parce que, à côté de leurs incontestables ressemblances, ils offrent des différences inexplicables dans l'hypothèse d'un emprunt. La seule conclusion possible est qu'ils ont puisé à une même source, qui est apparemment le *Ratnaçâstra* dont parle Buddhabhaṭṭa.

Ainsi il existait, avant le VIe siècle, un Ratnaçâstra que nous n'avons pas, mais dont nous possédons un abrégé assez complet dans la *Ratnaparîkṣâ* de Buddhabhaṭṭa, un abrégé fragmentaire et une table dans la *Bṛhatsaṃhitâ* de Varâhamihira.

Comparé aux traités similaires, l'ouvrage de Buddhabhaṭṭa mérite une estime particulière. La forme en est travaillée, la langue relativement correcte, les mètres variés et nombreux. Le digne âcârya se piquait évidemment de littérature. Aussi son livre paraît-il avoir eu un assez grand succès, mais sans que sa renommée d'auteur en ait profité. Il est probable qu'il doit cette mésaventure à sa foi religieuse, dont son nom portait témoignage. Les Brahmanes adoptèrent l'ouvrage, mais le nom du « Serviteur du Buddha » disparut. Deux mss. changent Buddhabhaṭṭa en Buddhivara, et l'invocation aux Trois Joyaux, *Ratnatraya*, devient « Hommage à Ratnapriya » !

Perdre son nom, et de Buddhabhaṭṭa devenir Buddhivara, par le scrupule d'un pieux écrivain, est sans doute un fâcheux traitement. L'infortuné buddhiste en a subi un plus cruel encore aux mains du compilateur du *Garuḍa-Purâṇa*. Ici sa personnalité a complètement disparu. Son ouvrage n'a plus d'existence distincte : il est entré dans le cadre du Purâṇa, où il forme les adhyâyas 68-80 du Pûrvakhaṇḍa, et on ne l'y devinerait pas, si la savante métrique des vers, tranchant sur le monotone çloka qui les précède et les suit, ne signalait une autre main.

On pourrait être tenté de conclure de ce qui vient d'être dit que

---

1. Voici encore un détail caractéristique : les deux auteurs insèrent *dans le chapitre du rubis* 2 stances sur les qualités et les défauts *des gemmes en général*. VM. 82, 3-4 : BB. 125-126.

Buddhabhaṭṭa est antérieur, et très antérieur, au XIIIe siècle, puisque Hemâdri cite le *Garuḍa-Purâṇa* comme un texte déjà ancien. Cette conclusion serait hasardée. Le *Garuḍa-Purâṇa* soulève en effet un problème assez délicat et dont nous devons dire quelques mots.

On a publié, il y a quelques années, une compilation purânique intitulée *Garuḍa-Purâṇa*[1]: c'est elle dont fait partie la *Ratnaparîkṣâ* de Buddhabhaṭṭa. D'autre part le *Caturvargacintâmaṇi* de Hemâdri contient de nombreux extraits (quelques-uns fort étendus), qui sont présentés comme empruntés au *Garuḍa-Purâṇa*. Or, l'édition du *Garuḍa-Purâṇa* ne contient pas les morceaux cités par Hemâdri. Il convient donc de se tenir en garde contre cet ouvrage suspect et de n'en tirer aucune conclusion chronologique, tant que sa valeur exacte ne sera pas établie.

Après avoir été incorporée au *Garuḍa-Purâṇa*, la *Ratnaparîkṣâ* en est ressortie sous forme d'extrait. C'est elle que renferme le ms. n° 2458 des *Notices* de Râjendralâl Mitra, avec ce colophon : « ity âdimahâpurâṇe gâruḍe ratnaparîkṣâ samâptâ[2]. » Ce sont des extraits de Buddhabhaṭṭa que le compilateur du *Yuktikalpataru*[3] introduit par ce mot : *gâruḍe*. Ainsi, en même temps que l'œuvre de Buddhabhaṭṭa entrait dans la littérature, son nom disparaissait. Il n'est cité qu'une fois à notre connaissance (et encore sous la forme tronquée *Buddha*) dans le commentaire de Mallinâtha sur le *Kumârasaṃbhava*, I, 24. Ce sont deux manuscrits du Népal qui nous ont permis de lui restituer la propriété de son travail.

3. — *Agastimata.*

L'*Agastimata* est, avec la *Ratnaparîkṣâ* de Buddhabhaṭṭa, le plus important des traités connus sur les pierres précieuses. Bien que les traits généraux de la doctrine soient communs à ces deux textes, ils offrent dans le détail tant et de si graves différences qu'on doit les considérer comme représentant deux états de la tradition déjà éloignés l'un de l'autre. Si on admet, comme j'ai essayé

---

1. Garuḍapurâṇam... paṇḍitavaraçrîyuktapañcânanatarkaratnena saṃpâditam | Çrîyuktavîrasiṃhaçâstriṇâ çrîyuktadhîrânandakâvyanidhinâ ca pariçodhitam. — Kalikâtârâjadhânyâm, çakâbdâḥ, 1812. In-4°. — On a également publié à Calcutta une autre édition in-4°, en caractère bengali, avec une annotation intéressante.

2. R. Mitra, *Notices of skr. mss.*, t. VII, p. 216.

3. Bibl. Bodléienne, n° 800.

de le démontrer, que Buddhabhaṭṭa reproduit le plus ancien çâstra, on devra en conclure que l'*Agastimata* est, quant au fond, d'une époque plus récente. Un examen approfondi du texte confirme entièrement cette hypothèse : la doctrine y apparaît plus élaborée et la terminologie plus précise[1]. La composition de l'*Agastimata* doit donc être postérieure au VIe siècle. Il est plus difficile de lui assigner un *terminus ad quem*. Il y a bien un passage de Hemâdri, où se trouve cité un extrait de l'*Agastiprokta* :

Agastiprokte 'pi

yavaḥ syât sarṣapaiḥ ṣaḍbhir guñjâ ca syât tribhir yavaiḥ
guñjâbhiḥ pañcabhiç caiko mâṣakaḥ parikîrtitaḥ .
bhavet ṣoḍaçabhir mâṣaiḥ suvarṇas taiḥ punaḥ smṛtaḥ
caturbhiḥ palam ekasya daçâṃço dharaṇaṃ viduḥ
aṣṭabhir bhavati vyaktais taṇḍulo gaurasarṣapaiḥ
sa vaiṇavo yavaḥ prokto godhûmaṃ câpare jaguḥ

(*Caturvargacintâmaṇi*, I, pp. 55, 116.)

Ces poids sont ceux dont on fait usage pour peser les gemmes : l'*Agastiprokta* était donc probablement un traité sur les pierres précieuses. Mais comme la citation précédente ne se retrouve pas dans l'*Agastimata* tel que nous le possédons, il n'y a pas de raison suffisante pour identifier les deux ouvrages. Tout ce que prouve le passage en question, c'est qu'il existait au XIIIe siècle un traité versifié sur les gemmes, attribué à Agasti. L'*Agastimata* est cité pour la première fois par Mallinâtha, dans son commentaire sur le *Çiçupâlavadha*, I, 16, et IV, 44; mais cette circonstance, à cause de l'incertitude où nous sommes touchant l'époque de Mallinâtha, est sans conséquence chronologique.

L'ouvrage lui-même ne contient aucune donnée qui permette de le dater ; mais il en offre quelques-unes à l'aide desquelles on peut le localiser avec vraisemblance dans l'Inde méridionale. C'est d'abord le nom d'Agasti, si populaire dans le Dekkan. C'est ensuite le choix, pour la pesée des perles, de deux poids principaux, le *kalañja* et la *mañjalî*, particuliers au Dekkan et à Ceylan (Cf. *Hobson-Jobson*, s. v. *Mangelin*), et que Buddhabhaṭṭa ne connaît pas. L'œuvre est d'ailleurs trop peu homogène pour être

1. Par exemple Buddhabhaṭṭa emploie *varṇa* pour désigner la couleur et la caste. Dans l'*Agastimata*, couleur = *châyâ*, caste = *jâti*.

pleinement originale: elle n'est probablement que l'adaptation d'un çâstra plus ancien aux habitudes particulières d'une région. Plus d'un passage manifeste un effort méritoire pour conformer la théorie aux faits et développer les règles traditionnelles par de nouvelles observations. Malheureusement cet effort est constamment paralysé chez notre auteur par une complète inexpérience de la langue et du style, qui ne lui permet que des ébauches d'idées, toujours maladroites, généralement obscures et souvent inintelligibles.

Le texte primitif de l'*Agastimata* comprenait, selon toute apparence, les 5 premiers chapitres (st. 1-320), contenant la description des 5 *mahâratnâni :* le diamant, la perle, le rubis, le saphir et l'émeraude. A partir de la st. 320, la divergence des mss. accuse une série d'additions postérieures[1].

4. — *Navaratnaparîkṣâ.*

La *Navaratnaparîkṣâ* n'est qu'un abrégé, mais un abrégé bien composé, simple et clair. Il nous est parvenu en deux recensions.

1° La recension la plus courte, et certainement la plus ancienne, est représentée par le ms. de Londres, India Office, n° 1568. Elle comprend 126 çlokas. Le colophon ne contient aucun nom d'auteur. Mais dans le corps du texte se rencontre une mention qu'il importe de relever.

On lit à la fin du chapitre du diamant (st. 57) :

evaṃ doṣâ guṇâç coktâ vajrâṇâṃ somabhûbhujâ.

A la fin du chapitre de la perle (st. 106) :

tolanamaulyavinyâsaḥ kathitaḥ somabhûbhujâ.

Dans le çloka sur l'hyacinthe (st. 161) :

gomedakaṃ tad âkhyâtaṃ ratnaṃ somamahîbhujâ.

A quel titre ce Somabhûbhuj (= Somarâja, Someçvara ?) intervient-il ici ? Est-ce simplement une autorité que l'auteur invoque? Ne serait-ce pas plutôt l'auteur même du traité, qui aurait mis ainsi sa signature à la fin de quelques chapitres ? Quel est enfin ce

---

1. Le chapitre VI de notre texte est formé de ces additions présumées, telles qu'elles sont fournies par les mss. A, B, D, E. Celles du ms. C sont données en appendice.

Somabhûbhuj? Autant de questions impossibles à résoudre actuellement. L'identification de Somabhûbhuj avec le roi Câlukya Someçvara Deva, auteur du *Mânasollâsa*[1], est une simple hypothèse.

2° La seconde recension est représentée par deux mss., l'un de Bikaneer, l'autre de Tanjore. Elle comprend 183 çlokas, soit 57 de plus que la première, savoir : 1-34. *Dhâtuvâda.* — 92-98. Description de la balance. — 171-183. *Mudrâprakâra. Kṛtrimaratnaprakâra.*

De plus, le ms. de Bikaneer se termine par le colophon suivant : « Iti Nârâyaṇapaṇḍitaviracitasmṛtisâroddhâre navaratnaparîkṣâcaturdaçaprakaraṇaṃ samâptam. » Ici la *Ratnaparîkṣâ* primitive, — devenue *Navaratnaparîkṣâ*, — se présente comme une portion d'une compilation intitulée *Smṛtisâroddhâra*, formée par Nârâyaṇa Paṇḍita. C'est peut-être ce Nârâyaṇa qui a augmenté le texte des additions énumérées plus haut.

5. — *Agastîyâ Ratnaparîkṣâ.*

La *Ratnaparîkṣâ*, que le seul manuscrit connu attribue à Agasti (*ratnaparîkṣâ agastikṛtâ*), est un compendium, en cent çlokas environ, de la doctrine traditionnelle sur les gemmes. Dans l'ensemble il suit l'*Agastimata*, dont il reproduit même textuellement quelques vers; mais il est original dans le détail. Malheureusement le texte est extrêmement corrompu et coupé de graves lacunes. Nous l'avons admis néanmoins, en considération des quelques données qu'il est seul à fournir parmi les ratnaçâstras.

Les quatre çâstras que nous venons d'énumérer sont, avec l'extrait de la *Bṛhatsaṃhitâ*, les seuls textes de quelque importance aujourd'hui connus. On y trouve joints, dans les manuscrits, quelques opuscules sans valeur, que nous donnons à titre de *curiosa.*

6. *Ratnasaṃgraha* ou *Ratnasamuccaya* ou *Samastaratnaparîkṣâ.* — Abrégé en 22 çlokas.

7. [*Laghu-*] *Ratnaparîkṣâ.* Abrégé en 20 çlokas. Chaque pierre fait l'objet de 2 çlokas, énumérant l'un les qualités, l'autre les défauts. Qualités et défauts doivent être au nombre de dix.

8. *Maṇimâhâtmya.* — Dialogue entre Çiva et Pârvatî sur les vertus de certaines pierres, qui ne sont pas des pierres précieuses.

---

1. Râm Dâs Sen. *Ratnarahasya*, p. 246, note.

Tels sont les textes que nous avons pu rassembler. Si peu nombreux qu'ils soient, ils suffisent, semble-t-il, à rectifier l'affirmation de M. Garbe : « Die Sanskritliteratur hat kein eigentliches Lehrbuch der Mineralogie aufzuweisen[1]. » Peut-être retrouvera-t-on quelque jour l'antique Ratnaçâstra, sur lequel travaillèrent Varâhamihira et Buddhabhaṭṭa, et qui est la source directe ou indirecte de tous les traités secondaires que nous possédons. Mais, ce çâstra mis à part, je ne pense pas qu'aucun des textes qui ont joui d'une véritable notoriété dans l'Inde manque au présent recueil. Il est en effet à noter que les mss. nous offrent toujours les mêmes ouvrages en diverses combinaisons, comme le montrera le tableau suivant (les chiffres indiquent l'ordre dans lequel les textes se succèdent dans chaque manuscrit).

India Office, 1568.	India Office, 1153.	Florence, B. 415.	Bikaneer, 1568.
1 Agastimata.	1 Agastimata.	1 Agastimata.	4 Agastimata.
2 Ratnasaṃgraha.	3 Ratnasaṃgraha.	2 Ratnasaṃgraha.	1 Ratnasaṃgraha.
3 Maṇimâhâtmya.	4 Maṇimâhâtmya.	3 Maṇimâhâtmya.	2 Maṇimâhâtmya.
	2 Laghu-Ratnaparîkṣâ.	4 Buddhabhaṭṭa.	3 Buddhabhaṭṭa.

Il en est un cependant qu'il serait bien désirable de retrouver : c'est le *Ratnavyavasâya*, dont un extrait est donné à la suite de l'*Agastimata*, dans le ms. 1567 de Bikaneer. Cet extrait contient la description d'un usage réellement pratiqué dans l'Inde. (Voir plus haut.) Si le reste de l'ouvrage était composé dans le même esprit, il devait être riche en renseignements curieux sur la vie indienne[2].

III

Les ratnaçâstras ont pour objet l'étude des gemmes, en comprenant sous ce terme la perle et le corail. Les mots qui désignent

1. *Die indischen Mineralien*, p. v.

2. Mentionnons encore quelques textes manuscrits : *Ratnamâlâ*, en 100 çlokas, par Paçupati. (R. Mitra, *Notices*, n° 364.) — *Ratnadîpikâ*, par Chaṇḍeçvara. 2 ff. (*Report on the search for skr. mss. in the Bombay Presidency during the years 1884-1887, by R. G. Bhandarkar*. Bombay, 1894. N° 1022). — *Ratnaparîkṣâ*, 7 ff. Incomplet. (Ibid., n° 1023.) — *Ratnaçâstra*, par Agastya. (*Alphabetical Index of mss. in the Government Oriental Mss. Library, Madras*. Madras, 1893.) — La *Ratnaparîkṣâ* d'Appayadîkṣita qui figure dans le Catalogue des mss. du Deccan College, par S. R. Bhâṇḍarkar, V, 58, est un traité philosophique et ne touche en rien aux pierres précieuses.

la gemme sont *ratna* et *maṇi*. On trouve aussi, mais rarement, *upala*.

Ratna, dans le sanscrit classique, a deux sens : 1° chose précieuse ; 2° pierre précieuse. Varâhamihira, en commençant son exposé de la ratnaparikṣâ, a soin de spécifier que *ratna* doit être entendu dans le second sens : « Le mot *ratna* s'applique aux éléphants, aux chevaux, aux femmes, etc., dont les qualités sont éminentes ; mais les ratnas dont il s'agit ici sont les pierres : diamant et autres[1]. » Cette double signification est une perpétuelle occasion de jeux de mots. Par exemple, *Indische Sprüche*, 4571 :

> pṛthivyâṃ trîṇi ratnâni âpa annaṃ subhâṣitam
> mûḍhaiḥ pâṣâṇakhaṇḍeṣu ratnasaṃkhyâ vidhîyate

« Il y a sur la terre trois *ratnas* : l'eau, la nourriture et le bien dire. Ceux-là sont des sots qui donnent le nom de *ratna* à des cailloux. »

Maṇi signifie uniquement une pierre précieuse[2].

Le sens de ces mots est beaucoup moins clair dans le Veda. D'abord, en ce qui concerne *ratna*, il semble employé exclusivement dans son acception générale de « chose précieuse, trésor ». Il ne peut y avoir doute que pour trois passages où il est question des « sept ratnas ». RV. 20, 7 : « te no ratnâni dhattana trir â saptâni. » Ibid., 355, 5, et 515, 1 : « dame dame sapta ratnâ dadhâno. » On ne peut rien conclure de ces vagues formules. — *Maṇi* paraît désigner un ornement composé de pierres précieuses. RV. 33, 8 : « hiraṇyena maṇinâ çumbhamânâḥ. » Ibid., 122, 14 : « hiraṇyakarṇaṃ maṇigrîvam. » AV. 19, 6, 4. (V. Zimmer, *Altindisches Leben*, p. 263.)

Ce qui est certain, c'est que les Indiens védiques connaissaient la perle. On en parait les chevaux et les chars (RV. 35, 4 ; 126, 4 ; 894, 11). Elle servait aussi d'amulette (AV. 4, 10).

Nomenclature des gemmes. — Les plus systématiques d'entre les çâstras comptent 9 gemmes, savoir : 5 *mahâratnâni* et 4 *uparatnâni*[3].

---

1. *Bṛhatsaṃhitâ*, LXXX, 2.
2. Manu, XII, 61, exclut du terme *maṇi* la perle et le corail :

> maṇimuktâpravâlâni hṛtvâ lobhena mânavaḥ
> vividhâni ca ratnâni jâyate hemakartṛṣu.

3. AM., 342-343 et app. 1-3.

mahâratnâni	1 vajra.	diamant.
	2 muktâ.	perle.
	3 mâṇikya.	rubis.
	4 nîla.	saphir.
	5 marakata.	émeraude.
uparatnâni	6 gomeda.	hyacinte.
	7 puṣyarâga.	topaze.
	8 vaiḍûrya.	œil-de-chat.
	9 pravâla.	corail.

Deux de ces pierres, le rubis et le saphir, se subdivisent en variétés.

1° *Rubis*. Suivant Varâhamihira (82, 1), le rubis (*padmarâga*), diffère selon qu'il tire son origine du soufre (*saugandhi*), du cinabre (*kuruvinda*) ou du cristal de roche (*sphaṭika*). Buddhabhaṭṭa (114) répète cette division, à cela près que le *padmarâga* est, suivant lui, une quatrième variété. L'*Agastimata* (173) divise le rubis (*mâṇikya*) en trois variétés: *padmarâga, saugandhi, kuruvinda*. La *Navaratnaparîkṣâ* (109-110) adopte cette division, mais en y joignant une quatrième variété: le *nîlagandhi*. L'*Agastîyâ Ratnaparîkṣâ* (46 sq.) distingue également dans le rubis (*mâṇikya*) quatre variétés : a) *padmarâga;* b) *kuruvinda;* c) *nîlagandhi;* d) *mâṃsakhaṇḍa* ou *mâṃsapiṇḍa*.

2° Le *saphir* comprend trois variétés : le saphir simple (*nîla*), et deux variétés supérieures : *indranîla* et *mahânîla*.

Les neuf *ratnas* forment le fonds commun à tous les çâstras : la liste s'allonge plus ou moins suivant les textes. L'*Agastimata* (VI, 325-328)[1] en compte onze, par l'addition du cristal de roche (*sphaṭika*) et d'une pierre inconnue nommée *prabha* (mais cette leçon est probablement fautive), ce qui fait six uparatnâni.

Aux dix gemmes énumérées plus haut (les neuf ratnas et le cristal de roche) Buddhabhaṭṭa en ajoute cinq :

çeṣa.	onyx.
karketana.	chrysobéryl.
bhîṣma.	?
pulaka[2].	grenat.
rudhirâkṣa.	cornaline.

1. Le chapitre VI est postérieur en date aux 5 premiers. (V. plus haut.)

2. D'après Hemacandra, An. 3, 61, *pulaka* désigne aussi un défaut des gemmes (maṇidoṣe), et le commentaire donne cet exemple : « pulakatrâsabindvâdidoṣair maṇir adûṣitaḥ. »

Le *çeṣa* paraît correspondre à l'arabe *djaza*, « onyx ». D'après les lapidaires arabes, cette pierre se tire de l'Yémen et de l'Inde; elle est toujours de plusieurs couleurs, particulièrement noire et blanche ; les Indiens la considèrent comme funeste et craignent de la porter[1]. La concordance de ces caractères avec ceux du *çeṣa*, jointe à l'analogie du nom, rend cette identification peu douteuse.

Le *bhîṣma* est inconnu : le seul trait caractéristique est sa couleur blanche. Buddhabhaṭṭa mentionne encore le *kàṣàyaka*[2], d'un jaune rouge (âlohitam âpîtaṃ ca); le *somalaka*, d'un blanc bleuâtre (ânîlaçuklaḥ) [218-219], le *kula*, pierre bleue, qui ressemble au chrysobéryl (228).

La liste que Varâhamihira a mise en tête des chapitres qu'il consacre à la ratnaparîkṣâ comprend 22 noms. Mais il faut d'abord retrancher de ce total les simples variétés : le *çaçikànta*, variété du *sphaṭika;* le *mahànila*, qui est avec l'*indranila* une variété du saphir; le *saugandhika*, qui est avec le *padmaràga* une variété du rubis. Les variétés de chaque gemme étant réunies sous un seul chef, il reste 19 gemmes, savoir : les neuf ratnas avec le cristal de roche; trois des gemmes qui se trouvent en plus dans Buddhabhaṭṭa : *karketana, pulaka, rudhiràkhya*[3]; enfin six gemmes non traitées ailleurs, savoir :

vimalaka.
râjamaṇi.
çaṅkha.
brahmamaṇi.
jyotîrasa.
sasyaka.

---

1. Rose, *Aristoteles de lapidibus* (ZDA., XVIII, 360) : « Et lapides qui vocantur el-*gesha* sunt plurium colorum et afferuntur a duabus partibus, scilicet ab occidente, a terra eliemen, et a terra elsin, et est in partibus orientis... Et iste lapis est niger in quo sunt contrarii colores, scilicet albus et niger... Et illi qui sunt ex terra elzin odiunt ire in mineram lapidis, timentes eum nimis. » Je dois l'indication de ce passage à M. F. de Mély.

2. D'après un vers du *Yuktikalpataru*, le *kâṣâya* serait une variété du cristal de roche.

anye kusumbhapânîyamañjiṣṭhodakasaṃnibhâḥ
kâṣâyâ iti vikhyâtâḥ sphaṭikaprabhavâç ca te

3. Les mss. de BB. ont la leçon *rudhiràkṣa*, ceux de VM. *rudhiràkhya*. La même incertitude se retrouve dans d'autres textes. Rien ne permet de faire un choix raisonné entre ces deux formes.

Çankha est peut-être la nacre; *jyotirasa* est, d'après S.M. Tagore, le jaspe sanguin ou héliotrope [1]; *sasyaka* (Trik. 598, Hem. an. 3, 97) ou *gandhasasyaka* (Agnipurâṇa, 245, 2) est, selon la *Maṇimàlà*, une pierre d'un rouge plus ou moins vif [2]. On ne peut guère songer à l'identifier sur une donnée aussi vague.

Les petits lapidaires décrivent quelques pierres de plus :

Perojà (RS. 20; *pîroja*, AM. app. 38). « Turquoise. » (Garbe, p. 91.)

Làjavarta (ARP. 92 ; *ràjavarta* [3], LRP.). « Lapis lazuli. » (Garbe, p. 90.) Arabe « lâzurd ».

Lasuna (RS. 15). D'après M. A. Summers [4], « *rorce* ou *lussunia* est le nom d'un caillou jaune, semi-transparent, qui se rencontre en petite quantité avec l'œil-de-chat; il reçoit un très beau poli, est en grande estime et est ordinairement taillé pour servir de pierre de bague ». Ce nom est évidemment le même que l'hindi *lahasania* qui, selon S. M. Tagore, est le nom donné aux œils-de-chat « qui sont verts ou jaunes, clairs, et ont des pouvoirs réfléchissants comme ceux des miroirs [5] ». Nous avons enfin le témoignage concordant du *Çabdakalpadruma*, d'après lequel *lahsaniyà* = *vaidùrya*.

Masàragarbha (autres formes : *musâragarbha, musalagarbha, musàragalva;* pàli : *masàragalla, musàragalla*). Cette pierre est ainsi décrite par le RS. 19: « Le *masàragarbha* sépare le lait de l'eau ; il a une couleur foncée, un vif éclat, et il efface les souillures. » Elle est appelée en chinois *kan-che-yü*, « pierre violette » (Eitel, p. 102), ce qui fait songer à l'améthyste. La *Çabdaratnàvalî*, citée par le *Çabdakalpadruma*, en fait un saphir (*masâra indranîlamaṇiḥ*), mais cette identification est invraisemblable.

La plus longue liste est celle de l'Appendice à l'*Agastimata* (35), qui énumère 60 espèces de gemmes (*saṣṭiratnajàtayaḥ*). Mais si on retranche de cette énumération les pierres que nous avons déjà vues, il ne reste qu'une litanie d'épithètes, dont l'unique objet est

1. *Maṇimàlà*, p. 512 : jyotîrasaṃ mecakam asrabinduvyâptaṃ dṛḍhaṃ sundarakàntiyuktam.

2. *Maṇimàlà*, p. 510 : çvetâsṛg asraṃ kṣatajàvadâtaṃ màsṛṇyaçûnyaṃ khalu gandhaçasyam.

3. On trouve aussi *ràjapaṭṭa*. La synonymie de ces deux mots résulte de H. 1066. L'éd. de l'*Agnipuràṇa* (245, 3) porte *ràjapaṭṭam*, tandis que le ms. de Paris (Bengali 13) a *ràjavarttam*.

4. *Select Rec. Govt. Bombay*, new series, n° IV, p. 31, cité par Mallet, *Mineralogy*, p. 69.

5. *Maṇimàlà*, p. 867.— Cf. AM., app. 9, d'où il résulte que *vaiḍûrya* = *lasaṇiyà*.

de parfaire tant bien que mal le nombre soixante, et qui ne correspondent à aucune réalité.

Il ne sera pas sans intérêt de comparer avec les listes données par les ratnaçâstras celles qui se trouvent dans plusieurs textes buddhiques. En voici trois qui peuvent servir de types : les deux premières, en pâli, se trouvent respectivement dans le *Milinda-pañha*, p. 118, et dans le *Cullavagga*, IX, 1, 3 ; la troisième, en sanscrit, est empruntée au *Sukhavatìvyùha*, § 56.

1. *indanìla. mahànìla. jotirasa. veḷùriya. ummàpuppha. sirîsa-puppha. manohara. suriyakanta. candakanta. vajira. kajjopakka-maka. phussaràga. lohitañka* [1]. *masàragalla.*

2. *muttà. maṇi. veḷùriya. sañkha. silâ. pavàla. rajata. jâtarùpa. lohitañka. masàragalla.*

3. *vaiḍùrya. sphaṭika. suvarṇa. rùpa. açmagarbha* [2]. *lohita-mukta. musâragalva* [3].

III

Les ratnaçâstras étudient chaque pierre sous certaines catégories, dont la succession est à peu près invariable, et que les textes énumèrent à plusieurs reprises. Dans l'*Agastimata*, 4, Agasti commence son exposé en ces termes :

> utpattim âkarân varṇâñ jâtidoṣaguṇâṃs tathâ
> mûlyaṃ maṇḍalikaṃ caiva grâhakaṃ hastasaṃjñayâ
> vadâmi sarvam evaitat...

Plus loin (63) le même traité prescrit à l'expert en pierres précieuses d'étudier les éléments suivants :

> jâtî râgas tathâ raṅgo vartigâtraguṇâkarâḥ
> doṣâç châyâ ca mûlyaṃ ca lakṣyaṃ daçavidhaṃ smṛtam

---

1. *Lohitañka*, auquel correspond dans la 3e liste *lohita mukta*, ne peut guère signifier « perle rouge » comme on l'a quelquefois traduit. Il équivaut, soit à *lohitaka*, « rubis » (*Pâṇ*. 5, 4, 30; *Râjanigh*. 13, 147 ; *Amarak*. 2, 92), soit à *raktâñka*, « corail » (H. 1066).

2. *Açmagarbha* est l'émeraude (AK. 2, 9, 92).

3. Cf. aussi les listes qui se trouvent dans l'*Agnipurâṇa*, 245 (éd. de la *Bibl. Indica*, t. II, pp. 390-392), dans l'*Amarakoça*, 2, 9, 92-94, et dans Hemacandra, *Abhidhânacintâmaṇi*, 1063-1068.

Buddhabhaṭṭa (dans la recension du *Garuḍa-Purâṇa*, variantes, st. 11) dit de même :

âkaravarṇau prathamaṃ guṇadoṣau tatphalaṃ parîkṣya ca
mûlyaṃ ca ratnakuçalair vijñeyaṃ ratnaçâstrâṇâm

Si on considère les çâstras dans leur ensemble, en négligeant quelques diversités particulières, on peut dire que leurs règles se rangent sous 8 chefs : 1. *utpatti*, l'origine ; 2. *âkara*, le gîte ; 3. *varṇa* ou *chàyà*, la couleur ; 4. *jâti*, l'espèce ; 5. *guṇa*, *doṣa*, les qualités et les défauts ; 6. *phala*, les effets ; 7. *mùlya*, le prix ; 8. *vijâti*, les contrefaçons.

1. *Utpatti*. On entend par *utpatti* l'origine naturelle ou mythique des gemmes. Une croyance générale les fait sortir du corps d'un Asura foudroyé : « Les gemmes, dit Varâhamihira, tirent leur origine du Daitya Bala, selon les uns ; de Dadhîcit, selon les autres ; quelques-uns assurent que la variété des gemmes résulte de la nature du sol. » (BS. 80, 3.) La légende est racontée avec plus ou moins de détails par tous les çâstras ; on en trouve également une version développée dans le *Devîpuràṇa*[1].

Une autre tradition assez étrange distingue trois espèces de pierres, qui naissent respectivement dans la tête de l'homme, du serpent et de la grenouille[2]. Une pierre bleue très brillante se forme dans la tête du serpent[3].

Il existe enfin des croyances spéciales au sujet de l'origine des perles : on les trouvera plus loin.

2. *Âkara*. L'*âkara* est le *gîte* de la pierre, le lieu où elle se trouve. On comprend sous ce nom, d'après Varâhamihira (80, 10), les rivières, les mines et les gisements sporadiques :

srotaḥ khaniḥ prakîrṇakam ity âkarasaṃbhavas trividhaḥ

Buddhabhaṭṭa y ajoute avec raison la mer, qui est l'*âkara* de la perle et du corail (10 :

1. Cité dans l'édition bengalie du Garuḍapurâṇa, p. 203. — La transmutation des corps divins en minéraux précieux est une idée védique : voir les curieux passages de la *Taittirîyâ Saṃhitâ* et de la *Bṛhaddevatâ* sur le démembrement d'Agni, cités par Macdonell, JRAS. juillet 1894, p. 558-560. C'est également une légende iranienne (Casartelli, JRAS., janvier 1895, p. 202-203) et égyptienne (Maspero, *Histoire ancienne de l'Orient*, 1894, I, p. 110).

2. AM. app. 63-67.

3. VM. LXXXII, 5.

payonidhau sariti ca parvate kânane pi vâ
tat tad âkaratâṃ yâtaṃ sthânam adhyeyagauravât

3. *Varṇa, chàyâ.* Les çâstras les plus anciens (Varâhamihira, Buddhabhaṭṭa) désignent la couleur des gemmes par le mot *varṇa*: Buddhabhaṭṭa surtout se complaît aux faciles jeux de mots qu'offre le double sens de *varṇa* (couleur, caste). Mais les traités plus récents, dont le langage a gagné en précision[1], emploient constamment le mot *chàyà*, « nuance ». Le choix de cette expression, dont le sens propre est « ombre, reflet », peut s'expliquer par une théorie des couleurs exposée dans l'*Abhidharmakoçavyâkhyà* (fol. 20 du ms. de la Soc. As.), d'après laquelle il n'existe en réalité que quatre couleurs, le blanc, le rouge, le jaune et le bleu-noir (*nîla*), les autres (nuage, etc.) n'étant qu'illusion pure (*bhràntimàtram*). Ces couleurs illusoires ne sont donc que des jeux de la lumière à la surface des choses, des reflets (*châyà*).

Les auteurs de çâstras expriment les nuances en les comparant à un être ou à un objet d'une couleur connue. Ainsi le rubis est comparé au sang du lièvre, au lotus rouge, etc., le saphir au lotus bleu, à la gorge du paon, à des bulles d'indigo, etc.

4. *Jàti.* Ce mot a trois sens : *a*) « gemme authentique », par opposition à *vijâti*, « contrefaçon ». Exemple, BB. 128 :

kâmaṃ càrutarâḥ santi jâtînâṃ pratirûpakâḥ | vijâtayaḥ

« Si belles que soient les contrefaçons des pierres authentiques. »
Ibid. 50 (variante) :

kâñcane bhûṣaṇe jâti çriyam âvahate parâm

« Un diamant authentique dans une parure d'or amène la plus haute fortune[2]. »

b) « espèce, variété. » Exemples, NRP. 22 :

tasya dehâd viniṣkrântâḥ samastaratnajâtayaḥ

« De son corps sortirent toutes les espèces de gemmes. »
AM. 326 :

ratnam ekâdaçaṃ proktaṃ sarve sphaṭikajâtayaḥ

---

1. Il suffit de lire les st. 118-119 de Buddhabhaṭṭa pour constater l'imprécision de son langage : l'idée de nuance y est exprimée successivement par les mots *ràga*, *varṇa*, *tviṣ*, *dyuti*.

2. *Jàti* a ici le rôle d'un adjectif se rapportant à *vajram*. De même, v. 107, variantes : *anyâny api vijâtini mauktikâni parîkṣayet.*

« Il y a onze gemmes, savoir : toutes les variétés du cristal de roche... »

c) « caste. » Il y avait quatre castes ; il y avait quatre couleurs fondamentales : les Hindous ne pouvaient manquer d'attribuer une couleur à chaque caste. Cette répartition des couleurs fut probablement appliquée en premier lieu au diamant, qui s'y prêtait par la variété de ses nuances : le Brahmane dut porter le diamant blanc, le Kṣatriya le rouge, le Vaiçya le jaune et le Çûdra le noir. Puis on divisa le diamant lui-même en castes. Enfin cette théorie fut étendue à toutes les pierres, même à celles où elle devient un pur nonsens, comme le rubis.

5. *Doṣa. guṇa.* Ces mots ont deux significations, selon que la gemme est envisagée comme parure ou comme talisman. Dans la première acception, le *guṇa* et le *doṣa* sont ce qui rend une gemme belle ou laide ; dans la seconde, ce qui la rend bienfaisante ou malfaisante. Généralement les deux définitions coïncident ; ce qui est beau est bon[1]. Mais ce n'est pas toujours le cas. L'*Agastimata* (24 sqq.) fait mention de défauts (*doṣa*) qui communiquent à la pierre une vertu salutaire (*guṇa*). Par exemple, un des cinq défauts du diamant (*doṣâḥ pañca*, 23) est le *bindu* (24), ce qui n'empêche pas le diamant affecté de ce défaut d'être *guṇadoṣânvita* (27), doué d'influences bonnes ou mauvaises, selon la forme du *bindu*.

Il est des qualités communes à toutes les pierres, d'autres spéciales à chacune d'elles. Buddhabhaṭṭa (125) énumère ainsi les qualités communes :

> varṇâdhikyaṃ gurutvaṃ ca snigdhatâ samatâcchatâ
> arciṣmattâ mahattâ ca maṇînâṃ guṇasaṃgrahaḥ

La NRP. (165) dit de même :

> gauravaṃ svacchatâ kântiḥ kâṭhinyaṃ ratnajâ guṇâḥ
> vihâya vajraṃ nânyeṣu lâghavaṃ çobhanaṃ bhavet

Ces qualités sont donc : le *volume* (mahattâ) ; — la *densité* (gurutva, gaurava) : plus une pierre pèse sous un volume donné, plus elle vaut ; pour le diamant c'est le rapport inverse, et sa qualité principale est la légèreté ; — la *dureté* (kâṭhinya) ; — le *poli* de la surface (snigdhatâ) ; — l'intensité de la *couleur* (râga, raṅga) ; — l'*éclat* (arcis, dyuti, kânti, prabhâ...) ; — la *limpidité* (svacchatâ).

---

1. BB. 27 : guṇavân guṇasampadâṃ prasûtiḥ.

Les qualités et les défauts spéciaux à chaque pierre seront énumérés plus loin.

6. *Phala*. Les effets sont, à peu de chose près, les mêmes pour toutes les espèces de gemmes. Une pierre possédant les marques requises (*lakṣaṇa*) procure santé, longue vie, postérité, gloire, richesse, protège contre les serpents, les bêtes féroces, l'eau, le feu, la foudre, les voleurs, efface les péchés, maintient la bonne harmonie entre les amis, etc. Les auteurs de çâstras se contentent de ces formules banales, sans même esquisser une différenciation des pierres au point de vue de leurs effets. Ils n'accordent pas même leur attention aux propriétés thérapeutiques, si soigneusement caractérisées dans les textes médicaux (le *Râjanighaṇṭu*, par exemple). Les détails minutieux où ils se complaisent parfois portent le caractère manifeste d'une amplification littéraire, dont les éléments sont dus à l'imagination et la disposition au hasard. Il faut cependant réserver quelques cas isolés où paraît s'affirmer une réelle croyance populaire : c'est sans aucun doute sous l'influence d'une superstition générale que tous les çâstrakâras considèrent le diamant comme un abortif et l'émeraude comme un antidote souverain contre le venin des serpents[1].

7. *Mûlya*. Sous cette rubrique sont étudiés, en même temps que le prix, les deux éléments qui le font varier : le poids (*taulya*) et le volume (*sthaulya*, *pramâṇa*). Le prix est exprimé tantôt en *rûpakas*, tantôt en *kârṣâpaṇas*, tantôt (et le plus souvent) sans aucune détermination d'unité monétaire : dans ce dernier cas, il s'agit probablement de la monnaie la plus commune, le kârṣâpaṇa. Ces unités n'exprimant qu'un certain poids, il fallait savoir si les espèces étaient d'or ou d'argent. Cette question était résolue

---

1. Voici l'indication des passages relatifs aux effets des gemmes. *Gemmes en général :* BB. 11. BS. LXXX, 1. AM. 342, et app. 63-67. NRP. 170. ARP. 100. RS. 21. — *Diamant* : BB. 27. 33. 45. BS. LXXX, 14-18. AM. 17-22. 26-34. 59-60. NRP. 27-28. 33-35. 43-47. 50-57. ARP. 7. 10-12. 21. 24-25. — *Perle :* BB. 93.66. BS. LXXXI, 22. 23. 27. 30. AM. 94-98. 101-202. 120-122. 125-126. 158. NRP. 76-83. 88. 90. ARP. 33. 37. — *Rubis :* BB. 127. 143. BS. LXXXII, 6. AM. 183-198. NRP. 113-120. ARP. 53. — *Saphir :* BB. 186. AM. 249. 253-259, 281. NRP. 129-133. 138. — *Emeraude :* BB. 154.155. BS. LXXXIII. AM. 291-294. 296-297. 300. 309. NRP. 143-145. 148. 152. ARP. 80, RS. 12. — *Onyx :* BB. 176-177. — *Œil-de-Chat :* BB. 204. — *Topaze :* BB 220. ARP. 87. — *Chrysobéryl* : BB. 223. 225. — *Bhiṣma* : BB. 233-238. — *Grenat :* BB. 242. — *Cornaline :* BB. 245. — *Cristal :* AM. app. 37. RS. 18. — *Corail :* BB. 252. — *Turquoise :* AM. app. 38. RS. 20. — *Cintâmaṇi :* AM. app. 69-60. — *Masâragarbha* : RS. 19.

d'avance par une règle que l'Appendice à l'*Agastimata* (12) nous a conservée, au moins en partie : « Pour l'hyacinthe, le prix est en argent ; pour le corail de même ; pour l'œil-de-chat et le rubis, il est en or. » On pesait les pierres au moyen d'une balance (*tulâ, trâsa*), que la NRP. (92-98) décrit en termes d'une élégante précision. Le système des poids et des prix variait suivant l'espèce de la pierre.

8. *Vijâti.* On entend par ce mot : 1° les pierres artificielles (*kṛtrima*, opposé à *sahaja*, naturel) : telles sont les fabrications dont la NRP. (174-183) donne la formule ; 2° des pierres d'espèce inférieure imitant les véritables pierres précieuses et susceptibles d'être confondues avec elles. La fabrication des pierres fausses avait une grande extension dans l'Inde : Ceylan notamment était une officine renommée dans ce genre d'industrie.

Tel est le plan appliqué par les ratnaçâstras à l'étude des gemmes les plus importantes. Les autres sont traitées d'une façon très sommaire, et l'appréciation en est laissée à l'arbitraire des praticiens.

IV

Nous allons maintenant présenter un résumé de la ratnaparîkṣâ, en comparant, pour chaque pierre, et dans l'ordre des catégories qui viennent d'être énumérées, les données principales des çâstras qui composent notre recueil.

DIAMANT[1]

Le diamant (*vajra, hîraka, pavi, kuliça, bhidura*) est considéré comme le premier des joyaux[2]. Son caractère essentiel est d'être insécable : il raye toutes les pierres et n'est rayé par aucune[3].

Origine. — Il tire son origine des os de Bala[4]. Le nom de *vajra* lui vient de la *foudre* qui, en frappant l'Asura, donna naissance aux gemmes[5]. La NRP. simplifie cette étymologie en donnant à l'Asura lui-même le nom de Vajra[6].

---

1. Voir BB. 16-51. VM. LXXX. AM. 7-79. NRP. 36-57. ARP. 1-25. RS. 1-5.

2. BB. 16. AM. 7. NRP. 22. ARP. 7. RS. 2. — Cependant AM. app. 32 fait du rubis le roi des gemmes (*nacaratnasya nâyakam*).

3. BB. 48-49. AM. 77-78. ARP. 8.

4. BB. 17.

5. AM. 7.

6. NRP. 8 sqq.

Gîtes. — Les principaux çâstras en comptent huit, quelques-uns six seulement[1] :

BB.	VM.	AM.	NRP.	ARP.	RS.
Surâṣṭra	»	»	»	»	
Himâlaya	»	»	»	»	»
Mâtaṅga	»	Vaṅga	Mâtaṅga	Magadha	Mâtaṅga
Pauṇḍra	»	»	»	»	
Kaliṅga	»	»	»	»	»
Koçala	»	»	»	»	»
Vaiṇyâtaṭa	Veṇâtaṭa	Veṇu	Vairâgara		Âraba
Sûrpâra	»	»	Sopâra		»

Il est difficile de discerner exactement quelle est, dans ces renseignements géographiques, la part de la vérité et celle de l'imagination [2]. Quelques-unes seulement des localités énumérées coïncident avec des gisements connus; quant aux autres, elles ne figurent peut-être dans la liste qu'à titre de marchés ou de ports d'exportation. Il est également probable que beaucoup de mines ont été anciennement abandonnées, sans qu'il en soit resté le moindre souvenir : le « roulement des mines » est un thème familier aux auteurs de çâstras; ils rattachent cet épuisement successif des terrains producteurs à la théorie des quatre yugas, mais le fait n'en est pas moins réel[3]. Quoi qu'il en soit de cette discordance entre les données des çâstras et l'état actuel, voici les quelques identifications qui peuvent être proposées.

Surâṣṭra (Katthiavar). Aucune mine connue. Peut-être s'agit-il simplement de la région d'où s'exportait le diamant. La même remarque s'applique, avec plus de vraisemblance encore, au port de *Sûrpârâ*.

Himâlaya. Les diamants de l'Himalaya pourraient bien être aussi peu réels que ses perles. L'Himalaya était, autant que le Meru ou l'Océan, regardé comme le réceptacle de toutes les gemmes[4]. Malgré la découverte de quelques diamants près de Simla, il est douteux qu'on y ait jamais exploité de véritables mines.

Mâtaṅga. Il n'est pas facile de savoir quelle contrée désigne ce

1. BB. 18. VM. 80, 6-7. AM. 10-13. NRP. 37-38. ARP. 6. RS. 3.
2. Tout ce qui concerne l'état actuel des mines est emprunté aux travaux de MM. Ball et Mallet. (V. la Bibliographie.)
3. AM. 10-13. NRP. 37-38.
4. Çailendro himavân râma ratnâkarasamanvitaḥ. (Râm. 1, 37, 14.)

nom, qui ne figure point, en tant que nom de lieu ou de peuple, dans le Dictionnaire de Pétersbourg. L'inscription d'Aihoḷe mentionne une victoire du roi Câlukya Mañgaliça sur les Mâtañgas[1]. Les Câlukyas avaient leur capitale à Vâtâpipura, aujourd'hui Bâdâmi, dans le district de Kaladgi; leur frontière orientale devait englober ou longer les fameuses mines de Golconde, et peut-être les Mâtañgas occupaient-ils cette région. Mais nous savons d'autre part que Mañgaliça porta ses armes fort loin dans le Nord, jusqu'à Jabalpour, tout près des mines du Boundalkhand[2]. Il faut donc attendre des renseignements plus précis sur la situation des Mâtañgas pour identifier les mines en question[3].

Deux çâstras substituent au Mâtañga le Bengale (Vañga, Magadha) : cette indication pourrait se référer aux mines du Chutia Nagpur.

Pauṇḍra est le Puṇḍradeça, qui correspond au Behar oriental. Il n'y a aucun gisement connu dans cette région.

Kaliñga. Le Kaliñga est la côte du golfe du Bengale, au S. de l'Orissa, jusqu'à l'embouchure de la Kṛṣṇâ. Ceci est parfaitement exact : les districts de la Godavarî et de la Kṛṣṇâ sont remplis d'anciennes mines (Golapilly, Malavilly, Purtial, Kollur, etc.).

Koçala (Oudh). M. Ball suppose ici une allusion aux mines de Panna, dans le Boundalkhand : mais la désignation serait en vérité trop approximative. Peut-être les diamants de Panna étaient-ils apportés et vendus à Ayodhyâ : il est inutile d'aller plus loin dans la conjecture.

Veṇâtaṭa et *Vairâgara* désignent le même gisement. La rivière *Veṇâ* est la Veingangâ, dans le district de Chanda, au S.-E. de Nagpur; et Vairagarh, sur les bords de cette rivière, possède une mine de diamants.

Sûrpârâ, *Sopâra*, au N. de Bombay, était autrefois un port très fréquenté d'où s'exportait en Occident une grande quantité de marchandises indiennes : c'est probablement comme tel qu'il est

1. *Ind. Ant.*, V (1876), p. 71.

2. Bhandarkar, *Hist. of Dekkan*², p. 49.

3. D'après le *Gayâmâhâtmya* cité par A. Borooah (*English-Skr. Dict.*, III, préface, p. 100), Mâtañga est le nom de l'ermitage de Matañga, situé près de Gayâ. On pourrait songer, d'après cela, aux mines du Chutia Nagpur ; mais il ne paraît pas que ce petit sanctuaire local ait jamais eu assez de célébrité pour donner son nom à une région. — M. John Wilson prétend (mais sur quelles preuves?) que la tribu des Mañgs, dans le pays mahratte, représente « les Mâtañgas des livres sanscrits ». (*Ind. Ant.*, III, 1874, p. 224.)

mentionné ici. Le GP. y substitue *Sauvîra*, qui désigne la même région[1].

COULEURS. — Le diamant a différentes couleurs, selon son lieu d'origine : venant du Surâṣṭra, il est rouge ; de l'Himalaya, cuivré ; du Mâtaṅga, jaunâtre ; du Puṇḍra, gris ; du Kaliṅga, doré ; du Koçala, couleur de çirîṣa ; de la Veṇâ, couleur de lune ; de Sûrpârâ, blanc[2]. C'est la couleur qui détermine à quel dieu un diamant est consacré[3] et à quelle caste il appartient de droit. Les auteurs les plus anciens, Varâhamihira et Buddhabhaṭṭa, prescrivent aux quatre castes de porter chacune des diamants d'une certaine couleur : le diamant blanc est assigné au Brahmane, le rouge au Kṣatriya, le jaune au Vaiçya, le noir au Çûdra. Le roi seul, étant le maître de tous les varṇas, peut porter toutes les couleurs[4]. Les écrivains postérieurs ont divisé les diamants eux-mêmes en quatre castes. Le diamant blanc n'est plus pour eux le diamant des Brahmanes, mais le Brahmane des diamants ; le diamant rouge est un Kṣatriya, le jaune un Vaiçya, le noir un Çûdra[5]. Cette classification a passé dans l'usage et est encore aujourd'hui généralement usitée dans l'Inde.

Chaque caste a ses effets spéciaux : le diamant brahmane donne la science et la sainteté, le kṣatriya la gloire, le vaiçya la richesse, le çûdra la serviabilité[6].

QUALITÉS ET DÉFAUTS. — La forme primitive et fondamentale du diamant est l'octaèdre : c'est aussi la forme que les ratnaçâstras reconnaissent comme la plus parfaite. Donc le beau diamant doit avoir six angles polyèdres (*koṇa*, *açra*), douze arêtes (*dhârâ*) et huit facettes (*dala*, *pârçva*, *aṅga*). On nomme *koṭi* le sommet des angles, la pointe ; et *agra* la ligne d'intersection des plans[7]. Les pointes doivent être effilées (*uttuṅga*), les arêtes tranchantes (*tîkṣṇa*) et les facettes symétriques (*sama*).

Le diamant doit de plus être léger (*laghu*), c'est-à-dire peser

1. Voy. BB. Var. 18-19.
2. BB. 19.
3. BB. 22. VM. 8-10.
4. BB. 23-26. VM. 11.
5. AM. 8. 15. NRP. 23. 29. 42. ARP. 15-17.
6. AM. 16-22. NRP. 43-46.
7. Ce sens me paraît résulter notamment de BB. 20 et 31 où *tîkṣṇâgra* ne peut s'expliquer que comme un composé bahuvrîhi se rapportant à *dhârâ* ; *agra* est à *dhârâ* comme *koṭi* est à *koṇa* : *koṇa* et *dhârâ* désignent l'angle et l'arête, *koṭi* et *agra* la *pointe* de l'angle et *fil* de l'arête. On comprend d'ailleurs que ces mots puissent s'employer l'un pour l'autre.

moins, à volume égal, que le diamant idéal pris comme unité. Le plus parfait, sous ce rapport, est celui dont la densité est tellement faible qu'il surnage sur l'eau[1].

Enfin le diamant doit, au point de vue des propriétés optiques, être parfaitement limpide (*svaccha, çuddha, nirmala*) et doué d'éclat (*raçmivat, bhâskara*).

A ces qualités s'opposent des défauts correspondants.

Il peut être tronqué sur les pointes ou les arêtes (*viçîrṇaçṛṅga, sphuṭitâgra, bhagnâgra, bhagnadhâra*), avoir deux angles pour un (*dviguṇâçrin*), les facettes déformées (*dalahîna*); être rond (*vartula*), plat (*cipiṭa*), allongé (*pradîrgha*), lourd (*guru*).

La limpidité du diamant peut être troublée soit par des bulles d'air (*budbuda*) soit par des taches de forme et de couleur diverse, dont les textes donnent une longue énumération. Enfin il peut être sans éclat (*kântihîna*)[2].

Ces qualités et ces défauts produisent de bons et de mauvais effets. Un de ces effets est à noter : le diamant fait avorter les femmes, et non pas, comme on pourrait le croire, le diamant défectueux : c'est au contraire le beau diamant octaédrique qui a cette influence funeste. Mais s'il est plat, long, triangulaire ou en forme de *çroṇî*, il peut être porté sans danger[3].

Selon que le diamant est parfait ou plus ou moins défectueux, il est appelé mâle, femelle ou neutre[4].

Prix. — Le prix (*mûlya*) est déterminé par le poids (*taulya*). Deux systèmes sont proposés : l'un par Buddhabhaṭṭa et Varâhamihira, l'autre par l'*Agastimata*[5].

Le premier système est fort simple. Le poids est exprimé en *taṇḍulas* et en *sarṣapas* (1 taṇḍula = 8 sarṣapas), le prix en *rûpakas*. Le poids maximum est fixé à 20 taṇḍulas ; le prix correspondant est de 200,000 rûpakas. On établit une échelle des poids, dans laquelle chaque degré est de 2 unités inférieur au précédent ;

---

1. VM. LXXX, 14 : *ambhasi tarati*. AM. 50 : *tarate toye* BB. 39 : *tarati vâribhiḥ*. ARP. 19 : *vâritara*. — Le passage cité de la *Bṛhatsaṃhitâ* : « ambhasi tarati raçmivat » est traduit par M. Kern « cleaves through water like a ray ». Je crois qu'il faut comprendre « qui surnage sur l'eau et a des feux ». — Voir pour les qualités du diamant : BB. 20. 31-33. VM. LXXX, 14. AM. 35. NRP. 40. ARP. 11. 18.

2. BB. 28 sq. VM. LXXX, 15-16. AM. 24-34. NRP. 41. 56. ARP. 10.

3. BB. 45. VM. LXXXI, 17. ARP. 25.

4. NRP. 29-35. ARP. 18.

5. BB. 35-39. VM. LXXX, 1-213. AM. 38-52. ARP. 1-14.

les prix correspondants sont donnés par le çâstra depuis 20 taṇḍulas jusqu'à 1 taṇḍula, ce dernier valant 1,000 rûpakas.

Le texte des deux auteurs est sûr et le sens parfaitement clair. Mais si on le confronte avec les faits, ce sens soulève plusieurs objections. La première question qui se pose est celle-ci : quelle est la valeur du taṇḍula ? Elle se résout de prime abord sans difficulté : 1 taṇḍula = 8 sarṣapas ; le sarṣapa (grain de moutarde) pèse 1/18 de guñjâ; la guñjâ pèse 1 grain 8 : donc le sarṣapa équivaut à 0,1 de grain et 1 taṇḍula, ou 8 sarṣapas, à 0,8 de grain. Le poids maximum assigné au diamant est de 20 taṇḍulas = 16 grains = 4 carats. Ce résultat est déjà étonnant : les diamants de 4 carats sont assez ordinaires. Comment donc a-t-on pu considérer un diamant d'un poids si faible comme maximum ? — Seconde question : combien vaut ce diamant de 20 taṇḍulas? 200.000 rûpakas. Qu'est-ce que le rûpaka ? Une division du suvarṇa (BB. 213)[1]. Le suvarṇa = 16 mâṣakas, et 8 mâṣakas = 10 rûpakas. Le rûpaka équivaut dont à 0,05 de suvarṇa. Or le suvarṇa, d'après Cunningham, pèse 144 grains (*Ancient Coins*, p. 47) ; le rûpaka doit donc en peser 7,2 ; et 200,000 rûpakas = 1,440 000 grains ou 93 kil. 3, ce qui nous donne, à 3,100 fr. le kil. d'or, une valeur de 288.300 fr. pour un diamant de 4 carats. Résultat inacceptable qu'il faut attribuer à une évaluation trop faible du taṇḍula ou trop forte du rûpaka.

Le second système est un peu plus compliqué. Il a pour base le *piṇḍa*, c'est-à-dire une masse idéale d'un poids (*taulya*) et d'un volume (*sthaulya*) déterminés, qui sert de terme de comparaison. Ce *piṇḍa* est supposé avoir 1 *yava* de volume et 1 *taṇḍula* de poids. Le diamant égal à 1 piṇḍa vaut 50 ; égal à 2 piṇḍas, 50 × 4 ; à 4 piṇḍas, 50 × 12 ; à 5 piṇḍas, 50 × 16... à 20 piṇḍas, 50 × 76 = 3,800. Jusqu'ici on considère le diamant comme ayant la même densité que le piṇḍa ; plus léger, sa valeur croît ; plus lourd, elle diminue[2]. Ainsi le diamant égal en volume au piṇḍa, mais plus léger de 1/4, vaut 18 fois plus ; plus léger de moitié, 36 fois plus ; plus léger des 3/4, 72 fois plus. Inversement, si le diamant est égal en volume au piṇḍa et plus lourd de 1/4, il vaut moitié moins, et ainsi de suite. L'unité monétaire n'est pas indiquée : on peut conjecturer que c'est le rûpaka. En ce cas, le diamant de 20 taṇḍulas vaudrait environ 5,509 francs, ce qui est assez vraisemblable.

---

1. C'est par erreur que dans la traduction de la stance 213, le rûpaka est représenté comme un équivalent du suvarna : il en est une division.

2. Inutile d'observer que ces variations de densité sont purement imaginaires, et qu'un diamant ne peut jamais surnager sur l'eau.

La différence des deux systèmes ressortira plus clairement du tableau comparatif suivant :

POIDS.		PRIX BB.		VM.		AM.
1	taṇḍula	1,000	rûpakas	?	rûpakas	50
2	»	2,000	»	200	»	200
4	»	2,500	»	2,000	»	600
6	»	3,333 1/4	»	8,000	»	1,000
8	»	6,666 3/6	»	12,500	»	1,400
10	»	15,384 2/6	»	40,000	»	1,800
12	»	33,333 1/6	»	66,666 2/3	»	2,200
14	»	50,000	»	100,000	»	2,600
16	»	100,000	»	133,333 1/3	»	3,000
18	»	133,333 1/6	»	150,000	»	3,400
20	»	200,000	»	200,000	»	3,800

Contrefaçon. — Les faux diamants consistent en quelqu'une des substances suivantes : le fer, la topaze, l'hyacinthe, le cristal de roche, l'œil-de-chat, le verre[1]. On découvre la contrefaçon au moyen des acides, du grattage, de la pierre de touche. L'ARP. conseille aussi d'exposer au feu le diamant à vérifier : faux, il se décolore ; vrai, il redouble d'éclat[2].

Taille et polissage. — Le diamant, avant d'être monté en or, subit une opération nommée *parikarman*, pour laquelle on emploie les diamants trop défectueux pour servir d'ornement (BB. 43) : il s'agit apparemment du polissage. L'AM., dans un passage à la vérité assez obscur (59-60), semble interdire la taille. Cette défense est énoncée plus clairement dans un des extraits qui forment l'Appendice de cet ouvrage (App. 61-62) : « La pierre qu'on taille avec une lame ou qu'on use par des frottements répétés devient inutile et sa vertu bienfaisante disparaît ; celle, au contraire, qui

1. BB. 46-47. AM. 76. NRP. 166-167. ARP. 22. RS. 4. — On ne voit guère comment le fer peut servir à contrefaire le diamant : mais le texte est précis et il est impossible de songer à une correction ; car, des deux passages qui donnent cette énumération, l'un a *ayasâ* (BB. 46) et l'autre *lohataḥ* (RS. 4).

2. Cf. AM. 76 (Var. de C.) : « L'homme vil qui fabrique de faux diamants tombera dans un enfer épouvantable, chargé d'un péché équivalent au meurtre. Lorsqu'un connaisseur croit reconnaître un diamant artificiel, qu'il l'éprouve par des onctions acides ou aigres, ou par la chaleur : faux, il se décolore ; vrai, il redouble d'éclat. On peut aussi le laver et le mettre en contact avec du riz : il se pulvérise aussitôt. »

est absolument naturelle a toute sa vertu. » La taille et le polissage sont ici clairement désignés. Un autre passage du même traité en parle comme d'un procédé normal, et nullement interdit, qui précède le montage des diamants en parures[1]. Il est fâcheux qu'on ne puisse dater ces mentions intéressantes.

PERLE

La perle (*muktâ, muktâphala, mauktika, jalabindu*) est le second des *mahâratnâni*. C'est peut-être le plus anciennement connu des Hindous. Les textes védiques mentionnent fréquemment la perle sous le nom de *kṛçana*. Un des hymnes de l'Atharvaveda (IV, 10) est une conjuration avec une perle. En voici la traduction :

« Née du vent, de l'atmosphère, de l'éclair, de la lumière céleste, née de l'or, que cette conque (*çaṅkha*), que cette perle (*kṛçana*) nous protège contre le danger. Avec cette conque, née du sommet des voûtes célestes, de l'Océan, nous frappons et vainquons les Rakṣas dévorants; avec cette conque, la maladie et l'imprévoyance; avec cette conque, les femelles des démons. Que cette conque, que cette perle, universel remède, nous protège contre le danger. Née dans le ciel, née dans la mer, apportée de l'Océan, née de l'or, que cette conque, que cette gemme prolonge nos jours. Que cette gemme, née de la mer, née de Vṛtra, qui a pour gîte le ciel, nous protège de toutes parts, comme avec un javelot, contre les Asuras. Tu es l'un des ors, tu es née de Soma. Tu te montres sur le char, tu étincelles sur le carquois. Puisse-t-elle prolonger nos jours! L'os est devenu la perle pour les dieux. Vivante, elle se meut au milieu des eaux. Je t'attache pour la vie, pour l'éclat, pour la force, pour la longévité, pour une existence de cent années. Que la perle te protège! »

ORIGINE. — Il existe au moins trois traditions distinctes sur l'origine des perles :

1° La perle a huit sources (*jâti, yoni*[2]) : l'huître, la conque, le nuage, la tête du serpent et du poisson, les défenses du sanglier, les bosses frontales ou la trompe de l'éléphant, et les nœuds du bambou[3].

---

1. AM. 332. Ce passage est également une addition postérieure au noyau de l'ouvrage. Il nomme les deux opérations dont il s'agit *chedana* et *ullekhana* (coupure et frottement).

2. Cf. Ajayapâla : « yonir âkaraguhyayoḥ. »

3. BB. 52-71. VM. LXXXI, 1. 20-30. AM. 83-106. NRP. 58-69. ARP. 26-28. RS. 6.

2° Les gouttes de pluie qui tombent dans les huîtres sous le signe de Svâtî deviennent des perles. Ce que l'*Agastimata* exprime dans son langage mythologique, en disant que l'huître conçoit par l'union de Parjanya et de Svâtî[1].

3° Les dents de l'Asura Bala foudroyé par Indra[2].

Les textes combinent tant bien que mal ces traditions évidemment distinctes.

Si on compare ces croyances sur l'origine de la perle avec l'hymne de l'Atharvaveda cité plus haut, on y trouvera plus d'un rapport. D'après la conjuration atharvanique, la perle ne naît pas seulement de l'Océan (*samudra*), elle naît dans le ciel (*divi jâtaḥ*), elle a pour gîte le ciel (*divâkaraḥ*), elle naît du vent, de l'atmosphère, etc. Or, d'après tous nos çâstras, une des *jâtis* de la perle, c'est le nuage, ou, selon l'expression de Varâhamihira, la septième région du vent. L'idée est la même. Également significative est la qualification *Vṛtrâj jâtaḥ*. C'est une claire allusion à la légende des gemmes naissant du corps d'un Asura foudroyé. Le nom de l'Asura importe peu. Au temps de Varâhamihira, on n'était déjà plus d'accord sur son nom : les uns tenaient pour Bala, les autres pour Dadhîcit. Le conjurateur de l'Atharva préfère Vṛtra : cela est sans intérêt, si le fond de la légende est le même. Or il l'est très probablement, et cela nous donne l'explication d'une autre expression assez énigmatique du même hymne : *devânâm asthi kṛçanaṃ babhûva*. Je traduis : « L'os [de Vṛtra] est devenu la perle pour les dieux. » D'après nos lapidaires, les os sont devenus des diamants et les dents des perles : mais cette variante est aussi peu importante que celle du nom.

On voit que toutes ces conceptions qu'on serait tenté de placer à une époque récente sont en réalité fort anciennes.

Gîtes. — Les textes nous offrent deux traditions distinctes touchant les gîtes de la perle : l'une énumère huit âkaras c'est celle de la *Bṛhatsaṃhitâ* ; l'autre n'en connaît que quatre, c'est celle de l'*Agastimata* et des textes apparentés. Enfin on les trouve côte à côte dans Buddhabhaṭṭa.

a) Les huit âkaras sont, d'après Varâhamihira (LXXXI, 2) : *Siṃhala*, *Paraloka*, *Surâṣṭra*, *Tâmraparṇi*, *Pâraçavâs*, *Kauveravâṭa*, *Pâṇḍyavâṭa*, *Himâlaya*. Ceylan, Tâmraparṇi et Pâṇḍya

1. BB. 74. AM. 108. NRP. 69. Cette croyance est encore courante dans le Penjab. Voy. *Panjab Notes & Queries*, t. III, p. 43.

2. BB. 72. AM. 107.

désignent évidemment les pêcheries du golfe de Manaar et de la côte de Madura; Surâṣṭra, celles du golfe de Cambaye; Pâraçavâs, celles du golfe Persique. Paraloka et Kauveravâṭa ne sont pas identifiés. Quant aux perles de l'Himalaya, elles appartiennent sans doute à ces espèces miraculeuses, complaisamment décrites par les çâstras, et qui ont pour première qualité de rester invisibles aux yeux du commun des hommes.

La stance 75 de BB. peut être considérée, malgré le texte fort altéré des mss., comme contenant la même liste.

b) Les quatre âkaras sont, d'après l'*Agastimata* et les textes apparentés : *Siṃhala, Âravâṭi, Barbara, Pârasîka*[1].

COULEURS. — BB. ne considère que la perle blanche. L'AM. admet trois nuances : la blonde (*madhura*, couleur de miel), la jaune (*pîta*) et la blanche (*çukla*). La NRP. en ajoute une quatrième : la nuance bleue (*nîla*). Le RS. en énumère trois : blonde, blanche, rouge (*rakta*)[2].

QUALITÉS. — La perle doit être parfaitement ronde (*vṛtta*), blanche (*sita*), exempte de toute tache (*nirmala*), transparente (*svaccha*), lisse (*snigdha, komala*)[3], lourde (*guru*), enfin posséder cet éclat doux et velouté qui rappelle celui des étoiles (*târa, sutâra*)[4].

DÉFAUTS. — La perle peut avoir des défauts : *a*) de forme : *ardharûpa*, n'ayant que la moitié de sa forme ; *cipiṭa*, aplatie ; *dîrgha*, allongée ; *tryaçra*, triangulaire ; *kṛçapârçva*, maigre d'un côté ; *trivṛtta* (syn. *granthika*, *granthibhiḥ saṃvṛta*), portant trois bourrelets ; *sakalaçleṣita*, faite de morceaux assemblés. — *b*) de composition : *çuktisparça* (syn. *çuktilagna*), adhérente à l'huître ; *matsyâkṣa*, portant un signe comme un œil de poisson ; *visphoṭapûrṇa*, papelonnée ; *paṅkapûrṇa*, *karkarâvat*, *karkaça*, *çarkara*, contenant des grains de sable ; *rûkṣa*, rugueuse. — *c*) de couleur et d'éclat : *pîta*, jaune ; *paṅkavarṇa*, couleur de poussière ; *kâm-*

1. BB. 76. AM. 109-111. NRP. 73-74.

2. AM. 127. NRP. 89. RS. 3

3. Le mot *snigdha* a deux sens : il signifie ordinairement « lisse ». NRP. 147 : *snigdhaṃ raukṣyavinirmuktam*. Dans le second sens, il désigne un éclat analogue à celui de la lune. *Ibid.* 87 *çîtâṃçubimbasaṃkâçaṃ mauktikaṃ snigdham ucyate*. Ainsi entendu, *snigdha* ne paraît pas se distinguer de *sutâra*, et il me semble que c'est à tort que la NRP. dans le vers ci-dessus prend *snigdha* dans son deuxième sens.

4. BB. 95. 97. 102. AM. 123. 159. NRP. 85-87. RPA. 30-34. RS. 7. Pour la dernière qualité, cf. Ajayapâla : « târo... muktâçuddhau nirmalamauktike. »

***

syavarṇa, couleur de laiton; *tâmrâbha*, cuivrée; *atirakta*, trop rouge; *vivarṇa*, incolore; *jaraṭha* ou *jaṭhara*, terne[1].

Prix. — Comme pour le diamant, nous nous trouvons en présence de deux systèmes: 1° celui de Buddhabhaṭṭa et de Varâhamihira; 2° celui de l'*Agastimata*.

Dans le premier système, les poids employés sont : *guñjâ* ou *kṛṣṇala*; *mâṣa* = 5 guñjâs; *çâṇa* = 4 mâṣas. La valeur s'exprime en *rûpakas* ou *kârṣâpaṇas*[2]. Le poids maximum est 1 çâṇa, et la valeur correspondante, 5300 rûpakas. Chaque mâṣa qui s'ajoute à ce poids double la valeur de la perle. Le texte donne les prix décroissants des perles depuis 1 çâṇa jusqu'à 2 1/2 ou 3 guñjâs. Lorsqu'elles n'atteignent pas ce poids, on ne les pèse plus individuellement, mais en groupe. On réunit autant de perles qu'il est nécessaire pour parfaire le poids appelé *dharaṇa* = 1,6 çâṇa. Le groupe peut être de 13 perles et au-dessus. Chacun a un nom et un prix particuliers, suivant le nombre de perles qui le composent. Ces noms diffèrent en partie dans Varâhamihira et Buddhabhaṭṭa, de même que les prix, qui sont en général plus élevés chez Varâhamihira.

a) NOMS DU DHARAṆA DE PERLES

Nombre de perles.	BB.	VM.
13	guccha.	pikkâ.
16	dârvika.	piccâ.
20	çuvaka.	argha.
25		ardhâ.
30	siktahasta.	ravaka.
40	sikta.	siktha.
60	makaraçîrṣa.	nigara.
80	kûpya.	nigara.
100	pûrṇa.	cûrṇa.

1. BB. 96. 98-101. AM. 116-122. 155-157. NRP. 75-84. RPA. 29-33. On trouve les deux formes *jaraṭha* et *jaṭhara*, cette dernière plus fréquente. Cf *Medinî:* jaṭharo na striyâṃ kukṣau vṛddhakarkaṭayos triṣu; *Vaijayantî:* jaṭharaḥ kaṭhine jîrṇe.

2. BB. use seulement du rûpaka, VM. emploie successivement le kârṣâpaṇa et le rûpaka, et de telle façon qu'on doit considérer ces deux mots comme synonymes, bien qu'ils aient généralement une valeur fort différente.

b) PRIX DES PERLES

Poids	Prix BB.	Prix VM.
4 mâṣakas.	5300	5300
3 1/2 »	3200	3200
3 »	2000	2000
2 1/2 »	1300	1300
2 »	800	800
1 1/2 »	325	353
1 1/5 »	200	
1 »	120	135
4 guñjâs	50-60	90
3 1/2 »		70
3 »	25-28	50
2 1/2 »		35
2 »	10-12	
13 perles au dharaṇa.	150	325
16 »	110	200
20 »	79	170
30 »	40	70
40 »	30	50
60 »	14	40
80 »	11	30
90 »	9	
100 »	7	25
150 »	5	
152 »	3	
200 »		12
300 »		6
400 »		5
500 »		3

Dans le second système, les poids employés sont la *guñjâ*, la *mañjalì* et le *kalañja*; le kalañja équivaut à 40 guñjâs et à 24 mañjalis. La guñjâ valant un peu plus d'un demi carat, le kalañja correspond à un poids de 22 1/2 carats. Le poids considéré comme maximum est de 2 kalañjas ou environ 45 carats, et le prix correspondant, de 117173, l'unité monétaire non spécifiée[1].

1. BB. 78-96. VM. LXXXI, 9-17. AM. 128-162. NRP. 91-105.

La méthode d'appréciation enseignée par l'*Agastimata* n'est guère intelligible : cette obscurité a pour cause en partie l'inhabileté de l'auteur, en partie et surtout le mauvais état du texte. On trouvera. p. 224 sqq., une longue note où j'ai essayé, — sans grand succès, je le crains, — de débrouiller ce chaos.

Contrefaçon. — Il y avait à Ceylan des ouvriers habiles à fabriquer des perles artificielles, au moyen d'un alliage de mercure. Le mode d'épreuve recommandé par tous les çâstras est le suivant : on met la perle suspecte dans un mélange d'huile et d'eau (l'AM. préfère l'urine de vache) additionné de sel, et on l'y laisse séjourner une nuit. Le lendemain, on l'enveloppe dans un linge blanc et on la frotte avec de la glume de riz. La perle fausse se décolore, la vraie redouble d'éclat[1].

Quelques manuscrits de Buddhabhaṭṭa nous ont conservé une curieuse recette pour la fabrication des perles artificielles[2]. Elle a pour auteur Vyâḍi, écrivain médical connu seulement par de rares citations. Peut-être ne sera-t-il pas sans intérêt d'en donner ici la traduction, bien que le sens offre quelques incertitudes :

« Dans un pot neuf, beau, bon et bien fermé, mettez de menus fragments de perle et par-dessus un morceau de nacre fraîche...[3] Faites un trou dans un tas de grain et y laissez le pot enfoui durant un mois. Retirez alors tout le contenu du pot et faites-le cuire en y ajoutant du jus de citron. Découpée, pétrie et roulée en boulette[4], cette substance vous donnera, selon vos souhaits, une perle infé-

1. BB. 101-107. AM. 166-169. ARP. 41-42.

2. Elle est interpolée dans la RP. de BB. : 1° par les mss. D, E, qui la placent après la st. 101; 2° par la recension du GP., après la st. 92. Ces deux textes sont mutilés, mais se complètent l'un l'autre : on les trouvera aux Variantes, p. 213. Voici le texte que je propose de restituer (le romain marque les mots incorrects ou inintelligibles pour moi) : *kṛtvâ nave supihite çubhacarubhâṇḍe muktâkaṇânihitanûtanaçuktikâṇḍam* | sphoṭo navâ *praṇidadhâti tataç ca bhâṇḍaṃ saṃsthâpya dhânyacaye balam ekamâsam* || *âdâya tat sakalam eva tato 'nnabhâṇḍâd jambîrajâtarasayojanayâ vipakvam* | *piṣṭaṃ tato mṛdutaraṃ kṛtapiṇḍamûrti kuryâd yatheṣṭam anumauktikam âçu siddham* || *mṛlliptamatsyapuṭamadhyagataṃ tu kṛtvâ paçcât pacet tanu tataç ca* vitanapattyâ | *dugdhe tataḥ payasi taṃ vipacet surâyâm pakvaṃ tato pi payasâ çucicikkaṇena* || *çuddhaṃ tato vimalavastranigharṣaṇena syân mauktikaṃ vipulasadguṇakântiyuktam* | *vyâḍir jagâda jagatâṃ hi mahâprabhâvaḥ siddho vidagdhahita*tatparayâ *dayâluḥ* ||

3. Que signifie *sphoṭo na vâ* ? D'après *Rajanigh.* 13, 128, *muktâsphoṭa* = *çukti*. Faut-il entendre : « de la nacre d'huitre ou autre? »

4. G. « Frottée avec des carottes amollies et amincies. » Cette leçon n'est guère vraisemblable.

rieure[1], vite percée. Placez-la dans une enveloppe [d'écailles] de poisson[2] enduite de terre glaise, et faites cuire le tout doucement, puis... Faites-la cuire dans du lait, de l'eau et de l'alcool, ensuite avec de l'eau et de la gomme pure. Nettoyez-la enfin avec un linge propre. Vous aurez une grosse perle, de belles qualités et de grand éclat Voilà ce qu'a révélé aux hommes Vyâḍi, puissant, saint, expérimenté, uniquement appliqué à leur bien et compatissant pour eux[3]. »

Il ne suffit pas que la perle soit d'une parfaite beauté naturelle : il faut encore qu'elle soit délicatement percée d'un trou petit (*sūkṣma*) et droit (*ṛju*). Si elle est endommagée par cette opération, elle perd une grande partie de sa valeur. Les perles mythiques ont parmi leurs caractères celui de ne pouvoir être forées[4].

Les perles sont montées en parures, dont chacune porte un nom particulier, suivant le nombre des rangs qui la composent : on en trouve l'énumération dans Varâhamihira[5].

RUBIS

ORIGINE. ESPÈCES. — Le rubis (*mâṇikya*, *padmarâga*) a pour origine le sang de Bala. Il se divise en plusieurs espèces que nous avons énumérées plus haut (p. XVI). La seule question qui reste à examiner est celle-ci : que faut-il entendre par les expressions de Buddhabhaṭṭa et de Varâhamihira : *kuruvindaja*, *saugandhikottha*, *sphaṭikaprasūta* (BB.), *kuruvindabhava saugandhibhava*, *sphaṭikabhava* (VM.), dont le sens littéral est « né du soufre, du cinabre, du cristal de roche »? Faut-il croire que le çâstra, source des deux auteurs, considérait le rubis comme du soufre, du cinabre, du cristal transformés? Le fait serait assez étrange pour être décrit ou au moins explicitement affirmé. Or, on ne trouve pas dans nos

1. *Anumauktikam*. Comparez : *pramauktikam*. NRP. 71.

2. Le *puṭapāka* est un mode de coction qui consiste à mettre au feu une substance roulée dans une feuille, elle-même recouverte d'une couche d'argile : ici la feuille est remplacée par une peau de poisson.

3. Je ne sais ce que ce procédé donnerait dans la pratique, mais il se rapproche des procédés actuels par l'emploi de plusieurs ingrédients : la nacre, les écailles de poisson, la gomme, l'alcool (utilisé comme siccatif). Voy. Julia de Fontenelle et Malepeyre, *Manuel du Bijoutier*, Paris, 1884, pp. 217 sqq.

4. BB. 53. 97. 102. VM. LXXXI, 22. 29.

5. VM. LXXXI, 31-36. Cf. aussi *Amarakoça*. 2, 6, 3, 6-7; Hemacandra, *Abhidh*. 661-662.

textes la moindre allusion à ce phénomène chimique. Il semble donc qu'en admettant, sans autre preuve, cette transmutation, on accorderait une importance excessive à des suffixes, qui ne veulent peut-être qu'exprimer une dérivation étymologique[1].

Gîtes. — D'après tous les çâstras, les plus beaux rubis se trouvent à Ceylan, dans le lit d'une rivière nommée Râvaṇagaṅgâ. D'autres, de qualité inférieure, se rencontrent à Kaḷapura, Andhra (Haïderabad), Tumbara[2]. L'ARP. (42) s'écarte ici des autres textes et assigne au rubis les gîtes suivants : Ceylan, Malaya, Suvela, Gandhamâdana. Les deux derniers sont des montagnes mythiques situées, le Suvela près de Laṅkâ, et le Gandhamâdana dans la région du Meru. Le Malaya a plus de réalité : c'est la chaîne de Travancore; et la présence du rubis à un endroit où a été signalée la présence du corindon[3] n'a rien que de vraisemblable. Une tradition, sans doute ancienne, plaçait dans cette montagne d'abondants gisements de pierres précieuses : elle est attestée par MBh. 2, 52, 34-35, où Yudhiṣṭhira reçoit en présent des joyaux du Malaya :

> malayâd dardurâc caiva candanâgurusaṃcayân
> maṇiratnâni bhâsvanti kâñcanaṃ sûkṣmavastrakam

Couleurs. — Les nuances du rubis sont nombreuses, et nos lapidaires les énumèrent avec grand soin[4]. Elles se rangent sous trois couleurs principales, d'où procède la division tripartite du rubis en *padmarâga*, *kuruvinda* et *saugandhika*, le premier d'un rouge vif, le second d'un rouge jaune, le dernier d'un rouge bleu[5]. Ce ne sont point là des différences locales, du moins dans l'opinion des anciens çâstrakâras : Buddhabhaṭṭa déclare qu'à Ceylan, dans le lit du même fleuve, se trouvent les quatre espèces de rubis (114). L'*Agastimata* remarque que les rubis originaires du même lieu diffèrent de couleur (175). Mais, comme l'opinion définitivement acceptée attribuait au rubis quatre âkaras d'une part, et quatre

---

1. BB. 114. VM. LXXXII, 1. AM. 174. NRP. 109-110. ARP. 45-47.

2. BB. 108-111, 123-124. AM. 177-179. NRP. 107-111. RS. 8.

3. Balfour, dans *Select Rec. Govt. Madras*, n° 39, p. 94. Madras, 1857.

4. BB. 114-124. VM. LXXXII, 1-2. AM. 174-178. 199-210. NRP. 109-110. 121-125. ARP. 48-53. RS. 9.

5. AM. 174. 208-210. BB. y ajoute une quatrième variété, le rubis *sphaṭika*, qui a la même couleur que le *kuruvinda* et ne s'en distingue que par un éclat supérieur (121). La NRP. compte également une variété de plus, le *nîlagandhi*, d'un rouge nuancé de bleu, et qui par conséquent peut être considéré comme une subdivision du *saugandhika* (109-110).

variétés de l'autre, c'eût été merveille qu'un théoricien ne vînt pas inaugurer une corrélation factice entre les deux faits. Nous trouvons cette concordance établie dans la *Navaratnaparîkṣâ* (109-110) : « A Ceylan, le rubis est rouge, on l'appelle *padmarâga;* à Kalapura, il est jaune et prend le nom de *kuruvinda;* à Andhra, il a la couleur des jeunes pousses de l'açoka et se nomme *saugandhika;* à Tumbara, il est d'une nuance bleue et s'appelle *nîlagandhi.* »

L'amour immodéré de la classification a inspiré à quelques théoriciens l'idée plus étrange encore de superposer une troisième subdivision aux deux premières. On avait bien auparavant réparti les diamants en quatre castes, mais personne n'avait songé à en faire autant des rubis. Le Pseudo-Agasti répare cet oubli (ARP. 47, 52) : « Le padmarâga est brahmane, le kuruvinda kṣatriya, le çyâmagandhi vaiçya, le mâṃsakhaṇḍa çûdra... Le brahmane est rouge blanc, le kṣatriya rouge vif, le vaiçya rouge jaune et le çûdra rouge bleu. » Il résulte de là cette conséquence singulière que le rubis de la première caste est inférieur par la couleur à celui de la seconde !

Qualités et défauts. — L'AM. et la NRP. attribuent au rubis quatre qualités et huit défauts[1].

Les qualités sont : 1, un éclat velouté (*snigdhâ chàyà*); 2, la lourdeur (*gurutva*); 3, la pureté (*nairmalya*); 4, l'intensité de la couleur rouge (*atiraktatà*)[2].

L'ARP. décrit en ces termes le beau rubis : « Que le rubis soit doué d'un éclat très rouge, insécable au fer, poli, coloré comme une boulette de chair : il donne alors l'intelligence et détruit le mal... Celui d'où le frottement fait jaillir du lait, que le fer ne peut couper, qui a de nature un éclat supérieur (*ûrdhvavarti*), procure la richesse. » (53. 60.)

Le rubis est susceptible de huit défauts Il peut être : 1, *vicchâya* (AM.) ou *dvicchâya* (NRP.), marbré; 2, *dvipada* (= dvirûpa), dissymétrique : c'est probablement le même défaut que l'ARP. nomme *vakra;* 3, *bhinna* (= sabheda), fendu; 4, *karkara* (= çarkarâyukta), renfermant du gravier; 5, *laçunapada* (= dugdhaliptasama), ayant l'apparence d'être oint de lait; 6, *kâmala*[3],

1. BB. et VM., par une coïncidence expressive, n'énumèrent pas ici les qualités et les défauts du rubis, mais ceux des gemmes en général. (BB. 125-127. VM. 82, 4.)

2. AM. 197. NRP. 119. RS. 9. LRP. 5.

3. Il y a dans les mss. une perpétuelle confusion entre *kâmala* et *komala*. Ce dernier est inadmissible; il signifie « mou, tendre » : or le rubis affecté

jaunâtre; 7, *jaḍa* (= râgahîna, raṅgahîna), décoloré; 8, *dhûmra*, couleur de fumée[1].

Selon l'ARP., dont la liste est un peu différente, le rubis peut être crevassé (*randhra*), granuleux (*kârkaçya*), taché (*mâlinya*), rugueux (*rûkṣa*), trouble (*avaiçadya*), plat (*cipiṭa*), léger (*laghu*), difforme (*vakra*)[2].

Prix. — Varâhamihira donne le tarif suivant, où l'unité monétaire n'est pas spécifiée :

Poids	Prix
1 pala (= 4 karṣas)	26.000
3 karṣas	20.000
2 »	12.000
1 karṣa (= 16 mâṣakas)	6.000
8 mâṣakas	3.000
4 »	1.000
2 »	500

Il est probable que les prix sont en kârṣâpaṇas.

Buddhabhaṭṭa (144), sans énoncer la série des prix, se borne à formuler la règle suivante : « Le prix qui est attribué à un diamant d'un poids mesuré par le dénombrement des taṇḍulas est aussi le prix d'un rubis dont le poids est exprimé en mâṣakas. » Que signifie cette formule? Rien de plus que ceci, semble-t-il : un diamant vaut le même prix qu'un rubis du même poids; le poids du diamant s'exprime en taṇḍulas et celui du rubis en mâṣakas. Toutefois un autre sens est possible : un diamant pesant un nombre donné de taṇḍulas vaut le même prix qu'un rubis pesant le même nombre de mâṣakas (ou de demi-mâṣakas, si nous adoptons la leçon de plusieurs mss. *mâṣakârdhaṃ* [*mâṣakârdha°*] au lieu de *mâṣakâkhyâ*). Le diamant aurait ainsi une valeur plus de onze (ou de cinq) fois supérieure à celle du rubis, ce qui est bien difficile à admettre; d'ailleurs le tarif qu'on obtient en appliquant cette formule n'offre aucun rapport avec celui de Varâhamihira. Deux mss. de BB. (Variantes, 143) contiennent un autre tarif presque identique à celui de VM., mais qui est manifestement interpolé :

de ce défaut est défini comme ayant la couleur du miel, d'un fruit de kaṅkola, des fleurs de l'açoka, c'est-à-dire, en somme, une teinte jaune. Il est vrai que *kâmala* ne se trouve pas dans les dictionnaires, mais il se forme regulièrement de *kâmalâ*, « jaunisse ».

1. AM. 180-195. NRP. 112-118. Cf. LRP. 6.

2. ARP. 61.

1 pala	30.000 kârṣâpaṇas.	
3 karṣas	22.000	»
2 »	14.000	»
1 karṣa	6.000	»
8 mâṣakas	2.000	»
2 »	500	»
1 mâṣaka	200	»

L'*Agastimata* expose un système d'appréciation fondé sur trois éléments : a) la variété à laquelle appartient le rubis (*padmarâga*, *kuruvinda*, *saugandhika*); b) le volume, évalué en yavas; c) l'éclat, évalué en sarṣapas. L'éclat normal d'une pierre est mesuré au moyen d'une graduation en 20 sarṣapas; suivant que son éclat est supérieur, moyen ou inférieur, le rubis est qualifié de *ûrdhvavarti*, *pârçvavarti*, *adhovarti*, distinction exprimée plus clairement, dans l'ARP., par les termes *ûrdhvajyotis*, *pârçvajyotis*, [*adhojyotis*]. Si l'éclat dépasse 20 sarṣapas, le rubis est appelé *kântiraṅga* et sa valeur augmente dans une forte proportion. L'unité est un volume de 3 yavas; chaque fois qu'une unité s'ajoute au volume de la pierre, son prix est doublé. Le prix maximum est de 261,914,000[1].

Contrefaçon. — Le rubis artificiel se fabrique au moyen d'un coquillage calciné (probablement de la nacre) mêlé de vermillon[2]. On éprouve le rubis en le frottant avec un diamant ou un rubis authentique : la pierre fausse s'émiette au frottement[3]. La NRP. recommande aussi l'épreuve par l'ébullition, qui décolore les gemmes contrefaites[4]. Buddhabhaṭṭa énumère sous le nom de *vijâti* cinq sortes de rubis faux qui semblent être, non à proprement parler des fabrications, mais des pierres inférieures, ressemblant au rubis et susceptibles d'être confondues avec lui : ce sont les rubis faux de Kalaçapura, de Tumbara, de Ceylan, les Muktâmâliyâs et les Çrîpûrṇakas[5].

SAPHIR

Origine. Espèces. — Le saphir (*nîla*) tire son origine des yeux de Bala[6]. Il se divise en deux grandes classes nommées *indranîla*

1. AM. 211-234. ARP. 54-58.
2. NRP. 182-183.
3. BB. 136-137. AM. 236-238
4. NRP 163.
5. BB. 129-131.
6. BB. 179. AM. 240.

et *mahânila*. Les çâstras sont en désaccord sur l'exacte signification de ces deux termes[1]. D'après BB., l'*indranîla* est le saphir dont les reflets ont les couleurs de l'arc-en ciel, le *mahânîla*, celui qui colore le lait en bleu; mais, selon les autres çâstras, cette propriété de colorer le lait en bleu est caractéristique de l'*indranîla*[2]. Quant au *mahânila*, l'AM., qui s'accorde avec BB. à en faire une seconde classe du saphir, désigne par là le rubis de Ceylan, par opposition à celui du Kaliṅga considéré comme inférieur[3]. Les autres textes ne mentionnent pas le *mahânila*. L'ARP. distingue, outre l'*indranîla*, une seconde espèce, de qualité inférieure, d'un bleu tirant sur le blanc, qu'elle appelle *jalanîla;* ce n'est là sans doute qu'un synonyme de *mahânîla*[4]. L'AM. décrit encore, sous le nom de *bâlavrddha*, une variété inférieure du rubis[5].

Gîtes. — BB. ne connait qu'une contrée productrice de saphirs : Ceylan. La NRP. donne la même indication, en précisant un peu : c'est sur les bords de la Râvaṇagaṅgâ que se trouvent les saphirs. L'AM., tout en assignant le premier rang à Ceylan pour l'abondance et la beauté de ses pierres, signale deux mines secondaires : celles du Kaliṅga et de Kalapura (?). Les saphirs de ces deux gîtes se distinguent par leur couleur : ceux du Kaliṅga ressemblent à l'œil de la vache, ceux de Kalapura à l'œil de l'aigle[6].

Couleurs. — Le saphir a dix ou onze nuances, dont les çâstras donnent l'énumération[7]. Selon que sa nuance tire sur le blanc, le rouge, le jaune ou le noir, il appartient à l'une des quatre castes[8]; selon qu'elle est plus ou moins intense, il est classé comme *nîla, indranîla* ou *mahânila*.

Qualités et défauts. — Les qualités du saphir sont[9] : 1, *guru*,

---

1. BB. 195. AM. 244. 268. NRP. 139. ARP. 62. 75. RS. 10.

2. Le RS. dit seulement que sa couleur est intense (*ghanair varṇair*) : mais la définition est identique au fond.

3. Le RS. définit le *mahânila* comme ayant la couleur d'un nuage :

indranilo ghanair varṇair mahânilo mbudadyutiḥ.

4. Si, dans le vers du RS. cité, on introduisait la correction très soutenable *ambudhi* pour *ambuda*, on aurait l'équation *jalanîla = ambudhinîla = mahânila*. La concordance des textes serait ainsi complète. Cf. BB. 182, où il est dit que certains saphirs ont la couleur de l'eau de la mer.

5. AM. 276-279.

6. BB. 179. AM. 241-248. NRP. 126. ARP. 65.

7. BB. 181-182. AM. 263-265. NRP. 135-137. ARP. 72-73.

8. AM. 246-247. 249. NRP. 127. ARP. 67.

9. AM. 261. NRP. 134. ARP. 63. RS. 11. LRP. 9.

lourd; 2, *snigdha*, d'un éclat velouté[1]; 3, *suraṅgàḍhya*, *suraṅga*, bien coloré; 4, *pàrçvarañjana*, qui colore les objets environnants; 5, *tṛṇagràhitvam*, propriété d'attirer les brins de paille[2].

Les défauts sont au nombre de six[3] : 1, *abhraka*, couleur de nuage; 2, *karkara*, *saçarkara*, contenant du gravier; 3, *tràsa*, présentant l'apparence d'une brisure; 4, *bhinna*, fendu; 5, *mṛdà*, *mṛttikàgarbha*, ayant de l'argile à l'intérieur; 6, *pàsàṇa*, *açmagarbha*, ayant une pierre à l'intérieur.

Prix. — D'après BB., le saphir se pèse en *suvarṇas*, d'après l'AM., en *yavas*; mais tous deux s'accordent à lui attribuer la même valeur qu'au rubis[4].

Contrefaçon. — Buddhabhaṭṭa énumère cinq substances servant à contrefaire le saphir : le verre, le cristal de roche. l'œil-de-chat, le *karavìra* et l'*utpala*. Ces deux derniers minéraux ne sont pas identifiés : l'auteur se borne à dire qu'ils se reconnaissent à leur teinte cuivrée[5].

La NRP. donne pour la fabrication du saphir une recette analogue à celle du rubis, mais où le vermillon est remplacé par l'indigo[6].

ÉMERAUDE

Origine et gîte. — L'émeraude (*marakata*, *tàrkṣya*[7]) a pour origine la bile de l'Asura Bala que Garuḍa laissa tomber sur la terre. Le gîte de cette pierre est indiqué en termes assez vagues. C'est une montagne située « au delà du pays de Barbara, sur les confins du désert, près du rivage de la mer »[8]. D'après l'AM. 287,

1. L'AM. 261 porte simplement *snigdha*. Il est toujours assez difficile de savoir dans lequel de ses deux sens (voy. p. XXXIII. n. 3) *snigdha* doit être entendu J'ai choisi le second à cause du texte parallèle de la NRP. 134 : *snigdhakàntitvam*.

2. Cette 5e qualité n'est mentionnée que par la NRP. Elle figure dans le *Ràjanighaṇṭu* XIII, 181. Le RS. a *tṛṇacara*.

3. BB. 184-185. AM. 252-259. NRP. 129-133. ARP. 64. LRP. 10.

4. BB. 197. AM. 270-275.

5. BB. 192-194. Sur l'*utpala*, cf. *Maṇimàlà*, p. 510 :

> indìvaraçyàmavapuḥ suçobhaṃ
> svacchaṃ dṛḍhaṃ bhàṣitam utpalàkhyam.

6. NRP. 178-179.

7. ARP. 80.

8. BB. 150. La st. 149 ajoute que dans cette région « les arbres turuṣkas ruissellent d'encens » C'est vraisemblablement une manière détournée de

cette montagne, célèbre dans les trois mondes, est « dans le pays des Turuṣkas, aux environs du rivage de la mer ». Le RS. 13, la place « dans le pays des Mlecchas ». Enfin l'ARP. 75, distingue deux gîtes, l'un chez les Turuṣkas, l'autre dans le Magadha. Les indications relatives au premier gisement pourraient se référer à la « montagne des Émeraudes » de la géographie classique, c'est-à-dire le Gebel Zabarah, qui se trouve en effet sur le bord de la mer Rouge, dans le voisinage du désert de Nubie.

Quant au gisement du Magadha, il peut également être réel : on a signalé une mine d'émeraudes à Hazaribagh, dans le Bengale[1].

Couleurs. — La plupart des çâstras se bornent à une simple énumération de nuances : BB. en compte sept, la NRP. huit, l'ARP. six, le RS. quatre. L'AM., plus précis, définit d'abord l'émeraude qu'il considère : c'est la « grande émeraude » (*mahâmarakata*), c'est-à-dire celle qui a la propriété de colorer les objets qui l'avoisinent. Il y distingue ensuite deux classes : l'émeraude de couleur normale (*sahaja*) et l'émeraude de couleur foncée (*çyâmalika*). La première a la teinte de la mousse d'eau (*çaivâla*); la seconde est susceptible de trois nuances : plumage de perroquet, fleur de çiriṣa, vitriol[2].

Qualités et défauts. — On énumère cinq qualités et sept défauts de l'émeraude. Elle doit être : 1, pure, *svaccha* (= nirmala); 2, lourde, *guru*; 3, bien colorée, *suvarṇa, surâga* (= râgabahula); 4, lisse, *snigdha*; 5, sans poussière, *arajaska, areṇuka*[3].

L'émeraude défectueuse peut être : 1, *çabala* (= kalmâṣa), bigarrée; 2, *jaraṭha* (= kântihîna), terne; 3, *malina* (= vicchâya), marbrée; 4, *rûkṣa* (= asnigdha), rugueuse; 5, *sapâṣâṇa*, ayant une pierre incrustée en son milieu; 6, *karkara* (= çarkarâyukta), semée de grains de sable; 7, *visphoṭa* (= sapiṭaka), bosselée[4].

Buddhabhaṭṭa, qui parle de ces qualités en termes moins précis et d'une moindre rigueur technique, loue l'émeraude d'un vert intense (*atyarthaharita*), d'un éclat tendre (*komala*), qui a comme une chevelure de rayons (*arcirvitânajaṭila*), dont l'intérieur est parsemé d'une poudre d'or (*kâñcanacûrṇenântaḥpûrṇa*) et coupé

---

dire, comme le fait expressément l'AM., qu'elle est située dans le pays des Turuṣkas.

1. Mallet, *Rec. Geol. Surv. Ind.*, VII, 43.

2. BB. 152. VM. LXXXIII. AM. 301-308. NRP. 149-151 ARP. 78-79. RS. 12.

3. AM. 297. NRP. 147.

4. AM. 299. NRP. 143-146.

de fissures qui lui donnent un éclat particulier (*antarbhedasambharâ dîptih*), etc.[1] Quant aux défauts, il en donne la même énumération que les autres textes, sauf qu'il substitue au défaut nommé *visphoṭa* un autre qu'il appelle *çilàjatu*[2].

Prix. — Le prix de l'émeraude est, d'après l'AM., égal à celui du rubis; suivant BB., il lui est supérieur[3].

Contrefaçon. — Buddhabhaṭṭa nomme trois substances qui servent à contrefaire l'émeraude : le verre, la *putrikà* et le *bhallàṭaka* (165-167). La NRP. décrit un procédé de fabrication qui a pour principal élément un mélange de garance, d'indigo et d'orpiment (180-181).

UPARATNÀNI

Les *uparatnàni* sont décrits très brièvement dans nos lapidaires, et il est inutile de répéter ici le peu qu'ils en disent. Quatre seulement de ces pierres inférieures requièrent quelques observations : la topaze, l'œil-de-chat, le cristal de roche et le corail.

Topaze (*puṣyaràga*)[4]. — La topaze est née de la peau de Bala; sa valeur est égale à celle de l'œil-de-chat. Les çâstras sont en désaccord quant à l'indication de ses gîtes : d'après BB., elle se trouve dans l'Himalaya; d'après l'AM., à Ceylan et à Kalahastha (?); d'après le RS., à Ceylan et à Karka (?).

Œil-de-chat (*vaiḍùrya*)[5]. — On a souvent identifié le *vaiḍùrya*

---

1. BB. 157-162.

2. « *Çilàjatu* literally means stone and lac. The term is applied to certain bituminous substances said to exude from rocks during the hot weather... It is a dark sticky unctuous substance resembling bdellium in appearance. » (U. Chand Dutt. *Materia medica*, 95.) Cf. Garbe, p. 49. Cf. aussi Tavernier, l. II, ch 16 : « Sur la pluspart de ces pierres... il paroit toujours comme une espèce de graisse. qui fait qu'on porte incessamment la main au mouchoir pour l'essuyer. »

3. AM. 312-321. BB. 173-174.

4. BB. 216. AM. app. 6. NRP. 159. ARP. 87-89. RS. 16. — Le nom qui désigne la topaze en sanscrit se trouve sous les deux formes *puṣyaràga* et *puṣparàga*. (On sait que les mss. en devanâgarî confondent les groupes *ṣy* et *ṣp*.) M. Pischel a réuni des arguments décisifs en faveur de la première lecture. (*Rudraṭas Çṛṅgàratilaka*, p. 102-103.) Mais il se peut que des écrivains indiens de basse époque aient commis la même méprise que les éditeurs modernes : par exemple, dans les vers 98-99 de l'*Agastiyà Ratnaparîkṣâ* (p. 193), où le mot est réduit à son premier élément, il est difficile de croire que *puṣyaràgam* ait été abrégé en *puṣyam*, tandis que l'abréviation *puṣpam=puṣparàgam* ne fait aucune difficulté.

5. BB. 192-206. AM. app. 9. NRP. 160. ARP. 90-92. RS. 14. LRP. 11-12.

avec le béryl : mais cette opinion, fondée exclusivement sur l'étymologie, a perdu beaucoup de sa probabilité. Les auteurs les plus récents, MM. R. Garbe[1] et S. M. Tagore[2] s'accordent à y reconnaître non le béryl, mais l'œil-de-chat. Le principal argument qui appuie cette nouvelle interprétation est la ressemblance fréquemment signalée du vaiḍûrya à l'œil d'un chat. La description de Buddhabhaṭṭa la fortifie, ce me semble, d'une nouvelle analogie : je veux parler du *chatoiement* caractéristique de l'œil-de chat, et qui est clairement défini (BB. 200) comme un des principaux attributs du vaiḍûrya.

Suivant une tradition générale et ancienne, le *vaidûrya* (autre forme de *vaiḍûrya*) est ainsi appelé d'après son lieu d'origine. Cette dérivation fait l'objet d'un sûtra de Pâṇini (4, 3, 84), commenté en ces termes par Patañjali : « *On ajoute le suffixe* YA *à* VIDÛRA *pour signifier la provenance.* Cette règle n'est pas juste : car cette [pierre] ne provient pas de Vidûra. Comment cela? Elle provient de Vâlavâya, elle est travaillée à Vidûra. — Mais le mot Vâlavâya se transforme en Vidûra et c'est à celui-ci que s'adjoint le suffixe *ya*. Ou bien le mot Vidûra est une autre forme de Vâlavâya. Si l'on dit : « Non, le nom de Vidûra ne s'étend pas à Vâlavâya, » on peut répondre : Les marchands appellent Bénarès Jitvarî; de même les grammairiens appellent Vâlavâya Vidûra. »

Ainsi le vaiḍûrya se tire, à proprement parler, de la montagne Vâlavâya; il est travaillé et vendu dans la ville de Vidûra, dont le nom est souvent appliqué à la montagne elle-même[3].

Cette montagne est située dans le sud de l'Inde. Est-il possible de préciser davantage sa situation? Buddhabhaṭṭa nous fournit sur ce point un précieux renseignement. Selon lui, le mont Vidûra se trouve précisément à la frontière de deux pays. Le premier est le Koṅga. « Il correspond à peu près aux modernes districts de Salem et de Coimbatore, avec addition d'une partie de ceux de Tinnevelly et de Travancore[4]. » Le second nom est beaucoup moins sûr : il se lit, selon les mss., *vàlika*, *càrika*, *tolaka*. Je crois pouvoir, sans témérité, proposer la correction *colaka*. Les Colas habitaient la côte de Coromandel. La montagne en question devrait donc être cherchée au sud des Ghâts Orientales, aux environs du 76e méri-

1. *Die Indischen Mineralien*, p. 85, n. 5.
2. *Maṇimâlâ*, p. 253 sqq.
3. Ujjvala, *Uṇâdis*. 2, 60. Mallinâtha, *Çiçup*. 3, 45.
4. Wilson, *Mackenzie Collection*, 2e éd., p. 209.

dien. Le massif du Chivaraï répondrait parfaitement à ces conditions; et on sait d'autre part que le district de Salem est d'une grande richesse minéralogique, particulièrement en quartz et corindon de diverses espèces. Je ne propose d'ailleurs cette localisation qu'à titre de simple hypothèse, et sans oublier qu'elle a pour point de départ une correction.

On contrefait l'œil-de-chat en exposant à la fumée les substances suivantes : le verre, le cristal de roche, le *girikâca* et le *çaiçupâla*. (BB. 205-206.)

CRISTAL DE ROCHE (*sphaṭika*)[1]. — Le cristal de roche se divise généralement en deux espèces : le *sûryakânta*, qui jette du feu aux rayons du soleil, et le *candrakânta*, qui jette de l'eau au clair de lune. La NRP. reproduit cette tradition; le RS. (= AM. appendice) ajoute deux autres espèces : le *jalakânta*, d'où jaillit de l'eau (tandis que le *candrakânta* verse de l'amṛita), et le *haṃsagarbha*, qui est un antidote contre le poison.

La croyance que le *candrakânta* verse de l'eau au contact des rayons de la lune a été générale dans l'Inde; on la rencontre à chaque instant chez les poètes. Nous citerons comme exemple cette stance de la compilation connue sous le nom de « Manuscrit Bower » :

yatra trilocanajaṭâmukuṭaikadeça-
nityasthitoḍupatidîdhitisaṃprayogât
çîtaṃ divâpi himavatsphaṭikopalâbham
ambv indukântamaṇayaḥ pracchuraṃ ṣravanti

« (L'Himalaya) où, au contact des rayons de la lune, qui repose perpétuellement sur le diadème des tresses de Çiva, les pierres de lune versent abondamment, même durant le jour, une eau froide qui brille comme le cristal de roche de l'Himavat[2]. »

Une autre théorie assez singulière fait du *sphaṭika* un genre embrassant plusieurs pierres précieuses (à peu près comme le corindon). L'*Agastimata* a recueilli à ce sujet deux systèmes différents : dans le premier, le cristal de roche a quatre divisions (*bhedaiç caturvidham*) : le rubis nîlagandhi, l'hyacinthe, l'œil-de-chat et l'émeraude; dans le second, il en a huit englobant les principales gemmes, à l'exception du diamant, de la perle et du corail.

1. BB. 246-248. AM. 322-324. 326-238 et App. 36-37. NRP. 153-158. RS. 18.

2. *Bower Manuscrit*, ed. by R. Hoernle, pp. 1, 10. M. Hoernle se donne beaucoup de peine pour expliquer *upalâbha* par √‾ *labh* + *upa*. Pourquoi ne pas l'analyser en *upala-âbha*?

Les gîtes du cristal de roche sont, d'après BB., les bords de la Kâverî, les monts Vindhya, le pays des Yavanas, la Chine et le Népal; d'après la NRP., Ceylan, les bords de la Tapti, les monts Vindhya et l'Himalaya.

Corail (*vidruma, pravâla*)[1]. — Les lieux d'où provient le corail sont, d'après BB., *Çakambala*, *Samlâsaka*, *Devaka*, *Râmaka*. Tous ces noms — d'ailleurs probablement altérés — sont inconnus, sauf le dernier, qui se corrige aisément en *Romaka*, et qui désigne sans doute les pêcheries de la Méditerranée. D'après l'Appendice à l'*Agastimata*, 10, le corail se trouve dans un lac salé du mont Hemakanda, au pays des Mlecchas. On peut rapprocher de ce texte un témoignage chinois extrait des *Historiens du Sud* : « Dans le royaume de Perse, il y a des lacs salés, qui produisent des coraux, dont la hauteur est de un à deux pieds[2]. »

La NRP. (174-177) donne une recette pour la fabrication du corail artificiel, dont la base est un mélange de coquillage pulvérisé et de vermillon.

V

Les textes qui viennent d'être analysés offrent, à plusieurs points de vue, un sérieux intérêt, qui en justifie la publication.

Tout d'abord ils apportent à la connaissance et à l'appréciation de l'esprit hindou un document qui n'est pas sans valeur. C'est ici une des rares occasions où l'Inde, désertant le domaine spéculatif, condescend à l'étude du monde extérieur. Nous avons sous les yeux, dans les ratnaçâstras, la science qui est résultée de cette étude. Que faut-il en penser? Si on réfléchit que cette science est une création originale, constituée en dehors de toute influence étrangère (d'où serait-elle venue?), on ne pourra refuser à ceux qui l'élaborèrent un réel talent d'observation et de classification. Sans doute ils ignorent les règles de la méthode expérimentale. Ils suivent aveuglément la tradition, au lieu de la contrôler. Ils répètent les uns après les autres que le diamant surnage sur l'eau, tandis qu'ils pouvaient voir le contraire de leurs yeux. Pas un qui ne déclare que le saphir colore le lait en bleu et que le cristal de roche fond en

---

1. BB. 249-252. AM. App. 10-11. NRP. 162-163. ARP. 94-96. LRP. 17-18.

2. Pfizmaier, *Beiträge zur Geschichte der Edelsteine und des Goldes*, dans *Sitzungsber. der Wiener Ak.*, t. LVIII (1868), p. 184.

eau aux rayons de la lune, alors qu'il leur suffisait de faire comme M. Garbe, qui mit un saphir dans du lait, un cristal au clair de lune, et constata — sans surprise — que le lait restait blanc et le cristal sec[1]. Mais en dépit de ces faiblesses, l'œuvre n'est point méprisable, car elle n'était pas exempte de difficultés. « Il y a sur terre bien des pierres bleues, dit un de nos lapidaires : Maghavan lui-même ne pourrait s'y reconnaître sans l'aide du çâstra. » Mais avant que ce çâstra existât, il fallut, sans autre aide que l'observation, distinguer les diverses espèces de pierres, grouper sous chaque espèce ses variétés, déterminer la gamme délicate des nuances et celle, plus délicate encore, de l'éclat. La réussite d'une pareille tâche implique de beaux dons de pénétration, de discernement et de méthode. Les Hindous en jugeaient bien ainsi : on disait métaphoriquement d'un sot qu'il ne distinguait pas une pierre précieuse d'un morceau de verre, et on exprimait d'un mot la barbarie des Abhîras : ils vendaient une pierre de lune pour trois cauris[2].

Envisagés isolément, les ratnaçâstras méritent donc l'attention des indianistes. Situés dans l'ensemble des œuvres similaires, ils prennent un intérêt plus général. La littérature des lapidaires a fleuri dans tout le monde ancien, tant en Orient qu'en Occident, et elle est restée vivace jusqu'à la fin du moyen âge. La question de son origine et de sa diffusion intéresse à la fois l'histoire de la science, des littératures et des traditions populaires. Les lapidaires indiens constituent une pièce essentielle de cette enquête qui, grâce à de savants travaux, est en bonne voie d'exécution[3].

---

1. *Die Indischen Mineralien*, pp. 85, 90.
2. *Pañcatantra*, éd. Kosegarten, I, vv. 87-88.
3. Les Lapidaires français du moyen âge ont été publiés par M. Pannier dans la *Bibliothèque de l'Ecole des Hautes Etudes*, fasc. 52 (1882). Parmi les lapidaires arabes, on ne connaît guère jusqu'ici que celui de Teifaschi, traduit par Antonio Raineri. (*Fior di pensieri sulle pietre preziose di Ahmed Teifascite*. Firenze, 1818, in-4°.) Mais M. Moritz Steinschneider en a dressé récemment un inventaire qui semble présager un travail approfondi sur ce sujet. (*Arabische Lapidarien*, ZDMG., t. 49, 1895, pp. 244-278.) Rappelons enfin l'article de Clément Mullet *sur la Minéralogie arabe* (J. A., 6e s., t. XI, 1868.) — On annonce la publication des Lapidaires grecs par MM. Berthelot et de Mély dans la collection du Musée Guimet. M. de Mély, qui a entrepris l'étude comparée des lapidaires, a publié sur ce sujet plusieurs dissertations intéressantes, parmi lesquelles je citerai : *Les Pierres chaldéennes d'après le Lapidaire d'Alphonse X le Sage* (1891) ; *Les Cachets d'oculistes et les Lapidaires de l'antiquité et du haut moyen âge* (1892) ; *Des Lapidaires grecs dans la littérature arabe du moyen âge* (1893). Je dois à ce savant plusieurs renseignements utiles dont je le remercie vivement.

****

J'espère enfin que ces textes ne seront pas sans utilité pour la philologie sanscrite et en particulier pour la lexicographie. Le Dictionnaire de Saint-Pétersbourg, monument incomparable de science et de critique, ne peut cependant être considéré comme le définitif *Thesaurus* de la langue. Les termes techniques par lesquels s'expriment la philosophie, le culte, l'art, la science, l'épigraphie, n'ont pas toujours trouvé dans le Lexique une interprétation adéquate, lorsqu'ils n'en sont pas totalement absents. La philologie, à mesure qu'elle progresse, exige des instruments plus précis et plus délicats. Réviser et compléter le Dictionnaire de Saint-Pétersbourg est une des tâches qui s'imposent avec le plus d'urgence. C'est sans doute cette pensée qui guidait l'Académie de Vienne, lorsqu'elle décidait naguère, sur la proposition de M. Bühler, la publication des « Sources de la lexicographie indienne ». Mais, si fructueuse que puisse être l'étude des *koças*, celle des *çâstras* promet de l'être autant, sinon davantage.

Telle était ma conviction lorsque j'entrepris de former le recueil de textes que je présente maintenant au public, et ce travail n'a fait que la fortifier, encore qu'il m'ait donné mainte déception. Si le résultat n'est point tel que je l'eusse souhaité et que je l'avais d'abord espéré, cela tient, pour une grande part du moins, à deux causes : le caractère des ouvrages eux-mêmes et l'état des manuscrits.

Quand on lit les ratnaçâstras, un double trait se signale d'abord à l'attention : la sécheresse de l'exposition et la pauvreté de la syntaxe.

L'explication en est facile, si on admet que le çâstra, auquel se réfèrent souvent nos lapidaires comme à leur source, était écrit en sûtras. D'après les règles bien connues de ce genre, il ne devait fournir que la charpente de la science : de courtes formules et des séries de mots techniques. Or, ce squelette de doctrine, les auteurs de ratnaçâstras n'ont pas su le vivifier. Au lieu de développer et d'éclaircir la prose concise des sûtras, ils se sont bornés à la versifier au moyen de misérables remplissages. Ainsi entendue, la tâche était en partie fort aisée. En prodiguant à tout propos, et le plus souvent hors de propos, les particules *hi, tu, ca, eva, caiva, tathaiva ca*, etc., on arrive sans trop d'efforts à mettre un çloka sur pied. Pour combler les vides un peu plus grands, nos versificateurs disposaient d'une profusion d'inoffensives formules : « Écoutez attentivement! Écoutez, Munis! Écoutez, Taureaux des Munis! Ainsi jugent les connaisseurs. Aucun doute là-dessus... etc. » Un tel procédé pouvait suffire, tant qu'il ne s'agissait que d'énumérations : « Les pointes, les facettes, les arêtes, — au nombre de six, huit, douze, — aiguës, égales, effilées, — sont les qualités naturelles du diamant. — Le rubis peut avoir huit défauts : marbré, dimorphe, fendu, granuleux, laiteux, jaunâtre, décoloré, fumeux. » Cela est sec et clair. Mais la question était tout autre, lorsqu'il s'agissait, par exemple, de décrire une expérience ou d'exposer une méthode d'appréciation. Il ne suffisait plus alors d'adresser des apostrophes aux Taureaux des Munis : il fallait trouver des formules précises et des phrases intelligibles à substituer aux brèves indications des sûtras. Il est évident que nos auteurs n'y ont pas réussi et que l'œuvre, en sortant de leurs mains, renfermait déjà assez de passages vagues, équivoques ou obscurs pour dérouter un lecteur peu familier avec le sujet.

Tels étaient les ratnaçâstras au moment où commençait leur migration à travers plusieurs générations de copistes ; en quel état ils étaient lorsqu'elle s'acheva, il est difficile de l'exprimer. Il faut avoir manié ces manuscrits pour se rendre pleinement compte de ce que peut devenir un texte entre les mains de scribes ignorants : stances vagabondes qui changent de place d'un manuscrit à l'autre ; vers mutilés, réduits à un hémistiche ou à un pâda ; mots déformés, tronqués, méconnaissables, sans désinence ou affublés d'une désinence de hasard, et que soude une fantaisie plus soucieuse du mètre que du saṃdhi : voilà les matériaux à mettre en œuvre. Sans doute une comparaison attentive des manuscrits rétablit un peu d'ordre dans cette confusion : çà et là une lacune se comble, une interpolation s'élimine, une suite de syllabes incohérentes s'organise en mots : on parvient enfin à constituer un texte à peu près suivi. Mais combien ce travail laisse subsister de leçons incertaines et d'interprétations discutables ! L'édition qu'on donne ici des lapidaires indiens n'a donc nullement la prétention d'être définitive : elle n'a d'autre but que de déblayer un terrain jusqu'à présent peu praticable, et de frayer la voie à de futurs travaux.

Je n'ai que peu de chose à dire sur le système que j'ai suivi. Ne pouvant songer à une édition critique proprement dite, j'ai pris pour base la famille de mss. qui paraissait représenter avec le plus de fidélité l'état primitif du texte, et je l'ai suivie scrupuleusement, sans faire usage des autres que pour restituer les passages corrompus. En l'absence de toute leçon plausible dans les mss., j'ai dû corriger le texte : je ne l'ai fait d'ailleurs qu'en cas de stricte nécessité, et en me tenant toujours en garde contre la fâcheuse tendance à modifier un texte par l'unique raison qu'on ne le comprend pas. Lorsque la correction était certaine ou très vraisemblable, elle a été introduite dans le texte, avec une note contenant la mention *ex correctura* ou *ex conjectura* et les leçons des mss. Lorsqu'elle était purement hypothétique, elle a seulement été proposée en note.

Une traduction est jointe aux traités les plus importants. Elle est aussi littérale que le permettait le style spécial de ce genre d'écrits. J'ai naturellement pris peu de souci des insignifiantes formules qui ne servent qu'à compléter le mètre, et peut-être aurais-je dû les supprimer entièrement.

A la suite des textes ont été réunies les variantes et les notes. J'ai donné très largement, vers par vers et pâda par pâda, les variantes des mss. On pourra ainsi contrôler facilement la constitution du texte. Quant aux notes, elles ont été réduites au strict nécessaire : si j'avais voulu discuter tous les points douteux, j'aurais été entraîné à faire un commentaire perpétuel, d'une utilité contestable et d'un intérêt médiocre.

Les manuscrits qui servent de base à ce travail sont assez dispersés : mes demandes ont trouvé partout le meilleur accueil, et j'ai pu en obtenir le plus grand nombre en original, quelques-uns (d'une importance d'ailleurs secondaire) en copie. C'est pour moi un agréable devoir de remercier ici ceux à qui je suis redevable de cette libérale communication : M. K. M. Chatfield, directeur de l'instruction publique, Bombay; M. E. Hultzsch; M. R. G. Bhandarkar; MM. les Secrétaires des Sociétés Asiatiques de Londres et de Calcutta; M. le Préfet de la Bibliothèque Nationale de Florence. J'ai un devoir tout spécial de reconnaissance envers le Dr Reinhold Rost, ancien bibliothécaire de l'India Office, dont l'inépuisable bienveillance a aplani pour moi des obstacles qui seraient, sans son aide, demeurés insurmontables. Enfin, si j'ai pu conduire à son terme cette tâche parfois pénible, je le dois avant tout aux conseils et aux encouragements de mon cher maître et ami M. Sylvain Lévi : durant tout le cours de ce travail, il n'a cessé de prodiguer en ma faveur son temps et sa peine avec le plus généreux désintéressement, et c'est bien imparfaitement reconnaître tout ce que je dois à son amitié que de lui exprimer, comme je le fais ici, ma profonde gratitude et ma sincère affection.

L. F.

ABRÉVIATIONS

AK.	*Amarakoça.*
AM.	*Agastimata.*
ARP.	*Agastîyâ Ratnaparîkṣâ.*
AV.	*Atharvaveda.*
BB.	Buddhabhaṭṭa, *Ratnaparîkṣâ.*
BS.	*Bṛhatsaṃhitâ.*
GP.	*Garuḍapurâṇa.*
H.	Hemacandra, *Abhidhânacintâmaṇi.*
JA.	*Journal Asiatique.*
JRAS.	*Journal of the Royal Asiatic Society of Great Britain.*
LRP.	*Laghu-Ratnaparîkṣâ.*
NRP.	*Navaratnaparîkṣâ.*
PW.	*Petersburger Wörterbuch.*
RS.	*Ratnasaṃgraha.*
RV.	*Ṛgveda.*
VM.	Varâhamihira.
ZDA.	*Zeitschrift für deutsches Alterthum.*
ZDMG.	*Zeitschrift der deutschen morgenländischen Gesellschaft.*

BIBLIOGRAPHIE

Agastimatam nâma ratnaçâstram, ḍâktâr Çrî Râmadâsasena saṃçodhya... — Calcutta, 1883. In-16.

BALL (V.).— *The diamonds, coal and gold of India*... — London, 1881. In-16.

ID. — *Early notices of metals and gems in India.* (*Indian Antiquary*, XIII, p. 228-248.)

CUNNINGHAM (A.). — *Coins of ancient India*... — London, 1891. In-8°.

GARBE (R.). — *Die Indischen Mineralien, ihre Namen und die ihnen zugeschriebenen Kräfte. Narahari's Râjanighaṇṭu, varga XIII, sanskrit und deutsch*... — Leipzig, 1882. In-8°.

Garuḍapurâṇam. Ed. Pañcânana Tarkaratna, Vîrasiṃha Çâstrin et Dhîrânanda Kâvyanidhi. — Calcutta, çaka 1812. In-4°.

A Manual of the geology of India. — Calcutta. Gr. in-8°.
Partie III : *Economic geology*, by V. Ball (1881).
Partie IV : *Mineralogy*, by F.-R. Mallet (1887).

RÁM DÁS SEN. — *Ratnarahasya, a treatise on diamonds and precious stones.* — Calcutta, 1884. In-16.

TAGORE (SOURINDRO MOHUN). — *Maṇi-Mâlâ or a treatise on gems.* — Calcutta, 1879-1881. 2 vol. in-8°.

TAVERNIER. — *Les Six Voyages de J.-B. Tavernier*... — Suivant la copie imprimée à Paris, 1679-1681. 3 vol. in-12.

VARÂHAMIHIRA. — *The Bṛhatsanhitâ*, edited by Dr. H. Kern. — Calcutta, 1865. In-8°. [*Bibliotheca indica.*]

ID. — *The Bṛhatsanhitâ or complete system of natural astrology*, translated from sanskrit into english by Dr. H. Kern. Chap. LXXX-LXXXIII. (*Journal of the Royal Asiatic Society of Great Britain*, N. S., vol. VII, pp. 125-132.)

RATNAPARÎKṢÂ

DE

BUDDHABHAṬṬA

MANUSCRITS

A. — Paris, Bibliothèque Nationale, Devanâgarî 120. Papier du Népal, 36 ff. Ce ms. faisait partie de la collection envoyée par Hodgson à la Société Asiatique en 1837 (J. A., 3e s., t. IV, 1837, p. 296-298).

B — Calcutta, Bibliothèque de la Royal Asiatic Society of Bengal, B 50. Décrit dans R. Mitra, *Buddhist Sanskrit Literature of Nepal*, p. 291 : « Substance, yellow paper, 9 × 3 inches. Folia, 45. Lines on a page, 7. Extent in slokas, 650 [lisez 250]. Character, Newárí. Date, N. S. 934 (= 1814 ap. J.-C.) Prose and verse. Incorrect. » Chaque stance est suivie d'une glose en prose newárí. — Je ne connais ce ms. que par une copie envoyée de Calcutta. Il est dans le rapport le plus étroit avec le ms. A, et, selon toute apparence, a été copié sur le même original. Il est d'une extrême incorrection et à peu près sans utilité pour l'établissement du texte.

C. — Londres, Bibliothèque de la Royal Asiatic Society, fonds Hodgson, no 10. Papier. Caractère népalais. 35 ff. de 6 lignes. Incorrect. Colophon : Iti çrîvuddhabhaṭâcaryakṛtâ ratnaparîkṣâ samâptam .. çrîlalitakumâyâṃ pûrvasthaṃ çrîmayûravarddhanamahâvihâre uttaragṛhaṃ çrîmajjîdevagurâcâryena rikhita râjâdhirâjaçrîmatçrîsiddhinarasiṃhamallaḥ tasya putra çrînîvâsimallaḥ ubhayasya vijayarâjya saṃvat 764 (= 1644 ap. J.-C.). Ce ms. est très voisin des précédents, avec quelques variantes notables.

D. — Florence, Biblioteca Nazionale, B 415. Papier. Devanâgarî. 21 ff. Date : Saṃvat 1614 (= 1557 ap. J.-C.). Compilation comprenant : f° 1-11, *Agastimata ;* f° 11-12, *Ratnasaṃgraha ;* f° 12-14, *Maṇimâhâtmya ;* f° 14-21. Buddhabhaṭṭa.

E. — Bikaneer, Bibliothèque du mahârâja, n° 1568. Papier. Devanâgarî. 27 ff. S. d. Compilation contenant : f° 1-2, *Ratnasaṃgraha ;* f° 2-6 v°, *Maṇimâhâtmya ;* f° 6-19 v°, Buddhabhaṭṭa, st. 1-163 ; f° 20-27 v°, *Agastimata*, st. 251 ad fin. On voit que Buddhabhaṭṭa est incomplet de la fin et l'*Agastimata* du commencement. Il faut voir là, soit une grossière erreur du scribe, soit la réunion injustifiée de deux mss. fragmentaires. Cette seconde hypothèse est la plus probable, bien que le papier et l'écriture soient les mêmes d'un bout à l'autre.

Les deux mss. qui précèdent sont entre eux dans un rapport très intime et diffèrent au contraire beaucoup des trois autres.

Tous les mss. qui viennent d'être décrits ont été collationnés en original, sauf le ms. B qui ne l'a été qu'en copie.

La liste des mss. envoyés par Hodgson à Fort-William mentionne une *Ratnaparîkṣâ* qui est vraisemblablement celle de Buddhabhaṭṭa (Hunter, *Catalogue of skr. mss. collected... by B. H. Hodgson...* Londres, 1881. Page 20, n° 47).

Un ms. de la *Ratnaparîkṣâ* extraite du *Garuḍa-Purâṇa* (garuḍapurâṇîyam) est décrit dans R. Mitra, *Notices of skr. mss.*, vol. VII, p. 216, n° 2458.

ÉDITION

La *Ratnaparîkṣâ*, en tant qu'ouvrage isolé, est inédite. Mais, comme on l'a vu plus haut, elle a passé dans le *Garuḍa-Purâṇa*, où elle forme les adhyâyas 68-80 du pûrvakhaṇḍa. La première stance contenant le nom de l'auteur a été supprimée ; aucune autre modification importante n'a été faite, mais les variantes sont nombreuses.

MÈTRES

Indravajra, upendravajra, upajâti : 17. 24. 30. 36. 37. 51-58. 60-74. 76 86. 93. 94. 100. 102. 108-110. 112-121. 126. 127. 130-135. 138-140. 142-144. 151. 153. 197. 198. 203. 208. 209. 221. 223. 226. 242. 250. 251.

Praharṣiṇî : 33.

Puṣpitâgrâ : 230.

Vasantatilakâ : 1. 23. 32. 150. 152. 177-182. 200. 222. 224. 227-229. 241. 244. 245.
Mâlinî : 141.
Çârdûlavikrîḍita : 19. 20.
Aupacchandasika : 29. 35. 44. 87. 88. 103. 149. 210. 211.
Âryâ : 22. 28. 45. 49. 50. 75. 129. 157-163, 167. 192. 193. 204-206. 220. 225. 231-239. — Le reste en çlokas.

NAMO RATNATRAYÂYA

I

1 ratnatrayâya bhuvanatrayavanditâya
kṛtvâ namaḥ samavalokya ca ratnaçâstram
ratnapravekam adhikṛtya vimucya phalgu
saṃkṣepamâtram iha buddhabhaṭena dṛṣṭam

2 bhuvanatritayâkrântaprakâçîkṛtavikramaḥ
balo nâmâbhavac chrîmân dânavendro mahâbalaḥ

3 asakṛt saṃyuge yena bhajyamâne divaspatau
noduvâha çacî vîrapatnî garvonnataṃ ciraḥ

HOMMAGE AUX TROIS JOYAUX!

I. *Diamant.*

1 Hommage étant rendu aux Trois Joyaux vénérés des trois mondes, Buddhabhaṭṭa, après avoir fait une étude complète du *ratnaçâstra*, en présente ici un simple abrégé, dans lequel il a fait entrer les gemmes principales, laissant de côté les secondaires.

2 Il y avait un puissant roi des Dânavas, nommé Bala, doué d'une grande force, et qui avait manifesté sa vaillance en conquérant les trois mondes.

3 En plus d'un combat Divaspati fut par lui vaincu, et l'épouse du Héros, Çacî, n'eut pas lieu de lever la tête avec orgueil.

4 açaknuvadbhir nijetuṃ samare yuddhadurdamam
varavyâjena paçutâṃ prârthitaḥ sa surair makhe

5 sâttvikânâṃ samatvasya sâraṃ pratyâdiçad balî
çauṭîryamâni [1] vibudhâṃs tatheti pratyapadyata

6 dhairyâd agaṇitaprâṇaparibhraṃçârtisaṃbhramaḥ
paçuvat tridaçaiḥ stambhe svavâkpâçaniyantritaḥ [2]

7 tasya jâtiviçuddhasya pariçuddhena karmaṇâ
kâyasyâvayavâh sarve ratnabîjatvam âyayuḥ

8 devânâm atha yakṣâṇâṃ siddhânâṃ pavanâçinâm
ratnabîjasvayaṃgrahaḥ [3] sumahân abhavat tadâ

9 teṣâṃ sampatatâṃ vegâd vimalena vihâyasâ
yad yat papâta ratnânâṃ bîjaṃ kvacana kiṃcana

10 payonidhau sariti ca parvate kânane pi vâ
tat tad âkaratâṃ yâtaṃ sthânam adhyeyagauravât

4 Les dieux ne pouvant vaincre en guerre ouverte ce combattant indomptable, le requirent, sous couleur d'une grâce à choisir, d'être la victime de leur sacrifice.

5 Le puissant Bala surpassa la plus haute sérénité des grandes âmes : dans l'orgueil de son courage, il répondit « Oui » aux dieux.

6 Ferme, et comptant pour rien le trouble douloureux que cause la fuite des souffles vitaux, il fut lié au poteau par les Treize, comme une pièce de bétail, avec la corde de sa parole.

7 Son origine étant pure et très pur son acte, tous les membres de son corps devinrent une semence de pierreries.

8 Dieux, Yakṣas, Siddhas, Serpents firent un grand pillage de cette semence de pierreries.

9 Dans leur vol précipité à travers le limpide espace, ils en laissèrent tomber; et partout où quelque chose en tomba,

10 dans la mer, les rivières, les montagnes, les forêts, cette semence, par son inconcevable poids, forma des gîtes.

---

1 A. soṭiryamâno. B. soṭi°. C. sotiryamânî. D. E. çauṇḍiramâno.
2. A. B. C. vâkyâça°
3. Mss. grahya.

11 teṣu rakṣoviṣavyâlavyâdhighnâny aghahâni ca
prâdurbhavanti ratnâni tathaiva viguṇâni ca

12 pâpalagneṣu jâyante yâni copahate hani
doṣais tâny upagṛhyante hîyante guṇasampadâ

13 parîkṣâpariçuddhânâṃ ratnânâṃ pṛthivîkṣitâ
dhâraṇaṃ saṃgrahaṃ caiva kâryaṃ çriyam abhîpsatâ

14 çâstravit kuçalaç câpi ratnânâṃ sa parîkṣakaḥ
sa eva mûlyamâtrâyâḥ paricchettâ prakîrtitaḥ

15 vettâro ratnamûlyasya deçakâlântarânugâḥ
na çâstravaçagâ grâhyâ vidvadbhis te pi nepsitâḥ

16 mahâprabhâvaṃ vidvadbhir yasmâd vajram udâhṛtam
vajraṃ pûrvaṃ parîkṣeyam tato smâbhir nigadyate

17 tasyâsthileço nipapâta yeṣu
bhuvaḥ pradeçeṣu kathaṃcid eva
vajrâṇi vajrâyudhanirjigîṣor
bhavanti nânâkṛtimanti teṣu

11 De ces pierres, les unes se révèlent comme aptes à détruire les Rakṣas, le poison, les serpents, les maladies, les péchés; les autres comme dépourvues d'efficacité.

12 Celles qui naissent sous de mauvais horoscopes, dans un jour néfaste, sont remplies d'influences funestes et dénuées de toute qualité salutaire.

13 Le roi qui souhaite le bonheur doit recueillir et porter des joyaux bien vérifiés.

14 L'homme qui possède les çâstras et l'habileté technique, est un expert en pierres précieuses. On le nomme aussi l'arbitre du prix.

15 Ceux qui ne savent le prix des gemmes qu'en s'attachant au lieu et au temps, sans se guider d'après les çâstras, les sages ne souhaitent pas de les employer.

16 A cause de la grande vertu que les sages attribuent au diamant, c'est le diamant qui doit être étudié le premier. Il en est parlé à partir d'ici.

17 Dans les lieux de la terre où tomba par aventure quelque débris des os du rival du Porte-foudre se rencontrent des diamants variés.

18 saurâṣṭrahaimamâtaṅgapauṇḍrakâliṅgakoçalâḥ
vaiṇyâtaṭaṃ ca sûrpârâ vajrasyâṣṭau mahâkarâḥ

19 çyâmaṃ pauṇḍrabhavaṃ mâtaṅgaviṣaye nâtyantapîtaprabhaṃ
sûrpâraṃ sitasârdrameghasadṛçaṃ raktaṃ ca saurâṣṭrajam
âtâmraṃ himaçailajaṃ çaçinibhaṃ vaiṇyâtaṭotthaṃ tathâ
kâliṅgaṃ kanakâvabhâsaruciraṃ çairîṣakaṃ kauçalam.

20 susvacchaṃ laghu varṇataç ca guṇavat pârçveṣu samyaksamaṃ
rekhâbindukalaṅkakâkapadakatrâsâdibhir varjitam
loke smin paramâṇumâtraṃ api yad vajraṃ kvacij jâyate
tasmin devasamâçrayo hy avitathaṃ tîkṣṇâgradhâraṃ yadi

21 vajreṣu varṇayuktyâ ca devânâṃ saṃparigrahaḥ
proktavarṇavibhâgaç ca kâryo varṇâçrayâd eva

22 haritasitapîtapiṅgaçyâmâtâmrâḥ svabhâvato rucirâḥ
jinavaruṇaçakrahutavahapitṛpatimarutâṃ svakâ varṇâḥ

18 Les huit grands gîtes du diamant sont ceux du Surâṣṭra, de l'Himâlaya, du Mâtaṅga, du Pauṇḍra, du Kâliṅga, du Koçala, des rives de la Vaiṇyâ et de Sûrpârâ.

19 Le diamant du Pauṇḍra est gris, celui du Mâtaṅga a une légère teinte jaune, celui de Sûrpârâ ressemble à un nuage blanc chargé de pluie; celui du Surâṣṭra est rouge; celui de l'Himâlaya, cuivré; celui de la Vaiṇyâ, pareil à la lune ; celui du Kâliṅga a l'éclat de l'or, et celui du Koçala ressemble à la fleur de çirîṣa.

20 S'il se forme quelque part en ce monde un diamant d'une transparence parfaite, léger, d'une belle nuance, aux facettes bien égales, n'ayant ni raie, ni goutte, ni tache, ni pied-de-corneille, ni apparence de brisure, n'eût-il que la dimension d'un atome, il devient en vérité le bien d'un dieu, pourvu qu'il ait les pointes et les arêtes bien effilées.

21 C'est suivant la couleur que les dieux prennent possession des diamants. La répartition des couleurs énumérées doit également être faite selon les castes.

22 Les couleurs verte, blanche, jaune, brune, grise, cuivrée, toutes ayant un éclat naturel, sont consacrées respectivement au Buddha, à Varuṇa, à Çakra, à Agni, à Yama et aux Maruts.

---

1. Les st. 18-26 mq. dans D. E.

23 viprasya caṅkhakumudasphaṭikâvadâtaḥ
syât kṣatriyasya çaçababhruvilocanâbhaḥ
vaiçyasya kântakadalîdalasaṃnikâçaḥ
çûdrasya dhautakaravâlasamânadîptiḥ

24 dvau vajravarṇau pṛthivîpatînâṃ
sadbhiḥ pradiṣṭau na tu sârvavarṇau
yaḥ syâj javâvidrumabhaṅgaçoṇo
yo vâ haridrârasasaṃnikâçaḥ

25 içatvát sarvavarṇânâṃ guṇavat sârvavarṇikam
kâmato dhârayed râjâ na tu hînaḥ kathaṃcana

26 adharottaravṛttyâ hi yâdṛço varṇasaṃkaraḥ
tataḥ kaṣṭataro vajre varṇânâṃ saṃkaro mataḥ

27 na ca varṇavibhâgamâtrayuktyâ
viduṣâ vajraparigraho vidheyaḥ
guṇavân guṇasampadâṃ prasûtir
viparîtaṃ vyasanodayasya hetuḥ

28 ekam api yasya çṛṅgaṃ vidalitam avalokyate viçîrṇaṃ vâ
guṇavad api tan na dhâryaṃ vajraṃ çreyorthibhir bhuvane

23 Le diamant du Brahmane doit avoir la blancheur de la conque, du lotus, du cristal de roche; celui du Kṣatriya, la couleur brune de l'œil du lièvre; celui du Vaiçya, la belle nuance d'un pétale de kadalî; celui du Çûdra, l'éclat d'une épée fourbie.

24 Les sages attribuent aux rois seuls, et non à toutes les castes, deux des couleurs du diamant, savoir : le diamant qui est rouge comme un morceau de corail ou la rose de Chine, et celui qui est jaune comme le safran.

25 Il convient que celui qui est le maître de toutes les castes le soit aussi de toutes les couleurs: le Roi peut donc les porter toutes à son gré, mais non les inférieurs du Roi.

26 Si funeste que soit le bouleversement qui produit le mélange des castes, plus funeste encore est la confusion des couleurs dans le diamant.

27 Ce n'est pas assez pour le sage d'observer dans le choix des diamants la classification des couleurs: si le diamant possède les qualités requises, il est une source de bénédictions; sinon, une cause de malheur.

28 Le diamant dont une seule pointe est brisée ou fendue, eût-il

29 sphuṭitâgraviçîrṇaçṛṅgadeçaṃ
malavarṇaiḥ pṛṣatair upetamadhyam
na hi vajrabhṛto pi vajram âçu
çriyam anyâçrayalâlasâṃ na kuryât

30 yasyaikadeçaḥ kṣatajâvabhâso
yad vâ bhavel lohitabinducitram
na tan na kûryâd dhriyamânam âçu
svacchandamṛtyor api .jîvitântam

31 koṭyaḥ pârçvâni dhârâç ca ṣaḍ aṣṭau dvâdaçaiva ca
uttuṅgasamatîkṣṇâgrâ vajrasyâkarajâ guṇâḥ

32 ṣaṭkoṭi çuddham amalaṃ sphuṭatîkṣṇadhâraṃ
varṇânvitaṃ laghu supârçvam apetadoṣam
indrâyudhâṃçuvisṛtisphuritântarîkṣam
evaṃvidhaṃ bhuvi bhavet sulabhaṃ na vajram

33 tîkṣṇâgraṃ vimalam apetasarvadoṣam
dhatte yaḥ prayatatanuḥ sadaiva vajram
vṛddhiṃ tat pratidinam eti yâvad âyuḥ
çrîsampatsutadhanadhânyagopaçûnâm

d'ailleurs toutes les autres qualités, ne doit pas être porté par ceux qui désirent le bonheur en ce monde.

29 Un diamant qui a la pointe émoussée, l'extrémité fendue, l'intérieur parsemé de taches colorées ou de gouttes, un tel *vajra*, fût-ce celui de Vajrabhṛt (Indra), inspirerait bientôt à Çrî l'envie d'un autre séjour.

30 Un diamant dont une partie est couleur de sang ou qui est éclaboussé de gouttelettes rouges donnerait promptement la mort à qui le porterait, fût-ce le Maître de la mort.

31 Les pointes, les facettes, les arêtes, au nombre de 6, 8, 12, aiguës, égales, effilées, constituent les qualités naturelles du diamant.

32 Un diamant à six pointes, pur, sans tache, aux arêtes prononcées et effilées, d'une belle nuance, léger, aux facettes bien taillées, sans défaut, illuminant l'espace de feux aux reflets d'arc-en-ciel, un diamant de cette sorte n'est pas facile à trouver sur la terre.

33 Celui qui, ayant le corps pur, porte toujours un diamant aux pointes aiguës, sans tache, exempt de tout défaut, celui-là, tant que dure sa vie, croît chaque jour en quelque chose: bonheur, prospérité, enfants, richesse, grain, vaches, bétail.

34 vyâlavahniviṣavyâdhitaskarâmbubhayâni ca
dûrât tasya nivartante karmâṇy âtharvaṇâni ca[1]

35 yadi vajram apetasarvadoṣaṃ
bibhṛyâd viṃçatitaṇḍulaṃ gurutvam
maṇiçâstravido vadanti tasya
dviguṇaṃ rûpakalakṣam agramûlyam

36[2] tribhâgahînârdhatadardhaṣaṣṭha-
trayodaçatriṃçatadardhahînâḥ
açîtibhâgaç ca tathâ çatâṃçaḥ
sahasram ity eṣa samâsayogaḥ

37 yat taṇḍulair viṃçatibhir dhṛtasya
vajrasya mûlyaṃ paramaṃ pradiṣṭam
dvâbhyâṃ kramâd dhânim upâgatasya
ekâvasânasya viniçcayo yam

38 na câpi taṇḍulair eva vajrâṇâṃ dhâraṇakramaḥ
aṣṭabhiḥ sarṣapair gaurais taṇḍulaḥ parikîrtitaḥ

34 Il écarte loin de lui les dangers des serpents, du feu, du poison, des maladies, des voleurs, de l'eau, et les maléfices atharvanesques.

35 Si un diamant sans défaut pèse 20 taṇḍulas, les connaisseurs lui attribuent le plus haut prix, savoir, 2 lakhs de rûpakas.

36 Un tiers en moins, — la moitié, — la moitié de la moitié, — le sixième, — le treizième, — le trentième, — la moitié du trentième, — le quatre-vingtième, — le centième, — 1000 : voilà en résumé la série des prix.

37 Le prix maximum étant assigné au diamant du poids de 20 taṇḍulas, les prix ainsi fixés sont ceux du diamant diminué chaque fois de 2 taṇḍulas.

38 Ce n'est pas seulement en taṇḍulas que s'exprime la série des poids : un taṇḍula équivaut à 8 sarṣapas.

---

1. Ex Gar.-Pur. — B. C. ârthavalâni.
2. Mq. dans E.

39 viṃçatitaṇḍulagurutvaṃ bibharti yad vajraṃ tasya mûlyam

ekataḥ	200.000
aṣṭâdaçataṇḍulaguruvajramûlyaṃ	133.333 1/6
ṣoḍaçataṇḍulagurutvavajramûlyaṃ	100.000
caturdaçataṇḍulagurutvavajramûlyaṃ	50.000
dvâdaçataṇḍulagurutvavajramûlyaṃ	33.333 1/6
daçataṇḍulagurutvavajramûlyaṃ	15.384 2/6
aṣṭataṇḍulagurutvavajramûlyaṃ	6.666 3/6
ṣaṭtaṇḍulagurutvavajramûlyaṃ	3.333 1/4
catustaṇḍulagurutvavajramûlyaṃ	2.500
dvitaṇḍulagurutvavajramûlyaṃ	2.000
ekataṇḍulagurutvavajramûlyaṃ	1.000

yat tatsarvaguṇair yuktaṃ vajraṃ tarati vâribhiḥ
ratnavarge[1] samaste pi tasya dhâraṇam iṣyate

40 gurutâ sarvaratnânâṃ gauravâdhârakâriṇî
vajre tadvaiparîtyena gauravaṃ paricakṣate

41 aṇunâpi[2] hi doṣeṇa laksyâlaksyeṇa[3] dûṣitam
svamûlyâd daçamaṃ bhâgaṃ vajraṃ prâpnoti vâ na vâ

39 Un diamant pesant	20	taṇḍulas vaut	200.000	rûpakas.
—	18	—	133.333 1/6	—
—	16	—	100.000	—
—	14	—	50.000	—
—	12	—	33.333 1/6	—
—	10	—	15.384 2/6	—
—	8	—	6.666 3/6	—
—	6	—	3.333 1/4	—
—	4	—	2.500	—
—	2	—	2.000	—
—	1	—	1.000	—.

Si un diamant, pourvu de toutes ces qualités, surnage sur l'eau, c'est lui qu'on souhaite de porter, de préférence à toutes les espèces de joyaux.

40 Dans toutes les autres gemmes, la pesanteur (spécifique) est un élément de valeur; dans le diamant, au contraire, elle est considérée comme un défaut.

41 Le diamant affecté d'un défaut même très petit, même à

1. Mss. varga.
2. Ex conj. — A. B. C. aguṇopi. D. E. aṇumapi.
3. It. — A. lakṣalakṣyeṇa. B. °lakseṇa. C. °lakṣana. D. E. lakṣaṇaṃ lakṣa.

42 prakaṭânekadoṣasya svalpasya mahato pi vâ
svamûlyac chatabhâge pi na vajrasya vidhîyate

43 spaṣṭadoṣam alaṃkâre na vajraṃ yojyate budhaiḥ
ratnânâṃ parikarmârthaṃ mûlyaṃ tasyeṣyate laghu

44 prathamaṃ guṇasampadâbhyupetaṃ
pratibaddhaṃ samupaiti yac ca doṣam
alaṃ âbharaṇena tena râjño
guṇahînâ maṇayo na bhûṣanâya

45 nâryâ vajram adhâryaṃ guṇavad api sutapravṛddhim icchatyâḥ
anyatra dîrghacipiṭât tryaçrâc cânyair guṇair nirmuktât

46 ayasâ puṣyarâgeṇa tathâ gomedakena ca
vaiḍûryasphaṭikâbhyâṃ ca kâcaiç câpi pṛthagvidhaiḥ

47 pratirûpâṇi kurvanti vajrâṇâṃ kuçalâ janâḥ
kṣârollekhanaçânâbhis teṣâṃ kâryaṃ parîkṣaṇam

48 pṛthivyâṃ yâni ratnâni ye ca syur lohadhâtavaḥ
sarvâṃs tân vilikhed vajraṃ vajraṃ tair na vilikhyate

peine perceptible, n'a plus que le dixième de sa valeur, ou même moins.

42 Le diamant, grand ou petit, qui a plusieurs défauts apparents n'a plus même le centième de sa valeur.

43 Les sages ne doivent pas employer à la parure un diamant qui a un défaut visible. Il ne peut servir qu'au polissage des gemmes et sa valeur est faible.

44 Si un diamant, pourvu tout d'abord de toutes les qualités, est endommagé par le montage, laissez là une telle parure : des gemmes défectueuses ne sont point un ornement pour un roi.

45 La femme qui désire des fils ne doit point porter un diamant qualifié, autrement que long, plat, triangulaire et dénué de toutes les autres qualités.

46 Avec le fer, la topaze, l'hyacinthe, l'œil-de-chat, le cristal de roche et différents verres,

47 des gens habiles font des imitations du diamant : on doit les vérifier par les acides, le grattage, la pierre de touche.

48 Les gemmes et les métaux qui existent sur la terre sont tous rayés par le diamant : le diamant ne l'est point par eux.

49 jâtyâjâtyaṃ vilikhati jâtyaṃ vilikhati vajraṃ kuruvindân
vajraṃ vilikhati sarvân nânyena vilikhyate vajram

50[1] yady api koṭiviçîrṇaṃ sabindu rekhânvitaṃ viçîrṇaṃ vâ
tad api dhanadhânyaputrân karoti sendrâyudhaṃ vajram

51 saudâminîvisphuritâbhirâmaṃ
rájâ yathoktaṃ kuliçaṃ dadhânaḥ
parâkramâkrântaparapratâpaḥ
samastasîmântabhuvaṃ bhunakti

iti vajraparîkṣâ samâptâ

49 Une substance noble raye celle qui est noble et celle qui ne l'est pas ; le diamant raye même le rubis. Le diamant raye tout et n'est rayé par rien.

50 Même s'il a les pointes émoussées, s'il a une goutte, une raie, une fêlure, le diamant qui a le reflet de l'arc-en-ciel procure des richesses, du grain, des fils.

51 Le roi qui porte, selon qu'il a été dit, un diamant beau et étincelant d'éclairs, a une force qui triomphe de toute autre puissance, et se rend maître de toute terre qui l'avoisine.

1. Mq. dans D. E. qui y substituent 2 çlokas. V. Var.

II

52 dvipendrajîmûtavarâhaçaṅkha-
matsyâhiçuktyudbhavaveṇujâni
muktâphalâni prathitâni loke
teṣâṃ hi çuktyudbhavam eva bhûri

53 tasyaiva caikasya hi mûlyamâtrâ
nirdiçyate na tv aparasya jâtu
vedhyaṃ tu çuktyudbhavam eva teṣâṃ
çeṣâny avedhyâni vadanti tajjñâḥ

54 tvaksâranâgendratimiprasûtaṃ
yac chaṅkhajaṃ yac ca varâhajâtam
prâyo vimuktâni bhavanti bhâsâ
pûjyâni mâṅgalyatayâ tathâpi

II. *Perle.*

52 Les perles renommées dans le monde ont l'une de ces origines : l'éléphant, le nuage, le sanglier, la conque, le poisson le serpent, l'huître et le bambou. De ces perles, une seule, celle du l'huître, se trouve fréquemment.

53 C'est aussi pour elle seule, et non pour une autre, qu'on indique un prix. Seule également elle peut être percée : les autres ne se trouent point, disent les connaisseurs.

54 Les perles du bambou, du serpent, du nuage, de la conque et du sanglier sont en grande partie dénuées d'éclat, et estimables néanmoins par leurs vertus salutaires.

55 yâ mauktikânâm iha yonayo ṣṭau
prakîrtitâ ratnaviniçcayajñaiḥ
kambûdbhavaṃ puṇyatamaṃ pradiṣṭaṃ
mâtaṅgajaṃ câpy adhamaṃ ca teṣu

56 svayonimadhyacchavitulya varṇaṃ
çaṅkhaṃ bṛhatkolaphalapramâṇam
utpadyate vâraṇakumbhamadhyâd
âpîtatâmraṃ prabhayâ vihînam

57 ye kambavaḥ çârṅgimukhâvasaṅgât
pûtasya çaṅkhapravarasya gotre
mâtaṅgajâç câpi viçuddhavaṃçâs
te mauktikânâṃ prabhavâḥ pradiṣṭâḥ

58 paṭhînapṛṣṭhasya samânavarṇaṃ
mînât suvṛttaṃ laghu nâtisûkṣmam
utpadyate vâricarânaneṣu
matsyâ hi te madhyacarâḥ payodheḥ

59 devâgnipitṛkâryeṣu yoge bhyudayakarmaṇi
dhâryaṃ kambûdbhavaṃ nityaṃ mâṅgalyaṃ bhûtim icchatâ

55 Telles sont les huit « matrices » de la perle, comme les appellent les connaisseurs. La perle de la conque est réputée la plus salutaire, celle de l'éléphant la dernière de toutes.

56 La perle de la conque a la même couleur que l'intérieur de la matrice où elle se forme. Celle qui naît dans les bosses frontales de l'éléphant est de la dimension d'une grosse baie de *kola*, d'une nuance jaune cuivré, et sans éclat.

57 Les coquillages qui appartiennent à la lignée de la reine des conques purifiée par le contact des lèvres de Viṣṇu, et les éléphants de race pure, sont ceux qui produisent les perles.

58 La perle du poisson a une couleur semblable au dos du silure ; elle est bien ronde, légère, et assez grosse ; elle naît dans la bouche des poissons ; ces poissons sont ceux qui vivent dans la mer.

59 Dans les rites en l'honneur des Devas, d'Agni, des Mânes, dans les actes du *yoga*, dans les fêtes familiales (*abhyudaya-karman*), la perle de la conque doit toujours être portée comme amulette par celui qui désire la prospérité.

60 varâhadaṃṣṭrodbhavam ekam eva
tasyaiva daṃṣṭrâṅkurasaṃnikâçâm
kvacit kathaṃcic ca sabhûpradeçe
prajâyate çûkararâḍviçiṣṭe

61 varṣopalânâṃ samavarṇaçobhaṃ
tvaksâraparvaprabhavaṃ pradiṣṭaṃ
te veṇavo divyajanopabhogye
sthâne prarohanti na sarvabhûmau

62 bhaujaṃgamaṃ nîlaviçuddhavṛttaṃ
sarvaṃ bhavaty ujjvalavarṇaçobham
nitântadhautapravikampamânaṃ
nistriṃçadhârâsamavarṇadîpti

63 prâpnoti ratnâni mahâprabhâṇi
dhanaṃ çriyam vâ mahatîṃ durâpâm
bhogâ hi te[1] puṇyakṛto bhavanti
muktâphalasyâhiçirodbhavasya

64 jijñâsayâ ratnavaraṃ vidhijñaiḥ
çubhe muhûrte prayataiḥ prayatnât
rakṣâvidhânaṃ sumahad vidhâya
harmyopariṣṭhaṃ kriyate yadâ tat

60 La perle produite par les défenses du sanglier, seule, ressemble à la pointe de ces défenses. Un tel sanglier naît quelque part, d'une certaine façon, en un lieu de la terre distingué par le Roi des sangliers.

61 La perle qui se forme aux nœuds du bambou est décrite comme ayant la couleur et l'éclat des grêlons. Ces bambous ne croissent pas par toute la terre, mais en un lieu accessible seulement aux dieux.

62 La perle du serpent est bleuâtre, limpide, ronde, entièrement splendide de couleur et d'éclat, pure et scintillante au plus haut degré. Elle a la teinte et le brillant d'une lame d'épée.

63 Des joyaux magnifiques, la richesse, la fortune, la plus inaccessible grandeur: tels sont les avantages que procure à l'homme vertueux la perle née de la tête du serpent.

64 Lorsque, voulant reconnaître cet excellent joyau, des

1. Mss. hi to.

65 tadâ mahâdundubhinâdaghoṣair
vidyullatâvisphuritântarâlaiḥ
payodharâkrântivilambibaddhair
ghanair ghanair âdhriyate ntarikṣam

66 na taṃ bhujaṃgâ na tu yâtudhânâ
na vyâdhayo nâpy upasargadoṣâḥ
hiṃsanti yasyâhiçiraḥsamutthaṃ
muktâphalaṃ tiṣṭhati pûjyamânam

67 nâbhyeti meghaprabhavaṃ dharitrîṃ
viyadgataṃ tad vibudhâ haranti
arcipratânâvṛtadigvibhâgam
âdityavad duḥkhavibhâvyabimbam

68 tejas tiraskṛtya hutâçanendu-
nakṣatratârâgrahajaṃ samastam
divâ yathâ dîptikaraṃ tathaiva
tamovigâḍhâsv api tan niçâsu

69 vicitraratnadyuticârutoya-
catuḥsamudrâbharaṇâbhirâmâ
mûlyaṃ na vâ syâd iti niçcayo me
kṛtsnâ mahî tasya suvarṇapûrṇâ

connaisseurs attentifs, zélés, dans un temps favorable, le placent sur la terrasse d'un palais, protégé par une garde nombreuse,

65 Alors, avec un bruit pareil au roulement d'un grand tambour, sillonnant d'éclairs l'espace qui les sépare, puis se rejoignant et s'abaissant sous la montée des nuées, d'épais nuages couvrent le ciel.

66 Ni les serpents, ni les enchanteurs, ni les maladies, ni les accidents n'atteignent celui qui tient en honneur une perle née de la tête d'un serpent.

67 La perle du nuage n'arrive pas sur la terre : les dieux s'en emparent tandis qu'elle est encore dans l'atmosphère. C'est, comme le soleil, un globe éblouissant dont le rayonnement remplit tout l'horizon.

68 Elle éclipse la lumière du feu, de la lune, des constellations lunaires, des étoiles et des planètes ensemble. Tel le soleil durant le jour, telle cette perle dans les ténèbres de la nuit.

69 La terre embellie par la parure des quatre mers dont l'eau brille de l'éclat des divers joyaux, la terre entière, couverte d'or, atteindrait à peine à la valeur de cette perle : voilà mon avis.

70 hîno pi yas tal labhate kadâcid
vipâkayogân mahataḥ çubhasya
sapatnahînâṃ sa mahîṃ samagrâṃ
bhunakti tat tiṣṭhati yâvad eva

71 na kevalaṃ tac chubhadaṃ nṛpasya
bhâgyaṃ prajânâm api tasya janma
tad yojanânâṃ paritaḥ sahasraṃ
sarvân anarthân vimukhîkaroti

72 nakṣatramâleva dive vakîrṇâ
dantâvalî tasya mahâsurasya
vicitravarṇâ suviçuddharûpâ
payaḥsu patyuḥ payasâṃ papâta

73 saṃpûrṇacandrâṃçukalâpakânter
maṇipravarasya mahâguṇasya
yasmin pradeçe mbunidheḥ papâta
tac câru muktâmaṇiratnabîjam

74 tasmin payas toyadharâvakîrṇaṃ
çuktisthitaṃ mauktikatâṃ prayâti
tac chuktikâsu sthitam âpa bîjam
âsan[1] purâpy anyabhavâni yâni

70 Celui qui vient à l'obtenir par suite de la maturité d'un acte de haute vertu, celui-là, tant qu'elle lui demeure, règne sans rival sur toute la terre.

71 Ce n'est pas au roi seul qu'elle est bienfaisante; son apparition est aussi un bonheur pour les sujets; elle détourne les maux dans un rayon de mille yojanas autour d'elle.

72 Semée dans le ciel, — tel le zodiaque lunaire, — la rangée des dents du grand Asura, de couleurs variées, d'une forme très pure, tomba dans les eaux de l'Océan.

73 En chaque lieu de la mer où tomba la splendide semence de cette perle, reine des gemmes, de haute perfection, belle comme les rayons de la pleine lune.

74 En ce lieu-là, l'eau versée par les nuages entre dans les huîtres,

---

1. Ex Gar.-Pur.— A. B. âsît. C. asir. D. âsâṃ.

75 siṃhalapâralaukikasaurâṣṭrikatâmrapauṇḍrâḥ
kauveravâṭahaimâsu çuktyudbhûtâkarâ hy aṣṭau

76 çuktyudbhavaṃ nâtinikṛṣṭavarṇaṃ
pramâṇasaṃsthânaguṇair upetam
utpadyate barbarapârasîke
ârâvaṭe[1] kontarasiṃhaleṣu

77 hitvâ tu tasyâkarajân viçeṣân
rûpe pramâṇe ca yateta vidvân
na ca vyavasthâsti guṇâguṇair yâḥ
sarvatra sarvâkṛtayo bhavanti

78[2] pañcâbhir mâṣako jñeyo guñjâbhir mâṣakais tathâ
caturbhiḥ çâṇam âkhyâtaṃ munibhir mânavâdibhiḥ

79 ekasya çuktiprabhavasya dṛṣṭaṃ
muktâmaṇeḥ çâṇatulâdhṛtasya
mûlyaṃ sahasrâṇy api rûpakâṇâṃ
tribhiḥ çatair abhyadhikâni pañca

atteint la semence qui y est déposée et devient une perle. Il y eut aussi jadis des perles d'une autre origine.

75 Ceylan, Paraloka, le Surâṣṭra, Tâmraparṇî, Puṇḍra, la contrée du Nord (Kauvera), l'Himâlaya sont les huit gîtes de la perle d'huître.

76 Une perle d'huître, qui n'est pas au dernier rang par la couleur, et qui possède certaines qualités de dimension et de forme, se trouve en Barbara, en Perse, à Âravaṭî, Kontara(?) et Ceylan.

77 Laissant de côté les différences qui résultent du lieu d'origine, le sage doit porter son attention sur la forme et le volume. Il n'y a aucune distinction, au point de vue des qualités et des défauts, entre toutes les espèces de tous les lieux.

78 5 guñjâs font 1 mâṣaka; et 4 mâṣakas 1 çâṇa, suivant la terminologie de Manu et des autres Munis.

79 Le prix assigné à une perle d'huître pesant 1 çâṇa est de 5.300 rûpakas.

---

1. Ex corr. A. B. pârâvato.
2. Ce çloka n'est que dans D. E.

80 yan mâṣakârdhena tato vihînaṃ
tatpañcabhâgadvayahînamûlyam
yan mâṣakâṃs trîn bibhṛyât sahasre
dve tasya mûlyaṃ paramaṃ pradiṣṭam

81 ardhâdhikau dvau vidhṛtasya mûlyaṃ
tribhiḥ çatair abhyadhikaṃ sahasram
dvimâṣakonmâpitagauravasya
çatâni câṣṭau kathitâni mûlyam

82 ardhâdhikaṃ mâṣakam unmitasya
sapañcaviṃçaṃ tritayaṃ çatânâm
guñjâç ca ṣaḍ dhârayataḥ çate dve
mûlyapramâṇaṃ paramaṃ pradiṣṭam

83 yan mâṣakonmâpitagauravaṃ syât
tasyâdhikaṃ viṃçatibhiḥ çataṃ syât
guñjâc catasro vidhṛtaṃ çatârdhaṃ
daçâdhikaṃ vâpi labheta kiṃcit

84 guñjâç ca tisro vidhṛtaṃ çatârdhâd
ardhaṃ labhetâbhyadhikaṃ tribhir vâ
guñjâdvayaṃ yad dhriyate tad asya
jñeyaṃ daça dvâdaça vâpi mûlyam

85 ataḥ paraṃ syâd dharaṇaṃ pramâṇaṃ
saṃkhyâṃ vinirdiçya viniçcayo yam
. . . .
. . . .

80 Si le poids est moindre de 1/2 mâṣaka, le prix diminue de 2/5 (= 3.200 rûp.) Si le poids est de 3 mâṣakas, le prix le plus haut est de 2.000.

81 2 1/2 mâṣakas valent 1.300; 2 mâṣakas, 800.

82 1 1/2 mâṣaka vaut 325; le prix le plus haut assigné à une perle de 6 guñjâs est de 200.

83 Si le poids est de 1 mâṣaka, le prix est de 120. Une perle de 4 guñjâs peut valoir de 50 à 60.

84 Une perle de 3 guñjâs vaut 25 ou 28. Une perle de 2 guñjâs vaut de 10 à 12.

85 Au-dessous de ce poids, le *dharaṇa* sert de mesure. Le prix est fixé suivant le nombre [de perles au dharaṇa].

86 trayodaçânâṃ dhara ṇe dhṛtânâṃ
guccheti nâma pravadanti tajjñâḥ
adhyardham unmâpakṛtaṃ çataṃ syân
mûlyaṃ gunais tasya samanvitasya

87 yadi ṣoḍaçabhir bhaved anûnaṃ
dharaṇaṃ tat pravadanti dârvikâkhyam
adhikaṃ daçabhiḥ çataṃ ca mûlyaṃ
samavâpnoty api bâliçasya hastât

88 yadi viṃçatibhir bhaved anûnaṃ
dharaṇaṃ tac chuvakaṃ vadanti tajjñâḥ
navasaptatim âpnuyât tu mûlyaṃ
yadi na syâd guṇayuktito vihînam

89 triṃçatâ dharaṇaṃ pûrṇaṃ siktahasteti kîrtitam
catvâriṃçad bhavet tasya paro mûlyaviniçcayaḥ

90[1] siktaç catvâriṃçatâ syât triṃçan mûlyaṃ labhet tu saḥ[2]
ṣaṣṭir makaraçîrṣaṃ syân mûlyaṃ tasya caturdaça

91 açîtir navatiç caiva kûpyeti parikîrtitaḥ
ekâdaça nava ca syât tato mûlyam anukramât

86 Les perles dont 13 font un dharaṇa reçoivent des connaisseurs le nom de *gucchâ*. On leur assigne comme prix 150, si elles sont douées de qualités.

87 Si le dharaṇa est complet avec 16 perles, on le nomme *dârvikâ* : il obtient pour prix 110, même de la main d'un sot.

88 Si le dharaṇa est complet avec 20 perles, on le nomme *çuvaka* : il vaut 79, si les qualités ne lui font pas défaut.

89 Le dharaṇa comprenant 30 perles est appelé *siktahastâ* : son plus haut prix est de 40.

90 Le dharaṇa de 40 perles s'appelle *sikta* et vaut 30. Celui de 60 perles s'appelle *makaraçîrṣa* et vaut 14.

91 Ceux de 80 et 90 se nomment *kûpyâ* et valent respectivement 11 et 9.

---

1. 90-91 mqq. dans D.
2. Ex conj. A. labhet tamaḥ. E. bhavet tu sâ.

92 çatam ardhâdhikaṃ dve ca pûrṇo yaṃ parikîrtyate
sapta pañca trayaç caiva teṣâṃ mûlyam anukramât

93 çâṇât paraṃ mâṣakam ekam ekaṃ
yâvad vivardheta guṇair ahînaṃ
mûlyeno tâvad dviguṇena yogaṃ
prâpnoty anâvṛṣṭihate ca deçe

94[1] sûkṣmâtisûkṣmottaramadhyamânâṃ
yan mauktikânâm iha mûlyam uktam
tajjâtimâtreṇa na jâtu kâryaṃ
guṇair ahînasya tu tat pradiṣṭam

95 sitaṃ vṛttaṃ guru snigdhaṃ sutâraṃ nirmalaṃ tathâ
ṣaḍbhir guṇaiḥ samâyuktaṃ mauktikaṃ guṇavat smṛtam

96 pîtakasya bhaved ardham avṛttasya tribhâgataḥ
cipiṭatryaçrabhâgânâṃ ṣaḍbhâgaṃ mûlyam âdiçet

97 ṛjuvedhaguṇair yutasya kâryaṃ
gurunaḥ kântimataḥ sunirmalasya
paribhâṣitam etad agramûlyaṃ
yadi viddhaṃ tad ato rdhamûlyam âhuḥ

92 Ceux de 100, 150, 152 se nomment *pûrṇa* et valent respectivement 7, 5, 3.

93 A chaque mâṣaka au-dessus d'un çâṇa, une perle qualifiée trouve preneur à un prix double, même dans les lieux désolés par la sécheresse.

94 Le prix indiqué ci-dessus pour les perles petites, très petites, grosses et moyennes n'est pas applicable à une perle uniquement parce qu'elle appartient à l'une de ces catégories : c'est à une perle pourvue de toutes les qualités qu'il est assigné.

95 Blanche, ronde, lourde, lisse, lumineuse, sans tache, la perle douée de ces six qualités est dite qualifiée (*guṇavat*).

96 Si elle est jaune, elle vaut la moitié de ce prix; si elle n'est pas ronde, un tiers ; si elle a des parties plates ou triangulaires, un sixième.

97 Le prix maximum énoncé ci-dessus est celui d'une perle

1. Entre 93 et 94, D. E. intercalent 1 çloka. V. notes et var.

98 ardharûpâṇi vispholapaṅkapûrṇâni yâni ca
yâni tatpaṅkavarṇâni kâṃsyavarṇâni yâni tu

99 ekadeçaprabhâvanti sakalaçleṣitâni ca
asârâṇi ca yâni syuḥ karkarâvanti yâni ca

100 mînanetrasavarṇâni granthibhiḥ saṃvṛtâni ca
pramâṇenâpi yuktânâṃ mûlyaṃ yat kiṃcid âdiçet

101 rûkṣaṃ vivarṇaṃ paruṣaṃ karkaçaṃ laghu savraṇam
avadhâritam âcâryaiḥ sadoṣam iti mauktikam

102[1] pramâṇavad gauravaraçmiyuktaṃ
sitaṃ suvṛttaṃ samasûkṣmavedham
akretur apy âvahati pramodaṃ
yan mauktikaṃ tad guṇavat pradiṣṭam

103 evaṃsamastena guṇodayena
ye mauktikâ yogam upâgatâ syuḥ
teṣâṃ na bhartâram anarthayogyam
eko pi kaçcit samupaiti doṣaḥ

percée d'un trou droit, lourde, brillante, sans tache. Si elle est endommagée, elle n'en vaut, dit-on, que la moitié.

98 Les perles qui n'ont que la moitié de leur forme, qui sont remplies de bosses et de poussière, qui ont la couleur de la poussière ou du laiton ;

99 Qui n'ont qu'un côté brillant, qui se présentent comme des morceaux assemblés, qui sont vides ou mêlées de gravier ;

100 Qui ont la couleur d'un œil de poisson, qui sont cernées de bourrelets, ont beau être de grande dimension : leur valeur est quelconque.

101 Raboteuse, décolorée, noueuse, granuleuse, légère, endommagée, la perle est déclarée défectueuse par les connaisseurs.

102 La perle grosse, lourde, éclatante, blanche, ronde, percée d'un trou égal et fin, qui réjouit même celui qui ne l'achète pas, est dite qualifiée (*guṇavat*).

103 S'il est fait usage de perles où se montre la réunion de ces

---

1. Entre 101 et 102 D. E. intercalent 3 et 4 çlokas. V. note.

104 yasmin kṛtrimasaṃdehaḥ kretur bhavati mauktike
uṣṇe salavaṇe snehe niçântaṃ sthâpayej jale

105 vrîhibhir mardanîyaṃ vâ çuṣkavastropaveṣṭitam
yadi nâyâti vaivarṇyaṃ vijñeyaṃ tad akṛtrimam

106 sitakâcasamaṃ târaṃ himâṃçuçatayojitam
rasarâjapratîvâpaṃ mauktikaṃ devabhûṣaṇam

107 evaṃ siṃhaladeçeṣu kurvanti kuçalâ janâḥ
paṇḍitais tûpalakṣyante durlabhaṃ tatparîkṣaṇam

iti muktâphalaparîkṣâ

qualités, aucun dommage n'atteint celui qui les porte, fût-il inhabile à ses intérêts.

104 Si un doute vient à l'acheteur sur l'authenticité d'une perle, qu'il la mette pendant une nuit dans un mélange d'eau et d'huile additionné de sel et chauffé ;

105 Ou qu'il la frotte, enveloppée d'un linge sec, avec des grains de riz : si elle ne se décolore pas, elle doit être tenue pour authentique.

106-107 D'habiles ouvriers fabriquent à Ceylan, au moyen d'un alliage de mercure, une perle semblable à du verre blanc, brillante, ayant l'éclat de cent lunes, ornement digne des dieux. Les experts la reconnaissent : mais cette vérification est difficile.

III

108 divâkaras tasya mahâmahimno
mahâsurasyottamaratnabîjam
asṛg gṛhitvâ tvaritaṃ pratasthe
nistriṃçanîlena nabhastalena

109 jetrâsurâṇâṃ[1] samareṣv ajasraṃ
vîryâvalepoddhatamânasena
laṅkâdhipenânupathaṃ sametya
svarbhânuneva prasabhaṃ niruddhaḥ

110 tat siṃhalîcârunitambabimba-
vikṣobitâgâdhamahâhradâyâm
pûgadrumacchannataṭadvayâyâṃ
mumoca sûryaḥ sariduttamâyâm

III. *Rubis.*

108 Le Soleil saisit le sang du grand Asura à la vaste puissance, semence de gemmes parfaites, et s'élance rapide à travers le ciel bleu comme une lame d'épée.

109 L'éternel vainqueur des Dieux, le Roi de Laṅkâ, l'âme gonflée de l'orgueil de sa force, le suit, le rejoint, et le heurte violemment, tel que Svarbhânu.

110 Sûrya laissa tomber le sang dans la reine des rivières, aux eaux vastes et profondes que trouble le reflet des belles hanches des Singhalaises, aux rives couvertes d'aréquiers.

---

1. Ex Gar.-Pur. — A. jîtâ°. B. tenâ°. C. yetâ°. D. E. surâ°.

111 tataḥprabhṛti sâ gaṅgâtulyapuṇyaphalodayâ
nâmnâ râvaṇagaṅgeti mahimânam upâyayau

112 tataḥprabhṛty eva ca çarvarîṣu
kûlâni ratnair nicitâni tasyâḥ
kukûlavahniprakarair ivântar-
vibhânti saṃsaktataṭopalâni

113 kvacit kvacic câpi maṇiprabhâbhir
vibhidyamânâni payâṃsi tasyâḥ
suvarṇanârâcaçatair ivântar-
vahnipradîptair nicitâni bhânti

114 tasyâs taṭeṣûjjvalacitrarûpâ
bhavanti toyeṣu ca padmarâgâḥ
saugandhikotthâḥ kuruvindajâç ca
mahâguṇâç ca sphaṭikaprasûtâḥ

115 bandhûkaguñjâçakalendragopa-
javâçaçâsṛksamavarṇaçobhâḥ
bhrâjiṣṇavo dâḍimabîjavarṇâs
tathâpare kolakapuṣpabhâsaḥ

111 Depuis lors, cette rivière donnant des fruits de sainteté à l'égal du Gange, fut glorifiée du nom de Râvaṇagaṅgâ.

112 Depuis lors aussi, la nuit venue, ses bords jonchés de gemmes, comme éclairés par des feux de paille à l'intérieur, resplendissent de l'éclat des pierreries qui se pressent sur le rivage.

113 Çà et là, les eaux, elles aussi, traversées par les rayons des gemmes, brillent, comme criblées par des centaines de flèches d'or que ferait étinceler un feu intérieur.

114 Sur les rives et dans les eaux, brillants et variés d'aspect, se trouvent les rubis *padmarâgas*, ceux qui dérivent du *saugandhika* (soufre) et du *kuruvinda* (cinabre), et les rubis de grande qualité qui tirent leur origine du *sphaṭika* (cristal).

115 Les uns ont l'éclat et la couleur du bandhûka, d'un morceau de guñjâ, de la coccinelle, de la rose de Chine, du sang de lièvre. D'autres, resplendissants, ont la couleur de la pulpe des grenades ou de la fleur de kolaka.

116 sindûraraktotpalakuṅkumânâṃ
lâkṣârasasyâpi samânavarṇâḥ
sândre pi râge prabhayâ svayaiva
bhavanti lakṣyâḥ[1] sphuṭamadhyarâgâḥ

117 bhânoḥ svabhâsâṃ hy anuvedhayogam
âsâdya raçmiprakareṇa dûram
pârçvâni sarvâṇy anurañjayanti
guṇopapannâḥ sphaṭikaprasûtaḥ

118 kusumbhanîlâvyatimiçrarâgâḥ
pratyagraraktâmbaratulyavarṇâḥ
tathâpare kiṃçukakaṇṭhakâri-
puṣpatviṣo hiṅgulakatviṣo nye

119 cakorapuṃskokilasârasânâṃ
netrâvabhâsadyutayaç ca kecit
anye punar bhânti vipuṣpitânâṃ
tulyatviṣaḥ kokanadodarâṇâm

120 prabhâvakâṭhinyagurutvayogaiḥ
prâyaḥ samânâḥ sphaṭikaprasûtâḥ
ânîlaraktotpalatulyabhâsaḥ
saugandhikotthâ maṇayo bhavanti

116 Ils sont encore colorés comme le minium, le lotus rouge, le safran, le suc de laque. Malgré l'intensité de leur coloration, ils peuvent être caractérisés, grâce à leur éclat propre, comme étant d'une nuance claire à l'intérieur.

117 Doués de la puissance illuminatrice du soleil, les rubis dérivés du sphatika, s'ils sont de bonne qualité, projettent au loin des faisceaux de rayons qui colorent tous les alentours.

118 Les uns ont une nuance mêlée de carmin et d'indigo, une teinte pareille à la rougeur du ciel matinal ; les autres ont la couleur des fleurs de kiṃçuka, de kaṇṭhakârî, ou celle du minium.

119 Certains ont la couleur des yeux du cakora, du kokila, du sârasa ; d'autres brillent d'une teinte semblable au calice des lotus rouges épanouis.

120 Ordinairement les rubis dérivés du sphaṭika ont des qualités

1. Sic Gar.-Pur. — A. B. C. E. lakṣa. D. lâkṣâ.

121 kâmaṃ tu râgaḥ kuruvindajeṣu
teṣv eva yâḍṛk sphaṭikodbhaveṣu
nirarciṣo ntar bahulâ bhavanti
prabhâvavanto pi na tatsamastâḥ[1]

122 ye tu râvaṇagaṅgâyâṃ jâyante kuruvindajâḥ
padmarâgaghanaṃ râgaṃ bibhrâṇâḥ sphaṭikârciṣaḥ

123 varṇânuyâyinas teṣâm andhradeçe[2] tathâpare
jâyante ye tu kecit te tanmûlyâd aṃçam âpnuyuḥ

124 tathaiva sphaṭikotthânâṃ deçe tumbarasaṃjñake
samânavarṇâ jâyante svalpamûlyâ hi te smṛtâḥ

125 varṇâdhikyaṃ gurutvaṃ ca snigdhatâ samatâcchatâ
arciṣmattâ mahattâ ca maṇînâṃ guṇasaṃgrahaḥ

126 ye karkarâç chidramalopadigdhâḥ
prabhâvimuktâḥ paruṣâ vivarṇâḥ
na te praçastâ maṇayo bhavanti
samâsato jâtiguṇair upetâḥ

moyennes d'éclat, de dureté, de poids. Les rubis venant du saûgandhika ont la couleur du lotus rouge nuancée de bleu.

121 Les rubis venant du kuruvinda ont, il est vrai, la même coloration que ceux qui viennent du sphaṭika ; mais beaucoup sont ternes à l'intérieur; et même s'ils sont brillants, ils ne sont pas assimilés à ceux-ci.

122 Cependant les kuruvindas qui naissent dans la Râvaṇagaṅgâ ont la coloration intense des padmarâgas et le brillant des sphaṭikas.

123 Leur couleur se retrouve dans d'autres rubis originaires du pays d'Andhra, mais qui n'ont jamais qu'une valeur inférieure aux premiers.

124 Dans le pays de Tumbara également se trouvent des rubis de la même couleur que les sphaṭikas : mais leur prix est très peu élevé.

125 Couleur intense, poids, poli, symétrie, transparence, éclat, volume : voilà en résumé toutes les qualités des gemmes.

126 Les gemmes qui contiennent du gravier, des trous, des

---

1. Ex conj. A. C. samâsta. B. samaste.
2. Ex conj. A. B. C. samudradeçe. D. E. indra°.

127 doṣâpamṛṣtaṃ maṇim aprabodhâd
bibharti yaḥ kaçcana kiṃcid eva
taṃ bandhaduḥkhâmayabandhuvitta-
nâçâdayo doṣagaṇâ bhajanti

128 kâmaṃ cârutarâḥ santi jâtînâṃ pratirûpakâḥ
vijâtayaḥ prayatnena vidvâṃs tân upalakṣayet

129 kalaçapurodbhavatumbarasiṃhaladeçotthamuktamâlîyâḥ
çrîpûrṇakâç ca sadṛçâ vijâtayaḥ padmarâgâṇâm

130 tuṣopasargât kalaçâbhidhânam
âtâmrabhâvâd api tumbarastham
kârṣṇyât tathâ siṃhaladeçajâtaṃ
muktâbhidhânaṃ nabhasaḥ svabhâvât

131 çrîpûrṇakaṃ dîptivinâkṛtatvâd
vijâtiliṅgâçraya eṣa bhedaḥ
snehaprabhedo mṛdutâ laghutvaṃ
vijâtiliṅgaṃ khalu sârvajanyam

taches, qui sont ternes, raboteuses, décolorées, ne sont pas estimées, encore que douées dans l'ensemble de qualités spécifiques.

127 Quiconque, par négligence, porte, si peu que ce soit, une gemme atteinte d'un de ces défauts, est en butte à une multitude de maux: captivité, malheurs, maladies, perte des proches, de la fortune, etc.

128 Quelles que soient la beauté des pierres fausses et leur ressemblance avec les vraies, l'homme expérimenté les reconnaîtra avec un peu d'attention.

129 Les rubis faux sont ceux de Kalaçapura, de Tumbara, de Ceylan, les Muktamâlîyas et les Çrîpûrṇakas.

130 Celui de Kalaça est reconnaissable à la présence de pellicules; celui de Tumbara à sa couleur cuivrée; celui de Ceylan à sa couleur noire; celui qui porte le nom de Mukta à sa couleur de nuage,

131 Le Çrîpûrṇaka à son manque d'éclat. Telle est la classification qui a pour base les signes de contrefaçon. La pierre d'un poli inégal, tendre, légère, présente les signes généraux de la contrefaçon.

132 yaḥ kâlikâṃ puṣyati padmarâgo
yo vâ tuṣâṇâm iva pûrṇamadhyaḥ
yaḥ snehadigdhaç ca yathâvabhâti
yo vâ pramṛṣṭaḥ prajahâti lakṣmîṃ

133 âkrântamûrdhâ ca tathâṅgulibhyâṃ
yaḥ kâlikâṃ pârçvagatâṃ bibharti
saṃprâpya coṣṇâṃ payasâṃ pravṛttiṃ
bibharti yaḥ pârçvagatâṃ tathaiva

134 tulyapramâṇasya tu tulyajâter
yo vâ gurutvena bhaven na tulyaḥ
....
....

135 prâpyâpi tân âkarajân viçeṣâñ
jâtyâ budho jâtiguṇân avekṣet
evaṃpradiṣṭaiḥ pariçodhayeta
varṇâdibhir liṅgaguṇais tu samyak

136 apranaçyati saṃdehe çâṇâyâṃ parigharṣayet
svajâtikaviçuddhena vilikhed vâ parasparam

137 vajraṃ vâ kuruvindaṃ vâ vimucyânyena ḵenacit
na çakyaṃ lekhanaṃ kartuṃ padmarâgendranîlayoḥ

132 Le rubis qui montre une teinte noire, qui a l'intérieur plein de pellicules, qui luit comme s'il était frotté d'huile, qui se ternit au contact ;

133 Qui, saisi par la tête entre deux doigts, laisse voir ses côtés teintés de noir ; qui, exposé à la chaleur, se couvre d'humidité ;

134 Qui est inférieur en poids à un autre de même dimension et de même espèce...

135 Après avoir reconnu les caractères spécifiques, que le connaisseur examine, au point de vue de l'espèce, les qualités qui font les gemmes authentiques. Qu'il procède à une minutieuse vérification, en se servant des qualités signalétiques indiquées plus haut : couleur, etc.

136 Si le doute persiste, passez à la pierre de touche ou grattez avec une gemme de même espèce et d'une authenticité certaine.

137 A l'exception du diamant et du rubis (*kuruvinda*), aucune pierre ne peut rayer le rubis (*padmarâga*) et le saphir.

138 jâtyasya sarvasya maṇer na jâtu
vijâtayaḥ santi samânabhâsaḥ
tathâpi nânâprakaraṇârtham eṣâṃ
bhedaprakâropanayaḥ pradiṣṭaḥ

139 guṇopapannena sahâvabaddho
maṇis tu dhâryo viguṇo pi jâtyaḥ
na kaustubhenâpi sahâvabaddhaṃ
vidvân vijâtim bibhṛyât kadâcit

140 caṇḍâla eko pi yathâ dvijatîn
sametya bhûrîn upahanty ayatnât
tathâ maṇîn bhûriguṇopapannâñ
çaknoti viplâvayituṃ vijâtiḥ

141 guṇaçatam api doṣaḥ kaçcid eko pinaddhaḥ
kṣapayati yadi nânyas tadvirodhî guṇo sti
ghaṭaçatam api pûrṇaṃ pañcagavyasya çaktyâ
malinayati surâṇâṃ bindur eko pi sarvam

142 sapatnamadhye pi kṛtâdhivâsaṃ
pramâdavṛttyâ ca vivartamânam
na padmarâgasya mahâguṇasya
bhartâram âpat samupaiti jâtu

138 Jamais les gemmes fausses n'ont l'éclat des vraies. Néanmoins, nous avons cru devoir, en vue de certaines circonstances, introduire ici la manière de les distinguer.

139 On peut porter, monté avec un joyau doué de qualités, un autre joyau qui en est dépourvu, s'il est authentique ; mais jamais un sage ne portera une pierre fausse, fût-elle montée avec la pierre Kaustubha.

140 De même qu'un seul Caṇḍâla souille facilement par son voisinage une foule de Dvijas, de même un bijou faux suffit à gâter des joyaux doués d'une foule de qualités.

141 Un seul défaut caché, s'il n'existe pas une qualité qui l'annule, détruit une centaine de qualités : cent vases pleins de la force du *pañcagavya* sont souillés par une goutte d'une liqueur spiritueuse.

142 Même s'il demeure au milieu d'ennemis et tient une conduite négligente, celui qui porte un rubis de grandes qualités ne tombe jamais dans l'infortune.

143 doṣopasargaprabhavâç ca dehe
na vyâdhayas taṃ samabhidravanti
guṇaiḥ samuttejitacârurâgaṃ[1]
yaḥ padmarâgaṃ prayato bibharti

144 vajrasya yat taṇḍulasaṃkhyayoktaṃ
mûlyam samunmâpitagauravasya
syât padmarâgasya mahâguṇasya
tan mâṣakâkhyâtulitasya[2] mûlyam

145 varṇadîptyupapannaṃ hi maṇiratnaṃ praçasyate
tâbhyâm îṣad api bhraṣṭaṃ bahu mûlyât prahîyate

iti padmarâgaparîkṣâ

143 Celui qui, étant pur, porte un rubis d'une belle couleur relevée par les autres qualités, n'est point attaqué dans son corps par les maladies naturelles ou accidentelles.

144 Le prix qui a été fixé pour le diamant pesé en taṇḍulas est le même pour le rubis de grandes qualités pesé en mâṣakas.

145 On estime une gemme douée de couleur et d'éclat : mais lorsqu'il manque quelque chose, si peu que ce soit, de l'une ou de l'autre, le prix se réduit dans une forte proportion.

---

1. Ex Gar.-Pur. — A. samûhairjita°. B. samu°. C. guṇaisyamaṣṭairjita°. E. samuttenica°.
2. Ex corr. A. B. C. mâṣakârdham. E. °âkhye.

IV

146 dânavâdhipateḥ pittam âdâya bhujagâdhipaḥ
dvidhâ kurvann iva vyoma tvaritaṃ vâsukir yayau

147 sa tadâ svaçiroratnaprabhâdîptamahâmbudhau
rajataḥ sumahân ekaḥ khaṇḍasetur ivâbabhau

148 tataḥ pakṣanipâtena saṃharann iva rodasî
garutmân gagane tasya prahartum upacakrame

149 sahasaiva mumoca tat phaṇîndraḥ
svarasâbhyaktaturuṣkapâdapâyâm
nalikâvanagandhavâsitâyâm
avanîndrasya girer upatyakâyâm

IV. *Émeraude.*

146 Avec la bile du roi des Dânavas s'en allait en hâte Vâsuki, roi des Serpents, coupant, pour ainsi dire, le ciel en deux.

147 Pareil à un immense pont d'argent brisé, il se reflétait dans la vaste mer que le joyau de sa tête incendiait de sa splendeur.

148 Alors, avec un battement d'ailes qui semblait embrasser le ciel et la terre, Garuḍa s'avança dans le ciel pour l'attaquer.

149 Aussitôt l'Indra des Serpents laissa tomber la bile au pied de la montagne reine de la terre, où les arbres turuṣkas ruissellent d'encens, où des forêts de lotus embaument la terre de leur parfum.

150 tasya prapâtasamanantarakâlam eva
tad barbarâlayam atîtya maroḥ samîpe
sthânaṃ kṣiter upa payonidhitîradeçe
tatpratyayân marakatâkaratâṃ jagâma

151 tatraiva kiṃcit patitaṃ sa pittaṃ
jagrâha tuṇḍena tu tad garutmân
mûrchâparîtaḥ sahasaiva ghoṇâ-
randhradvayena pramumoca câdrau[1]

152 tatrâkaṭhoraçukakaṇṭhaçirîṣapuṣpa-
khadyotapṛṣṭhanavaçâdvalaçaivalânâm
kârṣṇâyasasya[2] ca bhujaṃgabhujâṃ ca pattra-
prântatviṣo[3] marakatâ maṇayo bhavanti

153 yad yatra bhogîndrabhujâ vimuktaṃ
papâta pittaṃ ditijâdhipasya
tasyâkarasyâtitarâṃ pradeço
duḥkhopalabhyaç ca guṇaiç ca yuktaḥ

154 tasmin marakatasthâne yat kiṃcid upajâyate
tat sarvaṃ viṣavegânâṃ praçamâya prakalpyate

150 Dès qu'elle fut tombée, cet endroit de la terre situé au delà du pays de Barbara, sur les confins du désert, près du rivage de la mer, devint par elle une mine d'émeraudes.

151 Garuḍa saisit dans son bec une partie de la bile qui était tombée là: mais soudain, pris de défaillance, il la rejeta sur la montagne, par les trous des narines.

152 Là sont des émeraudes dont la couleur imite la gorge d'un jeune perroquet, la fleur du çirîṣa, le dos du khadyota, le gazon nouveau, la mousse d'eau, le fer, le bout des plumes de la queue du paon.

153 Cette mine, située à l'endroit même où tomba la bile du roi des Daityas lâchée par le Dévorateur des serpents, est très difficile à découvrir et douée de qualités éminentes.

154 Tout ce qui naît dans ce gisement de l'émeraude peut servir à combattre les effets du poison.

1. Ex conj. — A. B. câṃdrau. C. cîdau.
2. Ex corr. — A. B. kâṣṇâ°.
3. Ex corr. — A. prâtaḥ°. B. prâta°.

155 sarvamantrauṣadhigaṇair yan na çakyaṃ cikitsitum
mahâhidaṃṣṭrâprabhavaṃ viṣaṃ tat tena çâmyati

156 anyad apy âkare tatra yad doṣaiḥ parivarjitam
jâyate tat pavitrâṇâm uttamaṃ parikîrtitam

157 atyarthaharitavarṇaṃ komalam arcirvitânajaṭilaṃ ca
kâñcanacûrṇenântaḥ pûrṇam iva vilakṣyate yac ca[1]

158 yuktaṃ saṃsthânaguṇaiḥ samarâgaṃ gaurave na parihînam[2]
savituḥ karasaṃparkâc churayati sarvâçrayaṃ dîptyâ

159 bhittvâ tu haritabhâvaṃ yasyântarbhedasambhavâ dîptiḥ
aciraprabhâsamadyutinavaçâdvalasaṃnibhâ bhâti

160 yac ca manasaḥ pramodaṃ vidadhâti nirîkṣamâṇam atimâ-
tan marakataṃ mahâguṇam iti ratnavidâṃ manovṛttiḥ [tram

161 varṇasyâtibahutvâd yady api na svacchakiraṇaparivâram
sândrasṇigdhaviçuddhaṃ komalabahulaprabhâdigdham

155 On arrête par ce moyen l'empoisonnement causé par la morsure des grands serpents, que la foule des formules magiques et des simples est impuissante à guérir.

156 Et même une autre [gemme], venant de cette mine, pourvu qu'elle soit exempte de défauts, est proclamée le meilleur des moyens de purification.

157 L'émeraude d'un vert intense, d'un tendre éclat, comme entourée d'une chevelure de rayons, dont l'intérieur semble parsemé de poudre d'or;

158 Qui possède toutes les qualités de la forme, une teinte homogène et un poids normal; qui, touchée par un rayon de soleil, remplit de son éclat tous les alentours;

159 Qui emprunte aux fissures intérieures coupant la substance verte un brillant, où l'éclat du gazon nouveau se mêle à celui de l'éclair;

160 Qui jette dans un extrême ravissement le cœur de quiconque la regarde, cette émeraude est de grande qualité : telle est l'impression des connaisseurs.

161 Celle même qui, par suite de la surabondance de sa couleur,

---

1. Ex conj. — A. iva lakṣaye ca. B. iva lakṣayet.
2. Ex corr. — A. B. gauraveṇa. E. gauravarṇa na tu hînaṃ.

162 varṇodbhavayâ kântyâ sândrâkârâvabhâsam âyâti
tad api ca guṇavatsaṃjñâṃ prâpnoti tu[1] yâdṛçîṃ pûrvam

163 çabalaṃ jaṭharaṃ[2] malinaṃ rûkṣaṃ pâṣâṇaçarkarâbhinnam
digdhaṃ çilâjatunâpi marakatam evaṃvidhaṃ viguṇam

164 yat saṃdhiçleṣitaṃ ratnam anyan marakatâd bhavet
çreyaskâmair na tad dhâryaṃ kretavyaṃ ca kathaṃcana

165 bhallâtaputrikâkâcâs tadvarṇasyânuyâyinaḥ
maṇer marakatasyaite lakṣaṇîyâ vijâtayaḥ

166 kṣaumena vâsasâ gṛṣṭvâ dîptiṃ tyajati putrikâ
lâghavena tu kâcasya çakyaṃ kartuṃ vibhâvanam

167 kasyacid anekarûpair marakatam anugacchato pi guṇayogaiḥ
bhallâtakasya cântarbhedaṃ samupaiti varṇasya

n'a pas cette couronne de clairs rayons, mais qui est d'une riche, moelleuse et pure coloration, et comme ointe d'un tendre et vif éclat;

162 Et à qui la beauté de sa couleur communique un éclat de la plus riche apparence, celle-là aussi est appelée, comme la précédente, une émeraude qualifiée.

163 L'émeraude bigarrée, terne, tachée, raboteuse, coupée de pierres et de gravier, enduite d'une exsudation visqueuse est disqualifiée.

164 Toute autre pierre que l'émeraude, fixée par un point d'attache (?), ne doit être ni portée, ni achetée par quiconque veut être heureux.

165 Le *bhallâta*, la *putrikâ*, le verre, qui imitent la couleur de l'émeraude, servent à la contrefaire: il importe de les caractériser.

166 Frottée avec une pièce de lin, la *putrikâ* perd son éclat; le verre se reconnaît à sa légèreté.

167 Un *bhallâtaka* quelconque, encore qu'il ressemble à l'émeraude par des combinaisons de qualités diverses, en diffère toujours par sa couleur interne.

---

1. *tu* mq. dans A. B. prâpnotu. C.
2. A. B. kaṭhora. D. E. jaṭhare.

168 vajrâṇi muktâmaṇayo ye kecin na vijâtayaḥ
teṣâm apratibaddhânâṃ bhâ bhaved ûrdhvagâminî

169 ṛjvágataṃ tu keṣâṃcit kathaṃcid upajâyate
tiryag âlokyamânânâṃ sadya eva praṇaçyati

170 svâdhyayârcanajâpyeṣu rakṣâmantrakriyâvidhau
dadadbhir gohiraṇyâdi kurvadbhiḥ sâdhanâni ca

171 devapitrâtitheyeṣu gurûṇâṃ pûjaneṣu ca
badhyamânaiç ca vividhair doṣajâtair viṣodbhavaiḥ

172 doṣair muktaṃ guṇair yuktaṃ kâñcanapratiyojitam
saṃgrâme vicaradbhiç ca dhâryaṃ marakataṃ budhaiḥ

173 tulayâ padmarâgasya yan mûlyam upajâyate
labhetâbhyadhikaṃ tasmâd guṇair marakataṃ yutam

174 yathâ ca padmarâgâṇâṃ doṣair mûlyaṃ prahîyate
tato py adhikahâniḥ syâd doṣair marakatasya hi

iti marakataparîkṣâ

168 Les diamants et les perles qui ne sont point des contrefaçons, ont, lorsqu'ils ne sont pas montés, leurs feux dirigés en haut.

169 Dans certaines pierres, lorsque le regard va droit sur elles, ces feux se montrent; si on les regarde obliquement, ils disparaissent.

170 Pendant l'étude du Veda, les dévotions, les prières, quand on donne des vaches, de l'or, etc., quand on fait des opérations magiques ;

171 Quand on remplit les devoirs prescrits envers les dieux, les Mânes, les hôtes et qu'on rend aux gurus les honneurs dus; quand on est en proie aux diverses maladies causées par le venin;

172 Quand on livre bataille, il est sage de porter une émeraude exempte de défauts, douée de qualités et montée en or.

173 A égalité de poids, l'émeraude de belle qualité est d'un plus haut prix que le rubis.

174 De même l'émeraude défectueuse diminue de valeur dans une plus forte proportion que le rubis.

V[1]

175 ato raṅgena hînâ ye jâtâ[2] marakatasthale
çeṣâs te tu samâkhyâtâḥ pittaçleṣmasamudbhavâḥ

176 pittaçleṣmavilâye ca çreyâs te rucirâḥ smṛtâḥ
haritâḥ syur niçâ bhâge divâ bhâge sitâs tathâ

177 tasmâd hariharâḥ proktâḥ çeṣâḥ sarvârthasiddhidâḥ
jalâgniçastrarogâṇâṃ bhayebhyas trâyakâḥ sadâ

178 duṣṭâ mârakatair doṣaiḥ çeṣâs te tu jugupsitâḥ
dhanâdînâṃ vinâçâya dhâryamâṇâḥ prakîrtitâḥ

iti çeṣaparîkṣâ

V. *Onyx.*

175 Les pierres qui se trouvent dans le gisement des émeraudes, mais qui n'en possèdent pas la couleur, se nomment *çeṣa:* elles sont le produit de la bile et du flegme.

176 Elles sont excellentes pour dissoudre la bile et le flegme et exciter l'appétit. Le jour, elles sont vertes en partie ; la nuit, en partie blanches.

177 C'est pourquoi on les nomme *Harihara*. Les *çeṣas* font réussir tous les désirs, ils sauvent de l'eau, du feu, du glaive, des maladies.

178 Affectés des mêmes défauts que l'émeraude, ils doivent être évités : si on les porte, ils causent la perte de la fortune, etc.

---

1. Ce chapitre mq. dans D. et dans le Gar.-Purâṇa.
2. Mss. jâtâs te.

VI

179 tatraiva siṃhalavadhûkarapallavâgra-
vyâdhûtabâlalavalîkusumapravâle
deçe papâta ditijasya nitântanîlaṃ
protphullanîrajadaladyutinetrayugmam

180 tatpratyayât prabhavabhâvitagauravâ sâ
vistâriṇî jalanidher upaçalyabhûmiḥ
prodbhinnaketakavanapratibaddharekhâ
sândrendranîlamaṇiratnacitâ babhûva

181 tatrâsitâbjadalabhṛṅgasamânapṛṣṭhâḥ
çârṅgâyudhâṃçuharakaṇṭhakalâyapuṣpaiḥ
çukletaraiç ca kusumair girikarṇikâyâḥ
tasyâṃ bhavanti maṇayaḥ sadṛçâvabhâsâḥ

VI. *Saphir.*

179 Là où les Singhalaises agitent du bout de leurs doigts les tiges des jeunes fleurs de lavalî tombèrent les deux yeux du Daitya, d'un bleu foncé, d'un éclat pareil aux pétales des lotus épanouis.

180 C'est pourquoi cette terre qui s'étend au bord des flots, avec une ligne ininterrompue de forêts de ketakas épanouis abonde en somptueux saphirs, qui font sa gloire.

181 Là sont des gemmes dont la couleur imite les pétales du lotus bleu, l'abeille, l'éclat de Kṛṣṇa, la gorge de Çiva, les fleurs de kalâya et les fleurs sombres de la girikarṇikâ.

182 anye prasannapayasaḥ payasâṃ vidhâtur
ambutviṣo hiripukaṇṭhanibhâs tathânye
nîlîrasaprabhavabudbudasaṃnibhâç ca
kecit tathâ samadakokilakaṇṭhabhâsinaḥ

183 etatprabhavavisṛṣṭâ varṇaçobhâvabhâsinaḥ
jâyante maṇayas tasminn indranîlâ mahâguṇâḥ

184 mṛtpâṣâṇaçilârandhrakarkarâtrâsasaṃyutâḥ
abhrikapaṭalacchâyâ[1] varṇadoṣaiç ca dûṣitâḥ

185 tasminn eva prajâyante maṇayaḥ khalu bhûrayaḥ
çâstrasaṃbodhitadhiyaḥ tân na çaṃsanti sûrayaḥ

186 dhâryamâṇasya ye dṛṣṭâ padmarâgamaṇer guṇâḥ
dhâraṇâd indranîlasya tân evâpnoti mânavaḥ

187 yathâ ca padmarâgasya jâtakatritayaṃ bhavet
indranîleṣv api tathâ draṣṭavyam aviçeṣataḥ

188 parîkṣâpratyayair yaiç ca padmarâgaḥ parîkṣyate
sa eva pratyayo dṛṣṭo indranîlamaṇer api

182 D'autres ont la teinte des eaux de l'Océan par un temps calme; d'autres ressemblent à la gorge du paon, à des bulles d'indigo liquide, à la gorge du kokila enivré d'amour.

183 Issus de cette origine, resplendissants de couleur et d'éclat, naissent en ce lieu des saphirs de grandes qualités.

184 D'autres contenant de l'argile, une pierre, une cavité, du sable ou une apparence de brisure, nuageux à la surface et défectueux dans leur couleur

185 naissent aussi en grand nombre dans ce lieu. Ils sont réprouvés par les sages dont l'intelligence est éclairée par les çâstras.

186 Les heureux effets du rubis, tels qu'on les a vus, l'homme les obtient en portant un saphir.

187 De même que le rubis a trois origines, ainsi en est-il du saphir.

188 Les mêmes moyens qu'on emploie pour éprouver le rubis sont également prescrits pour le saphir.

---

1. A. abhrikâ°. B. abhrakâ°.

189 yâvantaṃ caṃkramed agniṃ padmarâgaḥ prayojitaḥ
indranîlamaṇis tasmât sahed agniṃ sa uttaram

190 tathâpi na parîkṣârthaṃ guṇânâm api vṛddhaye
maṇir agnau samâdheyaḥ kathaṃcid api kaçcana

191 agnimâtrâparijñânâd dâhadoṣair vidûṣitaḥ
so narthâya bhavet kartuḥ kretur dhârayitus tathâ

192 kâcotpalakaravîrasphaṭikâdyâ iha [budhaiḥ savaidûryâḥ[1]]
kathitâ vijâtaya ime sadṛçâ maṇinendranîlena[2]

193 gurubhâvakaṭhinabhâvâv eteṣâṃ nityam eva pradṛçyete
kâcâd yathâ bahutaraṃ vivardhamânau viçeṣena[3]

194 indranîlo yadâ[4] kaçcid bibharty âtâmravarṇatâm
lakṣaṇîyau tadâtâmrau karavîrotpalâv ubhau

195 yasya madhye gatâ bhânti nîlasyendrâyudhaprabhâḥ
tam indranîlam ity âhur mahârghaṃ lokadurlabham

189 Le saphir, si on le met au feu, supporte une température plus forte que le rubis.

190 Mais jamais, ni pour épreuve ni pour perfectionnement, aucune gemme ne doit être mise au feu.

191 Car si le feu, dont on ne connaît pas l'exacte température, vient à l'altérer, cette gemme est funeste à quiconque la façonne, l'achète ou la porte.

192 Le verre, l'*utpala*, le *karavîra*, le cristal de roche, l'œil-de-chat sont, au dire des sages, les contrefaçons du saphir.

193 Les saphirs se reconnaissent toujours à leur pesanteur et à leur dureté plus grandes, qui les distinguent du verre.

194 Lorsqu'un prétendu saphir présente une teinte cuivrée, on doit y reconnaître l'*utpala* ou le *karavîra*, qui tous deux sont cuivrés.

195 Le saphir (*nîla*) dont l'intérieur brille des couleurs de l'arc-

1. Les mots entre crochets ont été restitués d'après le Gar.-Purâṇa.
2. Ex Gar.-Pur. — Mss. maṇaya indranîlena.
3. Le texte de cette st. fort altéré dans les mss. a été corrigé à l'aide du Gar.-Pur. Voir aux Variantes la leçon des mss.
4. Mss. yathâ.

196 yatra varṇasya bhûyatvât kṣîre çataguṇe sthitaḥ
nîlitâṃ tan nayet sarvaṃ mahânîlaḥ sa ucyate

197 yat padmarâgasya mahâguṇasya
mûlyaṃ bhaven mâṣasamunmitasya
tad indranîlasya mahâguṇasya
suvarṇasaṃkhyâtulitasya mûlyam

iti indranîlaparîkṣâ

en-ciel (*indrâyudha*) est appelé *indranîla:* il est rare et de grand prix.

196 Celui dont la couleur est si intense que, plongé dans un volume de lait cent fois plus grand, il le colore en indigo, est appelé *mahânîla*.

197 Tel qu'est le prix d'un rubis qualifié, pesé en mâṣas, tel celui d'un saphir qualifié, pesé en suvarṇas.

VII

198 kalpântavâtakṣubhitâmburâçi-
nihrâdikalpâd ditijasya nâdât
vaiḍûryam utpannam anekavarṇaṃ
çobhâbhirâmadyutiratnabîjam

199 avidûre vidûrasya girer uttuṅgarodhasaḥ
koṅgavâlikasîmânte[1] maṇes tasyâkaro bhavat

200 asyaiva dânavapater ninadânurûpâḥ
prâvṛtpayodharavidarçitacârurûpâḥ
vaiḍûryaratnamaṇayo vividhâvabhâsâs
tasmât sphuliṅganivahâ iva saṃbhavanti

VII. *Œil-de-chat.*

198 Le cri du Daitya, semblable au mugissement de l'Océan soulevé par le vent de la destruction finale, produisit l'œil-de-chat multicolore, semence de gemmes pleines de beauté, de grâce et d'éclat.

199 Non loin des hauts sommets du mont Vidûra, aux confins du Koṅga et du Vâlika fût le gîte de cette gemme.

200 Formé à l'imitation du cri du roi des Dânavas, d'un aspect délicieux comme celui des nuages dans la saison des pluies, l'œil-de-chat offre des diversités d'éclat, qui produisent comme un jaillissement d'étincelles.

---

1. Ex corr. — A. B. kauṅga°. C. kogacârikasimânte. E. koratolskasîmâyâm.

201 tatpratyayasamutthatvâd âkaraḥ sa mahâguṇaḥ
bhûriratnârcitataro lokatrayavibhûṣaṇaḥ

202 padmarâgam upâdâya maṇivarṇâç ca ye kṣitau
sarvâṃs tân varṇaçobhâbhir vaiḍûryam upagacchati

203 teṣâṃ pradhânaḥ çikhikaṇṭhanîlo-
yo vâ bhaved veṇudalaprakâçaḥ
câsâgrapattrapratimadyutiç ca
nânye praçastâ maṇayo bhavanti

204 guṇavân vaiḍûryamaṇir yojayati svâminaṃ dhanârogyaiḥ
doṣair yukto doṣais[1] tasmâd yatnât sa vijñeyaḥ

205 girikâcaçaiçupâlau kâcasphaṭikâç ca dhûmanirbhinnâḥ
vaiḍûryâṇâm ete vijâtayaḥ saṃnibhâ bhânti[2]

206 lâkṣâyogât kâcam laghubhâvât çaiçupâlakaṃ vidyât
girikâcam adîptitvât[3] sphaṭikaṃ varṇojjvalatvena

201 De par cette origine, le gîte de l'œil-de-chat est doué de qualités supérieures, orné d'une grande quantité de gemmes, véritable ornement pour les trois mondes.

202 Toutes les couleurs que présentent sur terre les pierres précieuses, y compris le rubis, l'œil-de-chat les réalise par les reflets de sa couleur.

203 Le plus beau est celui qui a la teinte bleue de la gorge du paon, ou la couleur d'une feuille de bambou, ou un éclat tel qu'est celui des plumes du geai à leur extrémité. Les autres ne sont pas estimés.

204 Bon, l'œil-de-chat est pour son possesseur une source de richesse et de santé; mauvais, de maux. Qu'on l'examine donc avec soin.

205 Le *girikâca*, le *çaiçupâla*, le verre et le cristal de roche, imprégnés de fumée, sont les contrefaçons de l'œil-de-chat.

206 Le verre se reconnaît à l'emploi de la laque, le *çaiçupâla* à sa légèreté, le *girikâca* à son absence d'éclat, le cristal de roche au brillant de sa couleur.

---

1. Ex conj. — A. B. doṣaṃ.
2. Ex conj. — A.° sannibhânti. C. vijâbhâ bhânti yataḥ sannibhâ.
3. Ex. conj. — A. B. °kâcadîptitvât. D.° kâcavaddîpti°.

207 upeto pi hi varṇena dîptiçobhâvivarjitaḥ
mahârghatâṃ naiti maniḥ prabhâvân na ca hîyate.

208 yad indranîlasya mahâguṇasya
tad eva vaiḍûryamaṇeḥ pradiṣṭam
suvarṇasaṃkhyâtulitasya mûlyam
paladvayonmâpitagauravasya[1]

209[2] mûrkhopalakṣyaç ca sadâ vicâryo hy
ayaṃ tu bhedo viduṣâ nareṇa
snehaprabhedo mṛdutâ laghutvaṃ
vijâtiliṅgaṃ khalu sârvajanyam

iti vaiḍûryaparîkṣâ

207 Même bien colorée, une pierre sans éclat ne vaut pas un grand prix; douée d'éclat, elle garde toute sa valeur.

208 Le prix fixé pour un saphir de grandes qualités pesé en suvarṇas est le prix d'un œil-de-chat pesant autant de fois deux palas.

209 Voici une distinction, perceptible même à un sot, que le sage doit toujours remarquer : la pierre d'un poli inégal, tendre, légère, présente les signes généraux de la contrefaçon.

1. Ex Gar.-Pur. — D. paladvayenârppita°.
2. Cette stance semble interpolée. D'ailleurs, le deuxième hémistiche est une répétition de 131.

VIII

210 kuçalâkuçalaiḥ prayujyamânâḥ
pratibaddhâḥ pratipatkriyopayogaiḥ[1]
guṇadoṣasamudbhavaṃ labhante
maṇayaḥ purûṣair guṇântarajñaiḥ

211 kramaçaḥ samatîtya[2] sarvaçâṇân
pratibaddhaṃ kuçalena hemakartrâ
yadi nâma bhavanti doṣahînâ
maṇayaḥ ṣaḍguṇam âpnuvanti mûlyam

212 âkarât samatîtânâm udadhes tîrasaṃnidhau
mûlyam etan maṇînâṃ hi na sarvasmin mahîtale

VIII. *Topaze.*

210 Selon que sont habiles ou inhabiles l'esprit et la main qui les façonnent et les montent, les gemmes sont considérées comme une source de bien ou de mal par les hommes qui savent discerner les qualités.

211 Quand [une gemme] a subi successivement l'épreuve de toutes les pierres de touche, [qu'elle soit] montée par un habile orfèvre. Car si les gemmes sont exemptes de tout défaut, leur prix est six fois plus grand.

212 Ce prix s'applique aux pierres amenées de leur gîte au bord

---

1. Ex conj. — Mss. pratisat°.
2. Ex corr.— A. °tîbhya. B. °tya. C.°tînitya.

213 suvarṇo manunâ yas tu proktaḥ ṣoḍaçamâṣakaḥ
tasya sapratibhâgasya saṃjñâ rûpakam ucyate

214 çâṇaç caturmâṣakaḥ syân mâṣakaḥ pañcakṛṣṇalaḥ
catuḥçânaḥ suvarṇas tu catuḥsuvarṇakaṃ palam

215 palasya daçamo bhâgo dharaṇaḥ samudâhṛtaḥ
iti çâṇavidhiḥ prokto ratnânâṃ mûlyaniçcayaḥ

216 patitâ yâ himâdrau tu tvacas tasya suradviṣaḥ
prâdurbhavanti maṇayaḥ puṣyarâgâ mahâguṇâḥ

217 âpîtâpâṇḍupâṣânaḥ puṣyarâgo vidhîyate
tam eva lohitâpîtam âhur gomedakaṃ budhâḥ

218 âlohitam âpîtaṃ ca svacchaṃ kâṣâyakaṃ viduḥ
indranîlaṃ sunîlatvât padmarâgaṃ sulohitam

219 ânîlaçuklaḥ susnigdho maṇiḥ somalakaḥ smṛtaḥ
eṣa bhedaprakâras tu ratnavidbhir udâhṛtaḥ

de la mer, et non à toutes celles qui sont répandues sur la surface de la terre.

213 Le poids que Manu appelle *suvarṇa* et qui équivaut à 16 *mâṣakas*, porte, divisé de même, le nom de *rùpaka*.

214 1 *çâṇa* vaut 4 *mâṣakas ;* 1 *mâṣaka*, 5 *kṛṣṇalas ;* 1 *suvarṇa*, 4 *çâṇas;* 1 *pala*, 4 *suvarṇas*.

215 Le 1/10 du *pala* est appelé *dharaṇa*. Tel est le système du çâṇa, qui sert à déterminer le prix des gemmes.

216 La peau de l'ennemi des dieux, tombée sur l'Himalaya, s'y manifeste sous forme de splendides topazes.

217 La pierre d'un jaune pâle se nomme *puṣyarâga* (topaze) ; si elle est d'un jaune rouge, les sages l'appellent *gomedaka* (hyacinthe).

218 Transparente et tirant sur le rouge ou sur le jaune, on l'appelle *kâṣâyaka; indranîla* (saphir), lorsqu'elle est absolument bleue ; *padmarâga* (rubis), lorsqu'elle est absolument rouge.

219 La pierre d'un blanc velouté nuancé de bleu est dite *somalaka*. Telle est la classification enseignée par les connaisseurs.

220 mûlyaṃ vaiḍûryamaṇer iva gaditaṃ ratnaçâstravidbhiḥ
dhâraṇaphalaṃ ca tadvat strîṇâṃ sutapradaṃ bhavati

iti puṣyarâgaparîkṣâ

220 Le prix [de la topaze] est le même que celui assigné à l'œil-de-chat par ceux qui connaissent les ratnaçâstras. On obtient les mêmes résultats en la portant. Elle rend les femmes fécondes.

IX

221 vâyur nakhân daityapater gṛhîtvâ
cikṣepa samyag javaneṣu hṛṣṭaḥ
tataḥ prasûtaṃ javanopapannaṃ
karketanaṃ pûjyatamaṃ pṛthivyâm

222 varṇena tad rudhirahemamadhuprakâçam
âtâmrapîtadahanojjvalitaṃ vibhâti
pratyagrasûryakiraṇojjvalanaprakâçaṃ
saṃdhyâruṇâvaramanojñaviçuddhavarṇaṃ

223 snigdhâ viçuddhâḥ samarâgiṇaç ca
âpîtavarṇâ guravo vicitrâḥ
trâsavraṇavyâlavivarjitâç ca
karketanâs te paramâḥ pavitrâḥ

IX. *Chrysobéryl.*

221 Vâyu saisit les ongles du roi des Daityas et, joyeux, les jeta juste dans le pays des Yavanas. Le chrysobéryl en naquit, produit du pays des Yavanas, très estimé sur la terre.

222 Sa couleur est celle du sang, de l'or ou du miel ; il brille comme illuminé par une flamme d'un jaune cuivré ; il a la splendeur des rayons du soleil levant ; il a l'exquise, charmante, pure couleur de l'aurore ou de la garance.

223 Poli, pur, d'une teinte homogène, tirant sur le jaune, lourd, brillant, exempt de brisure, de fissure, de *vyâla* (?), le chrysobéryl est un suprême moyen de purification.

224 pâtreṇa kâñcanamayena tu veṣṭayitvâ
nyastaṃ yadâ hutavahe bhavati prakâçam
çîtaṃ kṛtaṃ yadi bhaven na [1] vivarṇarûpaṃ
karketanaṃ bhavati tat pṛthivîprakâçam

225 rogapraçamaṃ bhavati bhayanâçam âyuḥkaraṃ kulakaraṃ ca[2]
sutajanmasukhapradaṃ ca saubhâgyapuṣṭidhanavardhanam[3].

226 karketanaṃ yac ca sadaiva çuddhaṃ
ye dhârayanti kṣitipâ bhavanti
nijapratâpâgnividahyamâna-
ripukṣitiṃ çâsati dîrghakâlam

227 ye dhârayanti manujâḥ kanakojjvalasthaṃ
karketanaṃ rudhirahemasamaprakâçam
te pûjitâ bahudhanâ bahubandhavâç ca
nityojjvalâḥ pramuditâ api te bhavanti

228 eke py anabhyadhikṛtâḥ kulanîlabhâsaḥ[4]
pramlânarâgalulitâḥ[5] kaluṣâ virûkṣâḥ[6]
tejotipuṣṭikuladîptivihînavarṇâḥ
karketanasya sadṛçaṃ vapur udvahanti

224 Mis au feu, dans un vase d'or, il prend un nouveau brillant; si, après le refroidissement, sa couleur n'a point de marbrures, il est en grand honneur sur la terre.

225 Il guérit les maladies, écarte les dangers, prolonge la vie, perpétue les familles, procure le bonheur que donne la naissance des fils, augmente la fortune, la prospérité, la richesse.

226 Ceux qui portent toujours un chrysobéryl pur sont rois; ils règnent longtemps sur la terre de leurs ennemis consumés par le feu de leur puissance.

227 Les hommes qui portent, monté dans l'or, un chrysobéryl ayant la couleur du sang ou de l'or, ceux-là sont honorés, riches, entourés de nombreux parents, toujours dans la splendeur et la joie.

228 Certaines pierres bleues comme le *kula*, déparées par une

1. Mss. na bhaved.
2. *ca* est dans les mss. après *nâçam*.
3. Mss. °dhanadhânyavivarddhanaṃ ca.
4. Mss. nâla°.
5. Ex Gar.-Pur. — A. B. prâpnotinâga°. C. puṣṇatenâga°.
6. Ex conj. — Mss. nirukṣâḥ.

229 karketanaṃ yadi parîkṣitavarṇarûpaṃ
pratyagrabhâskarasamaṃ vadarîphalâbhaṃ
tasyaiva ratnaviduṣaç ca viniçcayo sti [1]
jñeyaṃ ca kiṃcid api tat tulitasya mûlyam

230 kulasutadhanadhânyavṛddhisaukhyaṃ
viṣagadaçokam apâkaroti câçu
kanakasamam iṣṭam[2] asya mûlyam
kaluṣavinîlavivarjitaṃ yadi syât

iti karketanaparîkṣâ

couleur flétrie, troubles, rugueuses, d'une couleur trop brillante ou sans brillant, bien qu'ayant un aspect semblable à celui des chrysobéryls, ne sont point admises parmi eux.

229 C'est au chrysobéryl d'une couleur et d'une forme éprouvées, pareil au soleil levant ou au fruit du jujubier que s'appliquent les règles posées par les sages; c'est de lui que doit s'entendre le prix assigné à chaque poids.

230 Famille, fils, richesse, grain, prospérité, bonheur [le chrysobéryl donne tout cela], et il détruit promptement le poison, la maladie, le chagrin: on admet que son prix est celui de l'or, si sa couleur n'est ni trouble ni bleuâtre.

1. Ex conj. — A. B. °cayeti.
2. Ex corr. — Mss. aṣṭam.

X

231 himavaty uttaradeçe vîryaṃ patitaṃ suradviṣas tasya
saṃprâptam uttamânâm âkaratâṃ bhîṣmaratnânâm

232 çuklâḥ çaṅkhâbjanibhâḥ somâlakasaṃnibhâḥ prabhâvantaḥ[1]
prabhavanti tatas taruṇâ[2] vajranibhâ bhîṣmapâṣânâḥ

233 hemâdipratibaddhaṃ çuddhamatiḥ çraddhayâ vidhatte ·yaḥ
bhîṣmamaṇiṃ grîvâdiṣu niyatam asau saṃpadaṃ labhate

234 viṣamâ no bâdhante tam âraṇyanivâsinaḥ samîpe pi
dvîpivṛkaçarabhakuñjarasiṃhavyâghrâdayo hiṃsrâḥ

X. *Bhîṣma.*

231 Sur l'Himavat, dans la région du Nord, tomba la semence virile de l'ennemi des Dieux : là se forma une mine d'excellents *bhîṣmas*.

232 De là viennent les bhîṣmas blancs comme la conque, le lotus, le *somâlaka*, brillants, et qui, dans leur fraîcheur, ont l'éclat du diamant.

233 Celui qui, ayant le cœur pur, porte avec foi, au cou ou ailleurs, un bhîṣma monté dans l'or ou un autre métal, celui-là prospère infailliblement.

234 Les sauvages habitants des forêts : panthères, loups, çarabhas, éléphants, lions, tigres et autres bêtes de proie ne lui font aucun mal, même étant tout près de lui.

1. Ex Gar.-Pur. — Mss. sannibhâvantaḥ.
2. Ex Gar.-Pur. — Mss. tvaruṇâ.

235 tasyolkâpâtakṛtaṃ na bhavati[1] tathâçanisamutthaṃ ca
nâpâtâj janitabhayaṃ[2]na mahâmeghât samudbhûtam

236 bhîṣme maṇau guṇâyukte samyak saṃprâpyâṅgulîyake
saṃtarpaṇât pitṝṇâṃ tṛptir bahuvarṣikî bhavati

237 çâmyaty udbhûtâny api sarpottuṅgâni vṛçcikaviṣâṇi
salilâgnivairitaskarabhayâç ca bhîmâ nivartante

238 çabalaṃ balâhakâbhaṃ paruṣaṃ[3] pîtaprabhaṃ prabhâhînam
muktadyuti [ca] vivarṇaṃ[4] dûrât parivarjayet prâjñaḥ

239 mûlyaṃ prakalpanîyaṃ vibudhavarair deçakâlavijñânât
dûrodbhûtânâṃ bahu kiṃcin nikaṭaprabhûtânâm

240 yat tu sarvaguṇair yuktaṃ bhîṣmaṃ kundendusaprabham
taddhemasamatulyena mûlyaṃ nityam avâpnuyât

bhîṣmaparîkṣâ

235 Pour lui le danger n'existe pas de la chute des météores, de la foudre, ni celui qui provient d'un écroulement ou d'un grand nuage.

236 Un bhîṣma étant pourvu de toutes les qualités, si on a soin de le porter à son doigt, on rassasie les Mânes pour de longues années.

237 Il neutralise à l'instant le venin des scorpions, pire que celui des serpents (?); il écarte les plus redoutables dangers : eau, feu, ennemis, voleurs.

238 Si au contraire il est bigarré, couleur de nuage, raboteux, jaune, terne, sans éclat, décoloré, que le sage l'évite de loin.

239 Le prix doit être fixé par les hommes les plus éclairés, d'après la connaissance du lieu et du temps. Celui des pierres de provenance lointaine est quelque peu supérieur à celui des pierres originaires du pays environnant.

240 Mais le bhîṣma doué de toutes les qualités, qui a l'éclat du jasmin ou de la lune, vaut toujours son pesant d'or.

---

1. Ex conj. — A. C. kṛtâ na bhavanti.
2. Ex corr. — A. mâpâtâjjanitaṃ.
3. Mss. puruṣaṃ.
4. Ex Gar.-Pur. — A. higarṇaṃ. B. dhigarṇam. C. dhigavarṇaṃ.

XI

241 anyeṣu parvatavaneṣu ca nimnagâsu
sthânântareṣu ca tathâ nagarottameṣu
saṃsthâpitaṃ valavaçâṃ[1] bhujagaiḥ prakâçaṃ
saṃpûjya ratnanivahair atiçuddham[2] eva

242 guñjâñjanakṣaudramṛṇâlavarṇâ
ete praçastâḥ pulakâḥ pratiṣṭhâḥ
sûtrair upetâḥ paramâḥ pavitrâ
mâṅgalyarûpâ bahurûpacitrâḥ

pulakaparîkṣâ

XI. *Grenat.*

241 Dans d'autres lieux, tels que montagnes, forêts, rivières, grandes cités, les serpents porte-joyaux déposèrent, après l'avoir vénérée, la lymphe brillante et très pure de Bala.

242 On estime les grenats qui ont la couleur de la *guñjâ*, du collyre noir (*añjana*), du miel, des fibres du lotus. Enfilés dans un cordon, ils sont les meilleurs moyens de purification. Comme amulettes, ils peuvent avoir une grande variété de formes.

---

1. Mss. °tâ °çâ.
2. Mss. °dha.

XII

243 hutabhug rasam âdâya dânavasya yathepsitam
narmadâyâṃ vicikṣepa kiṃcic cinâdibhûmiṣu

244 tac cendragopakanibhaṃ çukapattravarṇaṃ
saṃsthânataḥ prakaṭapîlusamânadeham
nânâprakâravihitaṃ rudhirâkṣamukhyam
udbhûtam asya khalu mûlyasamânam eva

245 madhye tipâṇḍuram atînduviçuddhavarṇaṃ
tac cendranîlasadṛçaṃ paṭalaṃ tale syât
aiçvaryabhṛtyaphaladaṃ kathitaṃ tad eva
çastaṃ[1] ca tat kila bhavet sumanojñavarṇam

rudhirâkṣaparîkṣâ

XII. *Cornaline.*

243 Agni prenant, selon son désir, le chyle du Dânava, le jeta dans la Narmadâ, et un peu dans la Chine et autres pays.

244 Là se forma une pierre ayant la couleur de la coccinelle ou de l'aile du perroquet, et la dimension d'un fruit de pîlu arrivé à maturité, comprenant plusieurs variétés, dont la première est la cornaline, mais d'un prix uniforme.

245 Lorsque l'intérieur est d'une nuance très pâle, très pure comme celle de la lune, et la surface pareille au saphir, on dit qu'elle procure souveraineté et serviteurs, et on l'exalte comme étant d'une couleur tout à fait délicieuse.

1. Ex conj. — A. sastraṃ. B. çastraṃ.

XIII

246 kâverîvindhyayavanacînanepâlabhûmiṣu
lâṅgalî vyakiran medo dânavasya prayatnataḥ

247 âkâçatailaçuddhâccham[1] utpannaṃ sphaṭikaṃ tataḥ
mṛṇâlaçaṅkhadhavalaṃ kiṃcid varṇântarânvitam

248 na ca tulyaṃ hi ratnânâm atha vâ pâpanâçanam
saṃskṛtaṃ çilpinâ samyag mûlyaṃ kiṃcil labhet tataḥ[2]

sphaṭikaparîkṣâ

XIII. *Cristal.*

246 Dans la Kâverî, le Vindhya, chez les Yavanas, en Chine, au Népal, Balarâma sema avec soin la graisse du Dânava.

247 De là naquit le cristal de roche, pur et limpide comme l'air ou l'huile de sésame, blanc comme les fibres du lotus ou la conque, avec une légère différence de teinte.

248 Il n'égale point les gemmes, il n'a pas la vertu de détruire le mal : mais traité avec soin par un habile lapidaire, il vaut un certain prix.

---

1. Ex corr. — Mss. °âkṣam.
2. Ex Gar.-Pur. — A. B. C. labheta saḥ.

XIV

249 âdâya medas tasyâçu yaçaḥ çakambalâdiṣu
cikṣepa tatra jâyante vidrumâḥ sumahâguṇâḥ

250 tatra pradhânaṃ çaçalohitâbhaṃ
guñjâjavâpuṣpanibhaṃ praçastam
saṃlâsakaṃ devakaromake[1] ca
sthânâni yeṣu prathitaṃ surâgam

251 anyatra jâtaṃ ca na tat pradhânaṃ
mûlyaṃ bhavec chilpiviçeṣayogât
....
....

XIV. *Corail.*

249 Prenant rapidement la graisse de Bala, Yaça (?) la sema dans le Çakambala (?) et autres lieux. Là naissent des coraux de grande qualité.

250 Le plus beau est celui qui a la couleur du sang du lièvre; on vante aussi ceux qui ont la couleur de la guñjâ et de la rose de Chine. Samlâsaka (?), Devaka (?), Romaka sont les lieux où se trouve un corail renommé, d'un très beau rouge.

251 Celui qui naît ailleurs n'a point la même valeur, et le prix dépend du travail de l'ouvrier.

---

1. Ex Gar.-Pur. — Mss. rômake.

252 prasannaṃ komalaṃ snigdhaṃ surâgaṃ vidrumaṃ hitam
dhanadhânyakaraṃ loke strîṇâṃ saubhâgyadâyakam
duṣṭavyâdhiharaṃ caiva viṣâdibhayanâçanam

vidrumaparîkṣâ

iti çrîbuddhabhaṭṭâcâryakṛtâ ratnaparîkṣâ samâptâ

252 Le bon corail est pur, fin, poli, bien coloré. Il procure en ce monde richesse et grain, donne aux femmes le charme, détruit les péchés et les maladies, neutralise le poison et tous les autres périls.

FIN

BṚHATSAṂHITÂ

DE

VARÂHAMIHIRA

(Adhyâyas LXXX-LXXXIII.)

LXXX

1 ratnena çubhena çubhaṃ
bhavati nṛpâṇâm aniṣṭam açubhena
yasmâd ataḥ parîkṣyaṃ
daivaṃ ratnâçritaṃ tajjñaiḥ

2 dvipahayavanitâdînâṃ
svaguṇaviçeṣeṇa ratnaçabdo sti
iha tûpalaratnânâm
adhikâro vajrapûrvâṇâm

LXXX. *Diamant.*

1 Un bon joyau est pour les rois une source de biens; un mauvais, de maux : c'est pourquoi doit être scrutée par les connaisseurs la destinée qui réside dans les joyaux.

2 Le nom de *ratna* s'applique aux éléphants, aux chevaux, aux femmes, etc., dont les qualités sont éminentes. Ici, il est employé pour désigner les pierres précieuses, à commencer par le diamant.

3 ratnâni balâd daityâd
dadhîcito nye vadanti jâtâni
kecid bhuvaḥ svabhâvâd
vaicitryaṃ prâhur upalânâm

4 vajrendranîlamarakata-
karketanapadmarâgarudhirâkhyâḥ
vaiḍûryapulakavimalaka-
râjamaṇisphaṭikaçaçikântâḥ

5 saugandhikagomedaka-
çaṅkhamahânîlapuṣparâgâkhyâḥ [1]
brahmamaṇijyotîrasa-
sasyakamuktâpravâlâni

6 veṇâtaṭe viçuddhaṃ
çirîṣakusumopamaṃ ca kauçalakam
saurâṣṭrakam âtâmraṃ
kṛṣṇaṃ saurpârakaṃ vajram

7 îṣattâmraṃ himavati
mataṅgajaṃ vallapuṣpasaṃkâçam
âpîtaṃ ca kaliṅge
çyâmaṃ pauṇḍreṣu sambhûtam

3 Les gemmes tirent leur origine du Daitya Bala, selon les uns; de Dadhîcit, selon les autres. Quelques-uns assurent que la variété des gemmes résulte de la nature du sol.

4 Diamant, saphir *indranîla*, émeraude, chrysobéryl, rubis *padmarâga*, cornaline, œil-de-chat, grenat, *vimalaka*, *râjamaṇi*, cristal de roche, pierre de lune,

5 rubis *saugandhika*, hyacinte, conque, saphir *mahânîla*, topaze, *brahmamaṇi*, *jyotîrasa*, *sasyaka*, perle, corail.

6 Le diamant des bords de la Veṇâ est parfaitement pur; celui du Koçala ressemble à la fleur de çirîṣa; celui du Surâṣṭra est cuivré; celui de Sûrpârâ est noir.

7 Celui de l'Himalaya est légèrement cuivré; celui du Mataṅga a la teinte d'une fleur de valla; celui du Kaliṅga est jaunâtre; celui du Pauṇḍra est gris.

1. Corr. puṣyarâgâkhyâḥ.

8 aindraṃ ṣaḍaçri çuklaṃ
yâmyaṃ sarpâsyarûpam asitaṃ ca
kadalîkaṇḍanikâçaṃ
vaiṣṇavam iti sarvasaṃsthânam

9 vâruṇam abalâguhyopamaṃ
bhavet karṇikârapuṣpanibham
çṛṅgâṭakasaṃsthânaṃ
vyâghrâkṣinibhaṃ ca hautabhujam

10 vâyavyaṃ ca yavopamam
açokakusumaprabhaṃ samuddiṣṭam
srotaḥ khaniḥ prakîrṇakam
ity âkarasaṃbhavas trividhaḥ

11 raktaṃ pîtaṃ ca çubhaṃ
râjânyânâṃ sitaṃ dvijâtînâm
çairîṣaṃ vaiçyânâṃ
çûdrâṇâṃ çasyate sinibham

12 sitasarṣapâṣṭakaṃ
taṇḍulo bhavet taṇḍulais tu viṃçatyâ
tulitasya dve lakṣe
mûlyaṃ dvidvyûnite caitat

8 Sexangulaire et blanc, le diamant est consacré à Indra; en forme de gueule de serpent et noir, à Yama; couleur de kadalî et de toute forme, à Viṣṇu.

9 A Varuṇa est consacré le diamant qui a la forme du *pudendum muliebre* et la couleur d'une fleur de karṇikâra; à Agni, le diamant triangulaire de la couleur d'un œil de tigre;

10 A Vâyu est attribué le diamant qui a la forme d'un grain d'orge et la couleur d'une fleur d'açoka. — Rivières, mines, dépôts sporadiques : voilà les trois espèces de gisements.

11 Le diamant rouge ou jaune convient aux Kṣatriyas, le blanc aux Brahmanes, celui qui a la couleur du çirîṣa aux Vaiçyas, et celui qui a le reflet d'une épée, aux Çûdras.

12-13 Huit sarṣapas font un taṇḍula. Un diamant pesant 20 taṇḍulas vaut 2 lakhs. Le poids décroissant de 2 en 2, le prix diminue

13 pâdatryaṃçârdhonaṃ
tribhâgapañcâṃçaṣoḍaçâṃçâç ca
bhâgaç ca pañcaviṃçaḥ
çatikaḥ sâhasrikaç ceti

14 sarvadravyâbhedyaṃ
laghv ambhasi tarati raçmivat snigdham
taḍidanalaçakracâpopamaṃ ca
vajraṃ hitâyoktam

15 kâkapadamakṣikâkeça-
dhâtuyuktâni çarkarâviddham
dviguṇâçri digdhakaluṣa-
trastaviçîrṇâni na çubhâni

16 yâni ca budbudadalitâgra-
cipiṭavâsîphalapradîrghâṇi
sarveṣâṃ caiteṣâṃ
mûlyâd bhâgo ṣṭamo hâniḥ

successivement de 1/4, 1/3, 1/2; il est ensuite de 1/3, 1/5, 1/16, 1/25, 1/100, 1/1000[1].

14 On dit qu'un diamant est salutaire lorsqu'il est infrangible pour toute autre substance, léger, surnageant sur l'eau, rayonnant, poli, ressemblant à l'éclair, au feu, à l'arc-en-ciel.

15 Les diamants, affectés de [défauts ayant l'apparence de] pieds de corneille, de mouches, de cheveux; qui contiennent des matières minérales ou du gravier; qui ont les arêtes doubles; qui sont onctueux, troubles, fêlés, mutilés, ne sont pas bons.

16 Et aussi ceux qui ont le fil des arêtes dédoublé par des bulles

1. Voici le tableau des prix. Le poids est en taṇḍulas, le prix probablement en rùpakas.

Poids.	— 20	Prix. —	200.000
—	10	—	150.000
—	18	—	133.333 1/3
—	14	—	100.000
—	12	—	66.666 2/3
—	10	—	40.000
—	8	—	12.500
—	6	—	8.000
—	4	—	2.000
—	2	—	200

17 vajraṃ na kiṃcid api dhârayitavyam eke
putrârthinîbhir abalâbhir uçanti tajjñâḥ
çṛṅgâṭakatripuṭadhânyakavat sthitaṃ yac
chroṇînibhaṃ ca çubhadaṃ tanayârthinînâm

18 svajanavibhavajîvitakṣayaṃ
janayati vajram aniṣṭalakṣaṇam
açaniviṣabhayârinâçanaṃ
çubham urubhogakaraṃ ca bhûbhṛtâm

iti çrîvarâhamihirakṛtau bṛhatsaṃhitâyâṃ vajraparîkṣâ nâmâçîtitamo dhyâyaḥ

d'air, qui sont plats ou oblongs comme le fruit de la vâsî. Le prix de tous ces diamants est diminué de 1/8.

17 Aucun diamant ne doit être porté par les femmes désireuses d'avoir des fils, disent quelques connaisseurs. [Mais nous pensons que] le diamant triangulaire, en forme de grain de tripuṭa, de grain de coriandre, ou cluniforme, est bon pour les femmes désireuses de postérité.

18 Un diamant portant de mauvaises marques cause la perte de la famille, de la fortune et de la vie; un bon écarte le danger de la foudre et du poison, détruit les ennemis et procure aux rois de vastes possessions.

LXXXI

1 dvipabhujagaçuktiçaṅkhâbhra-
veṇutimisûkaraprasûtâni
muktâphalâni teṣâṃ
bahu sâdhu ca çuktijaṃ bhavati

2 siṃhalakapâralaukika-
saurâṣṭrakatâmraparṇipâraçavâḥ
kauberapâṇḍyavâṭaka-
haimâ ity âkarâ hy aṣṭau

3 bahusaṃsthânâḥ snigdhâ
haṃsâbhâḥ siṃhalâkarâḥ sthûlâḥ
îṣattâmrâḥ çvetâs
tamoviyuktâç ca tâmrâkhyâḥ

4 kṛṣṇâḥ çvetâḥ pîtâḥ
saçarkarâḥ pâralaukikâ viṣamâḥ
na sthûlâ nâtyalpâ
navanîtanibhâç ca saurâṣṭrâḥ

LXXXI

1 Les perles naissent de l'éléphant, du serpent, de l'huître, de la conque, du nuage, du bambou, du poisson et du sanglier; entre ces perles, celle de l'huître est abondante et salutaire.

2 Ceylan, Paraloka, le Surâṣṭra, Tâmraparṇî, la Perse, le Nord, le Pâṇḍya, l'Himalaya : tels sont les huit gîtes de la perle.

3 Les perles de Ceylan sont variées de forme, lisses, d'une blancheur de cygne, volumineuses. Celles de Tâmraparṇî sont d'un blanc légèrement cuivré, et brillantes.

4 Noires, blanches, jaunes, mêlées de gravier, rugueuses sont

5 jyotiṣmantaḥ çubhrâ
guravo timahâguṇâç ca pâraçavâḥ
laghu jarjaraṃ dadhinibhaṃ
bṛhad visaṃsthânam api haimam

6 viṣamaṃ kṛṣṇaṃ çvetaṃ
laghu kauberaṃ pramâṇatejovat
nimbaphalatripuṭadhânya-
cûrṇâḥ syuḥ pâṇḍyavâṭabhavâḥ

7 atasîkusumaçyâmaṃ
vaiṣṇavam aindram çaçâṅkasaṃkâçam
haritâlanibhaṃ vâruṇam
asitaṃ yamadaivataṃ bhavati

8 pariṇatadâḍimagulikâ-
guñjâtâmraṃ ca vâyudaivatyam
nirdhûmânalakamala-
prabhaṃ ca vijñeyam âgneyam

9 mâṣakacatuṣṭayadhṛtasyaikasya
çatâhatâ tripañcâçat
kârṣâpaṇâ nigaditâ
mûlyaṃ tejoguṇayutasya

les perles de Paraloka. Celles du Surâṣṭra ne sont ni grosses ni très petites ; elles ont la couleur du beurre frais.

5 Étincelantes, claires, lourdes, de hautes qualités sont les perles de Perse ; légères, creuses, couleur de lait caillé, volumineuses, variées de forme, celles de l'Himalaya.

6 Les perles du Nord sont rugueuses, noires ou blanches, légères, douées de volume et d'éclat. Celles du Pâṇḍya sont de la dimension d'un fruit de nimba, d'un grain de tripuṭa ou de coriandre, ou ressemblent à une poudre fine.

7 Sombre comme une fleur d'atasî, la perle est consacrée à Viṣṇu ; couleur de lune, à Indra ; couleur d'orpiment, à Varuṇa ; noire, à Yama.

8 Celle qui est d'un rouge cuivré comme la pulpe d'une grenade mûre ou comme la guñjâ doit être consacrée à Vâyu. Celle qui a la couleur d'un feu sans fumée ou du lotus rouge, à Agni.

9 Le prix d'une perle douée d'éclat et de qualités et pesant 4 mâṣakas est de 5,300 kârṣâpaṇas.

10 mâṣakadalahânyâto
dvâtriṃçad viṃçatis trayodaça ca
aṣṭau çatâni ca çata-
trayaṃ tripañcâçatâ sahitam

11 pañcatriṃçaṃ çatam iti
catvâraḥ kṛṣṇalâ navatimûlyâḥ
sârdhâs tisro guñjâḥ
saptatimûlyaṃ dhṛtaṃ rûpam

12 guñjâtrayasya mûlyaṃ
pañcâçad rûpakâ guṇayutasya
rûpakapañcatriṃçat
trayasya guñjârdhahînasya

13 paladaçabhâgo dharaṇaṃ
tad yadi muktâs trayodaça surûpâḥ
triçatî sapañcaviṃçâ
rûpakasaṃkhyâ kṛtaṃ mûlyam

14 ṣoḍaçakasya dviçatî
viṃçatirûpasya saptatiḥ saçatâ
yat pañcaviṃçatidhṛtaṃ
tasya çataṃ triṃçatâ sahitam

10-12 En diminuant [successivement le poids de] 1/2 mâṣaka, les prix [correspondants] seront de 3,200, — 2,000, — 1,300, — 800, — 353, — 135. Une perle de 4 kṛṣṇalas (= 1/5 mâṣaka) vaut 90. Une de 3 1/2 guñjâs (= kṛṣṇalas) vaut 70. Une perle qualifiée, pesant 3 guñjâs, vaut 50 rûpakas; une de 2 1/2 guñjâs, 35 rûpakas.

13 Le dixième d'un pala est un dharaṇa. Si 13 belles perles atteignent le poids d'un dharaṇa, leur prix est de 325 rûpakas.

14-16 16 perles au dharaṇa valent 200 rûpakas.

20	»	170	»
25	»	130	»
30	»	70	»
40	»	50	»
55-60	»	40	»
80	»	30	»
100	»	25	»
200	»	12	»
300	»	6	»

15 triṃçat saptatimûlyâ
catvâriṃçac chatârdhamûlyâ ca
ṣaṣṭiḥ pañconâ vâ .
dharaṇaṃ pañcâṣṭakaṃ mûlyam

16 muktâçîtyâs triṃçat
çatasya sâ pañcarûpakavihînâ
dvitricatuḥpañcaçatâ
dvâdaçaṣaṭpañcakatritayam

17 pikkâpiccârghârdhâ
ravakaḥ sikthaṃ trayodaçâdyânâm
saṃjñâḥ parato nigarâç
cûrṇâç câçîtipûrvâṇâm

18 etad guṇayuktânâṃ
dharaṇadhṛtânâṃ prakîrtitaṃ mûlyam
parikalpyam antarâle
hînaguṇânâṃ kṣayaḥ kâryaḥ

19 kṛṣṇaçvetakapîtaka-
tâmrâṇâm îṣad api ca viṣamâṇâm
tryaṃçonaṃ viṣamakapîtayoç ca
ṣaḍbhâgadalahînam

20 airâvatakulajânâṃ
puṣyaçravaṇendusûryadivaseṣu
ye cottarâyaṇabhavâ
grahaṇe rkendvoç ca bhadrebhâḥ

400 perles au dharaṇa, valent 5 rûpakas.
500 » 3 »

17 *Pikkâ*, *picca*, *argha*, *ardhâ*, *ravaka*, *siktha* sont les termes qui désignent [les groupes de] 13, etc. Au delà [de 40, le groupe se nomme] *nigara*, et à partir de 80, *cûrṇa*.

18 Le prix indiqué ci-dessus pour un dharaṇa s'applique aux perles de bonne qualité. Il doit être calculé proportionnellement pour les perles de poids intermédiaires et abaissé pour celles qui sont de qualité inférieure.

19 Les perles noires, blanchâtres, jaunâtres, cuivrées et rugueuses même légèrement valent un tiers de moins; celles qui sont [seulement] rugueuses ou jaunes valent [respectivement] 1/6 et 1/12 de moins.

20-21 Aux fortunés éléphants qui naissent dans la lignée d'Ai-

21 teṣâṃ kila jâyante
muktâḥ kumbheṣu saradakoçeṣu
bahavo bṛhatpramâṇâ
bahusaṃsthânâḥ prabhâyuktâḥ

22 naiṣâm arghaḥ kâryo
na ca vedho tîva te prabhâyuktâḥ
sutavijayârogyakarâ
mahâpavitrâ dhṛtâ râjñâm

23 daṃṣṭrâmûle çaçikânti-
saprabhaṃ bahuguṇaṃ ca vârâham
timijaṃ matsyâkṣinibhaṃ
bṛhatpavitraṃ bahuguṇaṃ ca

24 varṣopalavaj jâtaṃ
vâyuskandhâc ca saptamâd bhraṣṭam
hriyate kila khâd divyais
taḍitprabhaṃ meghasaṃbhûtam

25 takṣakavâsukikulajâḥ
kâmagamâ ye ca pannagâs teṣâm
snigdhâ nîladyutayo
bhavanti muktâḥ phaṇasyânte

râvata, sous le signe de Puṣya ou de Çravaṇa, le dimanche ou le lundi, durant la marche du soleil vers le Nord, pendant une éclipse de soleil ou de lune, il naît, dans les bosses du front et au creux des défenses, des perles abondantes, volumineuses, multiformes, brillantes.

22 Elles sont trop splendides pour être appréciées ou forées ; portées par les rois, elles donnent des fils, la victoire, la santé et sont éminemment purifiantes.

23 A la racine des défenses du sanglier est une perle ayant l'éclat de la lune et riche en qualités. La perle du poisson a la couleur d'un œil de poisson : elle est grandement purifiante et riche en qualités.

24 Formée à la manière des grêlons et descendant de la septième région du vent, la perle qui sort du nuage, pareille à l'éclair, est retirée par les Dieux de l'atmosphère.

25 Les serpents nés dans la lignée de Takṣaka et de Vâsuki, et

26 çaste vanipradeçe
rajatamaye bhâjane sthite ca yadi
varṣati devo 'kasmât
taj jñeyaṃ nâgasaṃbhûtam

27 apaharati viṣam alakṣmîṃ
kṣapayati çatrûn yaço vikâçayati
bhaujaṃgaṃ nṛpatînâṃ
dhṛtam akṛtârghaṃ vijayadaṃ ca

28 karpûrasphaṭikanibhaṃ
cipiṭaṃ viṣamaṃ ca veṇujaṃ jñeyam
çaṅkhodbhavaṃ çaçinibhaṃ
vṛttaṃ bhrâjiṣṇu ruciraṃ ca

29 çaṅkhatimiveṇuvâraṇa-
varâhabhujagâbhrajâny avedhyâni
amitaguṇatvâc caiṣâm
arghaḥ çâstre na nirdiṣṭaḥ

30 etâni sarvâṇi mahâguṇâni
sutârthasaubhâgyayaçaskarâṇi
rukchokahantṝṇi ca pârthivânâṃ
muktâphalânîpsitakâmadâni

ceux qui vont à leur fantaisie ont dans le chaperon des perles lisses et bleuâtres.

26 Si en un lieu renommé de la terre, dans un vase d'argent placé là, pleut une perle inattendue, qu'on sache que c'est une perle de serpent.

27 L'inestimable perle de serpent, portée par les rois, les défend du poison et de l'infortune, anéantit leurs ennemis, répand leur renommée et leur donne la victoire.

28 La perle du bambou ressemble au camphre et au cristal de roche. Elle est aplatie et rugueuse. Celle de la conque a l'éclat de la lune : elle est ronde, étincelante et claire.

29 Les perles de la conque, du poisson, du bambou, de l'éléphant, du sanglier, du serpent et du nuage ne peuvent être forées ; et comme leurs qualités sont incommensurables, le çâstra ne leur assigne aucun prix.

30 Toutes ces perles, de qualités éminentes, procurent aux rois

31 surabhûṣaṇaṃ latânâṃ
sahasram aṣṭottaraṃ caturhastam
indracchando nâmnâ
vijayacchandas tadardhena

32 çatam aṣṭayutaṃ hâro
devacchando hy açîtir ekayutâ
aṣṭâṣṭako rdhahâro
raçmikalâpaç ca navaṣaṭkaḥ

33 dvâtriṃçatâ tu guccho
viṃçatyâ kîrtito rdhagucchâkhyaḥ
ṣoḍaçabhir mâṇavako
dvâdaçabhiç cârdhamâṇavakaḥ

34 mandarasaṃjño ṣṭabhiḥ
pañca latâ hâraphalakam ity uktam
saptâviṃçatimuktâ
hasto nakṣatramâleti

35 antaramaṇisaṃyuktâ
maṇisopânaṃ suvarṇagulikair vâ
taralakamaṇimadhyaṃ tad
vijñeyaṃ câṭukâram iti

fils, richesses, popularité, gloire; elles chassent la maladie et le chagrin, et font obtenir tout ce qu'on souhaite et qu'on aime.

31 [Une guirlande de] 1008 fils et longue de 4 mains est un ornement des dieux : elle se nomme *indracchanda*. Le *vijayacchanda* est la moitié du premier.

32 [Une guirlande de] 108 fils se nomme *hâra;* une de 81 *devacchanda*. Un *ardhahâra* a 64 fils et un *raçmikalâpa* 54.

33 Un *guccha* se compose de 32 fils, un *ardhaguccha* de 20, un *mâṇavaka* de 16, un *ardhamâṇavaka* de 12.

34 La guirlande appelée *mandara* se compose de 8 fils ; le *hâraphalaka* de 5 ; celle qui est formée de 27 perles et longue d'une main se nomme *nakṣatramâlâ*.

35 Celle qui renferme d'autres gemmes ou des bulles d'or est un *maṇisopâna ;* celle qui a en son milieu une gemme en pendeloque s'appelle *câṭukâra*.

36 ekâvalî nâma yatheṣṭasaṃkhyâ
hastapramâṇâ maṇiviprayuktâ
saṃyojitâ yâ maṇinâ tu madhye
yaṣṭîti sâ bhûṣaṇavidbhir uktâ

iti çrîvarâhamihirakṛtau bṛhatsaṃhitâyâṃ muktâphalaparîkṣâ nâmaikâçîtitamo dhyâyaḥ

36 La guirlande appelée *ekâvalî* a un nombre indéterminé de perles, une main de longueur, et ne contient aucune autre gemme. Mais celle qui est ornée d'une gemme en son milieu est nommée *yaṣṭi* par les connaisseurs en parures.

LXXXII

1 saugandhikakuruvinda-
sphaṭikebhyaḥ padmarâgasaṃbhûtiḥ
saugandhikajâ bhramarâ-
ñjanâbjajambûrasadyutayaḥ

2 kuruvindabhavâḥ çabalâ
mandadyutayaç ca dhâtubhir viddhâḥ
sphaṭikabhavâ dyutimanto
nânâvarṇâ viçuddhâç ca

3 snigdhaḥ prabhânulepî
svaccho rciṣmân guruḥ susaṃsthânaḥ
antaḥprabho tirâgo
maṇiratnaguṇâḥ samastânâm

LXXXII. *Rubis.*

1 Le rubis (*padmarâga*) tire son origine du soufre (*saugandhika*), du cinabre (*kuruvinda*) et du cristal de roche (*sphaṭika*). Les rubis qui viennent du soufre ont la couleur de l'abeille, de l'antimoine, du lotus, du jambu, de la myrrhe.

2 Ceux qui viennent du cinabre sont bigarrés, d'un faible éclat et mêlés de substances minérales. Ceux qui viennent du cristal sont brillants, de couleurs variées, sans tache.

3 Poli, surface brillante, transparence, rayonnement, poids, beauté de la forme, éclat intérieur, couleur intense : telles sont les qualités des gemmes en général.

4 kaluṣâ mandadyutayo
lekhâkîrṇâḥ sadhâtavaḥ khaṇḍâḥ
durviddhâ na manojñâḥ
saçarkarâç ceti maṇidoṣâḥ

5 bhramaraçikhikaṇṭhavarṇo
dîpaçikhâsaprabho bhujaṃgânâm
bhavati maṇiḥ kila mûrdhani
yo nargheyaḥ sa vijñeyaḥ

6 yas taṃ bibharti manujâdhipatir na tasya
doṣâ bhavanti viṣarogakṛtâḥ kadâcit
râṣṭre ca nityam abhivarṣati tasya devaḥ
çatrûṃç ca nâçayati tasya maṇeḥ prabhavât

7 ṣaḍviṃçatiḥ sahasrâṇy
ekasya maṇeḥ palapramâṇasya
karṣatrayasya viṃçatir
upadiṣṭâ padmarâgasya

8 ardhapalasya dvâdaça
karṣasyaikasya ṣaṭ sahasrâṇi
yac câṣṭamâṣakadhṛtaṃ
tasya sahasratrayaṃ mûlyam

9 mâṣakacatuṣṭayaṃ daça-
çatakrayaṃ dvau tu pañcaçatamûlyau
parikalpyam antarâle
mûlyaṃ hînâdhikaguṇânâm

4 Les défauts des gemmes consistent à être tachées, d'un faible éclat, rayées, mêlées de substances minérales, faites de fragments, mal forées, sans charme, mêlées de gravier.

5 Il y a dans la tête des serpents une gemme ayant la couleur de l'abeille ou de la gorge du paon, et l'éclat d'une lampe. Elle doit être considérée comme inestimable.

6 Le roi qui la porte échappe aux funestes effets du poison et de la maladie. La pluie tombe sans cesse dans son royaume. Il anéantit ses ennemis par la puissance de cette gemme.

7-9 Un rubis pesant 1 pala (= 4 karṣas) a pour prix 26,000; 3 karṣas, 20,000 ; 1/2 pala, 12,000; 1 karṣa, 6,000. Celui qui pèse 8 mâṣakas a pour prix 3,000; 4 mâṣakas, 1,000; 2 mâṣakas, 500.

10 varṇanyûnasyârdhaṃ
tejohînasya mûlyam aṣṭâṃçaḥ
alpaguṇo bahudoṣo
mûlyât prâpnoti viṃçâṃçam

11 âdhûmraṃ vraṇabahulaṃ
svalpaguṇaṃ câpnuyâd dviçatabhâgam
iti padmarâgamûlyaṃ
pûrvâcâryaiḥ samuddiṣṭam

iti... padmarâgaparîkṣâ nâma dvyaçîtitamo dhyâyaḥ

Pour les poids intermédiaires, et selon que les qualités sont supérieures ou inférieures, le prix doit être calculé en proportion.

10 Pour un rubis sans couleur, le prix est de moitié; pour un sans éclat, du huitième. Un rubis de peu de qualités et de défauts nombreux n'obtient que le vingtième.

11 Un rubis fumeux, aux multiples lésions, pauvre de qualités, obtiendra 1/200. C'est ainsi que le prix du rubis a été fixé par les maîtres anciens.

LXXXIII

çukavaṃçapatrakadalî-
çirîṣakusumaprabhaṃ guṇopetam
surapitṛkârye marakatam
ativa çubhadaṃ nṛṇâṃ vidhṛtam

iti... marakataparîkṣâ nâma tryaçîtitamo dhyâyaḥ

LXXXIII. *Émeraude.*

Une émeraude ayant la couleur du perroquet, des feuilles de bambou, des fleurs de kadalî et de çirîṣa, douée de qualités, est extrêmement bienfaisante aux hommes qui la portent dans les cérémonies en l'honneur des Dieux ou des Mânes.

AGASTIMATA

MANUSCRITS

A. — Londres, India Office, n° 1568. Papier. Devanâgarî. 34 ff. de 8 ll. Ce ms. comprend : fol. 1-27 v°, *Agastimata;* 27 v°-29 v°, *Ratnasaṃgraha* (intitulé ici *Samastaratnaparîkṣâ*); 29 v°-fin. *Maṇimâhâtmya*. Colophon : likhitaṃ caṃdâjî vaiṣṇava | saṃvat 1798 (= 1741 ap. J.-C.) | samaye phâlgunavadi | 6 | somavâsare |

B. — Londres, India Office, n° 1153. Papier. Devanâgarî. 27 ff. de 10 ll. S. d., mais moderne. Comprend : fol. 1-23 r°, *Agastimata* et [*Laghu*]-*ratnaparîkṣâ;* 23 r°-24 v°, extraits divers dont les uns ne concernent pas les pierres précieuses (définition de l'or, de l'argent, du fer, du camphre, etc.), et dont les autres sont empruntés pour la plupart au *Ratnasaṃgraha*. (Nous avons laissé de côté cette compilation sans grand intérêt.) 24 v°-fin. *Maṇimâhâtmya*.

C. — Bikaneer, bibliothèque du mahârâja, n° 1567. Papier. Devanâgarî. 88 ff. Colophon : saṃ. 1735 (= 1678 ap. J.-C.) varṣe phâlgunamâse çuklapakṣe tṛtîyî ravivâsare | çrî auraṃgavâdanagare mahârâjâ çrî anûpasiṃhajî pustikâ | mathena râṣecâ liṣatam |

Ce ms. divise son contenu en 7 adhyâyas : les 5 premiers correspondent aux 5 chapitres de l'*Agastimata*, le 6e aux st. 1-34 et le 7e aux st. 35-70 de l'Appendice.

D. — Florence, Biblioteca Nazionale, B 415. Décrit plus haut, parmi les mss de Buddhabhaṭṭa.

E. — Bikaneer, n° 1568, d°.

Ces mss. peuvent se diviser en 2 familles : l'une comprenant A et B; l'autre, C, D, E. C'est la première qui sert de base à notre texte.

ÉDITION

Râm Dâs Sen a publié un texte médiocre de l'*Agastimata* à la suite de son livre intitulé *Ratnarahasya*, Calcutta, 1883. Le ms. dont il s'est servi appartient à la famille de A-B. Je désigne cette édition par R.

I

Ṛṣaya ûcuḥ

1 pṛcchanti munayaḥ sarve kṛtâñjalipuṭâḥ sthitâḥ
munînâṃ tvaṃ muniçreṣṭha agastyâya namo stu te

2 devadânavadaityendravidyâdharamahoragaiḥ
kirîṭakaṭisûtreṣu kaṇṭhâdyâbharaṇeṣu ca
saṃyojitânâṃ ratnânâṃ kathayotpattikâraṇam

3 munînâṃ vacanaṃ çrutvâ muniçreṣṭho bravîd idam

agastir uvâca

utpattim âkarân varṇâñ jâtidoṣaguṇâṃs tathâ

4 mûlyaṃ maṇḍalikaṃ caiva grâhakaṃ hastasaṃjñayâ
vadâmi sarvam evaitac chṛṇudhvaṃ sâvadhânataḥ

I. — *Diamant.*

1 Tous les Munis, se tenant les mains jointes, interrogent : « Toi, le meilleur d'entre les Munis, Agastya, hommage à toi !

2 Dis-nous l'origine des gemmes que les Devas, les Dânavas, les rois des Daityas, les Vidyâdharas, les Uragas emploient pour leurs diadèmes, leurs ceintures, leurs colliers et leurs autres parures. »

3-4 Ayant écouté le discours des Munis, le plus excellent des Munis prit la parole :

Origine, gîtes, couleurs, espèces, qualités et défauts, prix, expert, acheteur par les signes de la main, je vais vous parler de tout cela. Écoutez attentivement.

5 abadhyaḥ sarvadevânâṃ balo mahâsuro bhavat
tridivasyopakârâya tridaçaiḥ prârthito makhe

6 dattas tenâtmanaḥ kâyo devânâṃ saṃmukhe sthitaḥ
dehe samarpite çakraṃ tad vajreṇa hataṃ çiraḥ

7 sthitâni ratnakûṭâni vajreṇa hatamastake
vajrasaṃjñâ kṛtâ devaiḥ sarvaratnottamottame

8 çîrṣe varṇottamo jâto bhujayoḥ kṣatriyaḥ smṛtaḥ
vaiçyo nâbhipradeçe tu padbhyâṃ çûdra udâhṛtaḥ

9 suradaityoragaiḥ siddhair yakṣarâkṣasakinnaraiḥ
gṛhîtvâ sulabhâḥ sarve trailokye viprakâçitâḥ

10 aṣṭau vajrâkarâḥ çreṣṭhâ yugachandânuvartinaḥ
dvau dvau ca parivartete kṛtâdiṣu yathâkramam

11 kṛte koçalakâliṅgau tretâyâṃ vaṅgahemajau
dvâpare pauṇḍrasaurâṣṭrau kalau sûrpâraveṇujau

5 Invulnérable à tous les dieux était le grand Asura Bala. Pour le bien du ciel, les Treize le demandèrent en sacrifice.

6 Lui-même donna son corps et se tint debout en face des dieux. Son corps étant ainsi exposé, la foudre frappa sa tête puissante.

7 Dans sa tête foudroyée surgirent des montagnes de pierreries. Le nom de *vajra* (diamant) a été donné par les dieux à la première d'entre les gemmes.

8 De la tête naquit le Brahmane, des bras le Kṣatriya, du nombril le Vaiçya, des pieds le Çûdra.

9 Les Suras, les Daityas, les Uragas, les Siddhas, les Yakṣas, les Râkṣasas, les Kinnaras, s'emparant de ces pierres d'une facile conquête, les firent connaître dans les trois mondes.

10 Il y a huit excellentes mines de diamant. Elles suivent le roulement des *yugas* et se succèdent à raison de deux par *yuga*, en commençant par le *Kṛta*.

11 A l'âge *Kṛta* appartiennent les mines du Koçala et du Kaliṅga; à l'âge *Tretâ* celles du Vaṅga et de l'Himalaya; à l'âge *Dvâpara* celles du Pauṇḍra et du Surâṣṭra; à l'âge *Kali* celles de Sûrpâra et de la rivière Veṇu.

12 vikhyâtir atha dîptiç ca yugârdhena vinaçyati
saṃkramet tasya mâhâtmyaṃ âkarâd anyam âkaram

13 jambudvîpâkarâḥ proktâ yugeṣu parivartinaḥ
dvîpântarâkarâ ye tu teṣâṃ na parivartitâ

14 vajraṃ jâtiviçeṣeṇa caturvarṇasamanvitam
prayatnena tu tadvarṇo vicâryaç ca pṛthak pṛthak

15 çaṅkhâbhaḥ sphaṭikaprabhaḥ çaçirucih snigdhaç ca varṇot-
âraktaḥ kapipiṅgacâruviçadaç corvîpatiḥ saṃjñayâ [tama
vaiçyaḥ syât sitapîtavarṇaruciro dhautâsidîptir bhavet
çûdro pi pratibhâvaçâd viracito varnaç caturtho budhaiḥ

16 khyâtam etad viçeṣeṇa vajrâṇâṃ varṇalakṣaṇam
dhâraṇâd yat phalaṃ puṃsâṃ kathayâmi pṛthak pṛthak

17 caturvedeṣu yaj jñânaṃ sarvayajñeṣu yat phalam
saptajanmany avâpnoti vipratvaṃ vipradhâraṇât

18 sarvâvayavasampûrṇaḥ kṣatriyasya ca dhâraṇât
bhavec chûro mahâṃç caiva durjayo bhayado dviṣâm

12 La renommée et l'éclat d'une mine s'use en un demi-*yuga*, et la supériorité passe de l'une à l'autre.

13 Ce sont les mines du Jambudvîpa qui se succèdent, comme il vient d'être dit, dans l'ordre des *yugas* : les mines des autres *dvîpas* ne sont point sujettes à ce roulement.

14 Le diamant a quatre couleurs qui correspondent à ses castes. Il faut examiner avec soin chacune de ces couleurs.

15 Le diamant qui a l'éclat velouté de la conque, du cristal de roche, de la lune, est un Brahmane. Celui qui est un peu rouge, d'un brun de singe, beau et pur, est appelé Kṣatriya. Le Vaiçya a une brillante couleur jaune pâle. Le Çûdra brille comme une épée bien fourbie : d'après son éclat, les connaisseurs en font la quatrième caste.

16 Tels sont les signes qui caractérisent les castes du diamant. Je vais dire maintenant ce que gagnent les hommes à les porter.

17 Ce qu'il y a de science dans les quatre Vedas, ce qu'il y a de mérite dans tous les sacrifices, l'état de Brahmane pendant sept naissances, voilà ce qu'on obtient en portant le diamant brahmane.

18 Celui qui porte un diamant kṣatriya sera parfait dans tous ses membres, hardi, grand, invincible, redoutable à ses ennemis.

19 pragalbhaḥ kuçalo dhanyaḥ kalâvid dhanasaṃgrahî
prâpnoti phalam etâvad vaiçyavajrasya dhâraṇât

20 bahûparjitavittaç ca dhanadhânyasamṛddhimân
sâdhuḥ paropakârî syac chûdravajrasya dhâraṇât

21 prâpnoti paramaṃ mûlyaṃ çûdro pi çubhalakṣaṇaḥ
na punar varṇasâmarthyaṃ lakṣaṇair varjitaṃ yadi

22 akâlamṛtyusarpâgniçatruvyâdhibhayâni ca
durâd eva praṇaçyanti caturvarṇâçrame gṛhe

23 doṣâḥ pañca guṇâḥ pañca châyâ caiva caturvidhâ
mûlyaṃ dvâdaçakaṃ proktaṃ vajrasyâsya mahâtmanaḥ

24 malaṃ bindur yavo rekhâ bhavet kâkapadaṃ tathâ
doṣâḥ sthânavaçâd eva çubhâçubhaphalapradâḥ

25 dhârâsu saṃsthitaṃ koṇe vajrasyântarbhave tathâ
tristhâneṣu malaṃ proktaṃ ratnaçâstraviçâradaiḥ

26 vahner bhayaṃ bhaven madhye tathâ dhârâsu daṃṣṭriṇaḥ
ratnavidbhir idaṃ jñeyaṃ yaçasyaṃ koṇam âçritam

19 Hardiesse, adressse, réussite, talent, richesse : tels sont les fruits qu'on acquiert à porter un vaiçya.

20 De grands profits, l'abondance des richesses et du grain, la bonté, l'obligeance : voilà ce qu'on obtient en portant un çûdra.

21 On attribue un très haut prix au çûdra même, s'il a les bonnes marques. Au contraire, la caste est impuissante en l'absence des marques.

22 Le danger d'une mort prématurée, des serpents, du feu, des ennemis, des maladies s'évanouit de loin, lorsqu'une maison est le séjour des quatre castes.

23 Le diamant a cinq défauts, cinq qualités, quatre nuances et douze prix.

24 Tache (*mala*), goutte (*bindu*), grain d'orge (*yava*), raie (*rekhâ*), pied-de-corneille (*kâkapada*) : tels sont les défauts du diamant. Ils sont, selon leur place, bienfaisants ou funestes.

25 La *tache* se rencontre en trois endroits, disent les gens versés dans les ratnaçâstras : sur les arêtes, dans les angles et à l'intérieur du diamant.

26 A l'intérieur, il y a danger du feu ; sur les arêtes, danger des serpents ; dans les angles, gloire. Ainsi jugent les connaisseurs.

27 âvarto vartikâ caiva raktabindur yavâkṛtiḥ
guṇadoṣânvite vajre bindur jñeyaç caturvidhaḥ

28 âyuḥ çrîr vipulâvarte vartikâyâm anâmayam
strîputrayoḥ[1] kṣayo rakte deçatyâgo yavâtmake

29 raktapîtasitâ jñeyâ varṇâ yavapadâçrayâḥ
teṣu doṣaguṇâḥ sarve lakṣitâç ca pṛthak pṛthak

30 gajavâjikṣayo rakte pîte vaṃçakṣayas tathâ
âyur dhânyaṃ dhanaṃ lakṣmîḥ çvete yavapadâçraye

31 savyâ vaivâpasavyâ vâ chedâchedordhvagâpi vâ
vajre caturvidhâ rekhâ budhaiç caivopalakṣitâ

32 savyâ câyuḥpradâ jñeyâ apasavyâçubhâ matâ
ûrdhvagâsiprahâráya chedâchedâ ca bandhanam

33 ṣaṭkoṇe laghutîkṣṇe ca bṛhadaṣṭadale pi vâ
vajre kâkapadopete dhruvaṃ mṛtyuṃ vinirdiçet

27 Quatre sortes de *gouttes* se rencontrent dans le diamant, qu'elles rendent bon ou mauvais; on les nomme *âvarta*, *vartikâ*, *raktabindu*, *yavâkṛti*.

28 L'*âvarta* a pour fruit une vie longue et prospère; la *vartikâ*, la santé; le *raktabindu*, la perte des femmes et des fils; le *yavâkṛti*, l'exil.

29 Rouge, jaune, blanc : telles sont les couleurs que revêt le *grain d'orge*. Nous allons définir les bons et les mauvais effets de chacune.

30 Le grain d'orge rouge a pour effet la perte des éléphants et des chevaux; le jaune, la destruction des familles; le blanc, la pleine durée de la vie, le grain, la richesse, le bonheur.

31 Gauche (*savya*), droite (*apasavya*), transversale (*chedâcheda*), supérieure (*ûrdhvaga*) : telles sont, dans le diamant, les quatre sortes de *raie*, selon la définition des sages.

32 Gauche, elle procure une longue vie; droite, elle est funeste; supérieure, elle attire les coups d'épée, et, transversale, la captivité.

33 Un diamant a beau être sexangulaire, léger, effilé, à huit

1. A. B. çrî°. C. striyâṃ putrakṣayaṃ rakte. D. striyâ putrakṣayo rakte. R. striyâṃ putrakṣayaṃ rakte.

34 sabâhyâbhyantare bhinnaṃ bhinnakoṭi savartulam
na sámarthyaṃ bhavet tasya çubhâçubhaphalapradam

35 laghu câṣṭâṅgaṃ ṣaṭkoṇaṃ tîkṣṇadhâraṃ sunirmalam
yat pañcaguṇasaṃyuktaṃ tad vajraṃ devabhûṣaṇam

36 çvetâ raktâ ca pîtâ ca kṛṣṇâ châyâ caturvidhâ
asicchâyodbhavâḥ sarvá eṣa châyâviniçcayaḥ

37 dhârâṅgatalakoṭisnuçirolakṣaṇasaṃyutam
tad vajraṃ tulayâ dhṛtvâ[1] paçcán mûlyaṃ vinirdiçet

38 aṣṭabhiḥ sitasiddhârthais taṇḍulaikaṃ prakîrtitam
tat taṇḍulapramâṇena vajrataulyaṃ smṛtaṃ budhaiḥ

39 pûrvaṃ piṇḍasamaṃ kuryâd vajrataulyaṃ pramâṇataḥ
sa piṇḍas trividho jñeyo laghusâmânyagauravaiḥ

pans bien développés : s'il est atteint d'un *pied-de-corneille*, il cause une mort certaine.

34 Le diamant fendu à l'extérieur et à l'intérieur, épointé ou rond est impuissant à produire des fruits bons ou mauvais.

35 Léger, octaédrique, sexangulaire, effilé d'arêtes, sans tache : le diamant qui possède ces cinq qualités est une parure des dieux.

36 Blanc, rouge, jaune, noir : telles sont les quatre couleurs du diamant. Toutes dérivent du reflet d'une épée. Telle est la désignation des couleurs.

37 Soit un diamant dont les arêtes (*dhârâ*), les facettes (*aṅgatala*), les pointes (*koṭi*), la surface (*snu*), la tête (*çiras*) présentent les caractères requis. Il faut d'abord le peser sur la balance, ensuite en fixer le prix.

38 Huit siddhârthas (grains de moutarde blanche) font un taṇḍula (grain de riz). Le taṇḍula est la mesure qui sert à exprimer le poids du diamant.

39 Qu'on établisse tout d'abord, par leur mesure, la correspondance entre le poids du diamant et son volume. Ce volume peut être de trois sortes : léger, moyen, lourd.

1. Mss. dhṛtya.

40 gurutve câdhamaṃ mûlyaṃ sâmânye madhyamaṃ tathâ
lâghave cottamaṃ mûlyam uttamâdhamamadhyamam

41 gurutve trividhaṃ mûlyaṃ trividhaṃ lâghave tathâ
sâmânye ṣaḍvidhaṃ jñeyam evaṃ dvâdaçadhâ smṛtam

42 manasâ kurute piṇḍaṃ yavamâtraikataṇḍulam
tat piṇḍaṃ samam anyena jñâtvâ mûlyaṃ vinirdiçet

43 ([1] gâtreṇa yavamâtraṃ syâd gurutvaṃ taṇḍulena ca
mûlyaṃ pañcaçataṃ tasya [2] vajrasya tu vinirdiçet

44 yavadvayaghanaṃ piṇḍe lâghave taṇḍulopamam
mûlyaṃ caturguṇaṃ tasya tribhiç câṣṭaguṇaṃ bhavet)

45 piṇḍagâtraṃ bhaved vajraṃ taulyaṃ piṇḍasamaṃ yadi
pañcâçad bhavate mûlyaṃ ratnaçâstrair udâhṛtam

46 piṇḍasya dviguṇaṃ kâryaṃ [3] taulyaṃ-ca dviguṇaṃ bhavet
mûlyaṃ caturguṇaṃ tasya tribhiç câṣṭaguṇaṃ bhavet

40 Lourd, le diamant est d'un prix inférieur; moyen, d'un prix moyen; léger, d'un prix élevé. [Voilà les trois sortes de prix :] élevé, inférieur, moyen.

41 Il y a 3 prix pour le diamant lourd, 3 pour le léger, 6 pour le moyen, en tout 12.

42 On imagine un *piṇḍa* (masse) ayant 1 yava de volume et 1 taṇḍula de poids. C'est en équilibrant ce piṇḍa avec un autre qu'on fixe le prix de celui-ci.

43 (Si le diamant a 1 yava de volume et 1 taṇḍula de poids, on énonce comme prix 50.

44 Si le volume est de 2 yavas et le poids de 2 taṇḍulas, le prix est quatre fois plus élevé; pour 3, il est 8 fois plus élevé.)

45 Si le diamant a le volume du piṇḍa et un poids égal à celui du piṇḍa, le prix est fixé à 50 par les ratnaçâstras.

46 Un diamant égal à 2 piṇḍas en volume et en poids a un prix quadruple; égal à 3 piṇḍas, son prix est 8 fois plus grand.

---

1. Les çlokas 43-44 paraissent interpolés. V. la note.
2. Corr. pañcâçad etasya (?).
3. Corr. kâyaṃ.

47 caturbhir dvâdaçaṃ proktaṃ pañcabhiḥ ṣoḍaçâṃ bhavet
ṣaṭpiṇḍasya bhaven mûlyaṃ khyâpayed viṃçatiṃ guṇân[1]

48 saptame piṇḍe[2] mûlyaṃ ca sahasraikaṃ vinirdiçet
yâvatpiṇḍanibaddhaṃ ca sthâpayec ca yathâkramam

49 piṇḍagâtraṃ bhaved vajraṃ pâdâṃço laghutâ yadi
aṣṭâdaçaguṇaṃ mûlyaṃ sthâpayel lakṣaṇaṃ budhaḥ

50 dvipâdalaghu vajraṃ syât ṣaṭtriṃçat khyâpayed guṇân
tripâdaṃ tarate toye dvisaptatiguṇaṃ bhavet

51 yâvat piṇḍasya gâtrâṇi lâghavena guṇena ca
vajre tat paramaṃ mûlyaṃ dvisaptatisahasrakam

52 piṇḍaṃ pâdâdhikaṃ[3] vajrataulyaṃ tadgurutâṃ vrajet
kṣiyate dviguṇaṃ mûlyaṃ teṣâṃ caiva krameṇa tu

53 doṣaprakâço vajreṣu svalpamâtro pi yo bhavet
hînatvaṃ prâpyate tasya mûlyaṃ tâvadguṇaṃ tv iha

47 A 4 piṇḍas correspond un prix 12 fois plus fort; à 5, 16 fois; à 6, 20 fois.

48 Pour 7 piṇḍas, le prix et de 1,000. On continue ainsi à fixer les prix suivant la même proportion fondée sur le nombre des piṇḍas.

49 Si le diamant est égal en volume au piṇḍa, mais plus léger d'un quart, il vaut 18 fois plus, au jugement des connaisseurs.

50 S'il est plus léger de moitié, il vaut 36 fois plus; plus léger des 3/4, il surnage sur l'eau et vaut 72 fois plus.

51 Autant de fois le diamant, doué de cette légèreté et des autres qualités, contient le volume du piṇḍa, autant de fois il vaut ce haut prix de 72,000.

52 Si le piṇḍa dépasse d'un quart le volume du diamant, et que le poids de ce diamant dépasse celui du piṇḍa, le prix diminue de moitié, et ainsi de suite dans la même proportion.

53 Si le diamant laisse voir un défaut même très petit, il subit une dépréciation et son prix décroît en proportion.

1. Ex corr. — A. B. viṃçatirguṇam. D. viṃçataṃ guṇâṭ. C. tad viṃçaguṇam âdiçet.
2. Ex corr. — Mss. : piṇḍa°.
3. Ex corr. — A. R. piṇḍaṃ yavâd dvikaṃ vajraṃ°. — B. piṇḍaṃ yadâkaraṃ. — C. D. piṇḍapâdâdikaṃ.

54 doṣasaṃyuktaratnânâṃ mahâmaṇḍalamadhyataḥ
karmajñasthâpitaṃ caiva lâghavatvaṃ caturguṇam

55 karmajño[1] laghupâṇiḥ syâd dṛḍhacittavaçânugaḥ
çâstrasaṃjñaḥ[2] samutthâya tulâkarma samârabhet

56 jyotirvinâ kathaṃ vajraṃ kathaṃ[3] cakṣur marîcibhiḥ
na bhaved ekam ekena vinâ lakṣaṇalakṣitam

57 kṛtvâ karatale vajraṃ çâstradṛṣṭena karmaṇâ
kṛçâṅgâni çiro vindyâd vistîrṇâṅgatalaṃ smṛtam

58 uttamâṅgottamasthâne çobhete[4] sacarâcare
hemam âsâdya vajrâṇi çobhante nâpy adhomukham

59 koṇo dhârâç ca vajrasya çivaṃ hi mukham ucyate
na kilayed vadhasnena yadîcched ubhayoḥ çivam

54 Mais lorsque les gemmes sont affectées d'un défaut, le praticien, au milieu du grand cercle, prononce une quadruple réduction de poids.

55 Si le praticien a la main légère, obéit à une pensée ferme et possède la connaissance des çâstras, qu'il se mette à l'œuvre et aborde la pesée.

56 Sans la lumière, comment le diamant? Sans les rayons, comment l'œil? L'un ne saurait être caractérisé en l'absence de l'autre.

57 Mettant le diamant sur la paume de la main de la manière indiquée par les çâstras, si la tête se trouve avoir des membres maigres, on dit que le diamant est à larges pans.

58 C'est dans la partie la plus haute des membres supérieurs que réside la beauté des êtres et des choses : même montés en or, les diamants n'ont aucun éclat s'ils ont la tête en bas.

59 L'angle et les arêtes forment ce qu'on appelle la bonne pointe (*çivam mukham*) : on ne doit point l'enfoncer comme un clou avec un instrument meurtrier, si on veut lui conserver cette double vertu.

---

1. Leçon de R. Tous les mss. portent *karmajair*.
2. Mss. çâstrasaṃjñâ.
3. Mss. *karaṃ* ou *kara*.
4. Mss. *çobhate* ou °*ne*.

60 yadi kîlayate kaçcid ajñânâc châstravarjitaḥ
tasya vajraṃ ca çirasi pated vaṃça ivâsinâ

61 çṛṇvantu munayaḥ sarve ratnânâṃ tu parîkṣakam
maṇḍalî nâma vikhyâto yatra mûlyaṃ prakurvate

62 aṣṭadhâkaraçâstreṣu (?) paradvîpasthiteṣu ca
sabâhyâbhyantare ratnaṃ yo jânâti sa maṇḍalî

63 jâtî râgas tathâ raṅgo vartigâtraguṇâkarâḥ
doṣaç châyâ ca mûlyâṃ ca lakṣyaṃ daçavidhaṃ smṛtam

64 âkare pûrvadeçe ca kâçmîre madhyadeçake
siṃhale sindhupârçve ca teṣu sthâneṣu vikrayaḥ

65 caturvarṇeṣu yo bâhyo bhagnâṅgo hînalakṣaṇaḥ
na yogyatâ bhavet tasya praveço maṇḍaliṣv api

66 yasmân maṇḍalî madhye tu suradaityoragagrahâḥ
avatîrya tataḥ sâkṣân madhye nâyânty asaṃçayam

60 Si quelqu'un l'enfonce, par ignorance des çâstras, la foudre tombera sur sa tête, comme l'épée sur le roseau.

61 Que tous les Munis écoutent ce qui concerne l'expert en pierres précieuses. On l'appelle *maṇḍalin*, lorsqu'il fait métier d'en fixer le prix.

62 Celui qui reconnaît une gemme comme indigène et provenant de l'une des huit mines, ou comme étrangère et venant des autres dvipas, celui-là est un maṇḍalin.

63 Espèce (*jâti*), coloration (*râga*), éclat (*raṅga*), forme? (*varti*), volume (*gâtra*), qualités (*guṇa*), gîte (*âkara*), défauts (*doṣa*), nuance (*châyâ*), prix (*mûlya*) : tels sont les huit éléments à caractériser.

64 Les pierres précieuses se vendent dans les régions suivantes : l'Âkara, le Pûrvadeça, le Kachmir, le Madhyadeça, Ceylan et la vallée de l'Indus.

65 Celui qui est en dehors des quatre castes, qui a les membres mutilés ou de mauvaises marques ne doit être ni employé, ni même admis au nombre des maṇḍalins.

66 Comme le maṇḍalin est au milieu, les Suras, les Daityas, les Uragas, les Grahas s'en retirent aussitôt et ne viennent pas au milieu : cela n'est pas douteux.

67 etair guṇais tu saṃyukto yogyo maṇḍaliko bhavet
tridive durlabho deço dhanyo yatra sa tiṣṭhati

68 grâhako bhaktipûrveṇa samâhûya vicakṣaṇam
âsanaṃ gandhamâlyâdi maṇḍalîçasya dâpayet

69 vîkṣya samyag guṇân doṣân ratnânâṃ ca viçâradaḥ
dâpayet karasaṃjñâṃ ca lakṣam ekaikasaṃnidhau

70 ajñânât kathayen mûlyaṃ ratnânâṃ ca kadâcana
na kuryân nigrahaṃ tasya maṇḍalîçasya[1] vikrayî

71 adhamasyottamaṃ mûlyam uttamasyâdhamaṃ tathâ
bhayân mohât tathâ lobhât sadyaḥ kaṣṭaṃ bhaven mukhe

72 pûrvaṃ prasârayet pâṇiṃ bhâṇḍâdyasya ca dâpayet
dâpayet karasaṃjñâṃ ca vikrayaṃ câtmanaḥ priyam

73 pramâṇâd adhikaṃ mûlyaṃ bhâṇḍâdyaiḥ kathitaṃ kvacit
na doṣâ na guṇâs teṣâṃ maṇḍalî tad vicârayet

67 C'est un maṇḍalin doué de ces qualités qu'il faut employer. Mais il n'est pas facile à trouver, même dans le ciel, le lieu qui recèle un tel trésor.

68 Que l'acheteur, ayant fait respectueusement appel à son expérience, offre à ce prince des maṇḍalins un siège, des parfums, des guirlandes, etc.

69 Que l'expert, ayant d'abord examiné avec soin les qualités et les défauts des gemmes, offre un prix, en tête à tête, au moyen des signes de la main.

70 Il pourrait arriver que le vendeur, par ignorance, fît le prix de ses gemmes : qu'il ne crée point d'obstacles à ce prince des maṇḍalins.

71 On propose un bas prix d'une haute gemme, un haut prix d'une basse, par crainte, égarement, convoitise : le malheur est toujours sur les lèvres.

72 D'abord qu'il étende la main et la donne au marchand ; puis qu'il exprime par le langage des doigts le prix qu'il lui plaît d'offrir.

73 Il y a des marchands qui demandent un prix excessif d'après

1. Ex corr. — A. B. maṇḍalitasya.

74 sarve te ratnaçâstrajñâ madhye maṇḍalinaḥ sthitâḥ
deçakâlavaçân mûlyaṃ bahûnâṃ câpi saṃmatam[1]

75 kadâcit sarvaratnânâṃ granthârthakuçalo bhavet
sa kuryân mûlyam ekena yadi sâkṣâd ayaṃ bhavet

76 vajrâṇâṃ kṛtrimaṃ caiva rûpaṃ kurvanti ye dhamâḥ
lakṣayet tac ca çâstrajñaḥ çâṇakṣodavilekhanaiḥ

77 lohâni yâni sarvâṇi sarvaratnâni yâni ca
tâni vajreṇa likhyante vajraṃ tair na vilikhyate

78 abhedyam anyajâtînâṃ loharatnâdisaṃnidhau
na cânyabhedasâmarthyaṃ vajraṃ vajreṇa bhidyate

79 rasendravajrâv ubhayaikabhedau
svayonirûkṣau balinau pareṣâm
balipradiṣṭaṃ vibudheṣu sevanaṃ
graseta vajraṃ jaṭharasya doṣân

iti vajraparîkṣâ

la seule dimension : pour eux, ni défauts ni qualités. C'est au maṇḍalin à les examiner.

74 Tous ces maṇḍalins, connaissant les ratnaçâstras, demeurent immuables en leur impartialité d'arbitres; mais il en est beaucoup qui se guident, pour déterminer le prix, d'après le lieu et le temps.

75 Il s'en trouve un parfois, familier avec la lettre et le sens des çâstras et capable d'apprécier toutes les gemmes. On peut s'en remettre à lui seul, si on l'a sous la main, du soin de fixer le prix.

76 Il y a des hommes vils qui fabriquent de faux diamants. Celui qui connaît les çâstras peut les découvrir par la pierre de touche, le choc, le grattage.

77 Tous les métaux et toutes les gemmes sont rayés par le diamant; le diamant ne l'est point par eux.

78 Le diamant, mis en présence de métaux ou de pierres d'une autre espèce, est insécable; mais, réfractaire à toute autre coupure, le diamant est coupé par le diamant.

79 Le mercure et le diamant ont ce caractère commun d'être résistants de naissance et forts sur les autres. Le diamant offert aux dieux comme un tribut d'adoration dissipe les douleurs d'entrailles.

1. Ex corr.— A. B. °smṛtaṃ. C. D. °matâḥ.

II

ṛṣaya ûcuḥ

80 çrutaṃ vajraparijñânaṃ yathoktaṃ munipuṃgava
mauktikasya yathotpattir yathâ tiṣṭhati lakṣaṇam

81 taulyaṃ maulyaṃ pramâṇaṃ ca kathayasva pṛthak pṛthak
yena vijñânamâtreṇa bhavet pûjyo vanîpatcḥ

agastir uvâca

82 çrûyatâṃ tad yathâtattvaṃ kathayâmi samâsataḥ
yena yasya tu vijñânaṃ maṇḍalînâṃ yathâ purâ

II. — *Perle.*

LES ṚṢIS

80 Nous venons d'entendre de ta bouche la mânière de connaître le diamant, Taureau des Munis. Parle-nous maintenant de la perle. Quelle en est l'origine? Quels en sont les signes caractéristiques,

81 le poids, le prix, la dimension? Enseigne-nous point par point cette science qui suffit à mériter l'estime d'un roi.

AGASTI

82 Écoutez. Je vais vous l'exposer au vrai et en bref. Ce qui concerne les maṇḍalins, par quoi et de quoi ils jugent, est comme ci-dessus.

83 jîmûtakarimatsyâhivaṃçaçaṅkhavarâhajâḥ
çuktyudbhavâç ca vijñeyâ aṣṭau mauktikajâtayaḥ

84 jâtivikhyâtâ munayo loke mauktikahetavaḥ
teṣâm ekaṃ mahârghaṃ tu çuktijaṃ lokaviçrutam

85 ghanajaṃ mauktikaṃ yâvad yadâ gacchati medinîm
tridaçâç cântarîkṣeṣu haranty âçu svam âlayam

86 vidyutsphuritasaṃkâçaṃ durnirîkṣyaṃ ravir yathâ
tat sâdhyaṃ surasiddhânâṃ nânyo bhavati bhâjanam

87 gajendrakumbhajâtâni mauktikâni viçeṣataḥ
teṣâṃ guṇâç ca vakṣyante ratnaçâstroditâḥ kramât[1]

88 mandâ dîptir bhavet teṣâṃ dhâtrîphalapṛthûni ca
âtâmrapîtavarṇâni gajakumbhodbhavâni ca

89 gaṇḍûviṣayasaṃjñâtâ dantikumbhasamudbhavâḥ
mauktikâç câdhamâ jñeyâ ratnaçâstraviçâradaiḥ

83 Nuage, éléphant, poisson, serpent, bambou, conque, sanglier, huître : voilà les huit origines de la perle.

84 Telles sont, énumérées par espèces, toutes les causes possibles de la perle. De ces perles une seule, mais d'un grand prix, est connue dans le monde : c'est celle de l'huître.

85 Toute perle qui naît dans les nuages, au moment où elle tombe vers la terre, est saisie au vol par les dieux, qui l'emportent vite dans leur séjour.

86 Étincelante comme l'éclair, éblouissante comme le soleil, cette perle est accessible aux Suras et aux Siddhas : personne, eux exceptés, n'est digne de la posséder.

87 Certaines perles naissent spécialement dans les bosses frontales de l'éléphant. Nous en dirons successivement les qualités, telles qu'elles sont énoncées par les ratnaçâstras.

88 Les perles qui naissent dans les bosses frontales de l'éléphant ont un faible éclat, la dimension du fruit de la *dhâtrî* et une couleur d'un jaune cuivré.

89 Les perles qui naissent dans les bosses frontales de l'éléphant sont appelées *gaṇḍûviṣaya* : ce sont les dernières de toutes, disent les connaisseurs des ratnaçâstras.

---

1. Ce çloka mq. dans C. Les 2 çlokas suivants sont intervertis dans C. D.

90 timijâ mauktikâ ye ca suvṛttâ lâghavânvitâḥ
guñjâphalapramâṇâḥ syur nâtyantavimalaprabhâḥ

91 pâṭalîpuṣpasaṃkâçâ dṛçyante nâlpabhâgibhiḥ
jñâtavyâ ratnaçâstrajñais timimastakamauktikâḥ

92 pâtâlâdhipagotreṣu phaṇisambhûtamauktikâḥ
durlabhâ naraloke smiṃs tân na paçyati pâpakṛt

93 suvṛttaṃ phaṇijaṃ caiva nîlacchâyojjvalaprabham
kaṅkolîphalamâtraṃ tu niviḍaṃ çaçisuprabham

94 râjyaṃ çrîratnasaṃpattigajavâjipuraḥsaram
prâpnoty antyavaṃçajo pi gṛhe yasya sa mauktikaḥ[1]

95 siddhiṃ paçyanti tadratne yâtudhânâsurâs tathâ
rakṣâbalividhânâni kuryât tatra prayatnataḥ

90 Les perles qui naissent du poisson sont parfaitement rondes, légères, de la dimension d'une guñjâ, et d'une eau qui n'est pas absolument pure.

91 Leur couleur est celle de la fleur de pâṭalî. Elles ne sont jamais vues des misérables. C'est aux connaisseurs des ratnaçâstras qu'il est possible de reconnaître les perles de la tête du poisson.

92 Les perles produites par les serpents dans les clans du roi du Pâtâla sont rares dans ce monde des hommes. Le pécheur ne saurait les voir.

93 Parfaitement ronde est la perle de serpent, d'une nuance bleuâtre, d'un brillant éclat, égale en dimension à un fruit de kaṇkolî, dense, d'un beau reflet lunaire.

94 Si un homme, — fût-il de la plus basse origine, — a dans sa maison une de ces perles, il obtient la royauté, avec son accompagnement de bonheur, de joyaux, de prospérité, d'éléphants, de chevaux.

95 Les Yâtudhânas et les Asuras voient dans ce joyau une puissance magique : qu'on ait soin de le mettre sous bonne garde.

1. A. prâpnotiṃtyavaṃjo pi vâ...
B. prâpnotyaṃvaçajonyâpi...
C. prâpnoti vaṃçajâteç ca mandire yasya mauktikaṃ
D. » » jâtyauvâ » » »
R. » vaṃçajaṃ vâpi...

96 caturbhir vaidikair mantrair juhuyât taddhutâçane
çubhe lagne muhûrte ca svaveçmani niveçayet

97 yatra tan mauktikaṃ tiṣṭhed dvâdaçâdityasuprabham
çaṅkhadundubhinirghoṣaṃ trisaṃdhyaṃ tatra kârayet

98 yasya haste tu tad ratnaṃ duḥkhaṃ viṣabhayaṃ rujaḥ
dûratas tasya naçyanti tamo bhânûdaye yathâ

99 khyâteṣu kulabhûbhṛtsu nirmiteṣu suraiḥ purâ
veṇavas tatra jâyante prasûtir mauktikasya te

100 badarîphalamâtraṃ tu dîptyâ varṣopalaiḥ samam
tvaksârajaṃ tu vijñeyaṃ pramâṇavarnataḥ[1] smṛtam

101 dânavârimukhasparçât pañcajanyasya saṃtatiḥ
prasûtir mauktikasyâsau pavitrâ pâpanâçinî

102 saṃdhyârâgasamâ dîptiḥ kapotâṇḍapramâṇataḥ
tadrûpaṃ laghu sacchâyaṃ[2] sarvadoṣâpahârakam

96 Qu'on fasse une libation sur le feu accompagnée de quatre *mantras* védiques, sous un horoscope et dans un moment favorables : on peut alors l'introduire dans sa maison.

97 Là où se trouve cette perle égale en éclat aux douze Âdityas, le son de la conque et du tambour se fait entendre aux trois *saṃdhyâs*.

98 Pour celui qui porte au doigt ce joyau, le malheur, le danger du poison, les maladies s'évanouissent de loin, comme les ténèbres au lever du soleil.

99 Sur les illustres et souveraines montagnes jadis créées par les dieux croissent les bambous qui produisent les perles.

100 Il faut savoir que la tradition proclame la perle du bambou semblable en dimension aux fruits du jujubier, en éclat aux grêlons.

101 Par le contact de sa bouche, l'ennemi des Dânavas (Viṣṇu) a créé la lignée de Pañcajanya, qui, en produisant la perle, purifie et efface les péchés.

102 Cette perle a un éclat semblable à la rougeur du soleil

1. Mss. pramâṇaṃ.
2. Corr. succhâyaṃ (cf. 110).

103 martyânâṃ na bhavet sâdhyaṃ nâlpapuṇyeṣu çaṅkhajam
durgame viṣame sthâne payodheḥ saṃcaraty asau

104 âdiçûkaravaṃçeṣu saṃjâtâḥ çûkarottamâḥ
jagatîjanitâ vâpi caranty ekâkino vane

105 tadvarâhaçirojâtâ mauktikâ prathitâ bhuvi
kolaphalapramâṇâḥ syus taddaṃṣṭrâṅkurasaṃnibhâḥ

106 varâhajasya ratnasya varṇo bhâti pramâṇataḥ
jñâtavyaṃ ratnaçâstrajñaiḥ khyâtam etat savistaram

107 vajrapâtaparibhraṣṭâ dantapaṅktir balasya ca
yatra tatra prayâtâs te âkarâ mauktikasya ca

108 patitâ jaladher madhye samutpannâç ca çuktikâḥ
svâtiparjanyasaṃyogâc chuktir garbhaṃ bibharti sâ

109 siṃhalaḥ prathamo jñeyo âravâṭî dvitîyakaḥ
pârasîkas tṛtîyaç ca caturtho barbarâkaraḥ

couchant, le volume et la forme d'un œuf de pigeon. Elle est légère et d'une belle nuance; elle écarte tous les maux.

103 Ce n'est point par les mortels, ni en cas d'un faible mérite spirituel, que se laisse conquérir la perle de la conque : elle circule en un lieu difficile et dangereux de l'Océan.

104 Les meilleurs des sangliers, engendrés dans la race du Sanglier primordial ou enfants de la Terre, vont solitaires dans la forêt.

105 Dans la tête de ces sangliers se forment des perles renommées sur la terre. Elles ont la dimension des fruits du jujubier et la couleur d'une défense de sanglier.

106 La couleur de la perle du sanglier brille proportionnellement à sa dimension. Elle est reconnaissable à ces détails pour ceux qui savent les ratnaçâstras.

107 Là où la chute de la foudre précipita les dents de Bala se trouvent les gîtes de la perle.

108 Tombées au milieu de l'Océan, elles ont donné naissance aux huîtres perlières. L'huître conçoit de l'union de Svâtî avec Parjanya.

109 Ceylan est le premier de ces gîtes, Âravâṭî le second, la Perse le troisième, Barbara le quatrième.

110 susnigdhaṃ madhuvarṇaṃ ca succhâyaṃ siṃhalâkare
âravâṭam çuci snigdham âpîtaṃ ca çaçiprabham

111 sitatvaṃ nirmalatvaṃ ca pârasîkâkarodbhave[1]
barbaraṃ jvalarûkṣaṃ ca varṇair âkaram âdiçet

112 rukmiṇy âkhyâtâ çuktis tu prasûtiḥ suradurlabhâ
âsamudrântavikhyâtâ jñâtavyâ çâstrapâragaiḥ

113 tadbhavaṃ mauktikaṃ jñeyaṃ jâtîphalasadṛk sadâ
kuṅkumâbhaṃ suvṛttaṃ ca guru snigdhaṃ ca komalam

114 tasya mûlyaṃ pravakṣyâmi ratnaçâstroditaṃ kramât
sahasrapuruṣotsedhâṃ kâñcaṇaiḥ pûrayen mahîm

115 na coktâ guṇahîneṣu ratnaçâstreṣu mûlyatâ
sarvâvayavasampûrṇâ uttamâdhamamadhyamâḥ

110 A Ceylan, la perle est lisse, blonde, d'une belle eau. A Âravâṭî, elle est limpide, lisse, jaunâtre, avec l'éclat de la lune.

111 La blancheur et la pureté caractérisent la perle de Perse. Celle de Barbara est brillante et rude. Ainsi on reconnaît le gîte à la couleur.

112 Il est une huître appelée *rukmiṇî* : la perle qu'elle donne est difficile à obtenir, même pour les dieux. Célèbre jusqu'aux limites de l'Océan, elle est reconnaissable pour ceux qui possèdent les çâstras.

113 Cette perle est de la grosseur d'une muscade, couleur de safran, ronde, lourde, lisse, fine.

114 J'en dirai le prix tel qu'il est énoncé à son rang dans les ratnaçâstras : il couvrirait d'or toute la surface de la terre jusqu'à la hauteur de mille hommes.

115 Ce n'est pas à des perles dépourvues de qualités que s'applique le prix fixé par les ratnaçâstras. Ce sont des perles complètes dans toutes leurs parties qu'on classe en supérieures, inférieures et moyennes.

---

1. Mss. °bhavaṃ.

116 nava doṣâ guṇâḥ ṣaṭ ca châyâ ca trividhâ matâ
mûlyataulyâṣṭakaṃ proktaṃ mauktikasya mahâmune

117 caturbhiç ca mahâdoṣaiḥ sâmânyaiḥ pañcabhiḥ smṛtam
çuktijasyâpi ratnasya nava doṣân parîkṣayet[1]

118 çuktisparçaṃ tu matsyâkṣaṃ jaṭharaṃ tv atiraktakam
mahâdoṣâç ca catvâras tyajel lakṣaṇavin mune

119 trivṛttaṃ cipiṭaṃ tryaçraṃ dîrghaṃ pârçve ca yat kṛçam
sâmânyâḥ pañca doṣâç ca ratnavit tân parîkṣayet

120 çuktisparçe bhavet kuṣṭaṃ matsyâkṣaṃ sukṛtaṃ haret
jaṭhare ca daridratvam ârakte maraṇaṃ dhruvam

121 trivṛtte durbhagatvaṃ ca câpalyaṃ tu cipiṭake
tryaçre naiva ca çauryatvaṃ matibhraṃçaç ca dîrghake

122 âlasyo pi nirudyogo mṛtyuḥ pârçve ca yat kṛçam
sâmânyâḥ pañca doṣâç ca ratnaçâstre prakîrtitâḥ

116 La perle a neuf défauts, six qualités, trois nuances, huit poids et huit prix.

117 Entre les neuf défauts à vérifier dans la perle, on distingue quatre grands défauts et cinq moyens.

118 Celui, ô Muni, qui sait les marques, doit rejeter, comme atteinte d'un des quatre grands défauts, la perle adhérente (*çuktisparça*), affectée d'un œil-de-poisson (*matsyâkṣa*), terne (*jaṭhara*), rouge (*atirakta*).

119 La perle à trois bourrelets (*trivṛtta*), plate (*cipiṭa*), triangulaire (*tryaçra*), allongée (*dîrgha*), maigre d'un côté (*pârçve kṛça*), a l'un des cinq défauts moyens. Le connaisseur doit la rejeter.

120 La perle qui adhère à l'huître donne la lèpre; celle qui porte un œil-de-poisson ôte le mérite des bonnes œuvres; la perle terne entraîne la misère, et la rougeâtre une mort certaine.

121 La perle à trois bourrelets engendre le malheur; plate, l'instabilité; triangulaire, le manque de courage; allongée, la folie.

122 Celle qui est maigre d'un côté produit la mollesse qui s'abandonne, et la mort. Voilà les cinq défauts moyens énumérés dans le ratnaçâstra.

---

1. Le 2e hémistiche est emprunté au ms. D.

123 sutâraṃ ca guru snigdhaṃ suvṛttaṃ nirmalaṃ sphuṭam
paṭhyante sarvaçâstreṣu mauktikasyâpi ṣaḍguṇâḥ

124 sarvalakṣaṇasampûrṇaṃ çâstroktaṃ mauktikaṃ yadi
dhâraṇât tasya kiṃ puṇyaṃ tatphalaṃ kathyate dhunâ

125 çrûyatâm ṛṣayaḥ sarve ratnaçâstreṣu darçitam
saptajanmakṛtaṃ pâpaṃ dhâraṇât tasya naçyati

126 gopragurukanyânâṃ vadhe yat pâtakaṃ bhavet
tat sarvaṃ naçyati kṣipraṃ mauktikasya ca dhâraṇât

127 madhurâ pitâ çuklâ ca châyâ ca trividhâ smṛtâ
jñâtavyo[1] ratnaçâstrajñair muktâchâyâvinirṇayaḥ

128 âkarottamasaṃjâtaṃ guru snigdhaṃ suvṛttakam
madhuvarṇâdyasucchâyaṃ tasya mûlyaṃ vinirdiçet

129 mañjalîtritayaṃ çâstre sapâdaṃ rûpakaṃ smṛtam
rûpakaṃ dharmatulayâ kalañjasyaiva rûpakam

123 Lumineuse (*sutâra*), lourde (*guru*), lisse (*snigdha*), parfaitement ronde (*suvṛtta*), pure (*nirmala*), bien développée (*sphuṭa*) : ainsi se lisent dans tous les ratnaçâstras les six qualités de la perle.

124 Si une perle présente tous les caractères requis par les çâstras, que gagne-t-on à la porter? Nous allons le dire.

125 Écoutez tous, Ṛṣis, ce que proclament les ratnaçâstras : le fait de porter cette perle efface les péchés commis pendant sept vies successives.

126 Toutes les déchéances qu'on encourt par le meurtre d'une vache, d'un brahmane, de la fille d'un guru, disparaissent à l'instant.

127 La perle est susceptible de trois nuances : blonde, jaune, blanche. C'est la connaissance des çâstras qui permet de déterminer les nuances.

128 Soit une perle provenant du meilleur gisement, lourde, lisse, parfaitement ronde, d'une belle nuance, blonde ou autre : il s'agit d'en déterminer le prix.

129 Dans le çâstra, 3 mañjalîs font 1 1/4 rûpaka. Ce rûpaka est le rûpaka employé, en poids légal, [comme fraction] du kalañja.

1. Mss. jñâtavyâ.

130 mañjalîtritayaṃ çâstre mâṣa ity abhidhîyate
mâṣâç catvâra ekatra mâṇa ity ucyate budhaiḥ

131 mâṇadvayaṃ kalañje syâd agastyasya mataṃ mune
rûpakair daçabhir niktaṃ kalañjaḥ kathyate sadâ

132 atra tâlapadenâpi mâṣakaç ca nigadyate
tâlair aṣṭabhir evâpi kalañja iti kathyate[1]

133 mañjalyâdyair vṛttavâse tu jalabindusamanvitam
aṣṭatâlavidhaṃ mûlyaṃ mauktikasya vinirdiçet

134 pâdadvayaṃ syân mañjalî kiṃcid ûnaṃ bhaved api
mañjalîtritayasyâpi pâdân aṣṭau vinirdiçet

135 trâso nâma tulâ jñeyâ jalabindus tu mauktikaḥ
aṣṭatâle kalañje tu çâstroktaṃ mûlyam âdiçet

136 kalañjasamabhâgasya guṇair yuktasya sarvataḥ
yojayed uddhṛte trâse jalabindusamanvitam

130 Dans le çâstra, 3 mañjalîs font 1 mâṣa, et 4 mâṣas 1 mâṇa.

131 Il y a 2 mâṇas dans 1 kalañja, selon la décision d'Agastya. Le kalañja équivaut toujours exactement à 10 rûpakas.

132 Le mâṣa est encore exprimé ici par le mot tâla : 8 tâlas font 1 kalañja.

133 Les mañjalîs et autres poids, mis sur le plateau de la balance, servent à déterminer le prix qui convient à une perle, jusqu'à concurrence de 8 tâlas.

134 Une mañjalî vaut 2 pâdas et une fraction ; 3 mañjalîs valent 8 pâdas.

135 *Trâsa* est le nom de la balance, *jalabindu* celui de la perle. Le prix indiqué par le çâstra s'applique au kalañja de 8 tâlas.

136 [Lorsqu'une perle] douée intégralement de toutes les qualités est pesée en fractions de kalañja, on peut, laissant de côté la balance, fixer [le prix] qui convient à cette perle.

---

1. Le passage suivant (133-152) est un de ceux qui ont le plus souffert de l'incurie des copistes. Pour mettre un peu de suite dans le texte presque inintelligible des mss., j'ai dû combiner leurs différentes leçons, transposer plusieurs pâdas et introduire quelques corrections. En dépit de ces expédients, l'incertitude et l'obscurité subsistent. On trouvera aux Variantes le texte comparé des manuscrits : je prie le lecteur de s'y reporter.

137 saptabhir dvâdaçaṃ proktaṃ ṣaṣṭyâ ṣoḍaçam âdiçet
pañcâçîti caturviṃçac châstroktaṃ mûlyam âdiçet

138 trâse câçîtim uddhṛtya kalañjaiḥ saha mauktikam
aṣṭabhiḥ padam uttuṅgaiḥ çâstroktaṃ mûlyam âdiçet

139 kalañjam uddhṛtya trâse guñjâdy ekasamaṃ yadi
tribhiç câtra pramâṇena teṣâṃ mûlyaṃ vinirdiçet

140 tribhir guñjâdikair yâvan mauktikâni ca dhârayet
triguṇaṃ kriyate mûlyaṃ mauktikasya krameṇa tu

141 guñjâdikaiç caturbhiç ca pañcâçan mûlyam âdiçet
pañcame caturâçîti ṣaṣṭhe ṣaṣṭhottaraṃ çatam

142 dviçataṃ ca caturṇâṃ ca saptame ca vinirdiçet
aṣṭaṃ catuḥçataṃ maulyaṃ punaḥ ṣaṣṭhottaraṃ bhavet

143 . . . .
etat saptaçatâçîtim aṣṭâdhikyaṃ v.dur budhâḥ

137 On exprime par sept [la valeur de la perle] qui possède 12 parties [du kalañja]; par soixante, [celle de la perle] qui en possède 16; et par quatre-vingt-cinq, [celle de la perle] qui possède les 24 parties. Tel est le prix fixé par le çâstra.

138 Si la perle porte sur la balance plus d'un kalañja, mettant à part les 80, on détermine le prix énoncé par le çâstra, au moyen de huit degrés au-dessus de ce point.

139 Mettant donc à part le [premier] kalañja, si on suppose que, dans la pesée, une guñjâ vaut un, on fixera le prix, en prenant pour mesure un groupe de 3 guñjâs.

140 Lorsque la perle pèse trois guñjâs, le prix [initial] est triplé, et le rapport de l'une à l'autre est proportionnel.

141-145	A	4	guñjâs correspond comme prix	50.
	»	5	»	84.
	»	6	»	106.
	»	7	»	204.
	»	8	»	406.
	»	[9]	»	788.
	»	10	»	1068.
	»	11	»	1488.
	»	12	»	2073.
	»	[13]	»	2167.

144 daçame sahasraikaṃ tu aṣṭaṣaṣṭiṃ vinirdiçet
ekâdaçe sahasraikam aṣṭâçîticatuḥçatam

145 dvâdaçe dvisahasrâṇi saptatiç cottaratrayam
saptaṣaṣṭhiçatâdhikyaṃ dve sahasre vinirdiçet

146 caturdaçe dvisahasraṃ dviçataṃ ca vinirdiçet
pañcadaçe bhaven mûlyaṃ saṃjñâ tu râçivartakâ

147 ṣoḍaçe caiva saṃjñeyaṃ yâvad aṣṭaçatâni ca
ata ûrdhvaṃ trike madhye padamûlyaṃ nivartate

148 sahasraṃ ca çatanyûnaṃ sthâpayet tu pade pade
sahasraikaçatanyûne dviguṇaikonaviṃçatiḥ

149 viṃçam ekottaraṃ yâvat kṣiped râçikrameṇa tu
jâtaṃ paraikaviṃçatyâ triguṇaṃ ca krameṇa tu

150 catuṣṭrikaiç caturguṇyaṃ pañca pañcaguṇaiḥ smṛtam
guṇân daça praçaṃsanti yâvat triṃçâṣṭasaṃbhavât

151 dvau kalanjau trikasthâne viṃçadguṇyaṃ prayojayet
prâjñas tac ca vijânîyât tasya ca mûlyam uttamam

152 dvau kalañjau vivekena jalabindur labhet kvacit
surair arcanayogyaṃ tu narair etan na dhâryate

146 A 4 guñjâs correspond comme prix 2,200. Pour 15 guñjâs, le prix s'obtient par l'addition d'un nombre.

147 Pour 16, de même. Ce nombre [additionnel] est 800. A partir de là, on prend pour base de calcul la triade, et on cesse d'énoncer le prix un à un.

148 Pour chacun des degrés qui suivent, on ajoute 900; à 19, le nombre est doublé.

149 Jusqu'à 21, l'augmentation a lieu par addition; après 21, le nombre est triplé.

150 Quatre triades le quadruplent; cinq le quintuplent; à 38, il est décuplé.

151 Lorsque l'échelle des triades atteint 2 kalañjas, le nombre est multiplié par 20. Le sage doit le savoir, et aussi que c'est là le prix le plus élevé.

152 La perle à laquelle on attribue en connaissance de cause un poids de 2 kalañjas est un ornement digne des dieux seuls : il n'appartient point aux hommes de la porter.

153 lakṣam ekaṃ bhavet samyak saptadaçasahasrakaiḥ
çataikasaptati trîṇi paramaṃ mûlyam âdiçet

154 khyâtâni yatra taulyâni saṃjñâdyair guñjâmâṣakaiḥ
vardhane vardhate mûlyaṃ kṣîṇe kṣîṇaṃ tathaiva ca

155 pûrṇacandranibhaṃ kântyâ suvṛttaṃ mauktikaṃ bhavet
kṣîyante samabhâgâni çeṣam ekam avâpnuyât

156 yat sarvâṅgamaye yasmin matsyâkṣasadṛçaṃ tathâ
adhamaṃ tad vaded vidvân ṣaṇmûlyaṃ ca vinirdiçet

157 râgaçarkararekhâç ca sphuṭikaṃ pârçvavedhitam
adhamaṃ tad vaded vidvâṃs tasya mûlyaṃ vinirdiçet

158 kadâcid bhavati châyâpîtatvaṃ mauktikasya tu
vibhavâyuḥkṣayaṃ tasya varjayet tat prayatnataḥ

159 sûkṣmo pi vimalacchâyo vṛtto madhunibho guruḥ
sitaḥ snigdhaç ca svacchaç ca sa jñeyo mauktikottamaḥ[1]

153 Le prix le plus élevé d'une perle est exactement de 117.173.

154 Lorsque les poids sont exprimés en guñjâs, mâṣakas, etc., le prix croît et décroît proportionnellement.

155 Si la perle est d'un éclat pareil à celui de la pleine lune, et parfaitement ronde, la décroissance a lieu par fractions égales, et le reste obtenu est le même.

156 Lorsque sur une perle, complète en toutes ses parties, se trouve un signe semblable à un œil de poisson, le connaisseur doit la déclarer inférieure et fixer le prix [initial] à six.

157 Rougeur, gravier, raie, cassure, côté mutilé, — la perle qui a ces défauts doit être déclarée inférieure par le connaisseur, et le prix fixé [arbitrairement].

158 La perle a parfois une teinte jaune : elle détruit la fortune et abrège la vie. Qu'on l'évite avec soin.

159 Même petite, la perle sans tache, ronde, blonde ou blanche, lourde, lisse et transparente est précieuse entre toutes.

---

1. A. B. D. sitasnigdhagurutvaṃ ca tajjñeyaṃ mauktikottamam. C. sitasnigdhaṃ ca svacchaṃ ca tajjñeyaṃ...

160 nyûnâtiriktamûlyâni vinâ çâstreṇa kevalam
na çaknomy aham âkhyâtuṃ pralaye samupasthite

161 purâ vigrahatuṅgâç ca samudrâç caiva nirmitâḥ
çâstroktâ nâtha saṃkhyâ ca budhas tanmârgam âcaret

162 kṣîyate vardhate caiva yuktakâlapravartanam
triṃçadvigrahatuṅgaiç ca dînâraikaṃ vinirdiçet
hemnâ tattvabudhaḥ prâjñaḥ samyak çâstraprayogataḥ

163 châyâvad dardhakaç caiva ravikâ siktham eva ca
kupyaṃ pûrṇaṃ ca vijñeyaṃ dravyasaṃkhyâpramâṇakam[1]

164 trayodaçadharaṇaṃ ca tyaktasaṃjñaṃ vinirdiçet
viṃçatyâ dardhakaṃ jñeyaṃ triṃçatyâ sikthakaṃ bhavet
açitidharaṇe kupyaṃ pûrṇaṃ sârdhaçataṃ bhavet

165 utpattir jâtir ity eva mauktikânâṃ ca lakṣaṇam
taulyaṃ mûlyaṃ pramâṇaṃ ca çâstrârthena vicârayet

160 Sans le çâstra, les prix ne peuvent être qu'insuffisants ou excessifs; sans lui je ne puis parler, quand bien même le monde s'effondrerait.

161. Autrefois on faisait usage de *vigrahatuṅgas* et de *samudras*. Nous n'en donnons pas le calcul ici : il est exposé par le çâstra. Le sage doit apprendre cette méthode.

162 Le cours monte et baisse suivant le temps. On peut évaluer un *dînâra* à 30 *vigrahatuṅgas*. C'est à un homme intelligent et expérimenté qu'il appartient de fixer exactement ce rapport, sur la base de l'or, et en appliquant le çâstra.

163 Un groupe, suivant le nombre des perles qui le composent, est appelé : *châyâvat*, *dardhaka*, *ravikâ*, *siktha*, *kupya*, *pûrṇa*.

164 Un dharaṇa composé de 13 perles se nomme *tyakta;* de 20, *dardhaka;* de 30, *sikthaka*. Si le dharaṇa est de 80 perles, il est dit *kupya;* et *pûrṇa*, si les perles sont au nombre de 150.

165 Telles sont les origines, les espèces et les caractères des perles. Le poids, le prix, la dimension doivent être considérés à la lumière du çâstra.

---

1. Pour les st. 163-165, v. aux Variantes le texte des mss.

166 mauktike yadi saṃdehaḥ kṛtrime sahaje pi ca
parîkṣâ tatra kartavyâ ratnaçâstraviçâradaiḥ

167 kṣiped gomûtrabhâṇḍe tu lavaṇakṣârasaṃyute
svedayed ekarâtriṃ ca çvetavastreṇa veṣṭayet

168 haste mauktikam âdâya vrîhituṣais tu mardayet
vikṛtiṃ naivam anveti mauktikaṃ devabhûṣaṇam

169 kṛtrimân mauktikân kecit kurvanti nipunâ janâḥ
pragalbho ratnaçâstrajñaḥ çâstroktena vicârayet

iti muktâparîkṣâ

166 Lorsqu'un doute s'élève sur la question de savoir si la perle est vraie ou fausse, l'épreuve doit en être faite par des gens versés dans les ratnaçâstras.

167 Jetez la perle dans un pot d'urine de vache saturée de sel, et laissez-la suer durant une nuit, enveloppée d'un linge blanc.

168 Prenez la perle dans la main et frottez-la avec de la glume de riz : la perle digne de servir d'ornement aux dieux n'éprouve aucune altération.

169 Il y a des gens habiles à fabriquer les perles artificielles. Mais celui qui connaît les çâstras peut, d'après leurs données, les reconnaître avec une pleine sécurité.

III

agastir uvâca

170 trailokyahitakâmârthaḥ surendreṇa hato suraḥ
bindumâtram asṛk tasya yâvan na patate bhuvi

171 gṛhîtvâ tatkṣaṇâd bhânus tâvad dṛṣṭo daçânanaḥ
tadbhayât tena vikṣiptam asṛk tasya mahîtale

172 nadî râvaṇagaṅgâkhyâ[1] deçe siṃhalakâbhidhe
taṭadvaye ca tanmadhye vikṣiptaṃ rudhiraṃ tathâ

173 râtrau tad ambhasâṃ madhye tîradvayasamâçritam
khadyotavahnivad dîptam ûrdhvavarti prakâçitam

III. *Rubis.*

170 Donnant pour objet à son désir le bien des trois mondes, l'Asura fut tué par l'Indra des Suras. Avant qu'une seule goutte de son sang tombât sur la terre,

171 le Soleil s'en empara promptement. Soudain il aperçut Râvaṇa. Effrayé, il laissa tomber le sang sur la surface de la terre.

172 Il est à Ceylan une rivière appelée Râvaṇagaṅgâ: c'est sur ses deux rives et dans son lit que le sang tomba.

173 La nuit, au milieu des eaux et sur les deux rives on voit monter vers le ciel ses feux étincelants comme ceux du khadyota.

---

1. Mss. çravaṇa°.

174 padmarâgâḥ samudbhûtâs tridhâbhedaikajâtayaḥ
saugandhiḥ kuruvindaç ca padmarâgaḥ samaṃ trayam

175 utpattisthânam ekaṃ tu varṇabhedân pṛthak pṛthak
kathayâmi samâsena lokânâṃ tu hitâya vai

176 çṛṇudhvaṃ munayaḥ sarve maṇiçâstrasya nirṇayam
utpattiṃ âkarâṃç caiva guṇadoṣâṃç ca mûlyatâm
ekaikasya pṛthag vakṣye châyâṃ caiva pṛthak pṛthak

177 siṃhale kalapure ndhre[1] caturthe tumbare tathâ
ete ratnâkarâḥ sarve sthitâ loke prakâçitâḥ

178 siṃhale câtiraktaṃ ca pitaṃ kalapure tathâ
tâmrabhâti bhaved andhre haricchâyaṃ tu tumbare

179 siṃhale cottamaṃ jñeyaṃ madhyaṃ kaḷapure smṛtam
adhamam tv andhrasambhûtaṃ tumbare câdhamâdhamam
nâmadhârakaratnâni tumbare ratnajâtayaḥ

180 trivarge câṣṭadhâ doṣâs tadvarge guṇasaṃyutâḥ
châyâ ṣoḍaçadhâ proktâ mûlyaṃ triṃçadvidhaṃ smṛtam

174 Les rubis en sont nés. Ils forment une seule espèce comprenant trois variétés : le *saugandhi*, le *kuruvinda* et le *padmarâga*, dont le nom est commun à tous trois.

175 Les rubis originaires du même lieu présentent néanmoins des différences de couleur : j'en donnerai une brève énumération pour l'utilité du monde.

176 Écoutez tous, Munis, la doctrine du çâstra : l'origine, les gîtes, les qualités et les défauts, le prix, la couleur de chaque variété seront exposés en détail.

177 Ceylan, Kalapura, Andhra, Tumbara : voilà tous les gîtes du rubis renommés dans le monde.

178 A Ceylan, il est d'un rouge vif ; à Kalapura, jaune ; à Andhra, cuivré ; à Tumbara, fauve.

179 Le rubis de Ceylan est estimé le premier de tous ; celui de Kalapura est moyen ; celui d'Andhra vient en dernier lieu. Quant à celui de Tumbara, il est au-dessous de tout : les pierres précieuses de Tumbara ne sont précieuses que de nom.

180 Dans chacune des trois variétés du rubis, on compte huit défauts, [quatre] qualités, seize nuances et trente prix.

---

1. Mss. randhre.

181 vicchâyaṃ dvipadaṃ bhinnaṃ karkaraṃ laçunâpadam
kâmalaṃ ca jaḍaṃ dhûmraṃ manidoṣâṣṭakaṃ smṛtam

182 anyonyatvaṃ syân naikatvaṃ[1] tribhir madhye dvaye pi vâ
yat phalaṃ dhâraṇât tasya tad vakṣyâmi viçeṣataḥ
yad uktaṃ pûrvamunibhir maṇînâṃ ca guṇâguṇam

183 padmarâgaḥ syân[2] madhye tu kuruvindaṃ sugandhikaṃ
yasya haste tu tad ratnaṃ se bhavet pṛthivîpatiḥ

184 vikṛtacchâyâsampannaṃ trayavarge ca yat kvacit
deçatyâgo bhavet tasya virodho bandhubhiḥ saha

185 siṃhale sarito jâtaṃ dvipadaṃ ca maṇiṃ kvacit
dhârayanti ca ye jñânâc chṛṇu prâpnoti yat phalam

186 raṇe parâṅmukhatvaṃ ca khaḍgapâtaṃ labhec chire
na prâpyaṃ bhinnadoṣaṃ ca tyajel lakṣaṇavin muniḥ

181 Le rubis peut avoir les huit défauts suivants : marbré (*vicchâya*) ; dimorphe (*dvipada*) ; fendu (*bhinna*) ; granuleux (*karkara*) ; laiteux (*laçunâpada*) ; jaunâtre (*kâmala*) ; décoloré (*jaḍa*) ; fumeux (*dhûmra*).

182 Qu'on emploie en combinaison, loin de les séparer, les trois variétés, ou au moins deux : l'une au milieu, l'autre de chaque côté. Si on porte ce joyau, qu'en résulte-t-il? Je vous le dirai en détail : car les anciens Munis ont révélé les bons et les mauvais effets des gemmes.

183 Qu'on place le padmarâga au milieu, le kuruvinda et le saugandhika à l'entour : celui qui porte un tel joyau sera maître de la terre.

184 Mais si l'un des trois a une couleur marbrée, il amène l'exil et brouille les amis.

185 Si la pierre née de la rivière de Ceylan est dimorphe, écoutez quels effets en éprouve celui qui la porte par ignorance.

186 La déroute et des coups d'épée sur la tête : voilà ce qu'il obtiendra. Il ne faut pas non plus accepter de rubis fendu : le Muni qui connait les marques doit le rejeter.

---

1. Ex corr.— A. anyonyamasunekatvam. B. anyenamasu°. C. anyonyatasya naika°. D. anyonyam asya°.
2. Mss. padmarâgasya.

187 bhinnadoṣeṇa saṃyukto mûrkhair yas tu kare dhṛtaḥ
doṣâṃs tasya pravakṣyâmi çṛṇvantu munayaḥ sphuṭam

188 putraçokaṃ ca vaidhavyaṃ vaṃçacchedaṃ ca tatkṣaṇât
vinâ mûlyena yat prâptaṃ tyajel lakṣaṇavin muniḥ

189 karkarâdoṣapâṣâṇair maṇayaḥ kâyaṃ âçritâḥ
gṛhîtâ yâni kurvanti tâni vakṣyâmy ahaṃ mune

190 yasya haste tu tad ratnaṃ çatam aṣṭottarâmayam
saputrapaçubândhavyân upaiti câkṣayân guṇân

191 na guṇo na ca doṣo sti na cârthaṃ naiva câdaraḥ
laçunâpadaṃ yad ratnaṃ nâdhamaṃ naiva cottamam

192 pakvakaṅkolakabhâti açokapallavanibham
madhubindunibhaṃ caiva kâmalaṃ trividhaṃ smṛtam

193 dhanyam açokapatrâbhaṃ ciraçrîr madhusaṃnibham
çrîdhanâyuḥkṣayaṃ[1] yâti kambojîphalasaṃnibham

187 Mais s'il advient que des sots portent au doigt un rubis affecté de ce défaut, je vais vous en dire nettement les funestes conséquences. Écoutez, Munis.

188 C'est à bref délai la perte des fils, le veuvage, l'extinction de la race. Même si on peut l'avoir sans en rien payer, il doit être rejeté par le Muni qui connaît les marques.

189 Les rubis dont la masse contient de petites pierres, qui constituent le défaut appelé *karkarâ* (granulosité), quels effets ont ils sur leurs possesseurs? Je vais vous le dire, Munis.

190 Si quelqu'un porte au doigt un tel joyau, les cent huit maladies fondent sur lui, sur ses fils, son bétail, sa parenté, et attaquent même ses mérites impérissables.

191 Ni bon ni mauvais, de nulle utilité et de nulle considération, ni au premier ni au dernier rang: tel est le rubis laiteux.

192 Le rubis jaunâtre peut avoir trois nuances: celle d'un fruit mûr de kaṅkola, celle des pousses de l'açoka et celle d'une goutte de miel.

193 Couleur d'açoka, grain; couleur de miel, longue prospérité; couleur de kambojî, perte du bonheur, de la richesse et de la vie.

1. Ex corr. — A. D. çriyamâyuḥ. B. çriya. C. çrîtham°.

194 raṅgahînaṃ jaḍaṃ ratnaṃ yasya veçmani tiṣṭhati
atívâdam amitratvaṃ cintâçokabhayakaram

195 siṃhale saritsambhûto dhûmravarṇanibho maṇiḥ
buddhicchâyâbhayaṃ tasya yasya haste sa vidyate

196 khyâtâç câṣṭavidhâ doṣâ ratnaçâstreṣu ye smṛtâḥ
guṇavaddhâraṇât puṇyaṃ munayaḥ çṛṇvatâṃ hi tat

197 snigdhâ châyâ gurutvaṃ ca nirmalaṃ raṅgasaṃyutam
padmarâgamaṇeç caiva catvâraç ca mahâguṇâḥ

198 gavâṃ bhûmeç ca kanyânâm açvamedhaçatakratau
dâne[1] py anuṣṭhitaṃ puṇyaṃ padmarâgasya dhâraṇât

199 . . . . ,
nânâvidhâç ca ye varṇâ[2] maṇînâṃ kâyasaṃsthitâḥ

200 sândrâ lâkṣârasâbhâç ca raktapadmanibhâs tathâ
dâḍimîbîjasaṃkâçâ lodhrapuṣpasamadyutaḥ

194 Le rubis *jaḍa*, c'est-à-dire dépourvu d'éclat, attire à celui qui le garde en sa maison les jugements sévères, la malveillance, l'inquiétude, le chagrin et la peur.

195 Si la pierre née dans la rivière de Ceylan, est couleur de fumée, celui qui la porte au doigt s'expose à l'obscurcissement de l'intelligence.

196 Tels sont les huit défauts mentionnés dans les ratnaçâstras. Que les Munis écoutent maintenant ce qu'on obtient de bon, en portant un rubis qualifié.

197 Couleur grasse, lourdeur, pureté, éclat : telles sont les quatre grandes qualités du rubis.

198 Le mérite qu'on acquerrait en donnant des vaches, des terres, des vierges, dans un sacrifice de cent açvamedhas, on le réalise en portant ce rubis.

199 ... et quelles sont les diverses nuances que peut revêtir le corps du rubis ?

200 Les couleurs foncées sont celles de la laque, du lotus rouge, de la pulpe de grenade, de la fleur de lodhra.

---

1. Mss. datte.
2. Mss. ratnâ.

201 bandhûkapuṣpaçobhâḍhyâ mañjiṣṭhâkuṅkumaprabhâḥ
saṃdhyârâgayutâḥ sarve bhavanti sphuṭavarcasaḥ

202 pârijâtakapuṣpâbhâḥ kusumbhakusumaprabhâḥ
hiṅguladyutisaṃkâçâḥ çâlmalîpuṣpasaṃnibhâḥ

203 citrakolakapuṣpâbhâ bhavanti maṇayaḥ kvacit
sârasâkṣinibhâḥ kecit kokilâkṣanibhâḥ punaḥ

204 pradyotarâgataḥ sarve tadvarṇâ maṇayaḥ smṛtâḥ
teṣâṃ varṇavibhâgo yam kathitaç ca suvistarât

ṛṣaya ûcuḥ

205 sarveṣâṃ maṇirâgâṇâṃ tvayoktaç ca saṃuccayaḥ
tadbhedaṃ çrotum icchâmi kathayasva yathârthitaḥ

206 ko varṇaḥ padmarâgasya kuruvindasya ko bhavet
kathaṃ saugandhikasyâpi varṇabhedaḥ pṛthak pṛthak

201 Les couleurs claires sont celles de la fleur de bandhûka, de la garance, du safran, du soleil couchant.

202 Certains rubis sont colorés comme la fleur de pârijâtaka, la fleur de carthame, le minium, la fleur de çâlmalî,

203 la fleur de citrakolaka, l'œil du sârasa, l'œil du kokila.

204 Tous les rubis, à cause de leur éclat rouge, sont désignés comme ayant cette couleur. Nous venons de donner l'énumération complète de leurs diverses nuances.

LES ṚṢIS

205 Tu as énuméré en bloc toutes les couleurs du rubis. Je désire en connaître la répartition. Dis-la, je t'en prie.

206 Quelles sont les couleurs particulières à chaque espèce de rubis: celles du padmarâga, celles du kuruvinda, celles du saugandhika?

agastir uvâca

207 padminîpuṣpasaṃkâçaṃ khadyotâgnisamaprabham
kokilâkṣanibhaṃ yac ca sârasâkṣasamaprabham

208 cakoranetrasaṃkâçaṃ saptavarṇasamanvitam
padmarâgaḥ sa vijñeyaḥ châyâbhedena lakṣyate

209 lâkṣâsṛglodhrasindûraguñjâbandhûkakiṃçukaiḥ
atiraktaṃ supîtaṃ ca kuruvindam udâhṛtam

210 lâkṣârasanibhaṃ caiva hiṅgulakuṅkumaprabham
îṣannîlaṃ suraktaṃ ca jñeyaṃ saugandhikaṃ budhaiḥ

211 châyâ caiṣâṃ trayâṇâṃ tu kathitâ ca suvistarât
mûlyaṃ tasya pravakṣyâmi çṛṇvantu munayaḥ sadâ

212 trivargeṇa vidhir mûlyam ekaikasya tribhis tribhiḥ
kântiraṅgaikaviṃçatyâ mûlyaṃ triṃçadvidhaṃ bhavet

213 ûrdhvavartir adhovartiḥ pârçvavartiç ca yo maṇiḥ
piṇḍaraṅgaḥ sa vijñeya uttamâdhamamadhyamaḥ

AGASTI

207 Lotus rouge, khadyota, feu, œil de kokila, œil de sârasa,
208 œil de cakora : le rubis qui a l'une de ces sept couleurs est défini un *padmarâga*, d'après la distinction des nuances.

209 Le rubis à la fois très rouge et d'un beau jaune, comme la laque, le sang, la fleur de lodhra, le minium, la guñjâ, la fleur de bandhûka ou de kiṃçuka, est appelé *kuruvinda.*

210 Le rubis d'un beau rouge légèrement bleu, comme la laque, le minium et le safran, est un *saugandhika.*

211 Les nuances des trois variétés du rubis ont été énoncées en détail. Je vais maintenant en dire le prix. Écoutez, Munis.

212 Les prix s'appliquent à chacune des trois variétés; ils sont au nombre de 3 pour chacune. Il y en a 21 attribués à l'éclat (kântiraṅga). Total : 30.

213 Le rubis est *ûrdhvavarti*, *adhovarti* ou *pârçvavarti*, selon que l'éclat global est supérieur, inférieur ou moyen.

214 yo maṇir ucyate[1] bâhyair vahnirâçisamadyutiḥ
kântiraṅgas tu vijñeyo ratnaçâstraviçâradaiḥ

215 bâlârkâbhimukhyaṃ caiva darpaṇe dhârayen maṇiṃ
tanmaṇicchâyâmadhye tu kântiraṅgân vinirdiçet

216 tatkântiṃ sarṣapair gauraiḥ pramâṇair dhârayed budhaḥ
tad vakṣye lakṣaṇai raṅgaiḥ sarṣapair nâtivimçakaiḥ[2]

217 mûrdhni kântipramâṇas tu kaçcid bhavati yo maṇiḥ
viṃçam ekottaraṃ raṅge kṣatriyaṃ ca vinirdiçet

218 yavârdhaṃ yavam ekaṃ tu dvau yavârdham adhikyatâ[3]
mâṣâyanmaṇayotsargaṃ yavam ekaṃ tu mânasam

219 ûrdhvavartir maṇiç caiva yavotsargapramâṇataḥ
yavamâtrasya vistâre teṣâṃ mûlyaṃ kathaṃ bhavet

214 Les profanes dépeignent un rubis en disant qu'il brille comme une gerbe de flammes : c'est aux connaisseurs de mesurer son éclat (*kântiraṅga*).

215 Qu'on place un rubis sur un miroir, en face du soleil levant: c'est par les ombres de la pierre ainsi placée qu'on détermine les *kântiraṅgas*.

216 Que le sage pèse la *kânti* en prenant pour mesure les sarṣapas blancs. J'exprimerai également le *raṅga* en sarṣapas comptés au-dessus de vingt.

217. La pierre venant en tête de celles comprises dans la graduation de la *kânti*, a 20 sarṣapas ; un de plus, et elle passe au *raṅga* : on la désigne alors comme kṣatriya.

218 1/2 yava, 1 yava, 2 yavas, 2 1/2 yavas. Au degré suivant, on atteint l'unité de mesure qui succède à la graduation en yavas. Le yava, pris isolément, est une mesure théorique.

219 Soit un rubis ûrdhvavarti, dont le volume dépasse la graduation en yavas : quel sera le prix de la mesure de yavas, qui sert de base à la progression ?

---

1. A. B. mucyate. C. D. lakṣyate..
2. Corr. raṅgaṃ sarṣapair ativiṃçakaiḥ.
3. Stance très altérée. — Elle mq. tout entière dans C. D. — A. B. n'ont que le 1er hémistiche, le 2e est donné par R. — Corr. atikramât | mâtrâ yavamânotsargaṃ.

220 daçottarâṃ çate dve ca padmarâgasya mûlyatâ
kuruvindaṃ pâde[1] nyûnaṃ saugandheç cârdhamûlyatâ

221 . . . .[2]
çataṃ pañcâdhikaṃ pârçve saptasaptaty adho bhavet

222 saugandhika ûrdhvavartiḥ çatapañcâdhiko[3] bhavet
saptasaptati pârçve tu pañcâçârdham[4] adhaḥ smṛtaḥ

223 yavatrayapramâṇena ekaikaṃ vardhate yadi
khyâpayed dviguṇaṃ mûlyaṃ yâvad gâtrâṣṭabhir bhavet

224 maṇimâtraṃ[5] ca pâdâṃçair nyûnaṃ tasya bhavet kvacit
kṣîyate dviguṇaṃ mûlyaṃ kathayâmi mahâmune

225 kântirañgo[6] maṇir yas tu yavamâtrapramâṇataḥ
deyaṃ pañcaçataṃ mûlyaṃ padmarâge mahâmune
dviçataṃ ca çatârdhaṃ ca pañcâçârdhaṃ çatâdhikam

220 Le padmarâga vaut 210, le kuruvinda 1/4 de moins (158), le saugandhika moitié moins (105).

221 [Le padmarâga ûrdhvavarti vaut 210; pârçvavarti, 158; adhovarti, 105. Le kuruvinda ûrdhvavarti vaut 158;] pârçvavarti, 105; adhovarti, 77.

222 Le saugandhika ûrdhvavarti vaut 105; pârçvavarti, 77; adhovarti, 25.

223 En prenant pour unité un groupe de 3 yavas, chaque fois que le volume augmente d'une unité, le prix est doublé, et cela jusqu'à 8 volumes.

224 Lorsque le volume diminue par fractions successives d'un quart, le prix diminue chaque fois du double. Je vous le dis, ô grands Munis.

225 Lorsque le rubis est *kântirañga*, l'unité constituée par [trois] yavas, vaut 500 dans le padmarâga, 250 [dans le kuruvinda], 125 [dans le saugandhika].

---

1. Mss. pade.
2. A. B. insèrent ici, certainement hors de sa place, le demi-çloka *dviçatam ca.* etc., que nous joignons à la stance 225. Il n'est pas dans C. D.
3. Mss. sapta°.
4. A. B. °ârdher. C. °ârdha. D. °ârdhe.
5. A.C.D. °âç. B. °a.
6. B. kântiḥ kântir. — Ce çloka manque dans les autres mss.

226 kântisarṣapakântis tu ekaikaṃ vardhate kvacit
sthâpayed dviguṇaṃ mûlyaṃ yâvad viṃçatisarṣapâḥ

227 kuruvindaḥ sugandhiç ca kântirañgo bhaved yadi
pâdâṃçe kṣîyate mûlyaṃ teṣâṃ caiva krameṇa tu

228 mâtrâdhikaç[1] ca kântiç ca kaçcid bhavati yo maṇiḥ
ubhau teṣâṃ ca yan mûlyaṃ tan mûlyaṃ khyâpayed budhaḥ

229 adhikâdhikamâtraç ca kântihînaç ca yad bhavet[2]
kṣîyate mâtramûlyaṃ ca kântimûlyaṃ vinirdiçet

230 ṣaḍviṃçatkoṭibhiç caiva lakṣam ekonaviṃçatiḥ
caturdaçasahasrâṇi padmarâgaparaḥ smṛtaḥ

231 succhâyâni sugâtrâṇi lakṣaṇaiḥ saṃyutâni ca
siṃhalasyâpi ṣaḍbhâgam aṇdhratumbarayor[3] bhavet

232 kalapurâkare ye ca maṇayo lakṣaṇânvitâḥ
tribhâgaṃ siṃhalasyâpi laghu mûlyaṃ niyojayet

226 Lorsque l'éclat, mesuré en kânti-sarṣapas, augmente d'une unité, le prix est doublé, et cela jusqu'à 20 sarṣapas.

227 Si le rubis kântirañga est un kuruvinda ou un saugandhika, le prix diminue successivement d'un quart.

228 Lorsque le rubis a la double supériorité de la dimension et de l'éclat (*kânti*), que le sage fixe le prix afférent à chacun de ces deux éléments.

229 Mais s'il est d'éclat inférieur, fût-il d'une dimension extraordinaire, cette dimension perd toute valeur; c'est l'éclat seul qui détermine le prix.

230 Le plus beau padmarâga est estimé 261,914,000.

231 A supposer qu'ils soient d'une belle couleur, d'une bonne dimension et présentent les marques requises, les rubis d'Andhra et de Tumbara valent 1/6 des rubis de Ceylan.

232 Ceux de Kalapura, pourvus des marques requises, n'ont qu'une faible valeur : un tiers de ceux de Ceylan.

---

1. Leçon de R. — A. B. mâtrâdhikaiç. C. D. mâtrâdhike.
2. Mss. mâtraṃ ca kântihînaṃ.
3. Ex corr. — A. B. D. randhra. C. randhre.

233 dîptilakṣaṇasaṃyuktaṃ prâpyate mûlyam uttamam
dîptilakṣaṇahînaṃ ca kiṃcin mûlyaṃ niyojayet

234 âkare cottame jâtâ lakṣaṇair varjitâ yadi
pramâṇaṃ ca bhavet teṣâṃ jñâtvâ mûlyaṃ vinirdiçet

235 laghutvaṃ kâmalatvaṃ ca padmarâge parityajet
laghu vajraṃ praçaṃsanti gurutvaṃ padmarâgake

236 saṃdeho jâyate kaçcit kṛtrime sahaje pi vâ
lekhayet sthânasaṃyuktâv ubhau câpi parasparam

237 ajâtir naçyate jâtir [1] jâtibhâṃ ca prakâçayet
lakṣaṇenaiva [2] lakṣyaṃ tu saṃdehaṃ ca parityajet

238 nîlaṃ vâ padmarâgaṃ vâ vajreṇaiva tu lakṣayet
na cânyaiḥ çakyate lekhyaṃ çâṇair nâpi vilekhayet

iti padmarâgaparîkṣâ

233 S'il possède l'éclat et les marques, le rubis atteint un très haut prix; s'il en est dépourvu, on peut l'estimer ce qu'on voudra.

234 Lorsque des rubis, originaires de la meilleure mine, sont dépourvus des marques, tout en étant de bonne dimension, qu'on en fixe le prix à bon escient.

235 Il faut rejeter le rubis léger ou jaunâtre. Dans le diamant, c'est la légèreté qu'on prise ; dans le rubis, c'est le poids.

236 Lorsqu'on doute si le rubis est vrai ou faux, il suffit d'en frotter deux l'un contre l'autre.

237 Le faux s'éteint, le vrai jette l'éclat propre aux vrais rubis. C'est par ce moyen seul qu'il convient de l'éprouver et de faire disparaître ses doutes.

238 Le rubis, comme le saphir, se vérifie aussi au moyen du diamant : aucune autre substance ne le peut rayer ; la pierre de touche elle-même ne le raye pas.

1. Mss. jâtiṃ.
2. Ex corr. — A. lakṣayenaiva.

IV

239 dânavendraḥ surendreṇa hato vajreṇa mastake
tena vajraprahâreṇa patito dharaṇîtale

240 asṛkpittâsthidantâni vikṣiptâni diço diçaḥ
patite locane yatra dânavasya mahâtmanaḥ

241 mahânîlâkarâs tatra udbhûtâḥ suradurlabhâḥ
viṣaye siṃhale caiva gaṅgâtulyâ mahânadî

242 tîradvaye ca tanmadhye vikṣipte nayane tathâ
îṣanmâtre pṛthaksthâne kâliṅgaviṣaye sthite[1]

243 kâliṅgadeça[2] utpannâ jâtâs tatrâkarâdhamâḥ
siṃhalasyâkarâ ye vai samudbhûtâḥ suçobhanâḥ

IV. *Saphir*.

239 L'Indra des Dânavas fut frappé à la tête par la foudre de l'Indra des Suras, et ce coup de foudre le précipita sur la terre.

240 Sang, bile, os, dents furent semés de tous côtés. Là où tombèrent les yeux du Dânava magnanime,

241 se formèrent des gisements de grands saphirs (*mahânîlâs*), difficilement accessibles aux dieux mêmes. Il est dans l'île de Ceylan une grande rivière égale au Gange :

242 C'est sur ses deux rives et dans son lit que sont tombés les yeux; une petite portion seulement a trouvé place à l'écart, dans le district du Kâliṅga.

243 Les mines qui se sont formées dans le Kâliṅga sont les

1. A. B. sthitaḥ. C. °tâ. D. °tâḥ.
2. Mss. deçam.

244 mahânîlâs te vijñeyâs triṣu lokeṣu viçrutâḥ
nâmadhârakâ vijñeyâḥ kâliṅgaviṣayodbhavâḥ

245 martyalokâkarau dvau tu uttamâdhamasaṃjñakau
siṃhalasyâkarodbhûtâ mahânîlâs tu ye smṛtâḥ

246 caturvarṇâ vijâniyâç châyâbhedena lakṣayet
îṣatsitas tu yo nîlo jñeyo varṇottamas tathâ

247 kiṃcid âraktanilas tu vijñeyaḥ kṣatriyas tathâ
vaiçyas tu pitanîlâbhaḥ çûdro yaḥ kṛṣṇanîlabhaḥ

248 kalapurâkaranilo[1] gavâṃ cakṣurnibho bhavet
kâliṅgâkaranilas tu çyenacakṣurnibho mataḥ

249 caturvarṇâs tathâ santi çûdravaiçyanṛpadvijâḥ
pûrvaṃ yathâ mayâ khyâtaṃ nîlânâṃ varṇalakṣaṇam
tatpuṇyaṃ dhâraṇât teṣâṃ çûdravaiçyanṛpadvijâḥ

250 âkarotpattivarṇânâṃ khyâtâ ye munipuṃgavaiḥ
doṣâṃs teṣâṃ pravakṣyâmi guṇâñ châyâç ca mûlyatâm

dernières de toutes. Celles de Ceylan au contraire ont une haute réputation.

244 Les saphirs de ces dernières mines sont appelés les « grands saphirs » (*mahânîlâs*) : ils sont renommés dans les trois mondes. Ceux qui viennent du Kâliṅga ne sont des saphirs que de nom.

245 Voilà les deux mines qui existent dans le monde des hommes, et qu'on nomme supérieure et inférieure. Les saphirs originaires de la mine de Ceylan, appelés les grands saphirs,

246 forment quatre castes caractérisées par la couleur. Le saphir d'un bleu tirant sur le blanc est un brahmane.

247 Celui dont le bleu est légèrement teinté de rouge est un kṣatriya. Le vaiçya est bleu jaune, et le çûdra bleu noir.

248 Le saphir de Kalapura rappelle par sa couleur l'œil de la vache, celui du Kâliṅga l'œil de l'aigle.

249 Ainsi, il y a quatre castes de saphirs : çûdra, vaiçya, kṣatriya, brahmane. Ces castes, selon que je viens de les définir, produisent respectivement leurs bons effets pour les Çûdras, les Vaiçyas, les Kṣatriyas et les Brahmanes qui les portent.

250 Telles sont et l'origine, et les mines et les castes du saphir.

---

1. D. kalapurâkaranilas tu. Les pâdas b-c manquent dans A. B.

251 nîlasya ṣaḍvidhâ doṣâ guṇâç catvâra eva ca
châyâç caikadaça proktâ mûlyaṃ ṣoḍaçakaṃ tathâ

252 abhrakâ paṭalacchâyâ karkarâ trâsabhinnakam
mṛdâ pâṣâṇaṃ tu ṣoḍhâ mahânîlasya dûṣaṇam

253 abhracchâyaṃ tu nîlaṃ yo ajñânâd dhârayet kvacit
vibhavâyuḥkṣayaṃ yâti vidyut patati mastake

254 karkarâdoṣasaṃyuktadhâraṇâc caiva kiṃ phalam
deçatyâgo daridratvaṃ dhṛte doṣair na mucyate[1]

255 karkarâdoṣasaṃyuktadhâraṇâc caiva kiṃ bhavet
dhanvantariḥ svayaṃ câpi vyâdhidoṣân na muñcati

256 trâsadoṣeṇa saṃyuktaḥ ko doṣas tasya sambhavet
vyâghrasiṃhâhiṛkṣebhyo daṃṣṭribhyaç ca bhayaṃ bhavet

257 sabâhyabhinnadoṣasya indranîlasya dûṣaṇam
vaidhavyaṃ putraçokaç[2] ca dhṛte doṣair na mucyate

J'en dirai maintenant les défauts, les qualités, les nuances et les prix, tels que les ont enseignés les Taureaux des Munis.

251 Le saphir a six défauts, quatre qualités, onze nuances et seize prix.

252 Surface nuageuse (*abhraka*), gravier (*karkarâ*), brisure apparente (*trâsa*), fente (*bhinna*), argile (*mṛdâ*), pierre (*pâṣâṇa*) : voilà les six défauts du saphir.

253 Celui qui porte par ignorance un saphir couleur de nuage, perd son bien, abrège sa vie et attire la foudre sur sa tête.

254 Si on porte un saphir granuleux (*karkarâ*), quel fruit en advient-il ? L'exil et la misère. Et tant qu'on le porte, on n'est pas délivré de ses maux.

255 Si on porte un saphir granuleux, qu'advient-il encore? Des maladies, que Dhanvantari lui-même ne saurait guérir.

256 Si le saphir a pour défaut une brisure, quelle en est la conséquence? Le danger des tigres, des lions, des serpents, des ours, des bêtes féroces.

257 Le saphir fendu de part en part a pour résultats le veuvage

1. Cet hémistiche manque dans C. D., ainsi que le 1er hémistiche du çloka suivant.

2. Mss. çokaṃ.

258 indranîlasya madhye tu mṛdâ châyaiva vâ[1] bhavet
dhṛte nakhâgrakeçântaṃ sadyaḥ kuṣṭhî bhaven naraḥ

259 anyapâṣâṇo[2] nîlânâṃ kâyamadhye bhaved yadi
raṇe parâṅmukhatvaṃ ca khaḍgapâtaç ca mastake

260 indranîlasya ṣaḍ doṣâḥ khyâtâḥ sarve suvistaram
guṇâṃs teṣâṃ pravakṣyâmi çṛṇvantu munayaḥ pṛthak

261 guruḥ snigdhaḥ suraṅgâḍhyaḥ svâtmavatpârçvarañjanaḥ
indranîlaḥ samâkhyâtaç caturbhiç ca mahâguṇaiḥ

262 indranîlamaṇeç châyâṃ kathayâmi mahâmune
guṇacchâyâviçeṣeṇa tasya mûlyaṃ pracakṣmahe[3]

263 nîlirasanibhâḥ kecin nîlakaṇṭhanibhâḥ pare
lakṣmîpatinibhâḥ kecil lavalîpuṣpasaṃnibhâḥ

et la perte des fils. Et, tant qu'on le porte, on n'est pas délivré de ses maux.

258 S'il y a au milieu du saphir de l'argile ou une couleur qui en ait l'apparence, l'homme qui le porte devient aussitôt lépreux du bout des ongles à l'extrémité des cheveux.

259 S'il se trouve une autre pierre incrustée au milieu du saphir, c'est la déroute et des coups d'épée sur la tête.

260 Les six défauts du saphir viennent d'être énumérés tous en détail. Je vais en dire les qualités. Écoutez, Munis.

261 Lourd (*guru*), velouté (*snigdha*), d'une belle nuance (*suraṅgâḍhya*), colorant comme lui tout ce qui l'entoure (*pârçvarañjana*) : tel est le saphir avec ses quatre qualités.

262 Je vais énoncer les nuances du saphir, ô grands Munis. Ensuite nous en fixerons le prix d'après les qualités et les couleurs.

263 Certains saphirs ont la couleur de l'indigo liquide, d'autres celles de Nîlakaṇṭha (Çiva), de l'époux de Lakṣmî (Viṣṇu), de la fleur de lavalî.

---

1. Ex corr. — A. mṛtachâyâ ca vâ. B. mṛtachâyâ ca yâ. C. mṛtsnâ°. D. mṛcchâyâyâvavâ.
2. Leçon de R. — A. B. kâma°.
3. Le 2e hémistiche n'est que dans C.

264 atasipuṣpasaṃkâçâḥ kṛṣṇâç ca girikarṇivat
mattakokilakaṇṭhâbhâ mayûragalavarcasaḥ

265 alipakṣanibhâḥ kecic chirîṣakusumatviṣaḥ
indîvaranibhâḥ kecic chàyâç caikadaça smṛtâḥ

266 doṣahînaṃ guṇâḍhyaṃ ca âkaraiç cottamaṃ yadi
tasya mûlyaṃ pravakṣyâmi çâstradṛṣṭena karmaṇâ

267 piṇḍastho pi prakâço pi lakṣaṇaiḥ saṃyuto pi ca
ṣoḍaçaṃ mûlyam uddiṣṭaṃ ratnaçâstramanîṣibhiḥ

268 kṣîramadhye kṣipen nîlam ânîlaṃ ca payo bhavet
indranîlaḥ sa vijñeyaḥ çâstroktena parîkṣitaḥ

269 çaktir eṣâ guṇo yasya indranîlasya lakṣaṇam
rañjayed âtmapârçvasthaṃ na jyotir api hanti ca

270 kântirangeṣu yan mûlyaṃ padmarâgeṣu yat smṛtam
yojayed indranîlasya yavamâtraṃ bhaved yadi

271 snigdhaṃ ca nîlavarṇâḍhyaṃ piṇḍasthaṃ saṃprakâçitam
hînaṃ saugandhikaṃ vâpi tanmûlyaṃ yojayed budhaḥ

264 D'autres ont l'aspect d'une fleur d'atasî, la nuance foncée de la girikarṇî, la couleur de la gorge du kokila en rut ou de la gorge du paon.

265 Certains ont la couleur d'une aile d'abeille, de la fleur de çirîṣa, du lotus bleu. Telles sont les onze nuances du saphir.

266 Soit un saphir sans défaut, pourvu des qualités requises et provenant de la meilleure mine : je vais en fixer le prix, selon la méthode indiquée par le çâstra.

267 Le saphir qui possède le volume, l'éclat et les marques, est susceptible de seize prix, au dire des connaisseurs.

268 Jetez un saphir (*nîla*) dans du lait; si le lait devient bleuâtre, il faut reconnaître ce saphir pour un *indranîla*, vérifié selon la règle du çâstra.

269 Le saphir qui a cette puissance comme attribut caractéristique colore tout ce qui l'environne, et nulle lumière ne peut l'éclipser.

270 Le prix fixé pour le *padmarâga kântiranga* doit être attribué à l'*indranîla*, s'il a la même mesure de yavas.

271 Si le saphir est d'un éclat velouté, d'un bleu intense, d'une

272 anyadoṣavinirmuktam uttamâkarasaṃnibham
piṇḍasya cârdhamûlyâni bâlavṛddhe[1] niyojayet

273 pârçvarañjananîlânâṃ yavamâtrapramâṇataḥ
bhavet pañcaçataṃ mûlyaṃ ratnaçâstra udâhṛtam

274 yavamâtrapramâṇena lakṣaṇaiḥ saṃyutaṃ yadi
piṇḍastham ekamûlyaṃ ca yavâd vâpi vinirdiçet

275 yavamâtrâṣṭabhir yâvad indranîlas tu yo bhavet
catuḥṣaṣṭisahasrâṇi paraṃ mûlyaṃ samâdiçet

276 vistareṇa mayâ khyâtaṃ mahânîlasya mûlyakam
punaḥ saṃkṣepamâtreṇa bâlavṛddhasya lakṣaṇam

277 himâṃçusiktaṃ hy udaye ca kâle
yathâ ca puṣpaṃ tv atasîsamutthaṃ
tathâ samacchâyasamṛddhilakṣaṇaṃ
taṃ indranîlaṃ vibudhâḥ paṭhanti

égale dimension, brillant, on lui assigne le prix de la catégorie inférieure (kuruvinda) ou du saugandhika.

272 S'il est exempt de tout autre défaut et semblable aux saphirs de la mine supérieure, le *bâlavṛddha* vaut moitié moins qu'un de ces saphirs de même dimension que lui.

273 Aux saphirs rayonnants (*pârçvarañjana*) le ratnaçâstra attribue comme prix 500, par unité de yavas.

274 Selon la dimension du saphir en yavas, — s'il possède d'ailleurs les marques requises, — qu'on lui attribue soit le prix simple, si cette dimension est égale à l'unité, soit un prix proportionnel au nombre des unités.

275 Le saphir qui atteint 8 unités de yavas vaut 64,000 : c'est le prix le plus élevé.

276 J'ai exposé en détail le prix du saphir *mahânîla;* je vais maintenant décrire brièvement le *bâlavṛddha.*

277 Une fleur d'atasî baignée par la lune à son lever : si telle est sa riche couleur, et qu'il ait les marques propices, les sages le nomment *indranîla.*

---

1. D'après R. Mss. °vṛddhâni.

278 yathâ ca puspaṃ tv atasîsamutthaṃ
madhyâhnakâle raviraçmidîptam
saṃkocake kṛṣṇavivarṇarûkṣaṃ
sâ jîrṇavarṇâ ca bhavet svadîptiḥ

279 tuṣâraliptaṃ raviraçmitaptaṃ
sûryâstamâne paripakvabhûtam
âpâṇḍuraṃ karkarasnigdhabhâvaṃ
çaivâlanîlâ ca bhavec ca dîptiḥ

280 nîlacchâyâç ca pâṣâṇâ dṛçyante vasudhâtale
çâstrabâhyena tu jñâtuṃ maghavâpi na çakyate

281 vibhavâyuṣyam ârogyaṃ saubhâgyaṃ çauryasaṃtatiḥ
dhâraṇâd indranîlasya suprîtaḥ çatiko bhavet

itîndranîlaparîkṣâ

278 Une fleur d'atasî brûlée par le soleil de midi, crispée, noire, décolorée, rugueuse : tel est son aspect, quand sa couleur a vieilli.

279 Trempée de rosée, réchauffée par le soleil couchant, mûrie, pâlie, d'un velouté dur, cette même fleur représente un troisième aspect, bleu comme la mousse d'eau.

280 On voit sur la surface de la terre bien des pierres de couleur bleue : Maghavan lui-même ne pourrait les reconnaître sans le secours du çâstra.

281 En portant un saphir, on acquiert richesse, longue vie, santé, bonheur, courage, postérité : on est aimé, on possède toutes choses par centaines.

V

ṛṣaya ūcuḥ

282 punaḥ pṛcchanti te sarve munayaç ca mahâdarât
kathyatâṃ pâñcamaṃ ratnaṃ mahâmarakataṃ mune

agastir uvâca

283 ratnâç ca vividhâ jâtâ dânavasya çarîrataḥ
tasya pittaṃ gṛhîtvâ tu pâtâlâdhipatir yayau[1]

284 saṃtuṣṭaç cântarîkṣe tu yâvad gacchet svam âlayam
tâvat sa paçyate saurir jananîmokṣakâraṇam

V. *Émeraude.*

282 Les Munis demandent encore avec grand respect : « Parle-nous de la cinquième gemme, de l'émeraude, ô Muni. »

AGASTI

283 Diverses gemmes sont nées du corps du Dânava. S'emparant de sa bile, le roi du Pâtâla partit.

284 Mais tandis que, joyeux, il regagne sa demeure à travers les airs, le frère de Sûrya le voit, Garuḍa, instrument de la délivrance de sa mère.

1. Leçon de R. — A. bhavet. B. maruḥ (!).

285 tasya vegagatir jâtâ mûrchitaḥ pannagâdhipaḥ
gatibhaṅgorago jâto vihvalo bhrântalocanaḥ

286 prabhraṣṭaṃ tasya tat pittaṃ mukhasthaṃ dharaṇîtale
patitaṃ durgame sthâne viṣame durdhare pi ca

287 turuṣkaviṣamasthâne udadhes tîrasaṃnidhau
dharaṇîndro giris tatra triṣu lokeṣu viçrutaḥ

288 tatra jâtâkarâḥ çreṣṭhâ maraktasya mahâmune
âkarâ naiva sidhyanti alpabhâgyair naraiḥ kvacit
sâdhako bhâgyakâlena mahâratnaṃ tu paçyate

289 sapta doṣâ guṇâḥ pañca châyâ câṣṭavidhâ smṛtâ
mûlyaṃ dvâdaçakaṃ proktaṃ maraktasya mahâmune

290 rûkṣaṃ caiva ca visphoṭaṃ pâṣâṇaṃ malinaṃ tathâ
karkarâ jaṭharaç caiva çabalaç caiva saptamaḥ

291 rûkṣadoṣeṇasaṃyukte vyâdhir aṣṭottaraṃ çatam
visphoṭe khaḍgaghâtaṃ ca lalâṭa udare çire

285 Il prend son essor impétueux. Le roi des serpents tombe en pâmoison. Arrêté par les tressaillements de sa poitrine, sur laquelle il marche, il roule des yeux effarés.

286 La bile, échappée de sa gueule, tomba sur la terre, dans un lieu impraticable, accidenté, inhabitable.

287 Dans un lieu accidenté du pays des Turuṣkas, aux environs du rivage de la mer, est un mont, roi de la terre, célèbre dans les trois mondes.

288 Là sont des mines d'émeraude, les meilleures qui soient. Et ces mines ne sont point à la portée des misérables. Mais le magicien, en un moment favorable, peut voir cette noble gemme.

289 L'émeraude a sept défauts, cinq qualités, huit nuances et douze prix.

290 Raboteuse (*rûkṣa*); bosselée (*visphoṭa*); pierreuse (*pâṣâṇa*); tachée (*malina*); granuleuse (*karkarâ*); terne (*jaṭhara*); bigarrée (*çabala*) : voilà les sept défauts.

291 L'émeraude raboteuse attire les cent huit maladies; bosselée, les coups d'épée sur le front, le ventre, la tête.

292 bândhavaiḥ suhṛdair duḥkhaṃ pâṣâṇasaṃyute pi ca
bandhiro ndho bhavet kṣipraṃ yatkare malinaṃ bhavet[1]

293 vaidhavyaṃ putraçokaç[2] ca karkarâdoṣadhâraṇât
jaṭharadoṣasaṃyukte daṃṣṭribhyo pi bhayaṃ bhavet

294 çabalena tu saṃyuktaḥ sa maṇis tyajyatâṃ bhṛçam
dhruvaṃ mṛtyum avâpnoti yasya haste sa vidyate

295 âkarotpattidoṣâç ca kathitâs te suvistaram
guṇâṃç châyâṃ ca mûlyaṃ ca vakṣyâmi çrûyatâṃ mune

296 yâni ratnâni tiṣṭhanti pañcaguṇayutâni ca
kâlakûṭâdisarveṣâṃ viṣavegaḥ praṇaçyati

297 svacchaṃ guru suvarṇaṃ ca snigdhacchâyam areṇukam
pañcaguṇasamâyuktaṃ maraktaṃ tad viṣâpaham

298 nalinîpattramadhye tu jalabindur yathâ sthitaḥ
tathâ marakatacchâyâ çyâmâlpaharitâmalâ

292 Avec une émeraude pierreuse, on souffre dans ses parents et ses amis. Celui qui porte au doigt une émeraude tachée devient promptement aveugle et sourd.

293 Granuleuse, l'émeraude entraîne le veuvage et la perte des fils; terne, le danger des bêtes féroces.

294 Quant à l'émeraude bigarrée, qu'on s'en défasse sans retard : celui qui la porte au doigt va à une mort certaine.

295 L'origine, les gîtes, les défauts viennent d'être exposés en détail. Je vais dire maintenant les qualités, les nuances et les prix. Écoutez, Munis.

296 Les émeraudes qui sont douées des cinq qualités détruisent l'effet de tous les poisons, le Kâlakûṭa en tête.

297 Transparente (*svaccha*), lourde (*guru*), bien colorée (*suvarṇa*), d'un reflet velouté (*snigdhacchâya*), sans poussière (*areṇuka*) : l'émeraude douée de ces cinq qualités détruit l'effet du poison.

298 Pure comme une goutte d'eau sur une feuille de lotus est l'émeraude foncée ou légèrement verte.

1. A. B. pitaṃ malinavân bhavet. D. nityam. C. yaḥ kare malinaṃ karaṃ.
2. Mss çokaṃ.

299 kṛtvâ karatale caiva bhâskarâbhimukhaṃ dhṛtam
raṅjayed âtmapârçvaṃ ca mahâmarakataṃ smṛtam

300 gajavâjirathair dattair viprâṇâṃ viṣuvâyane
tat puṇyaṃ dhârayed yas tu marakataṃ na saṃçayaḥ

301 bhujaṃgaripupakṣâbhaṃ câṣapakṣanibhaṃ bhavet
kâcarâgaṃ bhavet kiṃcid ambhaḥçaivâlabhaṃ tathâ

302 bâlaçukasya pakṣâbhaṃ khadyotapṛṣṭhavarcasam
kiṃcic chirîṣapuṣpâbhaṃ chây℮ câṣṭavidhâ smṛtâ

303 sahajaikâ bhavec châyâ tribhiḥ çyâmalikâ bhavet
bhedâç caturvidhâḥ santi mahâmarakatasya ca

304 prathamaṃ çaivâlâbhaṃ ca çukapakṣanibhaṃ tathâ
çirîṣakusumâbhaṃ ca caturthaṃ tutthakasya ca[1]

305 kva châyâ sahajâ bhâti çukapakṣanibhâ katham
çirîṣakusumâbhâ ca tutthakasya kathaṃ bhavet

306 haritacchâyâmadhye tu kṛṣṇâ bhâ yadi saṃspṛçet
tutthakasya bhavet kântir vijñeyâ kṛṣṇaçyâmalâ

299 L'émeraude qui, exposée au soleil, sur la paume de la main, colore ce qui l'entoure, est une « grande émeraude » (*mahâmarakata*).

300 Le mérite que l'on acquiert en donnant aux Brahmanes, après le sacrifice de l'équinoxe, des éléphants, des chevaux et des chars, on l'acquiert indubitablement en portant une émeraude.

301 Plume de paon; plume de geai; verre; eau; mousse d'eau;

302 plume de jeune perroquet; dos de khadyota; fleur de çirîṣa : telles sont les huit couleurs de l'émeraude.

303 La couleur de la « grande émeraude » est normale (*sahajâ*) ou foncée (*çyâmalikâ*). La première est unique; la seconde se subdivise en trois, ce qui donne quatre nuances :

304 1° mousse d'eau; 2° plume de perroquet; 3° fleur de çirîṣa; 4° vitriol (*tutthaka*).

305 Où brille la couleur normale? Comment est celle du perroquet, de la fleur de çirîṣa, du vitriol?

306 Si au milieu de la couleur verte passe un reflet noir, c'est là l'éclat du vitriol, appelé vert-noir (*kṛṣṇaçyâmala*).

---

1. Ce çloka n'est que dans D.

307 haritacchâyâmadhye[1] tu sitâ bhâ kiṃcid udbhavet
çirîṣakusumabhâtiḥ sâ jñeyâ sitaçyâmalâ

308 mahâmarakatamadhye hemajyotir yadâ bhavet
tadvarṇâ çukapakṣâbhâ jñâtavyâ pîtaçyâmalâ

309 trâsahînaṃ tu varṇâḍhyaṃ susnigdhaṃ çaivalaprabham
sadratnaṃ kântimadhye tu maraktaṃ tad viṣâpaham

310 brâhmaṇaḥ kṣatriyo vaiçyaḥ çûdraç ceti caturthakaḥ
châyâbhedena vijñeyaṃ câturvarṇyaṃ krameṇa tu

311 pramâṇaguṇasaṃyuktaṃ çyâmalaṃ ca viçeṣataḥ
mûlyaṃ dvâdaçakaṃ caiva vakṣyâmi çrûyatâṃ mune

312 yathâ ca padmarâgasya khyâtaṃ mûlyaṃ ca sarvataḥ
tathâ marakatasyâpi çyâmale mûlyaṃ âdiçet

313 vistârakântau yan mûlyaṃ marakte sahaje bhavet
çukâbhaṃ[2] ûrdhvavartiç ca pârçve ca sitaçyâmalam

307 Si au milieu de la couleur verte se montre un reflet blanc, c'est là l'éclat de la fleur de çirîṣa, appelé vert-blanc (*sitaçyâmala*).

308 Si au milieu de l'émeraude paraît une lueur d'or, cette nuance est celle des plumes du perroquet : on l'appelle le vert-jaune (*pîtaçyâmala*).

309 Exempte de brisure (*trâsa*), riche en couleur, d'un reflet velouté, couleur de mousse d'eau, excellente sous le rapport de l'éclat, l'émeraude détruit l'effet du poison.

310 Brahmane, kṣatriya, vaiçya, çûdra : voilà les quatre castes de l'émeraude, fondées sur la différence de couleur.

311 Soit une émeraude douée de dimension et de qualités, et spécialement une émeraude foncée : je dirai quels en sont les douze prix. Écoutez, Munis.

312 Tel que le prix a été fixé pour le *padmarâga*, tel absolument il doit être assigné à l'émeraude foncée.

313 Le prix est le même pour le rubis *vistârakânti* et pour l'émeraude de couleur normale (*sahaja*); pour le rubis *ûrdhva-*

1. Ex. corr. — A. saritkaṣâya madhye. B. çarat°. C. sanîlachâyâ. D. saraktaṃ châyâ°.
2. Mss. çukâbhâ... çyâmalâ.

314 kathitâstam[1] adhorañgair yan mûlyaṃ tutthake hi tat
bhavet pañcaçataṃ mûlyaṃ marakte sahaje pi vâ

315 çukâbhe dviçataṃ mûlyaṃ daçottaraṃ vinirdiçet
çirîṣâbhe çataikaṃ ca pañcâçad aṣṭakaṃ bhavet

316 . . . .
çataṃ pañcâdhikaṃ maulyaṃ yavamâtrâtmakaṃ bhavet

317 yavamâtrapramâṇena ekaikaṃ vardhate yadi
sthâpayed dviguṇaṃ mûlyam yâvan mâtrâṣṭakaṃ[2] bhavet

318 mâtrair aṣṭabhiç ced yas tu lakṣaṇaiḥ saṃyutas tathâ
catuḥṣaṣṭisahasrâṇi paramaṃ mûlyam âdicet

319 doṣaiç ca padmarâgâṇâṃ yathâ mûlyaṃ vihîyate
tathâ marakate mûlyaṃ kṣîyate ca na saṃçayaḥ .

320 sahaje rañjane kântisamavartau[3] ca lâghave
tathâ caivârdhamûlyâni ratnânâṃ caiva dâpayet[4]

varti et pour l'émeraude couleur de perroquet; pour le rubis *pârçvavarti* et pour l'émeraude couleur de çirîṣa (*sitaçyâmala*).

314 Le prix indiqué pour le rubis *adhovarti* est celui de l'émeraude couleur de vitriol. Pour l'émeraude de couleur normale, le prix est 500.

315 Couleur de perroquet, elle vaut 210; couleur de çirîṣa, 158.

316 [Couleur de vitriol bleu], 105. Ces prix sont ceux d'une unité de yavas.

317 Mais chaque fois que le volume augmente d'une unité de yavas, le prix est doublé, et cela jusqu'à huit fois.

318 L'émeraude qui contient huit unités, si elle est d'ailleurs pourvue des marques requises, vaut 64,000, qui est le prix le plus élevé.

319 De même que le prix du rubis décroît avec ses défauts, ainsi évidemment décroît le prix de l'émeraude.

320 La couleur étant normale et l'éclat équivalent, en cas de légèreté, on n'attribue aux pierres que la moitié du prix.

---

1. Corr kathitâptam *ou* kathitântam.
2. Mss. yavamâtrâṣṭakaṃ.
3. Mss. °varte.
4. Ce çloka manque dans C.

321 dânavendrabalityâgân maṇayaç ca vinirgatâḥ
lokatrayahitârthâya tridaçaiç ca prakâçitâḥ

iti marakataparîkṣâ[1]

321 Le sacrifice héroïque de l'Indra des Dânavas a donné naissance aux gemmes, et pour le bien des trois mondes les Dieux les ont révélées.

1. A partir de cet endroit, le texte de C. est entièrement différent de celui des autres mss. Nous le donnerons en appendice.

VI

atha sphaṭikamaṇiparîkṣâ

322 sphaṭikaṃ dâḍimîrâgam açokamadhuvartikam
kântyâtiraktaṃ gandhâḍhyaṃ na ca raṅgaḥ suraṅgakam

323 kâñcanâbhaṃ virûpâkṣaṃ bhedais tan nîlagandhikam
gomedakaṃ ca vaiḍûryaṃ maraktaṃ[1] ca caturvidham

324 çuddhasphaṭikagarbheṣu râgâṇâm ekaviṃçatiḥ
lakṣyâs tattvena lakṣaṃ tu râgabhedaiḥ pṛthak pṛthak

325 vajram ekaṃ parityajya ratnâni tv itare daça
laghutvaṃ komalatvaṃ ca çâstrair vidvân parityajet

VI. *Cristal de roche.*

322 Le cristal de roche est couleur de grenade, d'açoka ou de miel; — rouge d'un rouge éclatant, jaune comme le santal; — incolore, très coloré;

323 brillant comme l'or, multiforme. Il comprend quatre espèces : le *nîlagandhika*, l'hyacinthe, l'œil-de-chat et l'émeraude.

324 Les couleurs du cristal pur peuvent être considérées en fait comme étant au nombre de 21. Mais en comptant une à une les nuances de ces couleurs, on arriverait à cent mille.

325 Le diamant mis à part, il y en dix autres qui sont des

1. Leçon de R. — Mss. raktakaṃ.

326 ratnam ekâdaçaṃ proktaṃ sarve sphaṭikajâtayaḥ
teṣâṃ bâhyâni tatraiva pravâlavajramauktikâḥ[1]

327 jalabindau ca vajre[2] ca padmarâgendranîlayoḥ
marakteṣu ca saṃpṛktaṃ mahâratneṣu pañcasu

328 puṣyarâgaṃ ca vaiḍûryaṃ gomedaṃ sphaṭikaṃ prabham
pañcoparatnam eteṣâṃ pravâlaç caiva ṣaṭ smṛtâḥ

329 gurutvaṃ lâghavatvaṃ ca vajrâṇâṃ mauktikeṣu ca
taulyena paçyati mûlyaṃ çâstroktena tu maṇḍalî

330 padmarâgendranîlânâṃ maraktânâṃ tathaiva ca
yavamâtrapramâṇena maṇḍalî mûlyam âdiçet

331 yatra mâtrâṣṭabhiç caiva çâstroktaṃ tu pramâṇataḥ
ata ûrdhvam adhaḥ kâryaṃ karmamadhye vinirdiçet

332 chedanollekhanaiç caiva sthâpane bandhane tathâ
ghaṭayanti pramâṇena tena saṃghaṭṭa ucyate

ratnas. Ceux qui sont légers ou tendres doivent être rejetés par l'homme instruit dans les çâstras.

326 Il y a onze espèces de gemmes, savoir : toutes celles qui sont de la classe du cristal de roche (*sphaṭika*), et trois qui sont en dehors de cette classe : le corail, le diamant et la perle.

327-328 Aux cinq grandes gemmes (*mahâratnâni*), qui sont la perle, le diamant, le rubis, le saphir et l'émeraude, correspondent cinq gemmes inférieures (*uparatnâni*) : la topaze, l'œil-de-chat, l'hyacinthe, le cristal de roche, le *prabha* (?). On en compte une sixième: le corail.

329 La pesanteur et la légèreté sont les qualités respectives de la perle et du diamant : c'est d'après le poids que l'expert fixe le prix, suivant les règles du çâstra.

330 Pour le rubis, le saphir et l'émeraude, l'expert détermine le prix en se servant du yava comme unité de mesure.

331 Parfois le çâstra énonce le prix d'une gemme supposée de 8 mesures; au-dessus ou au-dessous, il faut le déterminer par calcul.

332 Par la taille et le frottement on groupe (*ghaṭayanti*), selon

1. A. B. pravalaṃ. D. °â.
2. Mss. °binduṃ ca vajraṃ.

333 gâtraraṅgaguṇadoṣâṃs tanmûlyâny âkarâṃs tathâ
çâstrahînâ na paçyanti yadi sâkṣâd alaṃ[1] bhavet

334 çâstracakṣur vinâ ratnaṃ nânyo vetti kadâçana[2]
na hi çâstraṃ vinâ cakṣû ratnâkarâdivid bhavet[3]
asâdhyâ tridaçaiç caiva parîkṣâ çâstravarjitâ

335 çrîtaruç ca tâlâçoke[4] meruçṛṅge caturmukham
çaktir netraṃ raviḥ puṣpaṃ mâṅgalyânâṃ vibhûṣaṇam

336 sthâpanâ daçadhâ proktâ daçânâṃ mârgatas trayam
pârijâtaç caturtho jño lakṣaç cecchâsahair daça[5]

337 mârgataḥ ṣaḍvidhâ jñeyâḥ karṇasyâbharaṇâḥ çubhâḥ
uragâ mâkarâ kîrtir meruḥ kusumacandramâḥ

338 caturvidhaṃ çikhâyâṃ ca pañcamaṃ caiva yat smṛtam
kaṇṭhâbharaṇakaṃ jñeyaṃ ratnaçâstrair udâhṛtam

leur dimension, les pierres en parures fixes (*sthâpana*) ou flexibles (*bandhana*) : c'est ce qu'on appelle un groupe (*saṃghaṭṭa*).

333 Dimension, couleur, qualités, défauts, prix, gîtes, les ignorants du çâstra ne voient rien de tout cela, encore que parfaitement clair.

334 Sans l'œil du çâstra, on ne peut jamais connaître un joyau. Car, sans le çâstra, l'œil ne peut reconnaître le gîte, etc., d'une pierre. Impossible aux dieux mêmes est la vérification des gemmes, sans l'aide du çâstra.

335 *Figuier, palme, açoka, Meru, quatre-faces, lance, œil, soleil, fleur* : ainsi se nomment celles des amulettes qui peuvent servir de parure.

336 Les parures fixes sont au nombre de dix : de ces dix, trois sont de bon ton; le *pârijâta* est la quatrième; les autres sont appelées *jña, lakṣa, icchâ...* (?).

337 Six sont de bon ton comme parures d'oreilles : on les nomme *serpent, makara, gloire, Meru, fleur, lune.*

338 L'ornement de la chevelure est de quatre sortes; et celui

1. Mss. ahaṃ.
2. Cet hémistiche manque dans A. D.
3. Ex corr. — A. B. ratnavâṇarathasya tu. D. ratnâkaravido bhavet. R. ratnânâm âkarâdikaṃ.
4. Ex corr. — A. talâçoke. D. tayâloke. B. latâmîço merubhaṅge.
5. Cet hémistiche se trouve dans les mss. à la suite de 337.

339 yan miçrikaṃ dvayor mâlâ tribhiḥ sâraṃ tad ucyate
karṇe kaṇṭhe ca madhye ca ratnaçâstraviçâradaiḥ

340 pañcabhiḥ kramahâraç ca kanakaiḥ khacitâni ca
teṣâṃ madhye bahûktâni tatsaṃjñâṃ khyâpayed budhaḥ

341 varṇâbharaṇavṛttau ca ratnaçâstraviçâradaḥ
pañcabhiç ca mahâratnaiḥ[1] kanakaiḥ khacitâni ca

342 sadoṣam alpamûlyaṃ ca bahumûlyaṃ guṇânvitam
parîkṣitaṃ ca tad ratnaṃ kâryaçrîsukhadâyakam

343 bhânave padmarâgaç ca mauktikaṃ soma ucyate
pravâlo ṅgârake caiva budhe marakataṃ tathâ

344 bṛhaspatau puṣyarâgaḥ çukre vajraṃ tathaiva ca
indranîlaḥ çanau caiva râhau gomeda ucyate
vaiḍûryaratnaṃ ketûnâṃ grahâṇâm idam îpsitam

ity agastimataṃ samâptam

que les ratnaçâstras nomment le cinquième, il faut savoir que c'est l'ornement du cou.

339 La parure de l'oreille, du cou ou de la taille, si elle se compose de deux [pierres] est appelée *mâlâ* par ceux qui connaissent le çâstra; et *sâra*, si elle se compose de trois.

340-341 Composée de cinq [pierres], elle est dite *kramahâra*. [Ces pierres] sont rehaussées de montures d'or, selon lesquelles elles reçoivent beaucoup de noms : le sage, instruit dans les ratnaçâstras, doit savoir énoncer ces noms, en distinguant la couleur, la nature de l'ornement, les cinq grandes gemmes et les montures d'or.

342 Défectueux, un joyau est de peu de prix; qualifié, de grand prix; étant bien vérifié, il donne le succès, la prospérité, le bonheur.

343 Le rubis est consacré au Soleil, la perle à la Lune, le corail à Mars, l'émeraude à Mercure;

344 la topaze à Jupiter, le diamant à Vénus, le saphir à Saturne, l'hyacinthe à Râhu, l'œil-de-chat aux nœuds. Telles sont les préférences des planètes.

1. Corr. mahâratnâni pañcaiva. (V. 340, Var.)

APPENDICE[1]

Agastirṣir uvâca

1 pañca ratnâni mukhyâni coparatnacatuṣṭayam
likhyante câtra saṃbhidye tathâ maulyaṃ tathâ guṇam

2 vajraṃ ca mauktikaṃ caiva mâṇikyaṃ nîlam eva ca
marakataṃ ca vijñeyaṃ mahâratnâni pañcadhâ

3 uparatnâni catvâri kathayâmi çṛṇuṣva tat
gomedaṃ puṣyarâgaṃ ca vaiḍûryaṃ ca pravâlakam

4 svacchakântir guruḥ snigdho varṇe gomûtrasaṃnibhaḥ
dhavalaḥ piñjaro dhanyo gomedaç câtiviçrutaḥ

5 caturdhâ jâtibhedas tu gomede varṇamânataḥ
brâhmaṇaḥ kṣatriyo vaiçyaḥ çûdraç câpi[2] tathâbruvan

iti gomedaratnâdhikâraḥ

6 kalahasthodbhavaḥ pîtaḥ siṃhalodbhavapiñjaraḥ
çaṇapuṣpîsamaḥ[3] kântyâ svacchabhâvas tu cikvanaḥ
putrado varado dhanyo puṣyarâgamaṇir mataḥ

iti çrîpuṣyarâgaparîkṣâdhikâraḥ samâptaḥ

---

1. V. p. 129, note.
2. çûdreṣvapi.
3. saṇapuṣpa°.

7 mlecchasaṃdeçe na çaile barhikaṇṭhanibho bhavet
saṃdhisûtraṃ bhavec chvetaṃ dahane dîptimad guru

8 ... karkaçodbhavaḥ pîtaḥ sûtraḥ syâd dîptibhâsuraḥ
andhakâre yathâṅgâro dîpto karkoda ucyate

9 mârjâranayanaprâyaṃ rasonapratimaṃ hi ca
kaṭhinaṃ nirmalaṃ snigdhaṃ vaiḍûryaṃ kṣatramaṇḍalam

iti lasaṇîyâparîkṣâ

10 hemakandamahâçaile mlecchabhûdiçi parvate
lavanaḥ sâgaro tatra pravâlotpattibhûmayaḥ

11 bandhûkapuṣpasindûradâḍimîkusumaprabhaḥ
lohitaḥ suhitaḥ snigdhaḥ sa pravâlamaṇir mataḥ

iti vidrumapravâlaparîkṣâ samâptâ

12 gomede rajataṃ maulyaṃ pravâle pi tathaiva ca
vaiḍûrye padmarâge ca mûlyaṃ svarṇasamaṃ bhavet

13 vajraṃ ca mauktikaṃ çvetaṃ mâṇikyaṃ lohitaṃ viduḥ
nîlaṃ nîlaṃ samâkhyâtaṃ maraktaṃ haritaṃ hitam

14 çvetaṃ pîtaṃ ca gomedaṃ puṣyarâgaṃ ca piñjaram
pravâlaṃ lohitaṃ proktaṃ vaiḍûryaṃ pâṇḍuraṃ hitam

15 sarvadâ sarvabhâṇḍeṣu sarvapaṇye viçeṣataḥ
jânîyât sarvabhâṣâç ca hastasaṃjñâṃ vaṇigvaraḥ

16 ekadvitricatuḥsaṃjñâs tarjanyâdyaṅguligrahe[1]
sâṅguṣṭhâni punar lâtu saṃgrahe pañca saṃsthitâḥ

17 kaniṣṭhâditalasparçe ṣaṭsaptâṣṭanavakramaḥ
tarjanyâ daça vijñeyâs tadâdânân nakhâgrataḥ[2]

---

1. gṛhe.
2. naṣâhato.

18 ekadvitricatuḥpañcadaça jñeyâ yathâkramam
hastatalasya[1] saṃsparçât punaḥ pañcadaça kramât

19 talaiḥ kaniṣṭhakâdînâṃ ṣaṭsaptâṣṭanavâdhikâḥ
kramaço daça vijñeyâ hastasaṃjñâviçâradaiḥ

20 tarjanyâdidvitricatuḥpañcagrahe yathâkramam
viṃçaṃ triṃçac catvâriṃçat pañçâçac ca[2] prakîrtitam

21 kaniṣṭhâdyaṅgulitale ṣaṣṭisaptatyaçîtayaḥ
navati sa kramo jñeyas tarjanyardhagrahe[3] çatam[4]

22 madhyamârdhe sahasraikam ayuto[4] nâmikârdhage
lakṣaikaṃ ca kaniṣṭhârdhe prayuto ṅguṣṭha[5] eva ca

23 maṇibandhe punaḥ koṭiṃ karasaṃjñâṃ ca dâpayet
deçakâlaṃ yathâjñânaṃ hastasaṃjñâvido viduḥ

iti çrîratnavyavasâye mûlyârpaṇe
karasaṃjñâ samâptâ

24 athâhaṃ[6] saṃpravakṣyâmi navaratne navagrahân
tatkîlanaṃ yathâ sthânaṃ çṛṇu tan munipuṃgava

25 = 342.

26 = 343.

27 teṣâṃ gṛhe yad âkhyâtaṃ sâmprataṃ vakṣyate dhunâ
bhânur gṛhaṃ vartulaṃ ca catuṣkoṇaṃ [ca] candramâḥ

28 bhaume veçma trikoṇaṃ syân nâgavallîdalaṃ budhaḥ
pañcakoṇaṃ jîvagṛhaṃ koṇâṣṭaṃ bhṛgujasthalam

29 rathâkâraṃ çanisthânaṃ sûryâkâraṃ tamasthalam
ketuveçma dhvajâkâraṃ purâ proktaṃ ca sûribhiḥ
uccasthâne yadâ khedâ tadâ ratnâni kîlayet

---

1. talastha.
2. viṃça triṃçaṃ ca catvâri çata pañcâçat...
3. gṛhe.
4. ayutaṃ.
5. prayutam anguṣṭham.
6. athaidaṃ.

30 pûrve ca vajraṃ saṃsthâpyaṃ mauktikaṃ câgnikoṇake
pravâlaṃ dakṣiṇe proktaṃ gomedaṃ nairṛte smṛtam

31 paçcime ca nîlamaṇir vaiḍûryaṃ vâyukoṇake
uttare puṣyarâgaṃ ca îçânye marakataṃ hitam

32 madhye sthâpyaṃ padmarâgaṃ navaratnasya nâyakam
çubhe lagne çubhe ṛṣye[1] sthâpayet tad grahodaye

33 amûni nava ratnâni yaḥ kare dhârayed budhaḥ
sa ca mukhîbhaven[2] nityaṃ râjyamânyaṃ çriyaṃ labhet

34 yasya haste ca tiṣṭhanti navaratnâni nityaçaḥ
sa pûjyaḥ sarvadâ loke bhuktimuktî labhet[3] tu saḥ

iti çrîratnaparîkṣâçâstre çryagastirṣîçvarapraṇîte caturuparatnasyotpattimûlyavarṇanahastasaṃjñâkathanas[4] tathâ navaratnasya navagrahasthâpananiveçanavidhinidarçanavarṇano[5] nâma ṣaṣṭho dhyâyaḥ

atha ratnaçâstre nânâvidhâni ratnâni likhyante

ṛṣaya ûcuḥ

35 vyâsâgastivârâhâdimunînâṃ ratnasâgarât
nirmathya jñânaçailena ṣaṣṭiratnam udâhṛtam

1 padmarâga	11 mahânila	21 lohitâkṣa
2 puṣyarâga	12 indranîla	22 samâragalla
3 marakata	13 râgakara	23 haṃsagarbha
4 karketana	14 vibhavakara	24 vidruma
5 hîra	15 jvarakara	25 añjana
6 vaiḍûrya	16 rogahara	26 aṅka
7 candrakânta	17 çûlahara	27 riṣṭa
8 sûryakânta	18 viṣahara	28 muktâphala
9 jalakânta	19 çatruhara	29 çrîkânta
10 nila	20 rucaka	30 çivakânta

1. Corr. ṛtau (?).
2. sa muṣî ca bhaven.
3. °mukti bhavet.
4. caturtha uparatna... kathanahastasaṃjñâ
5. sthâpanatasya niveçana.

31 çivaṃkara
32 priyaṃkara
33 bhadraṃkara
34 prabhaṃkara
35 âbhaṃkara
36 candraprabha
37 sâgaraprabha
38 prabhânâtha
39 açoka
40 vitaçoka
41 aparâjita
42 gaṅgodaka
43 kaustubha
44 karkoṭaka
45 pulaka
46 saugandhika
47 subhaga
48 saubhâgyakara
49 dhṛtikara
50 puṣṭikara
51 jyotiṣkara
52 çvetaruci
53 guṇamâlî
54 haṃsamâlî
55 aṃçumâlî
56 devânanda
57 kṣîratailasphaṭika
58 maṇitridhâ
59 garuḍodgâra
60 cintâmaṇi

iti ṣaṣṭiratnajâtayaḥ

36 proktaṃ caturdhâ sphaṭikaṃ candrakântamaṇiḥ smṛtaḥ
sûryakânto dvitîyas tu jalakântas tṛtîyakaḥ
haṃsagarbhamaṇis turyo guṇâs tasya pṛthak pṛthak

37 candrakânto mṛtaçrâvî sûryakânto gnikârakaḥ
jalakânto jalasphoṭî haṃsagarbho viṣâpahaḥ

38 dṛṣṭyai nirmalakaṃ nîlaṃ pîtaṃ saubhâgyadâyakam
ratnaṃ pîrojakaṃ vakṣyaṃ çyâmakaṃ viṣanâçanam

iti pîrojaparîkṣâ

39-57 . . . .[1]

58 yad vajramaṇivad[2] dîptaṃ rekhâdoṣavivarjitam
ṣaṭkoṇaṃ laghu câṣṭâṅgaṃ ratnaṃ cintâmaṇiḥ smṛtam

59 yasya gṛhe ca tiṣṭhati ratnaṃ cintâmaṇiḥ sadâ
trisaṃdhyaṃ pûjayen nityaṃ manobhîṣṭaphalapradam

60 kecin nîlapadâs tato ruṇarucaḥ kecic ca vidyutprabhâḥ
kekîlocanasatprabhâ bahuvidhârekhâyutâ vartulâ
vikhyâtaḥ sa mahâmaṇir bahuvidhâbaddho narâṇâṃ kare
bhûtaṃ nâçayatîha sûryasadṛçaḥ sphûrjatpratâpânvitaḥ

---

1. Ces stances sont extraites du *Maṇimâhâtmya*. (*Vid. infra.*)
2. yan maṇir vajravad.

61 etad eva mayâ khyâtaṃ maṇînâṃ guṇalakṣaṇam
yad ratnaṃ çastriṇâ bhinnaṃ[1] gharṣitaṃ vâ punaḥ punaḥ

62 tat sarvaṃ niṣphalaṃ jñeyaṃ guṇas tasya ca hîyate
yat ratnam sahajo tyantaṃ tad ratnaṃ guṇabhâjanam

agastya uvâca

63 maṇayas tu tridhâ proktâ maṇḍûkasarpamânavâḥ
teṣâṃ çîrṣeṣu jâyante pṛthak pṛthak prabhâvayuk

64 nîlacchavisamâyuktâ trikoṇâ dîptibhâsurâ
guñjâs trayaḥ pramâṇaḥ syur maṇḍûkasya maṇir bhavet

65 tiṣṭhati yasya gehe ca maṇḍûkamaṇir îdṛçî
sa dhanî ca sukhî bhogî râjyamânaḥ sadâ bhavet

66 kajjalacchavisaṃkâçâ vartulâ vyâlaçîrṣajâ
guñjâḥ pañca pramâṇaḥ syuḥ sâ maṇir viṣadarpahâ

67 caturaçrâ catuṣkoṇâ catuṣkoṇâ (*sic*) ca pâṇḍurâ
guñjâcatuṣṭayî mânâ[n] naramaṇir jayakâriṇî

68 khyâtaṃ ratnaparijñânaṃ janânâṃ hitakâmyayâ
yaḥ paṭhed manujo dhîmân nṛpaṃmânyaṃ labhet sadâ

69 ratnaçâstre sadâbhyâsaṃ yaḥ karoti narottama
sa çriyaṃ labhate kîrtiṃ ratnavṛddhiḥ sadâ bhavet

70 yâvad vyomasaraḥkrîḍe râjahaṃso virâjate
vibudhair vâcyamâno sau tavan nandatu pustakaḥ

iti çrîratnaparîkṣâçâstre agastirṣipraṇîte ṣaṣṭiratnanirṇayaḥ kecit sphaṭikâdiratnasya lakṣaṇaguṇakathanaṃ tathâ pîrâjâmaṇiparîkṣâvarṇano nâma saptamo dhyâyaḥ saṃpûrnaḥ

---

1. bhidaṃ.

FIN DE L'*AGASTIMATA*.

NAVARATNAPARÎKṢÂ

MANUSCRITS

L. Londres, India Office Library, n° 1568. (Relié à la suite du ms. A, de l'*Agastimata*). Papier. Devanâgarî. 19 ff. de 10 lignes. Colophon : iti ratnaparîkṣâ samâptâ | dharmapurîgrâme revâkubjâsaṃgame bilvakeçvaranâgeçvarasannidhau likhitaṃ | saṃvat 1642 (= 1585 ap. J.-C.) varṣe çrâvaṇe kṛṣṇapakṣe ekâdaçî çanau granthasamâptiḥ || — Ce ms., très incorrect, ne contient pas les stances 1-35, 92-98.

B. Bikaneer, bibliothèque du Mahârâja, n° 1566. Papier. Devanâgarî. 9 ff., s. d. D'après le colophon, il ferait partie du *Smṛtisâroddhâra* de Nârâyaṇa Paṇḍita.

T. Tanjore, n° 10308. Olles. Telugu. Incomplet de la fin. (Burnell, Catalogue, p. 141 b.) Compilation de textes relatifs aux gemmes : le premier est notre *Ratnaparîkṣâ;* les autres ne sont que de courts extraits assemblés sans ordre et introduits par les mots « granthântare ». Ce ms. est dans le rapport le plus étroit avec celui de Bikaneer ; toutefois il ne fait point mention de Nârâyaṇa et s'intitule *Ratnaparîkṣâ* au lieu de *Nava*°. Je ne connais ce manuscrit que par une copie, que M. Hultzsch a eu l'obligeance de faire exécuter pour moi.

Ce texte est inédit.

I

1 athedânîṃ pravakṣyâmi ratnâdînâṃ samudbhavam[1]

navaratnaparîkṣâ

2 pṛcchanti munayaḥ sarve kṛtâñjalipuṭâḥ sthitâḥ
upa meror badarikâyâm agastyaṃ munipuṃgavam

3 devadânavagandharvavidyâdharanaroragâḥ
eteṣâṃ bhûṣaṇaṃ bhâvyam anyeṣâṃ surarakṣasâm

4 kirîṭe kaṭisûtre ca kuṇḍale kaṇṭhabhûṣaṇe
ityâdibhûṣaṇeṣv eva ratnasaṃmelanâya ca

5 tadutpattiṃ parîkṣâṃ ca brûhi no munisattama

I. *Préambule.*

1 Je dirai maintenant l'origine des gemmes, etc.

2 Tous les Munis, étant à la Badarikâ, près du mont Meru, interrogent, les mains jointes, Agastya, Taureau des Munis.

3 « Les gemmes destinées à servir de parure aux Devas, aux Dânavas, aux Gandharvas, aux Vidyâdharas, aux hommes, aux Serpents et aux autres Suras et Rakṣas ;

4 A être montées en diadèmes, ceintures, anneaux, colliers et autres ornements ;

5 Dis-nous leur origine et la manière de les vérifier, ô le plus

1. Ce demi-çloka et le titre qui suit ne sont que dans le ms. B. Tout le préambule (st. 1-35) manque dans L.

munînâṃ vacanaṃ çrutvâ muniçreṣṭho bravîd vacaḥ

6 utpattim âkaraṃ varṇaṃ guṇadoṣaṃ tathaiva ca
maulyaṃ maṇḍalikaṃ[1] caiva mânakaṃ hastasaṃjñayâ

7 tridivasyopakârârthaṃ vaktuṃ samupacakrame

agastya uvâca

purâ pṛthivyâṃ ratnâni garbhe santi hi sarvaçaḥ

8 ratnagarbheti sâ bhûmiḥ khyâtâbhûd bhuvanatraye
tato vajrâsuro nâma babhûvâmarasûdanaḥ

9 âkrântâ rakṣasâ tena triloke[2] vajradehinâ
sarve devâs tato jagmû râjadhanîṃ çatakratoḥ

10 vâsavaṃ prârthayâm âsuḥ proccair jaya jayeti ca

excellent des Munis. » — Ayant écouté le discours des Munis, le premier des Munis prit la parole.

6 Origine, gîte, couleur, qualités et défauts, prix, expert, estimation par les signes de la main,

7 pour rendre service au monde, il se mit à dire tout cela.

AGASTYA

De temps immémorial, les gemmes sont encloses de toutes parts en leur matrice, la terre.

8 Et c'est pourquoi, entre les trois mondes, la terre a été appelée la matrice des gemmes. Or, il y avait un Asura, nommé Vajra, persécuteur des immortels.

9 Opprimés dans les trois mondes par ce Rakṣas au corps de diamant, tous les dieux allèrent au palais de Çatakratu.

10 Et ils prièrent à haute voix Vâsava, en disant : « Victoire ! Victoire !

---

1. Mss. mañjalikaṃ.
2. Mss. trilokî.

devâ âhuḥ

11 jaya deva mahâdeva jaya tvaṃ pâkaçâsana
jaya vâsava devendra jaya tvaṃ hi çatakrato

12 jaya indra sahasrâkṣa jaya çakra çacîpate
vṛtrâre jaya daityâre dânavâre jaya prabho

13 namo namas te khiladevadeva
namo namas te hi sahasranetra
devendra nas trâhy asurâc ca bhîtân
punaç ca bhûyo pi namo namas te

14 iti stutvâ mahendraṃ taṃ devâḥ prâñjalayaḥ sthitâḥ
stutyâ tayâ prasanno bhûd indraḥ pratyabravît surân

indra uvâca

15 yadartham âgatâ yûyaṃ devâs tv agnipurogamâḥ
viditaṃ bhavatâṃ kâryaṃ sâdhayiṣyâmi tat surâḥ

16 kâpaṭyena tataḥ çakro brâhmaṇîṃ tanum âdadhe
vajrâsuraḥ sthito yatra tatrâgât sa puraṃdaraḥ

11 » Victoire à toi, Deva Mahâdeva ! Victoire à toi, Châtieur de Pâka ! Victoire, ô Vâsava, Indra des dieux ! Victoire, Çatakratu !

12 .» Victoire, Indra aux mille yeux ! Victoire, Çakra, époux de Çacî ! Victoire, ennemi de Vṛtra, ennemi des Daityas, ennemi des Dâṇavas ! Victoire, Maître !

13 » Hommage, hommage à toi, Dieu de tous les dieux ! Hommage à toi, qui as mille yeux ! Indra des dieux, sauve-nous de l'Asura redoutable. Et derechef et plus encore, hommage, hommage à toi ! »

14 Ainsi les dieux célébrèrent Mahendra, debout, les mains jointes. Et Indra, satisfait de leur invocation, dit aux Suras :

15 « Maintenant que je connais la chose en vue de laquelle vous êtes venus, Agni en tête, je l'accomplirai, Suras ! »

16 Recourant à la ruse, Çakra revêtit le corps d'un Brahmane. Là où habitait Vajrâsura, là se rendit Puraṃdara.

17 âyântaṃ brâhmaṇaṃ dṛṣṭvâ pratyudgamya mahâsuraḥ
âsanâdyupacâreṇa pûjayâm âsa taṃ dvijam

18 kimartham âgataṃ brahmann âjñâpaya mahâmune
kariṣyâmi hi tat kâryaṃ yat te manasi vartate

brâhmaṇa uvâca

19 vajrâsura mahâbhâga yadi me manasi sthitam
dadâsi cet tarhi dehi çarîraṃ tava sundaram

20 vijñâya daityaḥ kâpaṭyaṃ dadau tasmai çarîrakam
çastrair abhedyaṃ tasyendras tadvajreṇâhanac chiraḥ

21 çakreṇa nihate daitye tasmin vajrâsure tataḥ
devadundubhayo nedur nanṛtuç câpsarogaṇâḥ

22 tasya dehâd viniṣkrântâḥ samastaratnajâtayaḥ
teṣâṃ madhye mukhyaratne vajrasaṃjñâ kṛtâ suraiḥ

23 çirovakṣodgatâ viprâḥ bâhujâḥ kṣatriyâḥ smṛtâḥ
nâbher jâtâs tathâ vaiçyâs tatpadbhyâṃ çûdrajâtayaḥ

24 tato devoragaiḥ siddhair yakṣarâkṣasakiṃnaraiḥ
gṛhîtaṃ ratnajâlaṃ tac chiṣṭaṃ martye prakâçitam

17 Voyant venir le Brahmane, le grand Asura sortit à sa rencontre, et il l'honora en lui offrant un siège, etc.

18 « Pourquoi es-tu venu, Brahmane? Dis-le-moi, ô grand Muni. Car je ferai la chose qui te tient au cœur. »

19 « Puissant Vajrâsura, si tu veux me donner ce qui me tient au cœur, donne-moi ton beau corps. »

20 Le Daitya reconnut la fourberie : néanmoins il lui donna son corps; et sa tête, que les épées ne pouvaient entamer, Indra la frappa de sa foudre.

21 Et quand Çakra eut tué le Daitya Vajrâsura, les tambours des dieux retentirent et les troupes des Apsaras dansèrent.

22 De son corps sortirent toutes les classes des gemmes. La pierre qui, parmi elles, tient le premier rang, reçut des dieux le nom de Vajra (diamant).

23 De la tête et de la poitrine naquirent les brahmanes, des bras les kṣatriyas, du nombril les vaiçyas, des pieds les çûdras.

24 Les dieux, les Serpents, les Siddhas, les Yakṣas, les Râk-

25 aṣṭau vajrâkarâḥ çreṣṭhâ yugacchandânuvartinaḥ
dvau dvau te ṣṭânuvartante kṛtâdiṣu yathâkramam

26 yânti laghupramâṇâç ca yuganâçe vinâçitâḥ
vajrâḥ çakrasya mâhâtmyâd âkarâd evam âkaram

27 vajrasya maulyaṃ yaḥ kuryâd guṇaṃ doṣaṃ parîkṣya ca
açvamedhâdhiko dharmas tasya syâc ca munîçvarâḥ

28 yo na vetti guṇaṃ doṣaṃ maulyaṃ kuryâd ayuktitaḥ
tasya mûrdhni pated vajraṃ parvatânâm ivâçaniḥ

29 brâhmaṇâḥ kṣatriyâ vaiçyâḥ çûdrâç caiva caturvidhâḥ
strîpuṃnapuṃsakâç ceti trayas te liṅganirṇayâḥ

30 vajrâdayo pi ye kecit tejovanto bṛhattarâḥ
vṛttâs te puruṣâ jñeyâ bindurekhâdivarjitâḥ

31 rekhâbindusamâyuktâḥ khaṇḍaças tâḥ striyaḥ smṛtâḥ
sutejasaḥ sattvavanto grâmaṇe tân niyojayet

ṣasas, les Kiṃnaras s'emparèrent de cette masse de joyaux. Le reste se manifesta chez les hommes.

25 Il y a huit mines qui produisent de beaux diamants. Leur roulement suit celui des yugas, deux par deux à chaque yuga, à partir du Kṛta.

26 C'est ainsi qu'ayant une durée éphémère, expirant à l'expiration du yuga, les diamants, par la puissance de Çakra, vont d'une mine à l'autre.

27 Celui qui sait fixer le prix du diamant, après en avoir éprouvé les qualités et les défauts, celui-là, ô maîtres des Munis, acquiert un mérite supérieur à celui de l'açvamedha.

28 Celui qui ne sait pas reconnaître les qualités et les défauts ne peut fixer le prix comme il convient: la foudre tombera sur sa tête, comme le tonnerre sur les montagnes.

29 Selon leurs caractères, les gemmes forment quatre catégories d'une part : brahmanes, kṣatriyas, vaiçyas, çûdras ; et trois de l'autre : mâles, femelles, neutres.

30 Les diamants, etc., qui se trouvent être brillants, grands, exempts de goutte, de raie et de tout autre défaut, sont ceux qu'on reconnaît comme mâles.

31 Affectés de raie ou de goutte, fragmentaires, ils sont appelés femelles, s'ils sont d'ailleurs brillants et bons...

32 trâsaḥ kâkapadaṃ rekhâ saukṣmyaṃ sphuṭikabindavaḥ[1]
mâlinyaṃ yasya vartante tat klaibyaṃ syât kaniṣṭhakam

33 puṃliṅgaṃ sumahâratnaṃ yasya gehe sti sarvadâ
tasya bhâgyavato bhûyât puruṣârthacatuṣṭayam

34 strîliṅgaratnaṃ munayo yasya koçe sti nityaçaḥ
strîratnaṃ hi labhet tasya putrapautraphalaṃ bhavet

35 klîbaratnaṃ gṛhe yasya vîryahânir daridratâ
bhavet tac ca tyajed dhîmân duḥkhaçokabhayapradam

iti dhâtuvâdaḥ
atha ratnaparîkṣâ

32 Brisure apparente, pied-de-corneille, raie, petitesse, cassure, goutte, tache : ces défauts caractérisent le joyau neutre, le moins estimé de tous.

33 Celui qui a dans sa maison ce très haut diamant mâle, celui-là, toujours heureux, atteint les quatre buts de l'homme.

34 Celui qui a toujours dans son trésor, ô Munis, une pierre femelle, celui-là trouve une perle de femme, et obtient des fils et des petits-fils.

35 Celui qui a dans sa maison un joyau neutre perd sa virilité et tombe dans la misère. Que le sage le rejette : il expose au malheur et au chagrin.

---

1. Mss. sphuṭikra°.

II

36 ratnâni dhârayet koçe çuddhâni guṇavanti ca
saṃbhavaṃ ca tathâ jâtiṃ guṇaṃ doṣaṃ parîkṣya ca

37 kṛtayuge kaliṅgeṣu koçale vajrasaṃbhavaḥ
himâlaye mâtaṅgâdrau tretâyâṃ kuliçodbhavaḥ

38 pauṇḍrake ca surâṣṭre ca dvâpare parisaṃtatiḥ
vairâgare ca sopâre kalau hîrakasaṃbhavaḥ

39 guṇâḥ pañca samâkhyâtâ doṣâḥ pañca prakîrtitâḥ
châyâç catasro vijñeyâ vajrâṇâṃ ratnakovidaiḥ

40 ṣaṭkoṇatvaṃ laghutvaṃ ca samâṣṭadalatâ tathâ
tîkṣṇâgratâ nirmalatvam ime pañca guṇâḥ smṛtâḥ

41 malo bindus tathâ rekhâ trâsaḥ kâkapadaṃ ca yat
ete doṣâḥ samâkhyâtâḥ pañca vajreṣu kovidaiḥ

II. *Diamant.*

36 Qu'on mette dans son trésor des joyaux authentiques et qualifiés, après en avoir vérifié l'origine, l'espèce, les qualités.

37-38 Le diamant se trouve : pendant l'âge Kṛta, dans le Kaliṅga et le Koçala ; pendant l'âge Tretâ, dans l'Himalaya et les montagnes du Mâtaṅga ; pendant l'âge Dvâpara, dans le Pauṇḍra et le Surâṣṭra ; pendant l'âge Kali dans le Vairâgara et à Sopâra.

39 Les connaisseurs attribuent au diamant cinq qualités, cinq défauts et quatre nuances.

40 Les cinq qualités du diamant consistent à être sexangulaire, léger, à huit faces égales, à pointes aiguës, et sans tache.

41 Tache (*mala*), goutte (*bindu*), grain d'orge (*yava*), raie

42 çvetâ raktâ tathâ pîtâ kṛṣṇâ châyâ caturvidhâ
viprakṣatriyavaiçyânâṃ çûdrajâter yathâkramam

43 yajñair dânais tapobhiç ca yad âpnoti tad âpnuyât
guṇayuktasya vajrasya viprajâtyasya dhâraṇât

44 jayaḥ parâkramas tasya çatrunâçaç ca jâyate
guṇavat kṣatrajâtîyaṃ vajraṃ vasati yadgṛhe

45 kalâ kuçalatâ dravyaṃ prajñâ kṣemo yaço mahat
guṇinaḥ paviratnasya vaiçyajâteç ca dhâraṇât

46 paropakâritâ dâkṣyaṃ dhanadhânyasamṛddhayaḥ
guṇayuktasya vajrasya çûdrajâter hi dhâraṇât

47 malo malinatâ khyâtâ dhâraṇâd[1] daṃṣṭriṇo bhayam
koṇe vyâdhibhayaṃ proktaṃ madhye vahnibhayaṃ bhavet

48 doṣeṣu bindur âvarto parivarto yavâkṛtiḥ
caturdhaivaṃ samâkhyâtâ bindavo vajrasaṃçrayâḥ

rekhâ), brisure apparente (*trâsa*), pied-de-corneille (*kâkapada*) : voilà les cinq défauts du diamant, au dire des connaisseurs.

42 Blanc, rouge, jaune, noir : voilà les quatre nuances du diamant. Brahmane, kṣatriya, vaiçya, çûdra : telles sont les castes correspondantes.

43 Tout ce qu'on obtient au moyen des sacrifices, de l'aumône et des austérités, on peut l'obtenir en portant un diamant brahmane qualifié.

44 La victoire, la puissance, la ruine de ses ennemis sont le lot de quiconque a dans sa maison un diamant kṣatriya qualifié.

45 Art, habileté, richesse, sagesse, sécurité, grande gloire : tout cela s'acquiert en portant un diamant vaiçya qualifié.

46 Obligeance, adresse, richesse, grain, prospérité s'obtiennent en portant un diamant çûdra qualifié.

47 L'état d'un diamant taché s'appelle tache (*mala*). La tache des arêtes expose aux morsures des serpents ; celle des angles, à la maladie ; celle du milieu, au feu.

48 Les gouttes (*bindu*) qui affectent le diamant sont de quatre espèces appelées *bindu, âvarta, parivarta, yavâkṛti.*

1. Corr. dhârâsu. Cf. *Agastimata*, 26.

49 rakto tra vartulo bindur âvartaḥ savyavartanaḥ
raktaç ca parivartas tu rakta evâpasavyakaḥ

50 bindur âyur dhanaṃ hanyâd âvarto bhayam âdiçet
parivarte bhaved vyâdhir yave tu phalam ucyate

51 sa ca raktas tathâ pîtaḥ çvetaç ceti tridhâ mataḥ
raktavarṇe yave khyâtaṃ gajâçvânâṃ vinâçanam

52 kulasyânto yave pîte dhanam âyuḥ site bhavet
evaṃ doṣâ guṇâç coktâ yavabindor açeṣataḥ

53 savyavaktrâ çubhâ rekhâ vâmavaktrâ bhayaṃkarî
chedabhrântikarî chedarekhâ[1] çastrabhayapradâ

54 pakṣadvayapradṛçyâ yâ chedagâ sâ prakîrtitâ
rekhâ bandhuvinâçâya jâyate vajrasaṃçritâ

55 aṅkaḥ kâkapadâkâro dṛçyate yaḥ pavau sthitaḥ
sa mṛtyum âdiçaty âçu dhanaṃ vâ sakalaṃ haret

49 Le *bindu* est rouge et rond ; l'*âvarta* est rouge, mais s'enroule en spirale de gauche à droite ; le *parivarta*, rouge également, s'enroule de droite à gauche.

50 Le *bindu* détruit la vie et la fortune ; l'*âvarta* fait naître le danger, le *parivarta*, la maladie. Quant au *yava* (grain d'orge), voici quels en sont les effets.

51 Il peut être de trois sortes : rouge, jaune, blanc. Rouge, il cause la perte des éléphants et des chevaux.

52 Jaune, il amène l'extinction des races. Blanc, il procure la richesse et une longue vie. Nous avons exposé complètement les bons et les mauvais effets du *yava* et du *bindu*.

53 La raie (*rekhâ*) qui regarde à droite est bienfaisante ; à gauche, dangereuse ; la raie qui coupe et donne l'illusion d'une coupure expose aux coups d'épée.

54 La raie visible des deux côtés du diamant est appelée *chedagâ*. Elle cause la perte des parents.

55 Le diamant qui porte un signe ayant la forme d'un pied de corneille est l'avant-coureur d'une mort prompte ou d'une ruine complète.

---

1. Ex corr.— B. T. chedâ°. L. chede°.

56 bhagnâgraṃ bhagnadhâraṃ ca dalahînaṃ ca vartulam
kântihînaṃ ca yad vajraṃ doṣâya na guṇâya tat

57 bhinnabhrântikaras trâsaḥ sa trâsaṃ janayet sphuṭam
evaṃ doṣâ guṇâç coktâ vajrâṇâṃ somabhûbhujâ

iti vajraparîkṣâ

56 Le diamant qui a les pointes ou les arêtes tronquées, les facettes imparfaites, qui est arrondi et sans éclat, ne peut produire que du mal et aucun bien.

57 Le *trâsa* donne l'illusion d'une brisure. Il produit inévitablement l'effroi (*trâsa*). C'est en ces termes que les qualités et les défauts du diamant sont exposés par le roi Soma.

III

58 ibhâhikolamatsyânâṃ çîrṣe muktâphalodbhavaḥ
tvaksâraçuktiçaṅkhânâṃ garbhân muktâphalodgamaḥ

59 dhârâdhareṣu jâyate mauktikaṃ jalabindubhiḥ
durlabhaṃ tan mahâratnaṃ devais tan nîyate mbarât

60 gajâhijaṃ suduṣprâpyaṃ mauktikaṃ tapasâ vinâ
mauktikaṃ çuktijaṃ labhyam âkareṣu kalau nṛbhiḥ

61 kukkuṭâṇḍasamaṃ vṛttaṃ mauktikaṃ niviḍaṃ guru
ghanajaṃ bhânusaṃkâçaṃ devayogyam amânuṣam

62 kâmbojakumbhisaṃbhûtaṃ dhâtrîphalanibhaṃ samam
âtâmrapiñjaracchâyaṃ mauktikaṃ mandadîdhiti

III. *Perle.*

58 La perle naît dans la tête de l'éléphant, du serpent, du sanglier et du poisson; dans la matrice du bambou, de l'huître et de la conque.

59 Dans les nuages, la perle se forme de gouttes d'eau. C'est un joyau des plus rares. Les dieux le retirent pour eux-mêmes de l'atmosphère.

60 La perle de l'éléphant, comme celle du serpent, est très difficile à obtenir sans austérités. Dans cet âge Kali, c'est la perle de l'huître qui est accessible aux hommes dans ses gîtes.

61 Pareille à un œuf de poule, ronde, pleine, lourde, éclatante comme le soleil, la perle du nuage est faite pour les dieux, non pour les hommes.

62 La perle produite par les éléphants du Kamboja est égale en

63 phaṇijaṃ vartulaṃ ramyaṃ nîlacchâyaṃ mahâdyuti
puṇyahînâ na paçyanti vâsukeḥ kulasaṃbhavam

64 kolajaṃ kolasaṃkâçaṃ taddaṃṣṭrasadṛçacchavi
alabhyaṃ manujai ratnaṃ mauktikaṃ puṇyavarjitaiḥ

65 guñjâphalasamasthaulyaṃ timijaṃ mauktikaṃ laghu
pâṭalîpuṣpasaṃkâçaṃ mandajâti[1] suvartulam

66 vaṃçajaṃ çaçisaṃkâçaṃ kaṅkolîphalamâtrakam
prâpyate bahubhiḥ puṇyais tad rakṣyaṃ vedamantrataḥ

67 varṣopalasamadîpti pâñcajanyakulodbhavam
kapotâṇḍapramâṇaṃ tat kântaṃ pâpaharaṃ çubham

68 çuktijanmâmbudher madhye siṃhale câravâṭake
pârasîke barbare ca bhaven muktâphalaṃ çubham

69 svâtyâṃ sthite ravau meghair ye muktâ jalabindavaḥ
te gîrṇâḥ çuktibhir muktâ jâyante nirmalatviṣaḥ

dimension au fruit de la dhâtrî, unie, d'une nuance d'or tirant sur le cuivre, et d'un faible éclat.

63 La perle du serpent est ronde, belle, d'une nuance bleue, d'un grand éclat. Ceux qui sont dépourvus de mérite spirituel ne peuvent apercevoir cette perle issue de la race de Vâsuki.

64 La perle du sanglier (*kola*) a la grosseur d'une baie de kola et l'éclat d'une défense de sanglier. Elle est inaccessible aux hommes dépourvus de mérite spirituel.

65 La perle du poisson est de la grosseur d'une guñjâ, légère, colorée comme une fleur de pâṭalî, d'un faible éclat, parfaitement ronde.

66 La perle du bambou a la teinte d'un rayon de lune et la dimension d'un fruit de kaṅkola. Il faut, pour l'obtenir, de grands mérites spirituels et, pour la garder, les mantras du Veda.

67 Brillante comme la grêle est la perle née dans la lignée de Pâñcajanya. Elle est de la grosseur d'un œuf de pigeon, éclatante, purifiante, salutaire.

68 La perle de l'huître naît au sein de l'Océan. Elle est bonne à Ceylan, à Âravâṭa, en Perse, en Barbara.

69 Lorsque le soleil est dans le signe de Svâtî, les gouttes d'eau

1. Corr. °dyuti.

70 sthûlâ madhyâs tathâ sûkṣmâ bindumânânusârataḥ
bhavanti muktâs tâsâṃ ca mûlyaṃ syân mânarûpataḥ

71 rukmiṇyâkhyâ bhavec chuktis tasyâṃ jâtaṃ pramauktikaṃ
nirmalaṃ kuṅkumacchâyaṃ jâtîphalasamaṃ varaṃ

72 amûlyaṃ tad vinirdiṣṭaṃ ratnalakṣaṇavedibhiḥ
durlabhaṃ nṛpayogyaṃ syâd alpabhâgyair na labhyate

73 susnigdhaṃ madhuracchâyaṃ mauktikaṃ siṃhalodbhavaṃ
âravâṭasamutpannaṃ pîtacchâyaṃ sunirmalam

74 pârasîkodbhavaṃ svacchaṃ sitaṃ muktâphalaṃ çubhaṃ
îṣacchyâmaṃ ca rûkṣaṃ ca mauktikaṃ barbarodbhavam

75 catvâraḥ syur mahâdoṣâḥ ṣaṭkâ madhyâḥ prakîrtitâḥ
evaṃ daça samâkhyâtâs teṣâṃ vakṣyâmi lakṣaṇam

76 yatraikadeçasaṃlagnaḥ çuktikhaṇḍo vibhâvyate
çuktilagnaḥ samâkhyâtaḥ sa doṣaḥ kuṣṭhakârakaḥ

qui tombent des nuages, absorbées par les huîtres, deviennent des perles d'un éclat immaculé.

70 Ces perles sont grosses, moyennes ou petites, suivant la dimension de la goutte. Leur prix dépend de leur volume et de leur forme.

71 Il est une huître appelée *rukmiṇî*. En elle naît la perle par excellence, immaculée, ayant la couleur du safran et la dimension du fruit de la jâtî.

72 Les connaisseurs la déclarent inappréciable. C'est un rare et royal joyau. Les misérables ne sauraient le posséder.

73 Parfaitement lisse et de couleur blonde est la perle de Ceylan. Celle d'Âravâṭa a une nuance jaune et une eau très pure.

74 La perle de Perse, qui est bonne, est transparente et blanche. Celle de Barbara est noirâtre et raboteuse.

75 La perle a dix défauts, quatre grands et six moyens. Je vais les définir.

76 Si la perle présente un fragment d'écaille attaché à quelque endroit de sa surface, on nomme ce défaut *çuktilagna*. Il produit la lèpre.

77 mînalocanasaṃkâço dṛçyate mauktike tu yaḥ
matsyâkṣaḥ sa tu doṣaḥ syât putranâçakaro dhruvam

78 dîptihînaṃ gatacchâyaṃ jaraṭhaṃ tad vidur budhâḥ
dâridryajananaṃ yasmât tasmât tat parivarjayet

79 mauktikaṃ vidrumacchâyam atiraktaṃ vidur budhâḥ
tasmin saṃdhârite mṛtyur jâyate nâtra saṃçayaḥ

80 upary upari tiṣṭhanti valayo yatra mauktike
trivṛttaṃ nâma tat khyâtaṃ durbhagatvavidhâyakam

81 avṛttavalayaṃ yat tu cipiṭaṃ tan nigadyate
mauktikaṃ dhriyate yena tasmât kîrtivivarjitaḥ

82 trikoṇaṃ tryaçram âkhyâtaṃ saubhâgyakṣayakârakam
dîrghaṃ ca yat kṛçaṃ proktaṃ prajñâvidhvaṃsakârakam

83 nirbhagnam ekato yat tu kṛçapârçvaṃ tad ucyate
sadoṣaṃ mauktikaṃ nityaṃ nirudyogakaraṃ hi tat

84 avṛttaṃ sphuṭikopetaṃ khaṇḍasaṃnibharûpitam
aramyaṃ guṇahînaṃ ca svalpamaulyaṃ hi mauktikam

77 Si elle porte un signe semblable à un œil de poisson, c'est le défaut appelé *matsyâkṣa*. Il cause infailliblement la mort des fils.

78 La perle terne et décolorée est qualifiée de *jaraṭha* par les connaisseurs. Elle engendre la pauvreté: qu'on l'évite donc.

79 La perle qui a la couleur du corail est appelée par les connaisseurs *atirakta*. Si on la porte, elle cause la mort: aucun doute là-dessus.

80 Celle qui porte trois bourrelets superposés est dite *trivṛtta*: elle est une cause de malheur.

81 La perle dont le contour n'est pas parfaitement circulaire est dite *cipiṭa*. Celui qui la porte perd sa réputation.

82 La perle triangulaire est dite *tryaçra*: elle détruit le bonheur. Celle qui est allongée se dit *kṛça*: elle fait perdre la raison.

83 Celle qui est comme tranchée d'un côté se nomme *kṛçapârçva*. La perle affectée de ce défaut produit invariablement l'inertie.

84 La perle qui n'est pas ronde, qui porte une cassure, qui est comme faite de morceaux, qui n'a ni beauté ni qualités, est de peu de prix.

85 târakâdyutisaṃkâçaṃ sutâraṃ tan nigadyate
suvṛttaṃ mauktikaṃ yac ca guṇavat tat prakîrtyate

86 svacchaṃ doṣavinirmuktaṃ mauktikaṃ nirmalaṃ matam
gurutvaṃ tolane yasya tad ghanaṃ mauktikaṃ matam

87 çîtâṃçubimbasaṃkâçaṃ mauktikaṃ snigdham ucyate
vṛttaṃ rekhâvihînaṃ yat tat syâd asphuṭikaṃ çubham

88 îdṛksarvaguṇopetaṃ mauktikaṃ yena dhâryate
tasyâyur vardhate lakṣmîḥ sarvapâpaṃ praṇaçyati

89 carturdhâ mauktikacchâyâ pîtâ ca madhurâ sitâ
nîlâ ceti samâkhyâtâ ratnatattvaparîkṣakaiḥ

90 pîtâ lakṣmîpradâ jñeyâ madhurâ buddhivardhinî
çuklâ yaçaskarî châyâ nîlâ saubhâgyanâçinî

91 mañjalî procyate guñjâ tâs tisro rûpakaṃ bhavet
rûpakair daçabhiḥ proktaḥ kalañjo nâma nâmataḥ

92 kâṃsyapâtradvayaṃ vṛttaṃ samânaṃ rûpamânataḥ
catuçchidrasamâyuktaṃ pratyekaṃ rajjuyantritam

85 La perle qui a un reflet d'étoile (*târakâ*) est dite *sutâra;* celle qui est bien ronde, *guṇavat* (qualifiée).

86 La perle transparente et sans défaut se nomme *nirmala;* celle qui pèse d'un grand poids sur la balance, *ghana.*

87 Celle qui ressemble au disque de la lune est dite *snigdha;* celle qui est ronde et sans aucune raie, *asphuṭika.*

88 Une perle pourvue de toutes ces qualités donne à qui la porte de longs jours, la prospérité et la rémission de ses péchés.

89 Les experts distinguent dans les perles quatre nuances : jaune (*pîta*), blonde (*madhura*), blanche (*sita*), bleue (*nîla*).

90 La nuance jaune produit la richesse ; la blonde développe l'intelligence ; la blanche donne la gloire ; la bleue détruit le bonheur.

91 On nomme mañjalî le poids d'une guñjâ ; trois mañjalîs font un rûpaka, et dix rûpakas un kalañja.

92 [La balance comprend] deux plateaux de cuivre, ronds, semblables de forme et de dimension, percés de quatre trous, à chacun desquels est noué un fil ;

93 daṇḍaḥ kâṃsyamayaḥ çlakṣṇo dvâdaçâṅgulasaṃmitaḥ
aṃçadvayasamânaç ca prântayor mudrikâyutaḥ

94 madhye tasya prakartavyaḥ kaṇṭakaḥ kâṃsyanirmitaḥ
pañcâṅgulâyatas tasya mûle chidraṃ prakalpayet

95 niveçyâ chidradeçe ca çalâkâṅgulimâtrakâ
çalâke prântayos tasya kîlayet toraṇâkṛtim

96 toraṇasya çiromadhye kartavyâ laghukuṇḍalî[1]
tatra rajjuṃ nibadhnîyât taṃ dhṛtvâ tolayet sudhîḥ

97 kalañjamânakaṃ dravyam ekadeçe niveçayet
anyato jalabinduṃ ca tolanârdhe[2] vinikṣipet

98 kaṇṭake tu same jâte toraṇasya ca madhyage
tadâ samaṃ vijânîyât tolanaṃ nâma kovidaḥ

99 catvâri trîṇi yugmaṃ vâ tathaikaṃ vâ tulâsthitam
samaṃ kalañjamânena tad uktam uttamaṃ kramât

93 Une barre de cuivre, lisse, mesurant douze pouces, aux deux moitiés exactement symétriques, munie à chaque bout d'un anneau.

94 Au milieu est fixée une aiguille de cuivre longue de cinq pouces. Au pied de l'aiguille est percé un trou.

95 Dans ce trou, on introduit une broche d'un pouce de long, aux deux bouts de laquelle s'ajuste une pièce en forme d'arc.

96 Au milieu de la partie supérieure de cet arc s'adapte un petit anneau attaché à un fil. C'est en tenant ce fil que l'homme intelligent fait la pesée.

97 Qu'il mette d'une part un poids d'un kalañja, et qu'il dépose la perle sur l'autre plateau de la balance.

98 Lorsque l'aiguille est indifférente, juste au milieu de l'arc, l'homme instruit doit savoir que la balance est dite égale.

99 Les perles qui, placées sur la balance au nombre de quatre, trois, deux, une, égalent un kalañja, ont une valeur hors ligne, en proportion [inverse de leur nombre].

---

1. Corr. kartavyaṃ laghu kuṇḍalaṃ.
2. Mss. tolanârdhaṃ.

100 navamât pañcamaṃ yâvat kalañjena samaṃ yadâ
tat kramâd uttamaṃ jñeyaṃ mauktikaṃ ratnakovidaiḥ

101 caturdaçât samârabhya daçasaṃkhyâvadhi kramât
kalañjasya samânatvân mauktikaṃ madhyamaṃ smṛtam

102 ârabhya viṃçatitamât kramât pañcadaçâvadhi
laghvyas tâḥ kathitâ muktâ mûlyaṃ ca tadanukramât

103 ataḥ paraṃ ca sûkṣmâṇi mauktikâni pracakṣyate
tolane krama eṣa syân mûlye câpi nirûpitaḥ

104 sûkṣmâṇâṃ svalpakaṃ mûlyaṃ laghûnâṃ laghu mûlyakam
madhyânâṃ madhyamaṃ mûlyaṃ gurûṇâṃ gurumûlyatâ

105 kalañjadvayamânena yady ekaṃ mauktikaṃ bhavet
na dhâryaṃ naranâthais tad devayogyam anuttamam

106 utpattir âkarâç châyâ guṇadoṣâḥ çubhâçubhâḥ
tolanamaulyavinyâsaḥ kathitaḥ somabhûbhujâ

iti muktâphalaparîkṣaṇam

100 Celles qui, au nombre de neuf à cinq, égalent un kalañja, sont encore, proportion gardée, des perles supérieures (*uttama*), aux yeux des connaisseurs.

101 De quatorze à dix, elles sont moyennes (*madhyama*).

102 De vingt à quinze, elles sont dites légères (*laghu*), et le prix est en proportion.

103 Au-dessus de vingt, elles sont dites petites (*sûkṣma*). Leur poids dans la balance marque la progression de leur valeur.

104 Les petites perles sont de très petit prix, les légères d'un faible prix, les moyennes d'un prix moyen, les lourdes d'un grand prix.

105 Une perle pesant deux kalañjas ne doit pas être portée même par les rois. Elle est pour les dieux, elle est sans égale.

106 Origine, gîtes, nuances, qualités et défauts salutaires et funestes, détermination du poids et du prix, tout cela a été exposé par le roi Soma.

IV

107 sindhau râvaṇagaṅgâyâṃ siṃhale janma kîrtitam
kṣetrâṇi tatra catvâri mâṇikyasya jagur budhâḥ

108 siṃhalaṃ prathamaṃ kṣetraṃ tathâ kâlapuraṃ[1] param
andhraṃ tṛtîyam âdiṣṭaṃ caturthaṃ tumbaraṃ smṛtam

109 siṃhale tu bhaved raktaṃ padmarâgam anuttamam
pîtaṃ kâlapurodbhavaṃ kuruvindam iti smṛtam

110 açokapallavacchâyam andhre saugandhikaṃ viduḥ
tumbare châyayâ nîlaṃ nîlagandhi prakîrtitam

111 uttamaṃ siṃhalodbhûtaṃ nikṛṣṭaṃ tumbarodbhavam
madhyayor madhyamaṃ jñeyaṃ mâṇikyaṃ kṣetrabhedataḥ

IV. *Rubis.*

107 Dans la rivière Râvaṇagaṅgâ, à Ceylan, naquit, dit-on, le rubis (*mâṇikya*). Voici ses quatre gîtes proclamés par les sages.

108 Ceylan est le premier de ces gîtes, Kâlapura le second, Andhra le troisième, et Tumbara le quatrième.

109 A Ceylan, le rubis est rouge : on l'appelle *padmarâga;* il est sans égal. A Kâlapura, il est jaune, et prend le nom de *kuruvinda.*

110 A Andhra, il a la couleur des jeunes pousses de l'açoka, et se nomme *saugandhika.* A Tumbara, il est d'une nuance bleue, et s'appelle *nîlagandhi.*

111 Le rubis de Ceylan est le premier de tous ; celui de Tumbara

1. L. kalaṃpuraṃ. B. T. kâlâpuraṃ.

112 mâṇikyasya samâkhyâtâ aṣṭau doṣâ munîçvaraiḥ
guṇâç catvâra âkhyâtâç châyâḥ ṣoḍaça kîrtitâḥ

113 châyâdvitayasaṃbaddhaṃ dvicchâyaṃ bandhunâçanam
dvirûpaṃ dvipadaṃ tena mâsaikena parâbhavaḥ

114 sabhedaṃ bhinnam ity uktaṃ çastraghâtavidhâyakam
karkaraṃ çarkarâyuktaṃ paçubandhuvinâçakṛt

115 dugdhaliptasamaṃ yat tu laçunapadam ucyate
açobhanaṃ tad uddiṣṭaṃ mâṇikyaṃ maṇikovidaiḥ

116 madhubindusamacchâyaṃ kâmalaṃ parikîrtitam
âyur lakṣmîṃ jayaṃ hanti sadoṣaṃ tan na dhârayet

117 râgahînaṃ jaḍaṃ proktaṃ dhanadhânyâpavâdakṛt
dhûmavarṇasamâkâraṃ mâṇikyaṃ dhûmraṃ ucyate

118 îdṛgdoṣayutâ nindyâ maṇayo mûlyavarjitâḥ
api prâptâ na te dhâryâ gṛhe çobhanam icchatâ

est au dernier rang ; les deux autres sont de valeur moyenne, selon la distinction des gisements.

112 Huit défauts, quatre qualités et seize nuances sont attribués au rubis par les maîtres des Munis.

113 Un rubis de deux couleurs est dit *dvicchâya :* il cause la perte des proches. Un rubis de deux formes (*dvirûpa*) est dit *dvipada ;* c'est la mort dans l'espace d'un mois.

114 Celui qui a une fente est dit *bhinna :* il expose aux coups d'épée ; *karkara* désigne le rubis semé de grains de sable : il cause la perte des parents et du bétail.

115 Celui qui est comme oint de lait est appelé *laçunapada :* il est malfaisant, au dire des connaisseurs.

116 Celui que sa couleur fait ressembler à une goutte de miel est dit *kâmala :* il détruit la vie, la prospérité, la victoire. Qu'on ne porte pas un rubis avec ce défaut.

117 Le rubis décoloré est appelé *jaḍa :* il enlève richesse et grain. Le rubis couleur de fumée est dit *dhûmra.*

118 Les gemmes affectées de tels défauts sont méprisables et sans valeur ; et quand bien même on les aurait reçues, on ne doit point les porter, si on veut conserver le bonheur dans sa maison.

119 mâṇikyasya guṇâḥ proktâç catvâro munipuṃgavâḥ
snigdhacchâyâ gurutvaṃ ca nairmalyam atiraktatâ

120 sarvalakṣaṇasaṃpûrṇe padmarâge gṛhe sthite
açvamedhaphalaṃ tasya vittam âyur jayo bhavet

121 châyâ syât padmarâgasya raktakokanadaprabhâ
khadyotâgnisamâsannâ kokilanetrasaṃnibhâ[1]

122 sârasâkṣicakorâkṣisaṃnibhaivaṃ[2] ca saptadhâ
etâḥ phalaçubhâç châyâḥ siṃhalotthamahâmaṇeḥ

123 sindûrarodhrapuṣpâbhaṃ guñjâkiṃçukasaṃnibham
châyâs tâḥ kuruvindasya catasraḥ parikîrtitâḥ

124 acchalâkṣârasacchâyâ kuṅkumodakasaṃnibhâ
îṣadraktâ bhavec châyâ saugandhikamaṇer iyam

125 nîlotpaladalaprakhyâ lohâgnitviṭsamaprabhâ
nîlagandhimaṇeḥ prokte châye dve ratnakovidaiḥ

iti padmarâgaparîkṣâ

119 On nomme quatre qualités du rubis, ô Taureaux des Munis : couleur grasse, pesanteur, pureté, roûgeur intense.

120 Celui qui a dans sa maison un padmarâga portant toutes les marques requises, en tire le fruit d'un açvamedha, la richesse, une longue vie, la victoire.

121 Le padmarâga a les nuances suivantes : sang, — fleur de lotus rouge, — khadyota, — feu, — œil de kokila,

122 œil de sârasa, — œil de cakora. Telles sont les sept nuances bienfaisantes de la noble gemme singhalaise.

123 Le kuruvinda a quatre nuances rappelant le vermillon, la fleur de rodhra, la guñjâ, et la fleur de kiṃçuka.

124 Le saugandhika a une couleur d'un rouge clair, comme le suc limpide de la laque ou l'eau colorée par le safran.

125 La couleur des pétales du lotus bleu et l'éclat du fer rouge : telles sont les deux nuances que les connaisseurs attribuent au nîlagandhi.

---

1. 121 c-d, 122 et 123 a-b mqq. dans B. T.
2. Ms. *cakorasya*.

V

126 indranîlasya saṃbhûtiḥ siṃhaladvîpamadhyataḥ
nadyâ râvaṇagaṅgâyâḥ kûle padmâkarâkule[1]

127 sitacchâyo bhavet vipras tâmraḥ kṣatriyajâtikaḥ
pîtas tu vaiçyajâtîyo vṛṣalaḥ kṛṣṇadîdhitiḥ

128 doṣâṃs tasya pravakṣyâmi nâmabhir lakṣaṇaiç ca ṣaṭ
guṇâṃç ca kathayiṣyâmi pañcadhâṣṭavidhâṃ chavim

129 abhravat paṭalaṃ yasya tad abhrakam iti smṛtam
dhâraṇe tasya saṃpattir âyuç caiva vinaçyati

130 çarkarâmiçritaṃ yat tu tad vijñeyaṃ saçarkaram
tasmin dhṛte daridratvaṃ deçatyâgaç ca jâyate

V. *Saphir*.

126 L'origine du saphir est au centre de l'île de Ceylan, sur les rives fleuries de lotus de la Râvaṇagaṅgâ.

127 Le brahmane est blanc, le kṣatriya cuivré, le vaiçya jaune et le çûdra noir.

128 Je vais nommer et définir les six défauts du saphir. J'énumérerai ensuite ses cinq qualités et ses huit nuances.

129 Celui dont la surface a un nuage est dit *abhraka*. Qui le porte perd le bonheur et abrège sa vie.

130 Celui qui est mêlé de sable est appelé *saçarkara*. Si on le porte, il amène la misère et l'exil.

---

1. Ex corr.: L. padmâkare smṛtaḥ. T. padmâṃkureṃkurau (*sic*). B. padmâkare kuro.

131 bhedasaṃçayakṛt trâsas tena daṃṣṭribhayaṃ bhavet
bhinnaṃ bhinnam iti khyâtaṃ bhâryâputravinâçanam

132 mṛttikâ yasya garbhasthá dṛçyate ratnakovidaiḥ
mṛttikâgarbhakaṃ nâma tvagdoṣajananaṃ bhavet

133 dṛṣat pralakṣyate yasya garbhe nîlasya kovidaiḥ
açmagarbhaṃ tad âkhyâtaṃ taddhartâ paribhûyate

134 gurutvaṃ snigdhakântitvaṃ suraṅgaḥ pârçvarañjanam
tṛṇagrâhitvaṃ ity ete guṇâḥ pañca prakîrtitâḥ

135 nîlîrasasamâ bhâsâ vaiṣṇavîpuṣpasaṃnibhâ
lavalîpuṣpasaṃkâçâ nîlendîvarasaṃnibhâ

136 atasîpuṣpasaṃkâçâ câṣapakṣasamadyutiḥ
kṛṣṇâdrikarṇikâpuṣpasamânadyutidhâriṇî

137 mayûrakaṇṭhasacchâyâ çambhoḥ kaṇṭhanibhâ tathâ
viṣṇudehasamâ bhâsâ bhṛṅgapakṣasamaprabhâ

138 doṣais tyakto guṇair yukta indranîlamahâmaṇiḥ
yasya haste bhavet tasya vittam âyur balaṃ yaçaḥ

139 kṣîramadhye kṣipen nîlaṃ dugdhaṃ cen nîlatâṃ vrajet
indranîlaḥ sa vijñeyo ravinandanavallabhaḥ

131 Celui qui produit l'illusion d'une brisure est nommé *trâsa :* il expose aux morsures des bêtes féroces. Celui qui est fendu est appelé *bhinna:* il fait mourir femmes et enfants.

132 Celui à l'intérieur duquel les connaisseurs voient de l'argile est dit *mṛttikâgarbhaka :* il engendre des maladies de la peau.

133 Celui à l'intérieur duquel les connaisseurs remarquent de la pierre est appelé *açmagarbha:* celui qui le porte est en butte aux humiliations.

134 Poids, éclat gras, belle couleur, rayonnement, faculté d'attirer les brins de paille, voilà les cinq qualités du saphir.

135 [Le saphir a les nuances suivantes] : indigo liquide; fleur de vaiṣṇavî, de lavalî, de lotus bleu ;

136 fleur d'atasî ; aile de geai ; fleur d'adrikarṇikâ noire ;

137 gorge de paon; gorge de Çiva; corps de Viṣṇu ; aile d'abeille.

138 Exempt de défauts, doué de qualités, le saphir, noble gemme, donne à qui le porte au doigt richesse, longue vie, force, gloire.

139 Jetez un saphir dans du lait : si le lait se colore en bleu

140 indranîle dhṛte sûriḥ prasannaḥ satataṃ bhavet
âyuç ca mahatîṃ lakṣmîm ârogyaṃ ca prayacchati

iti indranîlaparîkṣâ

foncé, on doit reconnaître dans ce saphir un *indranîla,* joyau favori du fils du Soleil (Saturne).

140 L'homme qui porte un saphir est toujours intelligent et pur; il obtient de longs jours, une grande fortune et la santé.

VI

141 turuṣkaviṣayâmbodheḥ samîpe viṣamasthale
bhaven marakataṃ ratnaṃ guṇo doṣo sya kathyate

142 doṣâḥ sapta bhavanty asya guṇâḥ pañcavidhâḥ smṛtâḥ
bhaved aṣṭavidhâ châyâ maṇer marakatasya hi

143 asnigdhaṃ rûkṣam ity uktaṃ vyâdhis tasmin dhṛte bhavet
visphoṭaṃ syât sapiṭakaṃ tatra çastrahatir dhruvam

144 sapâṣâṇe bhaved bandhunâço marakate dhṛte
vicchâyaṃ malinaṃ prâhur bâdhiryaṃ tena jâyate

145 karkaraṃ çarkarâyuktaṃ putraçokabhayapradam
jaraṭhaṃ kântihînaṃ syâd daṃṣṭrivahnibhayaṃ bhavet

VI. *Émeraude.*

141 Dans une contrée accidentée, près de la mer qui baigne le pays des Turuṣkas, se trouve l'émeraude. J'en dirai les qualités et les défauts.

142 L'émeraude a sept défauts, cinq qualités et huit nuances.

143 L'émeraude qui n'est pas lisse est appelée *rûkṣa :* si on la porte, on tombe malade. Celle qui est bosselée est dite *visphoṭa ;* avec elle, la mort par l'épée est certaine.

144 L'émeraude pierreuse (*sapâṣâṇa*) entraîne, si on la porte, la mort des parents. L'émeraude tachée est nommée *vicchâya :* elle engendre la surdité.

145 Celle qui est parsemée de grains de sable est dite *karkara :* on risque par elle de perdre ses fils. Celle qui est sans éclat est dite *jaraṭha :* elle fait naître le danger des bêtes féroces et du feu.

146 kalmâṣaṃ varṇaçabalaṃ dhṛte mṛtyubhayaṃ bhavet
iti doṣâḥ samâkhyâtâ varṇyante sâṃprataṃ guṇâḥ

147 nirmalaṃ kathitaṃ svaccham guru syâd gurutâyutam
·snigdhaṃ raukṣyavinirmuktam arajaskam areṇukam[1]

148 surâgaṃ râgabahulam iti pañca guṇâḥ smṛtâḥ
etair yuktaṃ marakataṃ sarvapâpabhayâpaham

149 barhipicchasamâ bhâsâ câṣapakṣasamâparâ
haritkâcanibhâ[2] cânyâ tathâ çaivâlasaṃnibhâ

150 khadyotapṛṣṭhasaṃkâçâ bâlakîragarutsamâ
navaçâdvalasacchâyâ çirîṣakusumopamâ

151 evam aṣṭau samâkhyâtâç châyâ marakatâçrayâḥ
châyâbhir yuktam etâbhiḥ çreṣṭhaṃ marakataṃ smṛtam

152 çaivâlavallarîcchâyaṃ suraṅgaṃ trâsavarjitam
anarghyaṃ tan marakataṃ prâhuḥ sarvaviṣâpaham

iti marakataparîkṣâ

146 Celle qui est bariolée est appelée *kalmâṣa :* en la portant, on s'expose à la mort. Nous avons expliqué les défauts, nous allons maintenant caractériser les qualités.

147 L'émeraude est dite *nirmala,* quand elle est transparente; *guru,* lorsqu'elle est douée de pesanteur; *snigdha,* lorsqu'elle est sans aucune rugosité; *arajaska,* lorsqu'elle est sans poussière;

148 *surâga,* lorsqu'elle a une couleur intense. Telles sont les cinq qualités de l'émeraude. Celle qui en est douée écarte tous les maux.

149 Parmi les émeraudes, les unes ont la couleur des plumes de la queue du paon; d'autres ressemblent à l'aile du geai, au verre vert, à la mousse d'eau,

150 au dos du khadyota, à l'aile du jeune perroquet, à l'herbe nouvelle, à la fleur de çirîṣa.

151 Telles sont les huit nuances que peut revêtir l'émeraude. Celle qui a l'une de ces nuances est déclarée excellente.

152 Une émeraude couleur de mousse d'eau ou de vallarî, bien colorée et sans brisure (*trâsa*), est inestimable : elle préserve, dit-on, de tous les poisons.

1. Les pàdas c-d de 147 manquent dans L.
2. L. hari°. B. hahi°. T. ahi°.

VII

153 himâlaye siṃhale ca vindhye tâpîtaṭe tathâ
sphaṭikaṃ jâyate ratnaṃ nânârûpaṃ manoharam

154 himâdrau candrasaṃkâçaṃ svacchaṃ kântiyutaṃ bhavet
sûryakânti ca tatraikaṃ candrakânti tathâparam

155 sûryâṃçusparçamâtreṇa vahniṃ vamati tatkṣaṇât
sûryakânti tad âkhyâtaṃ sphaṭikaṃ ratnakovidaiḥ

156 pûrṇendukarasaṃsparçâd amṛtaṃ kṣarati kṣaṇât
candrakânti tad âkhyâtaṃ durlabhaṃ syât kalau yuge

157 açokapallavacchâyaṃ dâḍimîbîjasaṃnibham
vindhye tâpîtaṭoddeçe jâyate mandakântidam

VII. *Cristal de roche.*

153 Dans l'Himalaya, à Ceylan, dans le Vindhya, sur les bords de la Tapti, se trouve le cristal de roche multiforme, délicieux.

154 Dans l'Himalaya se trouve un cristal comparable à la clarté de la lune, transparent, éclatant; une espèce est appelée *sùrya-kànti* (qui a l'éclat du soleil), l'autre *candrakânti* (qui a l'éclat de la lune).

155 Celui qui, effleuré d'un rayon de soleil, jette des feux à l'instant même, est appelé *sùryakânti* par les connaisseurs.

156 Celui qui, au contact des rayons de la pleine lune, verse des flots d'amṛta, est appelé *candrakànti:* il est rare dans cet âge Kali.

157 Dans le Vindhya, sur les bords de la Tapti, naît un cristal

158 siṃhale jâyate kṛṣṇam âkare nîlagandhike
padmarâgabhavasthâne vividhaṃ sphaṭikaṃ bhavet

iti sphaṭikaparîkṣâ

de roche d'un faible éclat, ayant la couleur des jeunes pousses de l'açoka ou de la pulpe des grenades.

158 A Ceylan, dans le gîte du rubis *nîlagandhi*, le cristal est noir; dans l'aire du rubis *padmarâga*, il a les couleurs les plus variées.

VIII

159 îṣatpîtaṃ pavicchâyaṃ svacchaṃ kântyâ manoharam
puṣyarâgam iti khyâtaṃ ratnaṃ ratnaparîkṣakaiḥ

iti puṣyarâgaparîkṣâ

VIII. *Topaze.*

159 Jaunâtre, ayant le reflet du diamant, limpide, d'un éclat ravissant : telle est la gemme que les connaisseurs nomment *puṣya-râga* (topaze).

IX

160 sitâbhradhûmrasaṃkâçam îṣatkṛṣṇasitaṃ tu yat
vaiḍûryaṃ nâma tat proktaṃ ratnavarṇaparîkṣakaiḥ

[iti vaiḍûryaparîkṣâ]

IX. *Œil-de-Chat.*

160 Celle qui a l'aspect vaporeux d'un nuage blanc, dont la couleur tire sur le blanc et sur le noir, est appelée *vaiḍûrya* (œil-de-chat) par les connaisseurs.

X

161 madhubindusamaṃ câpi gomûtrâjyasamaprabham
gomedakaṃ tad âkhyâtaṃ ratnaṃ somamahîbhujâ

iti gomedaparîksâ

X. *Hyacinthe.*

161 La pierre qui ressemble à une goutte de miel, qui a la couleur de l'urine de vache ou du beurre fondu, est appelée *gomedaka* (hyacinthe) par le roi Soma.

XI

162 saritâṃ patimadhye tu jâyate vallarî tu yâ
vidrumâkhyâ suraktâ sâ durlabhâ ratnarûpiṇî

163 pâṣâṇatvaṃ bhajaty eṣâ prayatnât kvathitâ satî
pravâlaṃ nâma tad raktaṃ varṇâḍhyaṃ mandakântikam

164 padmarâgasya nîlasya ye doṣâḥ parikîrtitâḥ
tair eva dûṣitaṃ ratnaṃ saṃtyâjyaṃ sphaṭikaṃ nṛpaiḥ

165 gauravaṃ svacchatâ kântiḥ kâṭhinyaṃ ratnajá guṇâḥ
vihâya vajraṃ nânyeṣu lâghavaṃ çobhanaṃ bhavet

XI. *Corail.*

162 Dans l'Océan naît une plante sarmenteuse appelée *vidruma*, d'un beau rouge, rare, formée en pierre précieuse.

163 Elle a la consistance d'une pierre : en la soumettant à une forte cuisson, on obtient ce corail d'un rouge intense, mais d'un faible éclat, qu'on nomme *pravâla*.

164 Les défauts que nous avons énumérés, en parlant du rubis et du saphir, doivent faire rejeter le cristal de roche qui en est atteint.

165 Lourdeur, transparence, éclat, dureté : telles sont les qualités essentielles des gemmes. La légèreté n'est un mérite dans aucune d'elles, le diamant excepté.

XII

166 ratnânâṃ rûpasâmyaṃ tu dhûrtâḥ kurvanti yuktitaḥ
teṣâṃ parîkṣâṃ vakṣyâmi ratnâratnavicârinîm

167 vajreṇa vedhayed vajraṃ kṛtrimaṃ ced vibhajyate
kṛtrimaṃ mauktikaṃ naçyet kṣâlitaṃ lâvaṇâmbhasâ

168 mâṇikyâdîni ratnâni gharṣaṇât kvathanâd api
çodhayed ratnavit prâjñaḥ kṛtrimaṃ çuddham eva ca

169 tyajati kvathitaṃ râgaṃ kṛtrimaṃ tad udîritam
mârdavaṃ dṛçyate pṛṣṭhe jñeyaṃ tat kṛtrimaṃ budhaiḥ

XII. *Manière de reconnaître les pierres fausses.*

166 Il y a des trompeurs qui font d'habiles imitations des gemmes. Je vais dire par quelles épreuves on reconnaît une vraie et une fausse gemme.

167 S'il s'agit d'un diamant, qu'on essaye de le percer avec un diamant; faux, il s'entame. — La perle fausse se dissout par des lavages d'eau salée.

168 Pour le rubis et les autres gemmes, que l'homme instruit dans la science des pierres les éprouve vraies ou fausses par le frottement et la cuisson.

169 La pierre qui perd sa couleur à l'ébullition est reconnue fausse. De même celle dont la surface se montre tendre [au frottement] est proclamée fausse par les sages.

170 evaṃ vicârya ratnâni koçe saṃcinuyân nṛpaḥ
âyur lakṣmîṃ jayaṃ kîrtiṃ prayacchanti manîṣiṇaḥ[1]

171 mâṇikyaṃ vajraṃ vaiḍûryaṃ gomedaṃ pusyarâgakam
nîlaṃ muktâ pravâlaṃ ca ratnaṃ marakataṃ nava

170 Après avoir ainsi vérifié les joyaux, que le roi les accumule dans son trésor : ils donnent à l'homme intelligent de longs jours, le bonheur, la victoire, la gloire.

171 Rubis, diamant, œil-de-chat, hyacinthe, topaze, saphir, perle, corail, émeraude : voilà les neuf gemmes.

---

1. Ici finit le ms. L.

XIII

mudrâprakâraḥ

172 madhye bhânuḥ sumâṇikyaṃ pûrve vajraṃ ca bhârgavaḥ
candro muktânaladiçi kujo yâmye pravâlakam

173 nairṛte râhugomedaṃ paçcime çaninîlakam
vâyavye guruḥ puṣyâkhyaṃ vaiḍûryaṃ ketur uttare
îçânye jño marakatam evaṃ syâd grahamudrikâ

XIII. *Manière de tracer le dessin magique.*

172-173	Au milieu,	le Soleil,	— le Rubis.
	A l'est,	Vénus,	— le Diamant.
	Au sud-est,	la Lune,	— la Perle.
	Au midi,	Mars,	— le Corail.
	Au sud-ouest,	Râhu,	— l'Hyacinthe.
	A l'ouest,	Saturne,	— le Saphir.
	Au nord-ouest,	Jupiter,	— la Topaze.
	Au nord,	le nœud descendant,	— l'Œil-de-chat.
	Au nord-est,	Mercure,	— l'Émeraude.

Tel est le dessin magique des planètes.

XIV

atha kṛtrimaratnaprakâraḥ

174 dagdhaçaṅkhaṃ sasindûraṃ samâṃçaṃ cûrṇayet tataḥ
kṣîraiḥ sadyaḥ prasûtâyâ iḍâyâ mârdayed dṛḍham

175 pûrayet taṃ tṛṇaprotaṃ nâle vaṃçâdisaṃbhave
supakve cânnabhâṇḍe tu yavâgûsahite kṣipet

176 âcchâdya paçcân mandâgnau ghaṭe tailaṃ samutkṣipet
pravâlaṃ nâlikâgarbhe jâyate padmarâgavat

177 pâcitaṃ[1] nikaṣâ kvâṭhe dviyâmaṃ mandavahninâ
snigdhâṃ supuṭakopetâṃ kântiṃ yâti pravâlakam

XIV. *Manière de fabriquer des pierres précieuses.*

CORAIL

174 Mêlez en égale proportion du coquillage calciné et du vermillon. Pulvérisez, et pétrissez avec le lait d'une vache qui vient de mettre bas.

175 Enveloppez cette pâte de brins d'herbes et remplissez-en une tige creuse de bambou ou autre. Mettez-la dans un pot de terre bien cuite, avec de la bouillie de riz.

176 Recouvrez ensuite le pot et placez-le sur un feu doux. Versez-y de l'huile de sésame. Il se forme à l'intérieur du bambou un corail semblable au rubis.

177 Cuit dans cette décoction durant deux veilles (six heures), sur un feu doux, le corail en sort lisse, brillant, strié.

---

1. Mss. pâcitâ.

athendranîlaḥ

178 nîlicûrṇaṃ palaikaṃ[1] tu pûrvaṃ[2] kûpyâṃ tu yad dravyam
tad dravyaṃ dvipalaṃ cûrṇe kṣiptvâ sarvaṃ vilodayet

179 siktvâ varṣopalatvena pûrvavahninâ pâcayet
indranîlâni tâny eva jâyante nâtra saṃçayaḥ

atha marakatam

180 mañjiṣṭhaṃ tâlakaṃ nîlîṃ samacûrṇaṃ prakalpayet
kâcakûpyâṃ sthitaṃ dravye sarvam eva tu loḍayet

181 varṣopalâny anenaiva siktvâ paçcâc ca vahninâ
sarve marakatâs tena samîcînâ bhavanti hi

atha padmarâgaḥ

182 dagdhaçaṅkhaṃ sadaradaṃ samacûrṇaṃ prakalpayet
kâcakûpyâṃ sthitaṃ dravye sarvam eva tu loḍayet

SAPHIR

178 Mettez dans un flacon un pala de poudre d'indigo et versez dans cette poudre deux palas, de la substance décrite plus haut. Agitez le tout.

179 Versez ce mélange grain à grain, et faites-le cuire sur le feu, comme il est dit plus haut. Il forme des saphirs : aucun doute là-dessus.

ÉMERAUDE

180 Mêlez en portions égales de la poudre de garance, d'orpiment et d'indigo. Agitez le tout dans un flacon de verre, de manière à en faire une seule substance.

181 Versez grain à grain, et mettez ensuite au feu. Tous ces grains deviennent des émeraudes parfaites.

RUBIS

182 Mêlez en égale proportion du coquillage calciné et du ver-

1. Mss. palekaṃ.
2. Mss. pûrva.

183 varṣopalâny anenaiva siktvâ paççâc ca vahninâ
padmarâgâ bhavanty ete samîcînâ na saṃçayaḥ

iti nârâyaṇapaṇḍitaviracitasmṛtisâroddhâre navaratnaparîkṣâ-caturdaçaprakaraṇaṃ samâptam[1]

millon, tous deux en poudre. Agitez le tout dans un flacon de verre, de manière à en faire une seule substance.

183 Versez grain à grain, et mettez ensuite au feu. Tous ces grains deviennent des rubis parfaits : aucun doute là-dessus.

Fin de la *Navaratnaparîkṣâ* en quatorze chapitres, faisant partie du *Smṛtisâroddhâra* de Nârâyaṇapaṇḍita

---

1. Colophon du ms. B. — T. n'en a aucun. L. finit après la st. 170 par ces seuls mots : « iti ratnaparîkṣâ samâptâ. »

AGASTÎYÂ

RATNAPARÎKṢÂ

(Ms. du Deccan College, Pûna. Papier. Devanâgarî. 4 ff. de 13 ll. S. d. Très incorrect.)

I

Çrîgaṇeçâya namaḥ

1 pañca ratnâni mukhyâni coparatnacatuṣṭayam
likhyante câtra saṃbhidya yathâmaulyaṃ yathâguṇam

2 vajraṃ ca mauktikaṃ caiva mâṇikyaṃ nîlam eva ca
maṇir marakataç caiva mahâratnâni pañcadhâ

3 uparatnâni catvâri kathayâmi çṛṇuta tat
gomedaṃ puṣyarâgaṃ ca vaiḍûryaṃ ca pravâlakam

4 vajraṃ ca mauktikaṃ çvetaṃ mâṇikyaṃ lohitaṃ viduḥ
nîlaṃ nîlaṃ samâkhyâtaṃ marakataṃ haritaṃ hitam

5 çvetaṃ pîtaṃ ca gomedaṃ puṣyarâgaṃ ca piñjaram
pravâlaṃ lohitaṃ proktaṃ vaiḍûryaṃ haritapâṇḍuram

6 koçale ca kaliṅge ca magadhe ca himâlaye
pauṇḍrâkare ca saurâṣṭre vajrasyotpattibhûmayaḥ

---

1. Cf. Agastimata, app. 1. — *c*). Corrigé. Ms. likhyate... sebhedya.
2. Cf. A. M., app. 2.
3. Cf. A. M., app. 3.
4. Cf. A. M., app. 13.
5. Cf. A. M., app. 14.
6. *c-d*). pâdaskare ca saudâṣṭre vajrasyotpattir bhûmaya.

7 ratnânâm uttamaṃ vajraṃ yo bibharti narottamaḥ
uttamaṃ sarvasattvânâṃ yathâ çakras tathaiva saḥ

8 abhedyaṃ ca tathâdâhyam açoṣyâkledyam eva ca
yathaivâtmâ tathâ vajraṃ tasmân maulyaṃ samarpayet

9 pañca doṣâ guṇâḥ sapta kîrtitâ ratnakovidaiḥ
uttamâdhamamadhyânâṃ maulyaṃ dvâdaçakaṃ tathâ

10 malaṃ bindur yavo rekhâ veṣagyam kâkapâdavat
doṣâḥ pañca parityajyâ nânâduḥkhaphalapradâḥ

11 tuṅgaṃ vajraṃ praçaṃsanti ṣaṭkoṇaṃ laghu bhâskaram
sutîkṣṇadhâram aṣṭâçraṃ sarvato raçmicikkaṇam

12 akâlamṛtyusarpâgniçatruvyâdhibhayâni ca
dûrât tasya praṇaçyanti vajraṃ yasya gṛhe bhavet

13 nirdoṣe yavamâtre tu sarvataḥ kântisaṃghṛte
pañcâçad bhavati maulyaṃ ratnaçâstre hy udâhṛtam

14 piṇḍato dviguṇasthaulyaṃ taulyaṃ caiva yadâ bhavet
caturguṇaṃ bhaven mûlyaṃ triguṇe tv aṣṭamaṃ yathâ

15 çveto raktas tathâ pîtaḥ kṛṣṇaç ca kuliço bhavet
brâhmaṇâdikrameṇaiva jâtibhedas tu kalpitaḥ

16 uttamaṃ brâhmaṇe maulyaṃ madhyamaṃ kṣatriye tathâ
sâmânyaṃ vaiçyavarṇe ca adhamaṃ çûdrajanmani

17 yan maulyaṃ brâhmaṇe proktaṃ pâdonaṃ kṣatriye smṛtam
anenaiva krameṇaiva hîyate ca yathâkramam

18 vajraṃ ca trividhaṃ proktaṃ naro narî napuṃsakam
aṣṭâçraṃ câṣṭaphalakaṃ ṣaṭkoṇaṃ caiva bhâskaram

19 arbudendradhanur vâritaraṃ puṃvajram ucyate
tad eva cet pîtâkâraṃ strîvajraṃ vartulâya ca

---

7. *d*). tâṇṭhivasaḥ.
8. *c-d*). yathivâtmâ... tasmât maulyaṃ samarppayat.
9. *c*). uttamâdhamavidhyânâṃ.
10. *a*). jalaṃ. — *b*). Corr. vaiṣamyaṃ? — *d*). vânâduḥkha°.
12. Cf. A. M. 22.
13. *a-b*). nidoṣe .. sarpataḥ. — *c*) corrigé d'après A. M. 45.— Ms. pañcacâ — paṃçatam maulyaṃ.
14. *a-b*). sthaulyaṃ sthaulyaṃ.
15. *a-b*). sveṭa raktas tâ pîtaḥ kṛṣno ba.
18. *d*). bhâsvaram.

20 vartulaṃ kuṇṭhakoṇâçraṃ kiṃcid uru napuṃsakam
stripuṃnapuṃsakaṃ vajraṃ yojyaṃ puṃstrînapuṃsakaiḥ

21 tyâjyaṃ syân naiva phaladaṃ puṃvajreṇa vinâ kvacit
brahmakṣatriyaviṭçûdrasvasvavarṇaphalapradam

22 kṛtrimatvaṃ yathâ vajre kathyate sûribhiḥ kvacit
kṣârâmlair lepayed vajraṃ gharme ca pariçodhayet
kṛtrimaṃ yâti vaivarṇyaṃ sahajaṃ câtidîpyate

23 varṇapiṇḍagurutvâni tuṭivṛddhikrameṇa tu
sarvatra vardhate maulyaṃ guṇadoṣasvabhâvataḥ

24 mâhendro yaṃ maṇir dhâryo dhanadhânyasamṛddhidaḥ
putradaḥ pâvanaḥ pûjyaḥ çatrughnaḥ samarâbhayaḥ

25 gurviṇîbhir na dhartavyo yuvatîbhir ayaṃ maṇiḥ
jaṭhare vajrasaṃsargâd garbhâçravo bhaviṣyati

iti vajraguṇâḥ atha muktâguṇâḥ

---

20. *a*). kuṇḍa. — *d*). puṃsakam.
21. *a*). tyâjyâ syân naiba phalabaudaṃ.
22. *b*). saribhiḥ.
24. *a*). mâhedro.
25. *a*). gurviṇiti na dhartayo.
25. *c*). javare.

II

26 jîmûtakarimatsyâhivaṃçaçaṅkhavarâhajâḥ
çuktyudbhavâç ca vijñeyaç câṣṭau mauktikajâtayaḥ

27 jîmûte çucirûpaṃ syât kare pâṭalabhâsuram —

. . . .

28 hariçvetaṃ tathâ vaṃçe pîtaçvetaṃ ca çûkare
çaṅkhaçuktyudbhavaṃ çvetaṃ muktâratnam anukramam

29 râgas trâsaç ca binduç ca rekhâ ca jalagarbhatâ
sarvaratneṣv amî pañca doṣâḥ sâdhâraṇâ matâḥ
kṣetratoyabhavâ doṣâ ratneṣu na laganti te

30 hari çvetaṃ laghu snigdhaṃ raçmivan nirmalaṃ mahat
khyâtaṃ toyaprabhaṃ vṛttaṃ mauktikaṃ navadhâ çubham

31 sûkṣmâṅgaṃ nirmalaçyâmaṃ tâmrâbhaṃ lavaṇopamam
ardham... ca vikaṭaṃ granthikaṃ mauktikaṃ tyajet

32 yâvan mûlyaṃ sitasyâtra muktâratnasya kîrtitam
caturthâṃçavihînaṃ ca kartavyaṃ ratnake maṇau

33 badarîphalamâtraṃ tu uditârkasamaprabham
tad ratnaṃ liktada (?) proktaṃ bhuktimuktiphalapradam

34 sacchidraṃ karkaçaṃ kṣaudraṃ raktâbhaṃ ca sabindukam
malinaṃ niṣprabhaṃ citraṃ bhagnaṃ tu mauktikaṃ tyajet

35 svacchâbhaṃ ca suvṛttaṃ ca guru snigdhaṃ ca nirmalam
tuṅgam indusamâbhâsaṃ muktâratnam amaulyakam

---

26. Cf. A. M. 83.
27. *a*). jîmûtaṃ.
28. *a*). haritaṃ çvetaṃ... vaṃço.
29. *a*). gâras. (Cf. A. M., 157).
30. *b*). raçmayaḥ.
32. *c*). caturthaṃçi.
34. *a*). acchidraṃ.

36 çvetavarṇo bhaved vipraḥ kṣatriyaç cârkasaṃnibhaḥ
pîtacchâyo bhaved vaiçyaḥ çûdrarucir bhavet . . .

37 râjyasampatsutân saukhyaṃ gajavâjipuraḥsaram
prâpnoty eva sajâtiḥ syâd gṛhe nirdoṣaçaṅkhajam

38 suvṛttaṃ suprabhaṃ çvetaṃ guñjâmâtram anardhi ca
pañcaviṃçati maulyaṃ ca ratnaçâstre hy udâhṛtam

39 yathâ ca vardhate muktâ tathâ maulyaṃ ca vardhate
kṣîyate ca yathâ muktâ tathâ maulyaṃ hi hîyate

40 guñjânâṃ catuḥṣaṣṭyâ bhâreṇa ca mitaṃ ca tat
uttamaṃ mauktikaṃ tamru (?) koṭimûlyasya bhâjanam

41 mauktike yadi saṃdehaḥ kṛtrime sahaje pi vâ
parîkṣâ tatra kartavyâ ratnaçâstraviçâradaiḥ

42 svedayed agninâ vâpi çvetavastreṇa veṣṭayet
haste mauktikam âdâya çâlituṣyeṇa mardayet
kṛtrimaṃ bhaṅgam âyâti sahajaṃ câtidîpyate

iti muktâ | atha mâṇikyam

---

37. *b*). râjavâji.
41. Cf. A. M. 166.

III

43 siṃhale ca suvele ca malaye gandhamâdane
samudrasyântare kacche mâṇikyotpattibhûmayaḥ

44 ûrdhvavartir adhovartiḥ pârçvavartiç ca yo maṇiḥ
piṇḍagauravabhedâc ca uttamâdhamamadhyamaḥ

45 mâṇikyaṃ padmarâgâkhyaṃ dvitîyaṃ nîlagandhaṃ ca
. . . .

46 kuçeçayadalacchâyaṃ svacchaṃ snigdhaṃ guru sphuṭam
vṛttâyataṃ samaṃ gâtraṃ mâṇikyaṃ çreṣṭham ucyate

47 padmarâgo bhaved vipraḥ kuruvindas tu kṣatriyaḥ
çyâmagandhi bhaved vaiçyaṃ mâṃsakhaṇḍo ntyajaḥ smṛtaḥ

48 çoṇaṃ padmam ivâkâraṃ khadirâgârasuprabham
pikanetrâruṇaṃ câpi sârasâkṣinibhaṃ bhavet

49 cakorakhañja(?) netrâbhaḥ khadyotâgnisamaprabhaḥ
padmarâgo dvijaḥ proktaḥ châyâbhedena sa tridhâ

50 gunjâsindûrabandhûkanâraṅgeṇa samaprabhaḥ
dâḍimîkusumâbhâsaḥ kuruvindas tu kṣatriyaḥ

51 hiṅgulâçokapuṣpâbhaḥ çatapattrasulohitam
navalâkṣârasaprâyaṃ vaiçyaṃ saugandhikaṃ matam

52 raktaçveto bhaved vipro tiraktaḥ kṣatriyaḥ smṛtaḥ
raktapîto bhaved vaiçyo raktanîlas tathântyajaḥ

53 suraktakântiyuktaṃ syâl lohâlekhyaṃ ca cikkaṇam
mâṃsapiṇḍasamâbhâsaṃ matidaṃ pâpanâçanam

---

44. Cf. A. M. 213.
47. *c*). çyâmaṃ gandhi. — *d*). mâsakhaṇḍa tyajaḥ.— Cf. 51 et 52.
48. *d*). sârisâkṣa.
49. *c*). yoktaḥ.
52. *a*). çvetaṃ.
53. *b*). lohalekhye.

54 yâvanmaulyaṃ padmarâgaṃ saguṇaṃ ca prakîrtitam
tâvanmaulyaṃ caturthâṃçaṃ kuruvinde ca hîyate

55 ûrdhvajyotir bhaved yaç ca pârçvajyotiç ca yo maṇiḥ
piṇḍagauravabhedâc ca uttamâdhamamadhyamâḥ

56 ekadvitricatuḥpañcaṣaṭsaptaraktimânataḥ
kretâ bhavec ca ratnânâṃ tasmân maulyaṃ vinirdiçet

57 ûrdhvajyotir maṇir yaç ca yavadvaṃdvapramâṇataḥ
daçottare çate dve ca padmarâge ca lohite

58 sarṣapamâtrakântiç ca ekaike vardhate yadi
khyâpayed dviguṇaṃ maulyaṃ yâvad viṃçatisarṣapân

59 saṃdeho sadyate kiṃcit kṛtrimaḥ sahajo pi vâ
anyonyaṃ gharṣayed ratnaṃ lakṣaṃ tasmâd vipadyate

60 dugdhaṃ vamati yo ghṛṣṭau na ca lohena bhidyate
ûrdhvavartiḥ svabhâvena sa maṇir dhanadaḥ smṛtaḥ

61 randhrakârkaçyamâlinyarûkṣâvaiçadyasaṃyutaṃ
cipiṭaṃ laghu vakraṃ ca mâṇikyaṃ duṣṭam aṣṭadhâ

iti mâṇikyam | atha nîlam

---

54. Entre cette stance et la suivante, le ms. intercale (sous une forme très incorrecte) 2 pâdas empruntés à l'Agastimata, st. 235 : *laghu vajram*, etc.
55. Cf. A. M. 213. — c). piṅga.
57. *d*). lohitaḥ.
58. Cf. A. M. 226.
59. Cf. A. M. 236. — c). karṣayet.
60. *a*). sṛṣṭau.

IV

62 jalanîlendranîlaṃ ca çakranîlaṃ tayor varam
çvetagarbhitanîlâbhaṃ laghu taj jalanîlakam

63 ekacchâyagurusnigdhasvacchâpiḍikavighnaham
mṛdumadhyonnasajjyotiḥ saptadhâ nîlam uttamam

64 komalaṃ vihataṃ sakṣaṃ (?) nisariṃ (?) raktagandhi ca
cipiṭâbhaṃ sarûkṣaṃ ca duṣṭaṃ nîlaṃ ca saptadhâ

65 siṃhale nîlaṃ madhyamaṃ syât kaliṅgajam...
. . . .

66 caturdhâ nîlaṃ âkhyâtam varṇabhedena sûribhiḥ
utpattiç ca dvidhâ tasya âkaradvayayogataḥ

67 çvetanîlaṃ raktanîlaṃ pîtanîlaṃ tathâpi vâ
kṛṣṇanîlaṃ tathâ jñeyaṃ brâhmaṇâdikrameṇa ca

68 nîlasya ṣaḍvidhâ doṣâ guṇâḥ pañcavidhâs tathâ
maulyaṃ ṣoḍaçakaṃ proktaṃ châyâ vajraguṇair bhavet

69 çûdrakaḥ pâṭalacchâyaḥ karkaras trâsacitrakaḥ
gatabhaṣâṇârâkṣâbaḥ (?) mahânîlasya dûṣaṇam

70 evaṃ bahuvidhâ doṣâs tyajyâ ratnasya kovidaiḥ
guṇâṃç caiva pravakṣyâmi yathoddiṣṭâḥ purâtanaiḥ

71 guru snigdhaṃ ca varṇâḍhyaṃ pârçvavarti ca rakṣakam
idaṃ nîlaṃ samâkhyâtaṃ caturbhiç ca mahâguṇaiḥ

---

62. *c-d*). cvesagurbhitanîlâbhaṃ laghu ta jvalanîlakam.
63. *b*). piḍita.
64. *b*). Corr. nilisâram ? — *d*). iṣṭaṃ.
66. *c*). utpattiçruddhidhâ.
67. *a*). çvetaraktaṃ nilaraktaṃ.
69. *b*). trâra.
71. Cf. A. M. 261.

72 nîlaṃ ca çukakaṇṭhâbham atasîpuṣpasaṃnibham
kokilakaṇṭhasaṃkâçaṃ barhikaṇṭhasamaprabham

73 câṣapakṣasamâkârâ dvidhâ tasya yâ dîdhitiḥ
doṣahîne guṇâḍhye ca uttamâkarasaṃbhave

74 nîle maulyaṃ pravakṣyâmi maṇer maulyânusârataḥ
tan maulyaṃ çakranîlasya saguṇasya prakîrtitam

75 dugdhamadhye kṣipen nîlam dugdhaṃ cen nîlatâṃ vrajet
parîkṣâ tatra kartavyâ çakranîlasya kovidaiḥ

iti nîlaguṇâḥ | atha marakatam

72. *d*). barhiçaṃkha.
73. *b*). ya dîdhati.
74. *d*). çakramaulyasya.

V

76 sa garuḍapakṣimaṇir nágapittasamacchaviḥ
turaṣke mâgadhe yasya âkarotpattibhûmayaḥ

77 uttamo hi turaṣkeṣu madhyamo mágadhodbhavaḥ
piṇḍakántisvabhâvena maulyaṃ sarvatra yujyate

78 çukapattranibhâkârâ vaṃçapattranibhâparâ
kâpi çaivâlaharitâ dûrvâpattranibhâparâ

79 çikhipattranibhâ kâcij jayantîpattrakomalâ
evaṃbahuvidhâ kântir dṛçyate ... hite maṇau

80 snigdhatvaṃ vartulatvaṃ ca tejastvaṃ piṇḍasaṃsthitiḥ
caturbhir lakṣaṇair yukto yadi marakato maṇiḥ
viṣaghnaḥ sarvasattvânâṃ nâgâriçikhî câparaḥ

81 piṭakaṃ karkaçaṃ nîlaṃ pâṇḍu kṛṣṇaṃ ca lâghavam
cipiṭaṃ vikaṭaṃ kṛṣṇaṃ rûkṣaṃ târkṣyaṃ na çasyate

iti marakataguṇâḥ | atha gomedaḥ

---

76. Ex. conj. — Ms. te garuḍapâcimaṇir marakatayotami nâga ...
79. *b*). jalayanti.
80. *a*). çigdhatvaṃ.
81. *a*). *piṭakam*. Conjecture : cf. NRP. 143. Ms. *pila*. — *b*). lavabaṃ.

VI

82 gomedasamarâgatvâd gomedaratnam ucyate
susvacchaṃ gojalacchâyaṃ svacchaṃ snigdhaṃ samaṃ guru

83 nirdalaṃ masṛṇaṃ dîptaṃ gomedaṃ çubham aṣṭadhâ
kabaddhakânty (?) atisnigdhaṃ varnâḍhyaṃ bahubhir varam

84 dhavalaṃ piñjaraṃ dhanyaṃ gomedaṃ càtiviçrutiḥ
vicchâyaṃ laghu rûkṣâbhaṃ cipiṭaṃ paṭatrânvitam (?)

85 niṣprabhaṃ pîtakâbhaṃ ca gomedaṃ na çubhâvaham
caturvarṇaṃ hi gomedaṃ brâhmaṇâdikrameṇa ca

86 nirdoṣaṃ çubhadaṃ çuddhaṃ varjayed doṣasaṃyutam
gomedasya vicâro yaṃ kathitaḥ pûrvasûribhiḥ

iti gomedaguṇâ | atha puṣyarâgaḥ

---

86. *d*). kathitaṃ pûrvaçrûrabhi.

VII

87 çaṇapuṣpasamacchâyaḥ svastabhâvas tu cikkaṇaḥ
putrado dhanado puṇyo puṣyarâgamaṇir mataḥ

88 puṣyarâgaṃ guru svacchaṃ sthûlaṃ snigdhaṃ samaṃ mṛdu
karṇikâraprasûnâbhaṃ masṛṇaṃ çubham aṣṭadhâ

89 niṣprabhaṃ karkaçaṃ rûkṣâṃ pîtaṃ çyâmaṃ tathonnatam
kapilaṃ kuṭalaṃ pâṇḍu puṣyarâgaṃ parityajet

iti puṣyarâgaḥ | atha vaiḍûryaḥ

VIII

90 mârjâranayanaprâyaṃ rasonapratimaṃ tathâ
kaṭhinaṃ nirmalaṃ snigdhaṃ vaiḍûryaṃ devamaṇḍanam

91 vaiḍûryaṃ çyâmaṃ çastrâbhaṃ samasvacchaṃ guru sphuṭam•
bhramachabrottarîyeṇa (?) garbhitaṃ çubham îritam.

92 çyâmatoyasamacchâyaṃ cipiṭaṃ laghu karkaçam
raktagarbhottarîyaṃ ca vaiḍûryaṃ naiva çasyate

iti vaiḍûrya | atha lâjavarta

---

90. A. M., app. 9.
91. *a*). veḍûrya çyâmaçustrâṃbhaṃ.

IX

93 lâjavarto lpaço rakto nîlimâmiçritaprabhaḥ
gurunâmaṃçûṇa (?) çreṣṭhas tadanyo madhyamaḥ smṛtaḥ

iti lâjavarta | atha pravâlam

X

94 guñjâbandhûkasindûradâḍimîkusumaprabham
snigdhaṃ ca lohitaṃ lekhyaṃ tat pravâlaṃ ca çobhanam

95 pakvabimbîphalacchâyaṃ vṛttâyatam avakrakam
snigdhaṃ maçṛṇakaṃ sthûlaṃ pravâlaṃ saptadhâ çubham

96 pâṇḍurandhrasararûkṣaṃ savraṇaṃ kaṇḍurânvitam
nirbharaṃ çulvavarṇaṃ ca pravâlaṃ neṣyate ṣṭadhâ

iti pravâlaguṇâḥ

97 gomede râjataṃ maulyaṃ pravâle pi tathaiva ca
vaiḍûrye puṣyarâge ca maulyaṃ svarṇasamaṃ bhavet

98 mâṇikyamuktâphalavidrumâṇi
târkṣyaṃ ca puṣpaṃ bhiduraṃ ca nîlam
gomedakaṃ câtha viḍûrakaṃ ca
krameṇa ratnâni navagrahâṇâm

99 grahânu..... kuruvindapuṣpa-
pravâlamuktâphalatârkṣyavajram
nîlâkhyagomedaviḍûrakaṃ ca
krameṇa mudrâdhṛtam iṣṭasiddhye

100 sûryâdigrahanigrahâpaharaṇaṃ dîrghâyurârogyadaṃ
saubhâgyodayabhâgyavaiçyavibhavotsâhapradaṃ dhairyakṛt
icchâyâṃ caladhûlisaṃgatibhavâlakṣmîharaṃ sarvathâ
ratnânâṃ paridhâraṇaṃ nigaditaṃ bhûtâdibhînâçanam

iti ratnaparîkṣâ agastikṛtâ saṃpûrṇâ

---

96. *b*). sapraṇaṃ.
97. *a*). gomedarajaptam.
100. *b*). saubhâgyodayaṃ bhâgyaṃ.

RATNASAṂGRAHA[1]

1 praṇamya paramaṃ brahma sudhâkumbhaṃ mahâtmanâm
yogyo maharṣisiṃhasya kriyate ratnasaṃgrahaḥ

2 ratneṣu pravaraṃ vajraṃ vajraṃ syâd daivatâçrayam
tac caturdhâ sitaṃ raktaṃ pîtaṃ kṛṣṇaṃ yathâkramam

3 mâtaṅgasûrpârahimâcaleṣu
kaliṅgake cârabakoçaleṣu
bhavanti vajrâṇi tu pîtakṛṣṇa-
tâmrâṇi caivojjvalaçobhanâni

4 gomedapuṣyarâgâbhyâṃ kâcasphaṭikalohataḥ
kṛtrimaṃ jâyate vajraṃ çâṇayâ tat parîkṣayet

5 kalaṅkakâkapadakamalatrâsavivarjitam
koṭidhârâgrapârçvaiç ca samaṃ vajraṃ praçasyate

iti vajraparîkṣâ

6 çuktivarâhaçaṅkhâhivaṃçâbhratimikuñjarâḥ
muktânâṃ jâtayo hy aṣṭau bahu vedhyaṃ ca çuktijam

7 vṛttaṃ târaṃ guru snigdhaṃ komalaṃ nirmalaṃ guṇâḥ
madhuvarṇâ sitâ raktâ châyâ çlâghyâ ca mauktike

iti mauktikaparîkṣâ

---

1. Ce petit traité se trouve à la suite de l'*Agastimata* dans les mss. A, B, D, E, et dans l'édition de Râm Dâs Sen (R). Il est intitulé *Ratnasaṃgraha* (R), *Samastaratnaparîkṣâ* (A) ou *Sarvaratnaparîkṣâ* (D). Le premier de ces titres est confirmé par la st. 1.

8 andhre[1] kalapure caiva tumbare siṃhale tathâ
adhamâ madhyamâ hînâ uttamâç ca yathâkramam

9 gunjâkusumbhamañjiṣṭhâbandhûkacchavir uttamâ
gurus tejodhikaḥ svacchaḥ padmarâgaḥ praçasyate

iti padmarâgaparîkṣâ

10 indranîlo mahânîlo nîlo nîla iti tridhâ
indranîlo ghanair varṇair mahânîlo mbudadyutiḥ

11 nîlas tṛṇacaro jñeyaḥ siṃhale svargasindhujaḥ
çlâghyaḥ karkararandhrâbhramṛttikâtrâsavarjitaḥ

itîndranîlaparîkṣâ

12 garuḍodgârendragopavaṃçapattrakatutthakâḥ
catvâraḥ syur marakatâḥ çuddho yaḥ syâd viṣâpahaḥ

13 mlecchadeçe mahâçaile çukapakṣanibho bhavet
saṃdhikarburarûkṣatvamalâçmarahitaḥ çubhaḥ

iti marakataparîkṣâ

14 taṭe vidûrasya girer vaidûryasya maṇikhanau
jâyate çikhikaṇṭhâbho dîptihîno na çobhanaḥ

iti vaidûryamaṇiparîkṣâ

15 sarvavarṇeṣu lasuno laṃkṛto mûrdhni rekhayâ
bhramarekhânvitaḥ çuddho vikalâkṣaprabho dhamaḥ

iti lasunaparîkṣâ

16 karkodbhavaṃ bhavet pîtaṃ kiṃcittâmraṃ ca siṃhale
binduvraṇatrâsayuktaṃ dahate dîptimad guru

iti puṣyarâgaparîkṣâ

---

1. Ex corr. — Mss. randhre.

17 gomûtrâbhas tu gomedaḥ puṣyarâgaḥ suvarṇabhaḥ
çaṅkhâbjatulyaḥ pulako[1] bhaved raktaṃ pravâlakam

iti gomedaparîkṣâ

18 candrakânto mṛtasrâvi sûryakânto gnikârakaḥ
jalakânto jalasphoṭî haṃsagarbho viṣâpahaḥ

iti sphaṭikaparîkṣâ

19 bhaven masâragarbhas tu kṣîranîravivecakaḥ
çyâmacchâyo tirucikṛd duṣṭadoṣavimardakaḥ

iti masâramaṇiparîkṣâ

20 dṛṣṭinairmalyakṛn nîlaṃ pîtaṃ saubhâgyadâyakam
raktaṃ ratnaṃ bhaved vaçye mecakaṃ viṣanâçanam

iti perojâparîkṣâ

21 ratnavidbhiç ca munibhî ratnâny uktâny anekaçaḥ
bhavanti pâcanâdînâṃ saubhâgyajñânâlaṃkṛtau[2]

22 tatra varṇayuktâḥ kecit sphaṭikâdhikâ nirmalâḥ
kṛtrimaṃ jâyate ratnaṃ mûrdhni kântyâ parîkṣayet

iti samastaratnaparîkṣâ.

---

1. Ex corr. —A. tulako.
2. Ce çloka n'est que dans A et dans l'éd. de Râm Dâs Sen. Le 1er hémistiche étant très altéré dans le ms., j'ai suivi la leçon de R. Voici celle de A. : *lâlçaptrojamunibhiḥ muktâratnâny...*

[LAGHU-]

RATNAPARÎKṢÂ[1]

1 varṇaraçmisvayaṃ (?) svacchaṃ tîkṣṇadhâraṃ[2] samaṃ laghu
phale (?) çuddhaṃ ca ṣaṭkoṭi vajre jñeyâ guṇâ daça

2 rekhâbindumalair yuktaṃ bhasekâdyâ (?) katoraṇam[3]
satrâsaṃ cipiṭaṃ baddhaṃ[4] vajraṃ kâkârbhakaṃ tyajet

3 smalaṃ (?)[5] vṛttaṃ guru snigdhaṃ raçmitârâjalânvitam
çvetam âhlâdakaṃ raktaṃ (?) muktâyâṃ ca guṇâ daça

4 raktâm ekâṅgasaṃviddhâṃ lavaṇâṅgârakardamâm
vikaṭâṃ sâpabhaktâṅgâṃ muktâṃ tyaktajalâṃ tyajet

5 sphuṭaṃ gâtraṃ guru snigdhaṃ svacchaṃ raṅgânvitaṃ
bhinnamastakapiṇḍâṅgaṃ mâṇikyasya guṇâ daça [samam

6 karkaraṃ malinaṃ chidraṃ karkayasyâ (?) samastakam
rûkṣaṃ pâṭalavat kṛṣṇaṃ mâṇikyaṃ châyayâṃ tyajet

7 piṇḍarâgâmalaṃ gâtraṃ kîṭapakṣasamaṃ guru
suvarṇâbhaṃ mṛdu snigdhaṃ guṇâ marakate daça

---

1. D'après le ms. B. de l'*Agastimata*, f° 21b-23ᵃ. J'ajoute *laghu* au titre pour distinguer cette *Ratnaparîkṣâ* des autres.
2. Ms. svacchatîkṣṇâdhârâ.
3. Corr. kaṭhorakam (?).
4. Corr. viddhaṃ.
5. P. ê. sphuṭam ou sthûlam?

8 karkaraṃ kaluṣaṃ chinnaṃ rekhâdyabhâgbhavaṃ (?)
laghu makṣamalatrâsaṃ doṣâ marakate daça

9 nîlaṃ piṇḍaṃ guru svacchaṃ jyotir dîptiḥ samaṃ mṛdu
gâtraṃ snigdhaṃ ca bhinnordhvaṃ çubhanîle guṇâ daça

10 gâracchâyâ[1] tathâ rekhâ chidraṃ trâsaṃ chadi sphuṭam
kṛṣṇaṃ raktaṃ laghu çvetaṃ doṣâ nîle daça smṛtâḥ

11 veṇupattraṃ viçâlâkṣaṃ çikhikaṇṭhaṃ ghanârbhakam
snigdha[ṃ] gâtraṃ guṇa[ḥ] svacchaṃ vaiḍûrye ca guṇâ daça

12 rekhâhînaṃ laghu spaṣṭaṃ mṛdulaṃ gârakardamam[2]
vivarṇaṃ paruṣaṃ kṛṣṇaṃ doṣâ vaiḍûryake daça

13 himacchâyaṃ çirovṛttaṃ jyotir aṅgâdyanirmalam
pîtaṃ gâtraṃ guru snigdhaṃ puṣyarâge guṇâ daça

14 malabindukṛtacchâyaṃ pâratrâsâdi karkaram
kṛṣṇaṃ rûkṣaṃ laghu çvetaṃ puṣyarâge guṇâ daça

15 châyâviraṅgagomûtraṃ mṛdu snigdhaṃ samaṃ guru
hemâraktajvalaṃ[3] çuddhaṃ daça gomedake guṇâḥ

16[4] kuraṅgaṃ[5] çvetakṛṣṇâṅgaṃ trâsarekhâdivarjitam[6]
pâṭalaṃ karkarâkâraṃ doṣâ gomedake daça

17 snigdhaṃ svacchaṃ guḍarûpaṃ vṛttaṃ çuddhaṃ samaṃ guru
râgaṃ gâtraṃ[7] dṛḍhaṃ[8] diṇḍaṃ (?) pravâle pi guṇâ daça

---

1. Cor. gaura°.
2. Cor. gaura°.
3. Ms. jalaṃ.
4. Cette st. reproduit presque mot pour mot *Râjanighaṇṭu*, XIII, 190. (Garbe, p. 25).
5. Ms. kuraṅgeçvata°.
6. Leçon absurde. — *R. Nigh.* rekhâyutaṃ laghu.
7. Ms. ragaṃ râtra.
8. Ms. dṛṣṭaṃ.

18[1] gâraraṅgajâlâkrântaṃ[2] vakraṃ bhîmaṃ sakoṭaram
vṛddhaṃ kṛṣṇaṃ laghu çvetaṃ pravâlaṃ dhâraṇe tyajet

19[3] nirgauram[4] asitaṃ svacchaṃ nîlasvacchaṃ samaṃ guru
çikhikaṇṭhadṛḍhaṃ çuddhaṃ râjâvarte guṇâ daça

20 madgoladalamârâdyaṃ (?) vidaṅgapuṭavadṛḍham (?)
sitaṃ sitâṅgahemâbhaṃ râjâvarte guṇâ daça

iti ratnaparîkṣa samâptâ

---

1. Cf. Râjanighaṇṭu, XIII. 162.
2. Cor. gaura. — Je propose cette correction d'après Garbe. Mais il est singulier que tous les mss. du Râjanighaṇṭu portent également *gâra*.
3. Cf. Râjanighaṇṭu, XIII, 216.
4. Ms. nirgârâ.

MAṆIMÂHÂTMYA[1]

1 kailâçaçikharâsînaṃ devadevaṃ jagatpatim
paprаccha pârvatî devî tattvaṃ paramadurlabham

pârvaty uvâca

2 maṇînâṃ lakṣaṇaṃ deva kathayasva prasâdataḥ
yena siddhiṃ labhante tra sâdhakâ gatakalmaṣâḥ

3 mahâdeva mahâghora kurvanti ripumardanam
kavitvaṃ dîrghajîvitvaṃ kurute tra yathâ prabho

4 aṣṭau guṇâḥ phalaṃ yatra tvatprasâdân maheçvara
jñânamârgaṃ ça mokṣaṃ ca çûlarogaṃ ca dâruṇam

5 cakṣûrogaṃ çirorogaṃ viṣopadravam eva ca
sphuṭaṃ vada yathâ prabho prasâdân me maheçvara

6 uvâca çaṃkaro devi yat tvayâ paripṛcchyate
yan na kasyacid âkhyâtaṃ tad vadâmi varânane

7 purâhaṃ viṣṇunâ yukto brahmaṇâ saha sundari
çuklatîrthe gato devi revâtîre suçobhane

8 ratnaparvatanâmâ ca tatra tiṣṭhati bhûdharaḥ
indreṇa sthâpito devi sarvadevasukhaṃkaraḥ

1. Ce texte se trouve avec plusieurs autres dans les mss. suivants : A, B. India Office, 1568 et 1153 (Voy. p. 77). — C. Bikaneer, 1567 (Extrait très court. Voy. *ibid.*). — D. Florence, B. 415 (Voy. p. 1). — E. Bikaneer, 1568 (Voy. p. 2). Il est intitulé *Maṇimâhâtmya* dans le ms. E, *Maṇiparîkṣâ* dans les autres.

9 tasya darçanamâtreṇa sarvapâpaiḥ pramucyate
rogî rogavinirmukto jâyate nâtra saṃçayaḥ

10 devyâ âyatane ye tu citâṃ dahanti mânavâḥ
te yânti paramaṃ sthânaṃ çivadarçanasaṃyutam

11 aṣṭamyâṃ snâti yaḥ kuṇḍe pûjayitvâ tataḥ çivam
sarvapâpavinirmukto mama lokaṃ sameti saḥ

12 itthaṃ devagaṇâḥ sarve kuṇḍe snâtvâ kṣaṇaṃ sthitâḥ
pavitradehâ çrîmantaḥ punaḥ kedâram âgatâḥ

13 garutmatsthâpitaṃ liṅgaṃ sarvapâpavimocakam
tasya darçanamâtraṃ hi brahmahatyâṃ vyapohati

14 aṣṭamyâṃ ca caturdaçyâṃ pûrṇimâsyâṃ viçeṣataḥ
yaḥ pûjayati puṇyâtmâ mama lokaṃ sa gacchati

15 kedâraṃ pûjayed yas tu puṇyâtmâ bhâgyabhâjanam
sarvârthasiddhisaṃpannaṃ prâpnoti paramaṃ padam

16 indreṇa sthâpitaṃ vajraṃ koçaç ca dhanadena tu
mayâpi sthâpitâ mantrâḥ kathitaṃ te varânane

17 garutmataḥ samudgârân maṇikalâ mahânadî
viniḥsṛtâ mahâtejâḥ sarvapâpapraṇâçinî

18 tasyâh prabhâvato devi maṇayaḥ çubhalakṣaṇâḥ
bhogadâ mokṣadâç caiva rogadoṣavighâtakâḥ

çrîdevy uvâca

19 maṇînâṃ lakṣaṇaṃ brûhi yathâsti vṛṣabhadhvaja
kenopâyena te grâhyâ devapûjâ kathaṃ vibho

20 kîdṛçaṃ ca vrataṃ kâryaṃ kiṃ dânaṃ kasya pûjanam
kâ ca bhaktikriyâ kâryâ deva me vada bhairava

çrîbhairava uvâca

21 kedârabhavanaṃ gatvâ kalaçânâṃ çatâṣṭakam
çrîmatkedâranâthâya manasâ kṛtabhâvanaḥ

22 kṣetrapâlaṃ yathâçaktyâ upahârair anuttamaiḥ
pûjayitvâ prayatnena sâdhakaḥ phalakâṅkṣayâ

23 evaṃ pûjya mahâbhaktyâ praṇamya ca punaḥ punaḥ
balim dadyâd vidhânena dikṣu sarvâsu yatnataḥ

24 çivasthâne tu kartavyo japaḥ surasamarcite[1]
tato gatvâ mahânadyâṃ maṇiratnâni vîkṣate

25 mantrasaṃnaddhakâyaç ca gojihvâlepabhûṣitaḥ
atha teṣâṃ maṇînâṃ tu kartavyaṃ suparîkṣaṇam

26 gopitaṃ yan mayâ pûrvaṃ tan me nigadataḥ çṛṇu
sutaptahemavarṇâbho nîlarekhâsamanvitaḥ

27 çvetarekhâdharo nityaṃ pîtarekhâsamâyutaḥ
âraktarekhâsaṃyukto kṛṣṇarekhâvibhûṣitaḥ

28 etaiç cihnaiḥ samâyukto nîlakaṇṭha iti smṛtaḥ
dadâti vipulân bhogân jñânamârgaṃ sudurlabham

29 kavitvaṃ dîrghajîvitvaṃ kurute nâtra saṃçayaḥ
târâbho hemavarṇâbhaḥ caturbinduvibhûsitaḥ

30 kṛṣṇabindudharo yas tu viḍâlasamarocanaḥ
sa bhaved dhanalâbhâya nâtra kâryâ vicâraṇâ

31 raktapâdapavarṇâbha indranîlasamadyutiḥ
çvetarekhâsamâyukto hy arthakârye mahâdyutiḥ

32 sa viṣṇur iti vikhyâtaḥ sarvaiçvaryaphalapradaḥ
çuddhasphaṭikasaṃkâço nîlarekhâvibhûṣitaḥ

33 kṛṣṇabindudharaḥ çuklaḥ sa maṇiḥ sarvakâmadaḥ
pîtaç ca çvetarekhaç ca maṇiḥ svacchaç ca dṛçyate
guṇânâm âkaraḥ so hi bahurogân nihanti ca

34 yaḥ pârâvatakaṇṭhâbhaḥ saṃprâpto bindubhiḥ sitaiḥ
âstîkasya kulotpannaḥ sa maṇir viṣadarpahâ

35 sâraṅgâkṣisamo mahâdyutidharo mattebhanetrâkṛtiḥ
çvetair bindubhir anvito varatanur bhâsvân maṇir bindukaḥ
tatprakṣâlitavâripânavidhinâ naçyed viṣaṃ dâruṇaṃ
yat sarvaṃ vinatâsuto[2] bahuvidhaṃ hanyâd viṣaṃ dâruṇam
saṃgrâme jayate ripûn bahuvidhân bhogân maṇir yacchati

1. D'après R. — A. °citaiḥ.
2. Ex corr. — A. vanitâ.

36 kiṃcin nîlapadas tato ruṇarucih kiṃcic ca vidyutprabhaḥ
kiṃcil locanasuprabho bahuvidharekhâyuto vartulaḥ
vikhyâtaḥ sa mahâmaṇir viṣaharo baddho narâṇâṃ kare
bhûtaṃ nâçayatîha somasadṛças tasmât pṛthivyâṃ priyaḥ

37 nânâratnasamadyutir bahuvidhai rekhâgaṇair aṅkitaḥ
çuddho bindugaṇair yutaḥ savimalo nâgendradarpâpahaḥ
satyaṃ kâñcanavittalâbhakaraṇe sṛṣṭo mayâsau maṇiḥ
prakhyâtaç ca sa siddhajanmajananaiḥ puṇyaiḥ satâṃ gocaraḥ

38 nîlavarṇo bhaved yas tu bindupañcakabhûṣitaḥ
viçuddhâṅgo raṇo vṛttaḥ prasiddho vinatâsutaḥ

39 sindûravarṇasaṃkâço yasyâṅge rekhâ kâçitâ
kṛṣṇavarṇas tu vijñeyo niḥçeṣaviṣamardanaḥ

40 kâṃsyavarṇo bhaved yas tu nânârekhâsamâkulaḥ
nânâbindusamâkîrṇo jvaratâpaṃ vyapohati

41 pîtavarṇo bhaved yas tu dvirekhaḥ sitabindukaḥ
sujîrṇavṛçcikasyâpi viṣaṃ hanti sudâruṇam

42 çvetâ pîtâ samâ rekhâ indranîlasamadyutiḥ
netrarogaṃ ca çûlaṃ ca jalapânâd vyapohati

43 haridvarṇo bhaved yas tu çvetarekhâvibhûṣitaḥ
pîtarekhâsamâyukto niḥçeṣagaralâpahaḥ

44 pîtagodhûmavarṇo yo gajanetrâkṛtiḥ punaḥ
çvetabindudharo nityaṃ bhûtasyâjîrṇanâçakaḥ

45 raktâṅgaḥ çuddharekhaç ca ardhâṅge kṛṣṇa eva ca
sa maṇî raktaçûlaṃ ca netraçûlaṃ vyapohati

46 çuddhasphaṭikasaṃkâçaḥ kiṃcic câraktapîtakaḥ
vṛçcikânâṃ viṣaṃ hanti sa maṇiḥ sarvakâmadaḥ

47 ratkam ardhaṃ ca kṛṣṇârdhaṃ çvetaṃ kiṃcid bhaved yadi
evaṃrûpo bhaved yas tu sarpâdiviṣanâçanaḥ

48 raktâṅgo raktarekhaç ca âvartaiḥ çobhanair yutaḥ
sa maṇir garuḍo jñeyaḥ sarpâdiviṣanâçanaḥ

49 pîtâṅgaḥ kṛṣṇarekhaç ca nânâbindusamâkulaḥ
evaṃrûpo bhaved yas tu mahâsarpaviṣâpahaḥ

50 pîtâṅgaḥ pîtarekhaç ca raktarekhâvibhûṣitaḥ
sarvavyâdhiharaḥ çvetaḥ kathitas tu varânane

51 kûṣmâṇḍîpuṣpasaṃkâço nânârûpas tu bindubhiḥ
sarvavyâdhiharo jñeyaḥ samastaviṣamardanaḥ

52 raktavarṇâ bhavantîha nânâbindusamâkulâḥ
tejasvino tirûpâç ca sarve te viṣamardakâḥ

53 bindunâbho mahâkântiḥ kṛṣṇabinduvibhûṣitaḥ
sarvarogavinâço yam kathitas te varânane

54 mâñjiṣṭhapîtavarṇâbhas tâmrabindusamanvitaḥ
sarvavyâdhiharo nityaṃ bhûtajvaravinâçanaḥ

55 dâḍimîpuṣpasaṃkâçaḥ kṛṣṇabinduvibhûṣitaḥ
saubhâgyajananaḥ çrîmân bhramarekhâyutaḥ priye

56 kundapuṣpapratîkâças tulyatve vartulaḥ priye
evaṃrûpeṇa saṃyuktaḥ samastaviṣamardakaḥ

57 gajanetrâkṛtir yas tu biḍâlâkṣisamaprabhaḥ
târkṣyatulyamahâtejâḥ pûjanîyo yathârcitaḥ

58 tîrthakaraḥ sutejâç[1] ca dyutimân iti dṛçyate
samastaviṣaho jñeyaḥ sa maṇir jîyate[2] dhruvam

iti çrîmaṇiparîkṣâ samâptâ

---

1. Ex. corr. — A. tîrthâkâras tu tejâç ca.
2. Corr. jayate (?).

VARIANTES ET NOTES[1]

RATNAPARÎKṢÂ DE BUDDHABHAṬṬA[2]

1. *a*) D. E. ratnapriyâya. — *d*) D. E. buddhivareṇa.

Il semble qu'il y ait dans cette stance une réminiscence du *Pañcatantra* (éd. Kielhorn, I, p. 2): *saṃkṣepamâtraṃ çâstram... cintyatâm... sâraṃ tato grâhyam apâsya phalgu.*

1-7. G.

sûta uvâca

parîkṣâṃ vacmi ratnânâṃ balo nâmâsuro bhavat
indrâdyâ nirjitâs tena nirjetuṃ tair na çakyate
varavyâjena paçutâṃ yâcitaḥ sa surair makhe
balo dadau svapaçutâm atisattvo makhe hataḥ
paçuvat prâviçat stambhe svavâkyâçaniyantritaḥ
balo lokopakârâya devânâṃ hitakâmyayâ
tasya sarvaviçuddhasya viçuddhena ca karmaṇâ
kâyasyâvayavâḥ sarve ratnavîjatvam âyayuḥ

5. *a*) D. sasatvaç ca. — *c*) D. E. çauṇḍiramâṇo danujas.
6. *c-d*) D. E. paçuvat tridaçaiḥ sarvair vâkyâçaiḥ suniyantritaḥ.
7. *a*) D. E. tasya satvaviçuddhasya.
8. *b*) D. gandharvapavanâçinâm. — *c-d*) D. E. ratnabîjatvam âpannâ bhûṣaṇâni bhavaṃs tadâ.
9. *b*). G. vimânena.
10. *d*) G. sthânam âdheya gauravât.
11. D. E.

mahâvyâlavyâdhipâpâdînâṃ hâniḥ prajâyate
prâdurbhavanti ratnâni tathaiva guṇavanti ca

1. Le chiffre désigne la stance, les minuscules italiques le pâda, les grandes capitales les mss.

2. A. = Bibl. Nat. Dev. 120; A. = Bibl. As. Soc. Beng. B 50; C. = Bibl. As. Soc. of Gr. Br., Hodgson 10; D. = Bibl. Nat. de Florence B 415; E. = Bibl. du mahârâja de Bikaneer, n° 1568; G. = Garuḍa-Purâṇa.

Entres les stances 11 et 12, D. E. intercalent la suivante :

> guṇâkarau (°âḥ, E.) prathamato guṇâ doṣâç ca tatphalam
> parikṣâkârakuçalair vijñeyaṃ sarvam eva tat

G. en insère trois :

> vajraṃ ca muktâ maṇayaḥ sapadmarâgâ marakatâḥ protkâḥ
> api ceudranîlamaṇivaravaiḍûryâç ca puṣparâgâç ca
> karketanaṃ sapulakaṃ rudhirâkhyasamanvitaṃ tathâ sphaṭikam
> vidrumamaṇiç ca yatnâd uddiṣṭaṃ saṃgrahe tajjñaiḥ
> âkaravarṇau prathamaṃ guṇadoṣau tatphalaṃ parîkṣya ca
> mûlyaṃ ca ratnakuçalair vijñeyaṃ sarvaçâstrâṇâm

12. *a*) D. E. kulagueṣûpapadyante. C. kulagneṣûpajâyante.— *c*) D. upaçṛjyante. G. °yujyante.
13. *b*) G. pṛthivibhujâ. *d*) E. karttavyaṃ çriyam icchatâ.
14. *a-b*) G. çâstrajñâḥ kuçalâç câpi ratnabhâjaḥ parîkṣakâḥ. — *c-d*) A. B. mâtrâyâṃ chettâraḥ parikirttitâḥ. G. vettâraḥ. D. paricchetâ. E. paricchedâḥ.

Pour le 2e hémistiche, j'adopte la leçon de D. *parichc[t]tâ*, qui ne se trouve pas dans P. W., mais dont la formation est très régulière (Cf. pariccheda. paricchitti). On pourrait, il est vrai, suivre A. B., en corrigeant, comme à la stance suivante, *chettâraḥ* en *cettâraḥ*, mais il resterait toujours la discordance entre ce pluriel et le sujet sg. *sa*.

15. *a-b*) A. B. chettâro... deçakâlântagânugâḥ. C. chettâro... deçakâlânugantarâḥ. E. vettâro ratnamûlyânâṃ deçakâlânugâ narâḥ.—*d*) E. viṣuṣas te na varṇitâḥ.

Cette stance mq. dans G.

16. E. vajrapûrvâ parîkṣaivaṃ G. vajrapûrvâ parîkṣeyaṃ.

J'ai suivi dans le texte la leçon de A. B. Je crois maintenant celle de G. préférable, à cause de l'emploi fort rare de *îkṣ* au parasmaî pada.

17. E.

> tatrâsthikhaṇḍâni papâta yeṣu bhuvaḥ pradeçeṣu sarittaṭeṣu
> — ∪∪ vajrâṇi tu nirjijîvo bhavanti nânâkṛtisaṃhitâni

18. *a*) A. B. hema. — *c*) C. saurpârâ. — *c-d*) G. veṇvâtaṭâḥ sasauvîrâ vajrasyâṣṭavihârakâḥ.

Les st. 18-26 mqq. dans D. E.

19. G.

> âtâmrâ himaçailajâç ca çaçibhâ veṇvâtaṭîyâḥ smṛtâḥ
> sauvîre tv asitâbjameghasadṛçâs tâmrâç ca saurâṣṭrajâḥ
> kâliṅgâḥ kanakâvadâtarucirâḥ pîtaprabhâḥ koçale
> çyâmâḥ puṇḍrabhavâ mataṅgaviṣaye nâtyantapîtaprabhâḥ

a) C. câtyanta°. — *d*) C. kanakâvadâta°.

20. *a*) G. atyarthaṃ laghu... — *c*) G. kvacid dṛçyate.
21. *b*) G. devânâm api vigrahaḥ proktaḥ. — *c*) G. varṇebhyaç ca vibhâgaḥ kâryo.

22. *a*) G. haritçvetapita. — *c*) C. yama. G. hari. (Au lieu de *jina*.)
24. *b*) G. sârvajanyau.
25. *d*) A. B. na tato antyaḥ. G. na tv anyo'nyaḥ.
26. *c*) G. vajrî.
27. G. na ca mârgavibhâgamâtravṛttyâ... vidheyaḥ | guṇavad guṇasampadâm vibhûtir viparîto .. ||
29. *b*) D. E. maṇivarṇair vividhair.
32. *c*) A. visṛticchuritântarikṣyam.
34. *c*) E. vidûrât tasya naçyanti. — *d*) A. D. E. açubhâni ca.

La variante *açubhâni* doit être une correction postérieure. La leçon primitive était pb. celle de G. *âtharvaṇâni*. Ce mot a pris facilement la forme corrompue des mss. B. C. *ârthavalâni*, la graphie étant presque identique. Les scribes ne comprenant plus le mot ainsi défiguré ont introduit la correction *açubhâni*.

35. *b*) D. E. taṇḍulaiḥ pramâṇam. — *d*) G. rûpakalakṣaṇam ca mûlyam.
36. G. tribhâga... tadardhaçeṣam trayodaçam triṃçad ato'rdhabhâgâḥ | açitibhâgo'tha çatâṃçabhâgaḥ sahasrabhâgo'lpasamânayogaḥ ||
37. *a*) G. dvâdaçabhiḥ kṛtasya. — *b*) G. prathamam pradiṣṭam.
39. Tout ce tarif jusqu'à *yat tat*... mq. dans G.
41. *a*) G. alpenâpi. — *d*) G. vajram labhati mânavaḥ.
42. E.

prakaṭaikadoṣeṇa mûlyasya mahato pi ca
mûlyât çatavibhâgena vajrasya parikalpayet

a) D. prakaṭenaikadoṣeṇa. — *c*) G. chataço bhâgo.
43. *a*) C. sphuṭa. D. aṣṭa. E. dṛṣṭa — *b*) D. E. yojayed budhaḥ. G. vajram yady api dṛçyate. — *c-d*) G. parikalpârtham mûlyam tasya bhavel laghu.
45. *c-d*) G. anyatra dîrghacipiṭahrasvâd guṇair vimuktâc ca.
48. *b*) C. lohajâtayaḥ — Suit la st. 40, dans G.
49. G. jâtir ajâtim vilikhati jâtim vilikhanti vajrakuruvindâḥ | vajrair vajram vilikhati... — Suivent les st. 168-169.
50. Ce çloka mq. dans D. E. où il est remplacé par les 2 suivants :

hemasthaṃ guṇavad (E. sukhadaṃ) vajraṃ pâpaduḥkhapraṇâçanam
devatâpitṛkâryeṣu yugapac ca praçasyate
vajrâd bhaved ripor nâço vijayaṃ caiva saṃtatiḥ
kâñcane bhûṣaṇe jâti çriyam âvahate param

b) G. rekhânvito vivarṇo vâ.
51. *c-d*) E. parâkramaṃ kântivivardhanaṃ ca sîmâutabhûpalajayaṃ vidadhyât.
52. Dans E. cette st. est précédée des st. 80, 81 et 82 *a-b* de l'*Agastimata*.
53. *b*) G. niviçyate ratnaparasya jâtu.
54. *b*) E. yat kambujaṃ. — *d*) G. çastâni.
55. *c-d*) E. kambûdbhavaṃ teṣu samaṃ pradiṣṭam utpadyate yac ca gajasya kumbhât. — G. kambûdbhavaṃ teṣv adhamaṃ pradiṣṭam utpadyate yac ca gajendrakumbhât.
56. *a*) D. E. tulyarûpam.
57. *a*) D. E. mukhâvamarçât. — G. mukhâvamarṣapitasya. — *d*) G. pra-

varâ pradiṣṭâḥ. — *c-f*) G. utpadyate mauktikam eṣu vṛttam âpîtavarṇaṃ prabhayâ vihînam.

58. *a*) D. E. pâṭhînapiṭhasya. — *b*) G. câtisûkṣmam. — *d*) D. matsyavarâḥ [au lieu de *madhyacarâḥ*].

59. Mq. dans G.

60. G. varâhadaṃṣṭrâprabhavaṃ pradiṣṭam... âṅkuratulyavarṇam | .. kathaṃcit sa bhuvaḥ pradeçe... çûkaravadviçiṣṭaḥ.

61. *d*) G. na sârvajanye.

62. *a*) E. vṛttaṃ samaṃ nîlaviçuddhavarṇam. — *b*) G. saṃsthânato 'tyujjvalavarṇaçobham.

Tous les mss. ont au pâda *b*) *sarvam*, qui n'a guère de sens. Si on adoptait le texte de E. pour le pâda *a*) et qu'on corrigeât au pâda *b*) *sarvam* en *sârpam*, on aurait un sens satisfaisant.

63. *a-b*) D. E. prâpyâni ratnâni dhanaçriyaṃ ca râjyaçriyaṃ vâ mahatîṃ durâpâm. (A. B. mahatâṃ durâpo.) — *c*) G. pâtraṃ hi nâpuṇyakṛto bhavanti.

64. *a*) D. ratnaviniçcayajñaiḥ. G. ratnadhanaṃ. — *b*) D. E. kuçalaiḥ prayatnât.

65. *a*) C. mantraghoṣair. D. S. mandra°. E. indra°. — *c*) D. E. âkrântavilambabimbair. G. vilambinamrair. — *d*) D. âjiyate. G. âvriyate.

66. *a*) E. na yakṣadevyo. — *d*) G. tiṣṭhati koṣamadhye.

67. *c*) D. E. arcciprадhânaṃ divi çobhamânaṃ. G. arcciḥprabhûnâvṛta.

68. *c*) C. ravi yathâ. — *d*) G. tamo'vagâḍhâsv.

69. *a*) A. B. C. °sâratoya. — *b*) G. bhavanâbhirâma. — *d*) E. suvarṇatulyâ.

70. *a*) D. dino pi.

71. *b*) G. bhâgyaiḥ.

74. *c*) G. tac chuktimatsu sthitim âpa.

75. D.

> siṃhalakalapuralaukikasaurâṣṭrikakarṇakâmpilaç caiva
> kauberavâṭakâkhyâḥ çuktikaratnâkarâs tv aṣṭau

E. Même leçon, sauf *kauberaghâṭakâkhyâḥ*.

G.

> saiṃhalikapâralaukikasaurâṣṭrikatâmraparṇapâraçavâḥ
> kauberapâṇḍyahâṭakâhemakâ ity âkarâs tv aṣṭau

Cf. *Bṛhatsaṃhitâ*, 81, 2 :

> siṃhalakapâralaukikasaurâṣṭrakatâmraparṇipâraçavâḥ
> kauverapâṇḍyavâṭakahaimâ ity âkarâ hy aṣṭau

Le texte suit les mss. A. B. C. Mais cette leçon est évidemment fautive : 1° parce qu'elle ne donne que sept noms au lieu de huit ; 2° parce que le mètre n'est pas correct. D. E. donnent un texte métriquement correct, mais qui n'est pas meilleur quant au fond. La bonne leçon est pb. celle de la Bṛhatsaṃhitâ, que G. reproduit à peu près.

76. *c*) G. vardhanapârasîka.
d) A. pârâvato kontarasiṃhaleṣu.
B. pârâvato siṃhaleṣu.

C. pârântalohantarasiṃhaleṣu.
D. sûrpâra (*le reste en blanc*).
E. sûrpâralokantarasiṃhaleṣu.
G. pâtâlalokântarasiṃhaleṣu.

J'ai corrigé dans le texte *pârâvato* en *ârâvaṭe*. Je préfère maintenant *ârâvaṭi*, la finale *ti* étant graphiquement plus voisine de *to*, et le pluriel *siṃhaleṣu* s'expliquant mieux par un dvaṃdva à trois termes. (Cf. *Agastimata*, 109.)

77. *a*) G. cintyâ na tasyâkarajâ viçeṣâ. — *c*) C. guṇâguṇâs. D. G. guṇâguṇeṣu.
79. *c*) D. E. kâñcanânâm.
82. *d*) G. mûlyaṃ paraṃ tasya vadanti tajjñâḥ.
83. *d*) D. çatâdhikaṃ. — 83-86 *a-b*) mq. dans G.
84. *d*) A. B. E. viniçcayoktiḥ.
Le çloka mq. dans D.
85. *d*) D. E. hikveti.
87. *b*) C. dârvikâkṣam. D. dâdhikâkhyam.
88. *a*) G. dviguṇair daçabhir. D. E. supûrṇam. — *b*) G. tad bhavakaṃ. — *d*) G. guṇasaṃpadâ vihînam.
89. *b*) C. sikva°. G. çikyaṃ tasyeti kîrttyate. D. çaṣyeti parikîrtyate. E. çiṣyâ.
90. *a-b*) C. catvâriṃçad bhavec chikva triṃçau mûlyaṃ prakîrtitaṃ.
E. » bhavet kânti.
G. » bhavec chiktho.
c) A. B. makarasiṃhaṃ. G. nikaraçîrṣaṃ.
92 sqq. Depuis la st. 92 jusqu'à la fin du chapitre, l'ordre et le nombre des stances diffèrent notablement selon les mss. Notre texte suit le ms. C. Voici le tableau des autres :

ORDRE DES STANCES

A. B. 92-94. 96. 98-102. 95. 103. 97. 104-107.
D. E. 92. 93. — 1 st. intercalaire (v. ci-dessous, D. I). — 94. 95. 101. — 4 st. intercalaires (D. II-D. V), dont la 3ᵉ mq. dans E. — 96. 98-101 (répétition).
G. 92. — 3 st. intercalaires (G. I — G. III). — 106. 107. 104. 105. 95. 102. 103.

TEXTE DES STANCES INTERCALAIRES

D. I.

yac ca candrâṃçusaṃkâçam iṣan nimbaphalâkṛti
svamûlyât saptabhâgena nyûnaṃ mûlyaṃ labhen na tat

D. II.

kṛtvâ nave supihite çubhacârubhâṇḍe
muktâkaṇânihitankûtânaçutikâṇḍam
sphoṭo na vâ praṇidadhâti tataç ca [bhâṇḍaṃ
saṃsthâpya dhânyacaye balam eka- [mâsam

D. III.

prâdâya tat sakalam eva tato tu bhâṇ-
[ḍâd
gambirabijarasajirakamiçrapakṣam
piṣṭaṃ tato mṛdutaraṃ kutapiṇḍa-
[mûrtir
yad vai tathâ bamatu mauktikam
[atra vidvân

D. IV.

sulliptam asya ṣuṭamadhyagataṃ tu
[lepaḥ
yaccça ato 'vicakṣaṇena

buddhaṃ tato vimalavastranidhaṣi-
[ṇata
syâ mauktikaṃ vimalasaguṇakânti-
[kântam

G. I.

âdâya tat sakalam eva tato 'nnabhâṇ-
[ḍaṃ
jambîrajâtarasayojanayâ vipakvam
ghṛṣṭaṃ tato mṛdutanûkṛtapiṇḍamû-
[laiḥ
kuryâd yatheṣṭam anumauktikam
[âçu viddham

G. II.

mṛlliptamatsyapuṭamadhyagataṃ tu
[kṛtvâ
paçcât pacet tanu tataç ca vitâna-
[pattyâ
dugdhe tataḥ payasi taṃ vipacet
[surâyâṃ
pakvaṃ tato'pi payasâ çucicikkaṇena

G. III.

çuddhaṃ tato vimalavastranigharṣa-
[ṇena
syân mauktikaṃ vipulasadguṇakân-
[tiyuktam
vyâḍir jagâda jagatâṃ hi mahâpra-
[bhâva-
siddho vidagdhahitatatparayâ dayâ-
[luḥ

D. V.

bhrâjiṣṭa komalaṃ kântaṃmanyonyaṃ sphurataṃ mahat
yad vâri tarate vâpi tan mahâratnasaṃjñitam[1]

95. *a-b*) C. târaṃ caturâmbu snigdhaṃ nirmalaṃ kâmaraṃ tathâ.
D. E. » vṛttaṃ guru » » komalaṃ »
G. sitaṃ pramâṇavat snigdhaṃ guru svacchaṃ sunirmalam | tejodhikaṃ suvṛttaṃ ca.

97. D. E.

kṛtavedhayutasya yasya pûrvaṃ
gurunaḥ kântimataç ca niçcalasya
paribhâṣitam agramûlyam asya
yad açuddham tadordham alpam âhuḥ

1. Le texte de E. suit celui de D. avec les quelques variantes suivantes. II. *c*) praṇidhadita... bhâgam. *d*) dhânyanicaye balamâsam ekam. — III. *a*) âdâya... bhâṇḍe. *b*) jambîra. *c*) kṛtapiṇḍamûrti. *d*) yat syât (les 5 syllabes suivantes en blanc). — V. *a*) bhrâjiṣṇuḥ. *b*) mamâsphuratîte mahaḥ.

98. *c-d*) A. B. yâni ca pañkapûrṇâni. D. E. asarâṇi ca yâni syuḥ karakâkâravanti ca.
99. *c-d*) D. E. yâni câṇḍakavarṇâni kâṃsyavarṇâni yâni ca.
101. *b*) D. E. triçîrṣam (au lieu de *karkaçam*).
102. *b*) *sama* est emprunté à E. (=G.). Les autres mss. ont *laghu*.
103. *c*) G. anarthajâta.
104. *d*) E. vâsayej. G. niçâṃ tad vâsayej.
105. *b*) D. E. çukla.
106. *a*) D. E. G. çveta. — *b*). G. hemâṃçu. — *c*) D. E. rasavatsapratikâçam. G. rasamadhye pradhâryeta. — *d*) G. dehabhûṣaṇam.
107. D.

evaṃ siṃhalajâ sarve kurvanti nipunâ janâḥ
anyâny api vijâtini mauktikâni parikṣayet

108. *c*) caritum.
109. *c*) G. °penârdhapathaṃ.
110. *c*) G. drumâbaddha.
111. *d*) C. mahimânam upâgatâ. D. sâdhikâ samupâgatâ. E. sâdhikaṃ samupâgatâ. G. prathimânam upâgatâ.
112. *d*) E. saṃkrânta. — 112 *c-d*) et 113 *a-b*) mqq. dans G.
113. *b*) E. nirbhidyamânâni. — *d*) G. bahiḥpradiptair niçi tâni bhânti.
114. *a*) D. E. G. °jvalacâruràgâḥ. — *c*) D. E. kuruvindakâç.
115. *b*) G. samâsṛk. — *d*) A. C. lolaka. B. lâlaka. E. kiṃçuka.
116. *a*) G padmotpala. — *d*) G. bhânti svalakṣyâḥ sphuṭamadhyaçobhâḥ.
118. *a*) D. nilidyuti. E. nilâ°. — *b*) D. E. tâmrabhâsaḥ (au lieu de *tulyacarṇâḥ*). G. raktâmbuja. — *c*) G. tathâpare'ruṣkarakaṇṭakâri.
119. *b*) G. °bhâsaç ca bhavanti kecit. — *c*) nâtivipuṣpitânâṃ. — *d*) kokanadottamânâm.
120. *c*) E. raktojjvalacârubhâsaḥ. G. raktotpalacârubhâsaḥ.
121. *b*) G. sa naiva yâdṛk. — *c*) E. tâdṛktviṣo (au lieu de *nirarciṣo*). — *d*) E. tatsamânâḥ. G. taiḥ samastaiḥ.
122. *c*) E. °râgâdhamam. — *d*) A. B. bibhramâṇâ sphuṭârciṣaḥ. C. bibhrâṇâ prasphuṭârciṣaḥ. E. bibhrâṇâḥ sphaṭikârciṣaḥ.
123. *c-d*) G. na jâyante hi ye kecin mûlyaleçam avâpnuyuḥ.
124. *b*) A. B. C. G. tumburu. E. tumbaru. — *c*) G. sadharmâṇaḥ prajâyante.
126. *a*) B. karkaçâç. G. karkarachidra°. — *b*) E. °vilepadigdhâḥ. — *d*) E. samastatejotiguṇaiḥ samastaiḥ. G. samânato jâtiguṇaiḥ samastaiḥ.
127. *a*) G. doṣopaspṛṣṭaṃ. — *c*) G. taṃ çokacintâmayamṛtyuvitta.
129. *a*) A. B. C. G. tumburu. — *b*) G. muktapâniyâḥ.
130. *b*) C. D. ataḥ prabhâvâd api tumbarottham. G. tumburûttham.
131. *a*) C. diptivinâsakatvât. D. °nirâkṛtitvâd. E. °tarâkṛtatvâd. — *c-d*) mqq. dans G.
132. *a*) G. yas tâmrikâṃ. — *b*) A. B. cûrṇamadhyaḥ. G. yogât tuṣâṇâṃ. — *c*) E. snehapradigdhena ca yo vibhâti. G. snehapradigdhaḥ pratibhâti yaç ca. — *d*) G. prajahâti diptim.
133. *a*) D. âkrântam ûrdhvâ ca. — *c*) G. saṃprâpya cotkṣepapathânuvṛttiṃ. — *d*) G. sarvaguṇân ativa.
134. *b*) G. bhavet tu tulyaḥ.

Il semble qu'il mq. ici un hémistiche formant la conclusion de cette énumération, et dont le sens serait que les rubis ainsi caractérisés sont suspects.

135. *b*) A. B. apaçyat. C. apaçyet. — *a-b*) E. prâpto pi nânâkaradeçajâtaṃ jñâtvâ budho jâtiguṇân avekṣet. G. prâpyâpi ratnâkarajâṃ svajâtiṃ lakṣed gurutvena guṇena vidvân (*c-d* mqq.).
136. G. çâlâyâṃ parilekhayet | svajâtikasamutthena likhitvâpi...
137. G. vimucyânena kenacit | nâçakyaṃ...
138. G. jâtasya sarve'pi... samânavarṇâḥ | ...nâmâkaraṇârtham eva bhedaprakâraḥ paramaḥ pradiṣṭaḥ ||
141. Mq. dans G.
142. *b*) E. prasâdadoṣeṣv api vartamânam. G. pramâdavṛttâv api vartamânam. — *c*) E. guṇânvitasya. — *d*) E. dhartâram. G. spṛçatîha kâcit.
143. *a*) G. ca ye te. — *b*) G. nopadravâs taṃ.
144. *b*) E tulyaṃ. G. samutpâdita. — *d*) E. mâṣakâkhye. G. mâṣakasyâkalitasya.
145. *a*) E. suvarṇadiparatnaṃ hi. — *c*) C. iṣat paribhraṣṭaṃ. — *d*) G. maṇir mûlyât prahiyate.

Le chapitre se termine ici dans A. B. C. Les mss. D. E. ajoutent 9 çlokas concernant le prix du rubis :

padmarâgopalo yas tu dhṛto lâkṣârasaprabhaḥ
kârṣâpaṇasahasrâṇi triṃçan mûlyaṃ labheta saḥ
indragopakasaṃkâçaḥ trikarṣaṇadhṛto maṇiḥ
dvâviṃçatisahasrâṇi tasya mûlyaṃ vinirdiçet
etadardhaṃ tu tulayet javâkusumasannibham
kârṣâpaṇasahasrâṇi tasya mûlyaṃ caturdaça
yat tu dâḍimapuṣpâbhaṃ karṣârdhena tu saṃmitam
kârṣâpaṇaçatânâṃ tu viṃçatis tasya câdiçet
bâlâdityadyutinibhaṃ karṣaṃ yasya pratulyate
kârṣâpaṇaçatânâṃ tu mûlyaṃ ṣaṣṭiḥ prakîrtitaṃ
dvimâṣakadhṛto yas tu guṇaiḥ sarvaiḥ samanvitaḥ
tasya mûlyaṃ vidhâtavyaṃ sûribhiḥ çatapañcakam
vidhṛto mâṣâko yas tu çaçakâsṛknibhaprabhaḥ
tasya mûlyaṃ vidhâtavyaṃ dviçataṃ tattvadarçibhiḥ
kârṣâpaṇaṃ samâkhyâtaṃ purâṇadvayasaṃmitam
mâṣakadvayavṛddhyâ vâ padmarâgasya tatvataḥ
mûlyaṃ tulyabhave (E. tu labhate) sthâne mâṣakânâṃ çatadvayam
anena vidhinâ mûlyaṃ kartavyaṃ suvicakṣaṇaiḥ

146. *c*) E. vyoma. Les autres mss. : vyomni.
148. *a*) E. nighâtena. — *b*) A. sahasâ tyakta. B. mq. E. svarasâ tyakta.
149. *d*) D. E. dharaṇîndrasya.
150. *b*) D. E. gireḥ samîpe.
151. *d*) D. bhûmau.
153. *c-d*) D. E. jâtâç ca tatrâdbhutaratnayuktâḥ mahâkarâḥ svargivaropayogyâḥ
157. *c-d*) D. E. kâñcanapûrṇasyântaḥ suvarṇam ivâkṛtor yat tu.
160. *a*) E. prasâdam.
162. *d*) D. na yâdṛçi pûrvam. E. na tâdṛçi pûrvam.

163. *b*) A. C. karkarâ. — *c*) E. çliṣṭam (au lieu de *digdham*).
164. *a*) A. B. siddhiçleṣitaṃ. D. raktam (au lieu de *ratnam*). — *b*) A. B. marakatâdṛte. — *c*) A. B. çreyaḥkarmaṇi.
165. *a-b*) D. E. varṇântare ca kâcaḥ syât tadvarṇasyânuyâyinaḥ.
166. *b*) A. B. pûtikâ. C. pûtrikâ. E. puttikâ.
167. *c-d*) C. nântavaiṣamyam upaiti.
168. *b-c*) C. ye kecid upajâyate | teṣâṃ na prati°. — D.

muktâvajrâṇi saṃtyajya ye kecana sajâtayah
teṣâm apratibaddhânâṃ bhâ bhavaty ûrdhvagâminî.

E. suit D. sauf aux pâdas *c-d*) : teṣâṃ ca maṇibaddhânâṃ bhâ bhaved, etc.
169. *a*) D. E. ṛjutvâc ca punaç caiva keṣâṃcid...
170. *a-b*) D. snânâcamanakṛtyeṣu arccâmantra... E. snânâvapanakṛtyeṣu arghamantra. — *c*) D. E. gomahiṣyâdi.
171. *b*) D. E. gurusaṃpûjaneṣu.

Vilâya ne se trouve pas; *çreyâs* est un barbarisme manifeste ; *rucira* n'a pas le sens d' « apéritif », mais d' « appétissant. » La phrase correcte serait :

pittaçlesmavilâyane çreṣṭhâs te rucyâḥ smṛtâḥ.

L'exactitude de l'interprétation est confirmée par le *Râjanighaṇṭu*, XIII, 165 : *marakatam... âmapittaharaṃ rucyam...*

183. *a-b*) D. evaṃprakârâ vividhâvarṇâ çobhâvabhâsitâḥ.
184. *c*) A. B. C. °paṭalacchannâ.
189. *a-b*) D. yâvanmâtraṃ sahet agniṃ padmarâgaprayojitaṃ. — *d*) D. sahate taṃ mahattaraṃ.
191. *c-d*) A. B. bharttuḥ kretuḥ kârayitus. C. bharttuḥ ketu dhârayatuṃ. D. kartuḥ.
192. D.

kâcopalakaṇavîrasphaṭikâ iha bhûri maṇayas te
kathitâ vijâtaya ime sadṛçâ maṇayaç candranîlasya.

c-d) A. B. santi vijâtaya ete sadṛçâ maṇaya indranîlena.
193. Voici, pour cette stance, le texte comparé des mss.

a-b)

A. B. gurutâ vâ kaṭhinatâ eṣâṃ nityam eva pradṛçyate
C. » » » vâ teṣâṃ » » pradṛçete
D. gurubhâvakaṭhinabhâvâs teṣâṃ vividhâ nityam eva vijñeyâḥ

c-d)

A. B. kâco yathâ bahutaraṃ vivardhamâno viçeṣeṇa.
C. kâcâ » » » »
D. mûlyaṃ » » vivardhamânaṃ »
Mûlyaṃ du ms. D. est évidemment une correction d'un copiste.
194. *c*) A. B. lakṣanîlau. C. lakṣaṇîyo tathâ taile.
198. *a*) D. kalpântakâla.

199. *c*) C. kogacârikasîmânte. D. koratolakasîmâyâṃ.

Ce vers est cité, sous la forme suivante, par Mallinâtha, *Kumârasaṃbhava*, 1, 24 :

> *avidûre vidûrasya girer uttuṅgarodhasaḥ*
> *kâkatâlîyasîmânte maṇînâm âkaro bhaved || iti buddhaḥ*

200. *b*) D. prottuṣṭavarṇaçubharûpayutâvariṣṭâḥ. — *d*) D. vahnisphuliṅgasadṛçâ iva tiḥpatanti (*sic*).

201. D.

> nanyat prabalam utthatvâd âkaraḥ sya mahâguṇaḥ
> abhût prabhûtaratnaç ca sa mahâratnasaṃyutaḥ

202. *d*) D. anugacchati.

203. *c*-*d*) D. câsâsyapakṣapratimo pi yo vâ nânye tra çastâ... — *d*) A. B. manyâḥ praçastâ.

205. *a*) A. B. sasupâlau. C. saiçupâlau. G. çiçupâlau.

206. *a*) G. likhyâbhâvât. — *b*) C. saiçupâraṃ raghu bhavet.

207. *a*) A. B. C. laghuto pi. — *d*) A. B. C. prabhâvaç ca prahîyate.

210. *a*) A. kuçalâḥ kuçale. B. kuçalâkuçale. — *b*) C. °kriyâprayogaiḥ. — *c*) A. B. samudbhavâ. — *d*) C. maṇayo ṛthântaraliṅgayogataḥ. — G. ṛthantaramûlyam eva bhinnâḥ.

212. *a*) A. âkarâḥ samudyotânâm. B. âkâça. — *d*) C. sarvatra.

213. *c*) C. saptatibhâgasya.

220. Il mq. une syllabe à la fin du 1er hémistiche.

230. *c*) Mq. une brève après la 5e syllabe.

cintla se trouve au § 52 du *Mahâvyutpatti* avec huit autres mots d'une formation analogue, qui semblent tous se rapporter au cadavre ; *cinîla* doit par conséquent désigner la couleur bleuâtre de la chair en décomposition.

235. Mq. 1 ou 2 syllabes à la fin du 1er hémistiche.

237. *a*) C. saṃpraty.

241. *d*) C. pratiçuddaye ca.

243. *d*) G. kiṃciddhinâdi°. D. kiṃcit parvatabhûmiṣu.

244. *a*) A. B. çukababhru. D. çukakaṇṭha. — *b*) D. samânavarṇaṃ. — *c*) D. rudhirâkṣadigdham. — *d*) D. mûlyam atîva kuryât.

245. *a*) D. madhyendupâṇḍuram ativaviçuddha°. — *b*) D. jâtîndranîlasadṛçaṃ hi tathâ tulyaṃ syât.

246. D.

> kuberabandhyaçailânâṃ tivideṣu vateṣu ca
> deveço vyasṛjan medo dânavasya samantataḥ

248. D.

> tac ca tulyaṃ hi ratnânâṃ sarvalakṣaṇasaṃyutaṃ
> sasṛtaṃ çilpibhis tac ca doṣai haṃnimatâṣṭabhiḥ

249. *b*) C. daçaḥ çâkamvalâdiṣu.

250. *c*) C. çaliçalaṃ devakarâmake ca.

252. *d*) C. viṣâgni. D.

> prasanna komalaṃ snigdhaṃ sarvalakṣaṇasaṃyutam
> dhanadhânyakaraṃ caiva viṣâdibhayanâçanam

AGASTIMATA

1. *a*) C. apṛcchan. — *c*) R. mune çreṣṭhaḥ. — *c-d*) C. praṇipatya muniçreṣṭham agastyaṃ ratnavallabham.
2. *c*) D. kiriṭe kaṭisûtre ca.
3. Les pâdas *c-d* mqq. dans B.
4. A. C. R. maṇḍalakam.

Les deux pâdas supplémentaires ne sont que dans B.

5. *a*) C. D. yo 'badhyaḥ. — *b*) B. C. D. balo nâma mahâsuraḥ. R. balo nâmâsuro 'bhavat. — *c*) A. B. R. tridiveçopakârâya.
6. *a*) A. B. R. tatas. — *b*) C. upaçaḥ sammukhe sthitaḥ. R. devânâṃ sammukhe dhṛtaḥ. — *c-d*) A. B. çakras tad... D. çakro vajreṇâsyâhitaṃ çiraḥ. R. çakras tadvajreṇâhanac chiraḥ.
7. *a*) R. jâtâni. — *d*) D. sarve ratnottamâ yataḥ.
8. *a*) D. çirṣâd. — *b*) D. bhujâbhyâṃ. B. kṣatriyas tathâ. — *c*) D. nâbhipradeçeṣu.
9. *a*) B. sâdhyaiḥ. — *d*) C. viprakârakâḥ.
11. *b*) B. hemavaṅgakau. — C. D. tretâ mâtaṅgahemajau.
12. *a*) B. vikhyâtâ yathâ
13. *d*) C. parivarttinî. D. parivarttanam.
15. *b*) C. D. âraktadyutipiṅgacâruçaçadṛgsaṃkâça urvipatiḥ. — *c*) A. B. R. dhautâgni. — *d*) C. çûdro çyâma ca diptiyukta ruciro varṇaç caturtho budhaiḥ.
20. *a*) C. priyaḥ pârthivacittasya. — *b*) C. samṛddhibhâk.
22. *d*) B. C. D. varṇâçrite. R. varṇâçraye.
25. *c*) C. sthânatraye
26. *d*) C. D. yasya koṇasamâçritaḥ (D. °tam).
28. *b*) A. C. R. vartikâyâṃ bhayaṃ bhavet. D. vartakibhir utâmayam.

(Le scribe de C avait d'abord écrit *vartakâbhir anâmayam*; il s'est ensuite corrigé.)

29. *b*) D. yavapadâtmakâ.
32. *b*) B. nâpasavyâ çubhapradâ. — *d*) C. R. bandhane.
39. *a*) A. D. pûrvapiṇḍasamaṃ. B. pûrvaṃ piṇḍaṃ... — *b*) D. vajratulya. *c*) A. B. D. R. tatpiṇḍas. — *d*) C. gauravaḥ. D. gauravât.
42. *c*) B. piṇḍasamamânena. C. piṇḍasamam anyena. D. piṇḍasamanyena.
43. *b*) C. gurutve. — *c*) D. pañcasitam.

Les çlokas 43-44 sont répétés, sous une forme un peu différente, par 45-46; le 2e hémistiche de 44 est exactement le même que celui de 46. Il faut donc admettre que deux de ces çlokas sont une *varia lectio* introduite à tort dans le texte. Toutefois, comme tous les mss s'accordent, nous n'avons pas cru devoir rien supprimer. On peut au moins conjecturer avec vraisemblance que les deux çlokas interpolés sont 43-44; car entre la leçon de 43 : *pañcaçatam*, et celle de 46 : *pañcâçat*, le doute n'est pas permis : c'est la dernière leçon qui est la bonne En effet, si nous prenons pour base 500, un diamant de 6 piṇḍas vaudra (d'après la st. 47) 500 × 20 = 10,000 ; et ce même diamant vaudra 1.000, en prenant pour point de départ 50. Or, d'après 48, le diamant, de 7 piṇḍas vaut 1,000. Cette règle n'est pas tout à fait juste, puisqu'en appliquant la progression, on obtient 1,000 pour 6 piṇḍas et 1.200 pour 7. Mais la discordance est légère, tandis qu'elle est énorme dans l'autre hypothèse. Il faut donc préférer la leçon *pañcâçat*, par suite le çloka qui la fournit, par suite encore les çlokas 45-46.

44. *a-b*) D. piṇḍaṃ lâghavaṃ taṇḍulo pi ca. — *d*) D. tritâç.
46. *b*) C. sadṛçaṃ bhavet. — *c*) C. caturguṇaṃ proktaṃ.
47. *c*) A. B. R. piṇḍaṃ nibhandhaṃ ca. C. piṇḍanibandhaṃ taṃ. — *d*) D. khyâpayet. C. sthâpayec ca caturguṇam.
49. *b*) C. R. pâdâṃçe.
50. *a*) C. D. dvau pâdau.
51. *c*) A. B. R. vajrais. C. vajrasyâsya paraṃ mûlyaṃ dvisaptatrisahasrakam.
53. *c*) C. hînatve. — *d*) A. C. D. R. tâvadguṇâd.
54. *a*) A. B. R. saṃyuktasaṃsthânâṃ. — *d*) A. B. R. caturvidham.
55. *c*) R. çâstrasaṃjñâṃ samâsthâya. C. D. samutthâbhyâm ubhâbhyâṃ karma kârayet.
56. *a-b*) A. vaktuṃ karaṃ caturmarîcibhiḥ.
C. » karacakṣurmarîcibhiḥ.
D. » » » »
R. » kâcatulyamarîcibhiḥ.
B. vajraṃ karaṃ cakṣurmarîcibhiḥ.
c-d) A. D. na ca vedaikam ekena vinâ lakṣaṇalakṣaṇam.
R. » » » » » takṣaṇam.
C. » » vaidevam » » » lakṣitaḥ.
B. na bhaved ekam » » » lakṣaṇam.
58. *a*) C. D. uttamaç cottamâṅgeṣu. — *c*, C. hemavaçâya. — *d*) B. nânyatho mukham. C. nânyathâ sukham. D. tâny adhomukham.
C., après cette stance, a la suivante :

yas tu varitaro(r) nâma durvâmṛgadalacchavi
svarṇamâtraṃ tu tulayâ tad ratnaṃ koṭibhâjanam

C. D. présentent les 3 stances suivantes dans cet ordre: 61, 59, 60.
59. *c-d*) R. na kilayed budhas tena. C. na kilayad badhas tasya yad icched vipulaṃ çivam. D. na kilayed vadhas tena yadîcched ubhayo çubham.

Le verbe *kilay* (formé de *kila*, clou, pieu, et en général tout objet pointu destiné à être enfoncé) ne se trouve pas dans P. W., et le sens que nous lui avons donné est douteux. Il est également employé, ainsi que le substantif *kîlana*, dans l'Appendice à l'*Agastimata*, 24, 29, mais le sens n'y est pas plus clair.

60. *a-b*) C. yadi vâ kîlayet kaçcid ajñânân na ca çâstravit.
D. » » » » ajñânâc çâstravartmanaḥ.
c) A. tasya vajraṃ çirasi naḥ (B. °niḥ). R. tasya vajraṃ hi çirasi. C. D. ... ca çirasi. — *d*) C. etad vaṃçeṣu vajriṇaḥ. D. pad vaṃço va vajriṇaḥ.
61. *d*) C. tanmûlyaṃ paricaṣyate. D. mq.
62. *a-b*) C. aṣṭadhâ ratnaçâstraṃ hi mahimârgeṣu kathyate — D. aṣṭadhâ ratnaçâstreṣu mahîpakathiteṣu ca. — *d*) C. D. ratnân.

La leçon de A. B. *aṣṭadhâkara* doit être la vraie (Cf. 10: *aṣṭau vajrâkarâḥ*); mais le mot *çâstreṣu* ne s'explique pas, et n'est sans doute qu'une faute de copiste : nous supposons qu'il s'est substitué à un autre mot synonyme de *sthiteṣu*.

A la suite de cette stance, C. D. en contiennent une autre qui n'est qu'une *varia lectio*:

vartamânaṃ (D. vajramânaṃ) tathâ kâlaṃ deçaṃ râjanasammati (D. râjânusammati) | bhâṇḍamûlyâni saṃkhyâṃ ca yo jânâti sa maṇḍalî.

63. *c*) C. doṣo lâghavatâ. — *d*) A. B. lakṣaṃ. C. ratnaṃ.

Aucun des sens connus de *varti* ne convient ici. Je conjecture qu'il désigne la forme du diamant, ce caractère très important ne figurant pas dans l'énumération. f. les expressions *ûrdhvavarti*, *pârçvavarti*, *adhovarti*. (Ci-dessous, 213.)

64. *a*) C. âgare. — *c*) C. sindhudeçe. — *d*) C. krayavikrayaparîkṣakaḥ.
65. *a*) R. câturvarṇyeṣu. — *d*) R. praveçe.
66. *a*) A. B. R. maṇḍala. — *c-d*) R. avatîrṇa atho sâkṣât tanmadhye nâtra saṃçayaḥ.

Il n'y a aucune raison de rejeter, au pâda *a*), la leçon *maṇḍala*, et c'est par erreur que la leçon de C. D. *maṇḍalî* y a été substituée.

67. *b*) C. parîkṣiko bhavet. — *c*) C. tridaçair.
68. *b*) R. samâhvaya.
69. *c*) A. B. pâdayo ratnasaṃjñâ ca. D. pâdayet karasaṃjñâṃ ca. R. pâdaço ratnasaṃjñâ ca.
70. *a*) C. kathayen yasya. D. kathaye lobhât. — *b*) A. B. C. D. ratnamûlyaṃ. (La leçon du texte est celle de R.) — *c*) A. B. vigrahaṃ. C. D. kuryâd vayo nigrahaṃ (D. nirgrahaṃ) ca maṇḍalî vikraye tayoḥ. R. maṇḍalî yasya vikrayi.
71. *d*) C. kuṣṭaṃ.
73. *a*) R. pramâdâd.
74. *c-d*) C. D. vaçâd grâhyaṃ (D. grâhyâ) bahûnâṃ sammatâs tathâ.
75. *c*) R. eko vai.
76. *d*) D. kṣâravilekhanaiḥ.

C. intercale un çloka entre les hémistiches de 76 et en ajoute un autre à la suite :

vajrâṇâṃ kartṛmaṃ ratnaṃ rûpaṃ kurvanti ye dhamâḥ
sâyâti narake ghore hatyâpâpasamanvitaḥ
kartṛmaṃ ca yadâ vajraṃ jñâyate ratnavid yadi
tadâ kṣârâmlalepena raudre vajraṃ parîkṣayet
kartṛmo yâti vaivarṇyaṃ sahajam atidîpyate
kṣâlayet sâlisaṃkarṣâc cûrṇatâṃ yâti satvaram

78. c) A. saṃvâdyabheda. C. taccânyâbheda D. taccânyabheda. R. na teṣâṃ bheda.
A la suite de 78 viennent, dans C, les 2 çlokas suivants :

mahendro sa maṇir dhâryo dhanadhânyasamṛddhidaḥ
putradaḥ pâvanaḥ pûjyaḥ çatrughnaḥ samarâbhayaḥ
gurviṇibhir na dhartavyo yuvatibhiç ca te maṇiḥ
apare vajrasaṃsargâd garbhasampâto jâyate

79. a) R. hy ubhayâbhedau. b) A. B. R. svayaṃ niruktau. C. svayaṃ nirûkṣo. — c) A. B. vibudhaprasevanam. — d) R. rasaina vajraṃ jaṭhareṇa doṣâḥ.
Stance upendravajrâ. — Le chapitre se termine, dans C, par la souscription suivante :

iti çrîratnaparîkṣâçâstre agastirṣipraṇite vajrasyotpattijâtidoṣaguṇavarṇano nâma prathamo dhyâyaḥ.

81. c-d) R. yena sidhyati vijñânaṃ maṇḍalânâṃ.
84. a) R. iti vikhyâtamunayo. — c-d). R. mahârghyaṃ tu çuktijâ lokaviçrutâḥ.
85. a) C. meghajaṃ. — b) A. R. mahîṃ yâvad gamiṣyati. B. mahîjaṃ na ca gacchati. D. yathâ gacchati medinîm.
86. c) A. B. na çodhyaṃ. R. nâçodhyaṃ.
89. a) C. gaṇḍau. R. saṃjâta.

D'après la leçon de R., il faudrait entendre : « Les perles qui naissent dans les bosses frontales des éléphants originaires du pays de Gaṇḍû. » Mais on ne connaît point de pays de ce nom. Peut-être faudrait-il simplement corriger *gaṇḍû* en *gaṇḍa* « joue ».

91. d) C. D. timigarbhasya.
92. a-b) C. pâtâlâdhipanâgendrasaṃgrahe tac ca mauktikam. R. phaṇiṣûdbhûtamauktikâḥ.
93. c) A. B. râjyaṃ. — d) A. puraḥsarât. B. D. °sarân.
C. fait suivre 93 du çloka suivant :

asty uttare rûpyaçaile vaṃçodbhavatinirmala
çatâṣṭâdhikasadgranthir madhye tan mauktikaṃ matam

L'introduction de ce vers, relatif à la perle de bambou, au milieu d'un développement sur la perle du serpent, est sans doute due à la méprise d'un copiste, qui aura entendu *vaṃça* du v. 94 dans le sens de « bambou » au lieu de « race », et se sera en conséquence imaginé que la description de la perle du bambou commençait à cet endroit.

95. a) B. D. tadvaktre — a-c) C. devâḥ paçyanti tad vaṃço yâtudhânâ bhayena ca | rakṣâṃ balividhânena . — b) R. yâtudhânâḥ surâs tathâ.

C. fait suivre 95 du çloka suivant :

jñâtavyâ siddhapuruṣâ mauktikârtham upâgatâ
prîṇayet sarvadevânâṃ juhuyâd balidânataḥ

96. *b*) C. D. juhuyât tatra pâvakam.
98 *a*) C. yasya graheṣu. D. hasteṣu.
100. *d*) A. B. R. pramâṇaṃ varṇataḥ samam.
101. *a*) A. B. sukhasparçaḥ. — *d*) C. pavitraṃ pâpanâçanam.
102. *c*) A. B tadrûpaṃ yeṣu. R. teṣu.
103. *b*) R. nâlpapuṇyena. — *c*) R. durgamye. — *d*) R. saṃvasaty.
104. *c*) C. D. jagatijanitâro pi. — *d*) C. ekâkino care.
105. *a*) R. loke palapramâṇâḥ. — *d*) daṃṣṭrâṅgura.
106. *b*) C. varṇajâti. — *d*) khyâtaya tat.
107. *c*) R. yatra yatra prapâtâs.
109. *b*) C. ârabako. D. R. ârabâṭo.
110. *a-d*) C. snigdhaṃ madhusamaṃ varṇaṃ châyaṃ siṃhaladeçajam | ârabbakaṃ çuci snigdhaṃ gurutvaṃ ca çaçiprabham. — *c*) A. âravalaṃ. D. ârabâṭe.
111. *a*) A. R. çitalaṃ. B. saiṃhalaṃ çâravaṭam ca. — *c*) A B. jalarûkṣaṃ. C. jalarûpaṃ. R. barbarâkarajaṃ rûkṣaṃ.
112. *a*) A. rûkmâbhâstv eva çuktis tu B. rukmiṇy âkhyâtabhaktiç ca. C. kâñcanâsty ekaçuktis tu. D raukmibhâsty ekaçuktis tu. R. rukmâbhâ ratnaruk çuktis tatprasûtiḥ. .
113 *b*) C. jâtiphalapramâṇataḥ. — *d*) R. kiṃcit snigdhaṃ.
114. *b*) C. °çâstrâd iti kramât — *d*) R rûpayen mahim.
116 *c*) A. mûlyaṃ taulyâṣṭaguṇaṃ proktaṃ. B. mûlyaṃ taulyâṣṭaguṇitaṃ. C. maulyaṃ tolyâṣṭakaṃ proktaṃ. R. mûlyaṃ taulyaguṇaṃ proktaṃ — *d*) R. tyajyâ lakṣaṇavijjanaiḥ.
119. *a*) A. B. nivṛttaṃ. R nirvṛttaṃ C. trivarttaṃ câpalaṃ tryaçraṃ D. trivarttaṃ câpalaṃ mlânaṃ. — *b*) A. D. yatkṛtam. B. yastutam. C. niḥprabham. — *d*) A. B. ratnadoṣân parikṣayet.
120. *a*) R. kaṣṭaṃ. — *b*) C. D. ca sutaṃ haret.
121. *a*) A. B. R. nirvṛtte. C. D. trivartte. — *b*) A. câpalyaṃ tvacapâṭike. B. tvaṃcacâpaṭe. C. câpalye tv apavâdakâḥ. D. câpalyaṃ tv apavâdakam. — *c*) C. malinena ca. — *d*) C dhibhraṃço pârçvadirghake. D. matibhraṃço tidirghake.
122. *b*) D. yatkṛtam. R. yatkṛte.
123. *b*) C. tuṃga vṛttaṃ ca nirmalam.
124. *d*) C. likhyate. D. lakṣyate.
126. *a*) C. munigaubâlakanyânâṃ vadhâd. — *d*) R. tasya tatkṣaṇât.
127. *a*) A. B. madhurapitaçuklâdi. C. D. çuklâ ca madhurâ (D. °bhâ) pîtâ. *d*) A B. vinirṇayaiḥ. C. muktâchâyâ prakîrtitâ. R. ukto châyâvinirṇayaḥ.
129. *a*) R. maṅgalikṛtayaḥ. — *b*) R. sapâdarûpakaṃ. — *d*) B. kalañjasyaika°.
30. *a*) R. mañjalikṛtayaḥ. — *d*) R. çâṇa.
131. *b*). A. B. D. kṛtaṃ mune. R. kṛtaṃ mama. — *c*) B. niṣkaiḥ. D. niṣkaṃ. C. rûpakair daçakalañjaḥ syât mânaṃ pâdatalaṃ smṛtam.

Le sens ordinaire de *nikta*, « lavé, purifié » ne convient pas ici. En étendant ce sens, on arrive néanmoins assez facilement à celui de « clair, net, exact », qui a été adopté, sous toutes réserves, dans la traduction. Râm Dâs Sen explique *niktam* par *tulayâ tulitam*. J'ignore sur quoi s'appuie cette glose. Les variantes de B. D. *niṣkaiḥ*, *niṣkam* ne me semblent point préférables. Sans doute il y a une monnaie d'or appelée *niṣka* (dont on ignore d'ailleurs la valeur); mais pourquoi interviendrait-elle ici ?

133-153. Nous reproduisons ci-dessous le texte des mss. pour les st. 133-153. La col. de gauche donne le texte de A. et en note les variantes de B. et de R. Celle de droite donne le texte de C. et en note les variantes de D.; les stances de D., qui manquent dans C., sont intercalées à leur place, en italique.

I. (133.)

mâmjalyabhyudhitatrâse
jalabindusamanvitam
aṣṭatâlavidhaṃ mûlyaṃ
mauktikasya vinirdiçet

maṃjâdyai vṛttavâse tu
tulâbindusamanvitam
aṣṭatâlavidhaṃ mûlyaṃ
mauktikasya vinirdiçet

II. (134.)

pâdadvayaṃ syân mâṃjalî
kiṃcin naṃnyaṃ bhaved api
maṃjalîtritayasyâpi
pâdân aṣṭau vinirdiçet

pâdadvayaṃ syân mañjâlî
kiṃcinn ûnaṃ tu sâ bhavet
mañjalîtritîyasyâpi
pâdâṃçâni vinirdiçet

III. (135.)

tâsâṃ nâma tulo jñeyo
jalabinduṣu mauktikaḥ

trâso nâma tulâ jñeyâ
jalabinduç ca mauktikam
aṣṭatâle kalañje tu
çâstroktaṃ mûlyam âdiçet

IV. (136.) (D.)

kalañjasamabhâgasya
guṇair yuktasya sarvataḥ
yojayed uddhṛte trâse
jalabindusamanvitam

V. (138.)

aṣṭabhiḥ padam uttuṅgaiḥ
çâstroktaṃ mûlyam âdiçet

trâse câsîtir uddhṛtya
kalañjai saha mauktikam
aṣṭabhiḥ padamuktaiç ca
çâstroktaṃ maulyam âdiçet

VARIANTES DE B. ET R.

I. *a*) B. âdyudita. B. abhyuṣita.— *b*) B. samâjjitam. *c*) B. aṣṭatâlanibhaṃ.
II. *a*) B. mâñjaḍi. — *b*) B. kiṃcid ûnaṃ. R. kiṃcin nyûnaṃ.
III. *a*) B. trâsâ... tulâ jñeyâ. — *b*) jalabindus tu.

VARIANTES DE D.

I. *a*) maṃjâdyair vṛttavâse stu. — *b*) jalabindu.
II. *b*) bhaved api.— *c*) tritayasyâpi.
III. *c*) kalañjaṃ.
V. *a*) trâse vâse çîtir. — *b*) kaliñjaiḥ. — *c*) padatuṃgaiç.

VI. (137).

saptabhir dvâdaçaṃ proktaṃ	saptâbhi dvâdaçaṃ proktaṃ
ṣaṣṭyâ ṣoḍaçam âdiçet	ṣaṣṭyâ ṣoḍaçam âcaret
paṃçâçîti caturviṃça	caturviṃçatikalaiç ca
tâlais tu paṃcatriṃçataḥ	çâstroktaṃ mûlyam âdiçet

VII.

triṃçe kalaṃjam uddhṛtya
aṣṭatâlaṃ vinirdiçet
triṃçati saptabhiç caiva
kaliṃjair mûlyam âdiçet

VIII. (139.)

kaliṃjam uddhṛte trâse
guṃjâd ekasamaṃ yadi
tribhiç câtra pramâṇena
teṣâṃ maulyaṃ vinirdiçet

IX. (140.)

tribhir guṃjâdikaṃ yâvat	tribhir guñjâdikair yâvat
mauktikâni ca dhârayet	mauktikâni ca dhârayet
triguṇaṃ paçyate mûlyam	triguṇaṃ kriyate maulyaṃ
ekaikasya prameṇa tu	mauktikasya krameṇa tu

X. (141.)

guṃjâdikaiç caturbhiç ca	guñjâdikaiç caturbhiç ca
paṃcâçat mûlyam âdiçet	pañcâçan maulyam âdiçet
paṃcame caturaçîti	pañcame caturaçîti
ṣaṣṭe ṣaṣṭottaraṃ çatam	saṣṭaṃ tâlottaraṃ çatam

XI. (142.)

dviçataṃ ca caturṇâṃ ca	dviçataṃ ca caturṇâṃ ca
saptame ca vinirdiçet	saptame ca vinirdiçet
naitat saptaçatâçîtir	aṣṭaṃ catuḥçataṃ maulyaṃ
aṣṭâdhikyaṃ vinirdiçet	punaḥ ṣaṣṭottaraṃ bhavet

VARIANTES DE B. ET R.

VI. *d*) R. pañcaviṃçataḥ.
VII. *c*) R. triviṃçatiḥ. — *c-d*) mqq. dans B.
VIII. *a*) B. uddhṛta. — *b*) B. guñjâdy. — *c*) B. mûlyaṃ.
IX. *a*) B. R. yâvau. — *c*) B. paçyato. — *d*) B. krameṇa.
X. *b*) B. pañcâçan. — *c-d*) B. R. °açîtiḥ ṣaṣṭhe. R. ṣaṣṭhe tv aṣṭottaraṃ.

VARIANTES DE D.

VI. *a*) saptabhir. — *c*) caturviṃçatikalañjaiç ca.
X. *c*) açitiṃ. — *d*) ṣaṣṭe.

XII. (143.)

etat saptaçatâçîtir-
aṣṭâdhikyaṃ vidur budhâḥ

XIII. (144.)

daçam ekaṃ sahasraṃ tu
aṣṭaṣaṣṭaṃ vinirdiçet
ekâdaçe sahasraikam
aṣṭâçîti catuḥçatam

daçam ekasahasraṃ ca
aṣṭaṣaṣṭi vinirdiçet
ekadeçe sahasraikyam
aṣṭâçîti catuḥçatam

XIV. (145.)

dvâdaça dvisahasrâṇi
dviçataṃ ca vinirdiçet
saptaṣaṣṭi çatâdhikyaṃ
dve sahasre vinirdiçet

dvâdaçe dvisahasrâṇi
dviçataṃ ca vinirdiçet
saptaṣaṣṭi çatâdhikyaṃ
dvisahasre vinirdiçet

XV. (146.)

caturdaçe visahasrâṇi

saptatiç cottaratrayam
paṃcadaçaṃ bhaven mûlyaṃ
saṃjñau tu râçivartakaḥ

caturdaçe trisahasrâṇi
pañcâçâṣṭaguṇaṃ bhavet
ṣaṭçate ca sahasrâṇi
saptatiç cottaratrayam
pañcâdaço bhaven mûlyaṃ
mauktikasya vinirdiçet

XVI. (147.)

ata ûrdhvaṃ trike madhye
padamûlyâ nivarttate
ṣoḍaçaç caiva saṃjñâyâṃ
yâvad aṣṭaçatâni ca

ata ûrdhvaṃ trikaṃ madhye
pâdamaulyaṃ nivarttate
ṣoḍaçîç caiva saṃjñeya
tâvad aṣṭaçatâni ca

Variantes de B. et R.

XIII. *b*) B. aṣṭaṣaṣṭhaṃ. R. aṣṭaṣaṣṭiṃ.

XIV. *a*) B. dvâdaçe dvisahasraṃ tu. — *c*) saptaṣaṣṭhi çatâdhikya. R. °ṣaṣṭyâṃ.

XV *a*) B. dvisahasra. R. dvisahasrâṇi. — *c*) R. pañcadaçe. — *d*) B. çaçivartakaḥ. R. Un blanc au lieu des mots *saṃjñau tu*.

XVI. *b*) R. pâdamûlyaṃ. — *c*). Un blanc au lieu des mots *ṣoḍaçaç caica*.

Variantes de D.

XIII. *b*) aṣṭaṣaṣṭiṃ. — *c*) ekâdaçe.

XIV. *d*) dve sahasre.

XV. *e*) pañcâdaçe.

XVI. *a*) ûrdhva trike. — *b*) pade mûlyaṃ. — *c*) ṣoḍaçaṃç caiva saṃjñeyâ.

XVII. (148.)

sahasre ca çatanyûne
dvigunena na vimçatiḥ
sahasraikaçataṃ nyûne
sthâpayed bhûpade pade

sahasraṃ ca çataṃ maulye
khyâpayec ca pade pade
sahasraikaçataṃ nyûno
dviguṇaikonaviṃçati

XVIII. (149.)

viṃçam ekottaraṃ yâvat
kṣiped râçikrameṇa tu
jâtaṃ paraikaviṃçatyâ
triguṇaṃ vikrameṇa tu

viṃçam ekottaraṃ yâvat
kṣiped raṃçakrameṇa tu
jâtiṃ parîkṣa triṃçatyâ
triguṇaṃ ca krameṇa tu

XIX. (150.)

catuṣṭrikaiç caturguṇyâ
paṃca paṃcaguṇaiḥ smṛtam
guṇâ daça praçaṃsanti
yâvat triṃçâṣṭasaṃbhavât

catustrike caturguṇyaṃ
pañce pañcaguṇaiḥ smṛtam
guṇân daça praçaṃsanti
yâvat triṃçâṣṭasaṃyutân

XX. (151.) (D.)

dvau kalaṃje trikasthâne
viṃçati guṇaṃ prayojayet
prâjas taṃ ca vijânîyât
tasya mûlyaṃ ca uttamaṃ

dvau kalañjau trikasthâne
viṃçadguṇyaṃ prayojayet
prâjñas taṃ taṃ vijânîyât
tasya mûlyaṃ ca uttamam.

XXI (152.)

dvau kalaṃja vike caiva
jalabindur labhet kvacit
surair arcanayogyaṃ tu
narair etan na dhâryate

dvau kalañjau trikaṃ maulyaṃ
jalabinduç ca durlabhaḥ
surair arcanayogyaṃ tu
narair etan na prâpyate

VARIANTES DE B. ET R.

XVII. *a*) R. çataṃ vidyâd. — *b*) B. dviguṇekân na viṃçatiḥ. R. dviguṇenonaviṃçatiḥ. — *c*) B. çate. — *d*) R. khyâpayet.

XVIII. *c*) B. jñâtaṃ paraikya. — *d*) R. vai krameṇa.

XIX. *c*) B. guṇadoṣaṃ.

XX. *a*) R. kalañjau. — *b*) B. viṃçatiṃ guṇaṃ. R. viṃçaguṇyaṃ. — *c*) B. R. prâjñas.

XXI. *a*) R. kalañjau. Les 4 akṣaras suiv. en blanc. — *b*) B. jalaṃ binduṃ. R. jalabinduṃ.

VARIANTES DE D.

XVII. *a*) çataṃ nyûne. — *c*) °çate nyûne — *d*) dvigunam eko°.

XVIII. *a*) cirâm ekottaraṃ. — *b*) kṣeped râçi°. — *c*) jâti parîkṣya viṃçatyâ. — *d*) vikrameṇa.

XIX. *b*) pañca pañca... smṛtaḥ.

XXI. *a*) trike caiva. — *b*) jalabindur labhet kvacit. — *d*) na dhâryate.

XXII. (153.)

lakṣam ekaṃ bhavet samyak	lakṣam ekaṃ bhavet samyak
saptadaçasahasrakaiḥ	saptadaçasahasrakaḥ
yatraikasaptati trîṇi	çataikasaptati trîṇi
paramaṃ mûlyam âdiçet[1]	paramaṃ mûlyam âdiçet

Ce qui ressort de ce tableau, c'est d'abord l'extrême incorrection des mss.; c'est ensuite leurs notables divergences dans la constitution du texte. Ce double caractère s'explique facilement par le caractère même du passage, qui n'est qu'une chaîne ininterrompue de nombres et de formules techniques. Dans un texte de ce genre, la moindre inexactitude apporte un trouble irréparable. Si un chiffre est changé ou omis, comment le rétablir? Le mal ne peut que s'aggraver. Chaque copiste comprend un peu moins que son prédécesseur et s'efforce davantage: il retranche, combine, déplace, remplace, si bien qu'après quelques générations la confusion est complète et irrémédiable. Peut-on restituer le texte primitif? Non évidemment, et celui que nous avons donné n'a aucune prétention de ce genre. Peut-on au moins retrouver les grandes lignes du système? Cela même est douteux. Essayons cependant.

L'auteur dresse deux échelles parallèles, l'une des poids, l'autre des prix. Le poids maximum est 2 kalañjas, le prix maximum 117 173 ou 117 073 (XX-XXII). Que représente ce dernier nombre? Nous l'ignorons, l'unité monétaire n'étant pas mentionnée. Nous sommes mieux renseignés sur les poids. 1 kalañja = 24 mañjalîs, et 1 mañjalî correspond à peu près à 1 carat (*Hobson-Jobson*, s. v. *Mangelin*). Or une perle de 48 carats est effectivement d'une grosseur peu commune.

Reprenons maintenant notre explication dans l'ordre du texte.

Pour les st. III-V, je comble à l'aide de C. D. la lacune présumée de A. B. J'intervertis en outre l'ordre des st. V (138) et VI (137). Dans cette dernière stance, je suis A. B. pour les 3 premiers pâdas et C. D. pour le quatrième; le çloka ainsi constitué nous donne les deux séries suivantes:

7	12
60	16
85	24

12 étant la moitié et 16 les 2/3 de 24, il est vraisemblable que la 2e colonne marque les divisions principales d'une graduation en vingt-quatrièmes; et comme un kalañja comprend précisément 24 mañjalîs, il est à supposer que ces fractions sont des mañjalîs. Le sens serait donc celui-ci : une perle de 12 mañjalîs vaut 7; une de 16 mañjalîs, 60; une de 24 mañjalîs ou d'un kalañja, 85. Le premier de ces prix est confirmé par la st. 156, d'après laquelle une perle qui porte un œil-de-poisson ne vaut que 6 (au lieu de 7). L'expression de la st. IV *kalañjasamabhâgasya* (*muktasya*) vient aussi à l'appui de cette interprétation.

Tout a été dit maintenant sur le 1er kalañja: on peut le mettre de côté (*kalañjam uddhṛtya trâse*, VIII), ainsi que le prix correspondant de

1. Les pâdas *c-d*) mqq. dans A. B.

quatre-vingt-[cinq] (*trâse çâçîtim uddhṛtya*, v), — qu'on ajoutera plus tard à celui du 2ᵉ kalañja, — et procéder à la division de celui-ci.

Nous trouvons tout d'abord cette règle :

aṣṭabhiḥ padam uttuṅgaiḥ çâstroktaṃ mûlyam âdiçet

pada, tout au long de notre passage, paraît signifier « degré » (Cf. XVI, *padamûlyâ ;* XVII, *pade pade*), et le degré dont il est question ici est sans doute celui qui marque le passage du 1ᵉʳ au 2ᵉ kalañja. Au-dessus de ce degré, il y en a 8 autres (*aṣṭabhiḥ padam uttuṅgaiḥ*), c'est-à-dire que le 2ᵉ kalañja est divisé en 8 parties égales, qui sont apparemment des *tâlas* (III, *aṣṭatâle kalañje tu çâstroktaṃ mûlyam âdiçet ;* VII, *kalañjam uddhṛtya aṣṭatâlaṃ vinirdiçet*). Il est singulier qu'après avoir annoncé à plusieurs reprises une division en 8 tâlas, l'auteur tourne court et adopte pour tout le reste de son exposé une division en guñjâs. On a déjà pu remarquer un peu plus haut (st. 129-132) une énumération de poids (*rûpaka, mâsa, mâna, pâda*) dont il n'est fait aucun usage dans la suite. L'explication de cette anomalie se présente assez naturellement. Si l'*Agastimata* n'est, comme tout semble l'indiquer, que l'adaptation d'un ancien çâstra à une région particulière, l'auteur a pu reproduire la terminologie du çâstra, tout en employant pour ses règles pratiques les termes de la localité où il écrivait. C'est ainsi qu'il mentionne le *tâla*, et qu'il fonde ses calculs subséquents sur une autre unité : la *guñjâ*.

Quel est le rapport de la guñjâ au kalañja ? La *Navaratnaparîkṣâ*, 91, y voit un autre nom de la mañjali (*mañjalî procyate guñjâ*) et compte 30 guñjâs au kalañja. Cette équivalence est certainement erronée ; car, d'une part, 1 kalañja = 24 mañjalis, et non pas 30, et, d'autre part, comme la division en guñjâs dépasse 38 (XIX), il faut nécessairement qu'il y ait plus de 30 guñjâs au kalañja. Le véritable rapport est : 1 kalañja = 40 guñjâs. (V. Buddhabhaṭṭa, 78, et *Agastim.*, 130-131.)

La st. VIII pose en règle que l'unité de poids d'après laquelle on calcule le prix est un poids de 3 guñjâs. Ce procédé nous est connu par ailleurs : c'est celui que la st. 223, par exemple, prescrit pour l'évaluation du rubis : « En prenant pour unité un groupe de 3 yavas, chaque fois que le volume augmente d'une unité, le prix est doublé. » Mais il ne paraît pas qu'il soit appliqué dans le tarif qui suit, où la progression marche de 1 en 1, et non de 3 en 3. Ici encore se trahit le conflit, déjà signalé, de deux systèmes.

Le tarif qui suit débute par un poids de 3 guñjâs (c'est-à-dire 1 kalañja + 3 guñjâs) : dans ce cas, le prix est triplé (*triguṇaṃ kriyate mûlyam*) ; mais quel est le prix initial ainsi triplé ? On ne nous le dit pas. Vient ensuite une échelle de poids avec l'énoncé de la valeur correspondante à chacun. La progression des prix suit régulièrement celle des poids jusqu'à 12 guñjâs ; à ce point, elle devient brusquement descendante, ce qui indique une altération dans l'ordre du texte. En transposant, dans A. B., les seconds pâdas des st. XIV et XV, on rétablit la régularité de la progression :

12 guñjâs	=	2073
13 »	=	2167
14 »	=	2200

L'équation 14 guñjâs = 2200, obtenue par ce procédé, est évidemment conjecturale ; elle doit même être inexacte (v. plus bas), ce qui est d'autant plus regrettable que c'est elle qui sert de base à tous les calculs qui suivent. Mais comme elle ne saurait s'éloigner beaucoup de la vérité, acceptons-la provisoirement, sauf à essayer plus tard de la rectifier.

De 15 à 40 guñjâs, le système de computation, tel du moins que je le comprends, est celui-ci. La série des guñjâs est partagée en groupes de 3 ou *trikas* :

$$\underbrace{14.15.16.}_{1}\quad\underbrace{17.18.19.}_{2}\quad\underbrace{20.21.22.}_{3}\quad\underbrace{23.24.25.}_{4}\quad\underbrace{26.27.28.}_{5}$$

$$\underbrace{29.30.31.}_{6}\quad\underbrace{32.33.34.}_{7}\quad\underbrace{35.36.37.}_{8}\quad\underbrace{38.39.40.}_{9}$$

L'augmentation se fait par deux procédés : 1° par addition (*râçi*); 2° par multiplication (*guṇa*). Pour 15 et 16 guñjâs, le nombre additionnel est 800 :

$$2200 + 800 = 3000$$
$$3000 + 800 = 3800$$

A chacun des 2 degrés suivants (17 et 18), on ajoute 900 :

$$3800 + 900 = 4700$$
$$4700 + 900 = 5600$$

A 19, le nombre qui précède est doublé :

$$5.600 \times 2 = 11.200$$

On applique la même méthode aux six *trikas* suivants.

Chaque *trika* comprend 3 poids, inférieur, moyen et supérieur, dont chacun est égal au précédent augmenté d'une unité, et auxquels correspondent 3 prix : a, b, c. Le prix a s'obtient en ajoutant 900 au prix c' correspondant au poids supérieur du *trika* précédent; le prix b, en ajoutant 900 au prix a; et le prix c en multipliant le nombre souche 5.600 par le chiffre n du *trika*, c'est-à-dire :

$$a = c' + 900$$
$$b = a + 900$$
$$c = 5600\, n$$

Ainsi, pour le 3e trika, nous aurons

$$20 \text{ guñjâs} = 11.200 + 900 = 12.100$$
$$21 \quad » \quad = 12.100 + 900 = 13.000$$
$$22 \quad » \quad = 5.600 \times 3 = 16.800$$

Cette formule s'applique jusqu'au poids de 37 guñjâs, dont le prix est $5.600 \times 8 = 44.800$. Pour le dernier *trika* (38 à 40 guñjâs), les st. XIX-XX posent une nouvelle règle. Le prix de 38 guñjâs, au lieu d'être de

$$44.800 + 900 = 45.700$$

devrait être de $5.600 \times 10 = 56.000$

et celui de 40 guñjâs ou 2 kalañjas de

$$5.600 \times 20 = 112.000$$

Or, le prix assigné par la st. XXII à la perle de 2 kalañjas est de 117.173 ou 117.073, ce qui fait une différence de 5.173. Cette différence vient, comme nous l'avons dit, de la probable inexactitude du chiffre 2.200 qui sert de base au calcul. Pour arriver à 117.173, il faudrait partir de 2.458 (au lieu de 2.200) : or, à l'endroit même où l'on souhaite le nombre 2.458, les mss. C. D. contiennent, au milieu de débris informes, le chiffre 58 : *pañcâçâṣṭaguṇam*. N'est-ce qu'une simple coïncidence?

Telle est l'hypothèse que nous proposons avec beaucoup d'hésitation, dans l'espoir que, même erronée, elle pourra servir d'acheminement à une meilleure solution.

Après la st. 152, le ms. C. insère ce qui suit :

anyapâṭhaḥ

aṣṭabhiḥ sitasiddhârthair garbhapâky ekataṇḍulaḥ
taccatasro bhaved guñjâ tayâ maulyaṃ vinirdiçet
suvṛttaṃ suprabhaṃ çvetaṃ guñjâmâtram anuttamam
pañcaviṃçati maulyaṃ tu ratnaçâstra udâhṛtam
anenottamamûlyena guñjâvṛddhikrameṇa ca
yuktâbhyâṃ kriyate maulyaṃ guṇadoṣaprabhâvataḥ
guñjânâṃ ca catuḥṣaṣṭir gadyâṇakam udîritam
uttamaṃ mauktikaṃ yac ca tad ratnaṃ koṭibhâjanam
gadyâṇair vardhate muktâ tathâ maulyaṃ ca vardhate
hiyate ca tathâ muktâ tadâhâniç ca jâyate

155. *c-d*) C. tuṅgam indusamâbhâsaṃ muktâratnaṃ anuttamam.
156. *a*) C. sarvâvayavasaṃyuktaṃ. D. yat sarvâṅgasamânaṃ tu. — *b*) C. matsâkṣaṃ ca yadâ bhavet. — *c*) C. vaded dhîmân. — *d*) C. varjayet tat prayatnataḥ. D. tasya mûlyaṃ vinirdiçet.
157. *c*) C. tadâpitaprabhâ tasya.
161. *a*) A. B. D. R. vigrahatuṅgâdyâ. — *b*) A. B. R. samudrântaṃ vinirdiçet. — *c*) A. B. çâstroktamayasaṃkhyâ ca. R. çâstroktam atha... C. çâstroktâ nâtha saṃkhyâtâ. D. çâstroktanayanaṃ khyâta.
162. *b*) C D. yugakâla. — *e*) C. hemnâ tu badhyate prâjña.
163. *a-b*) A. R. châyâ ca darthakaç caiva raçikâ sikthaṃ eva ca.
B. châyâvad âryakaç » » » » »
C. yâvat tad anyakaç » ravikâṃsatvam » »
D. châyâvad ardhakaç » ravikâçatvam » »
c) A. B. R. rûpyaṃ pûrvaṃ ca. C. kûpyaṃ pûrvaṃ ca. D. kupyaṃ...
164. *a-b*) A. B. trayodaçaṃ dhâraṇaṃ ca tyaktasaṃjñâ vinirdiçet.
R. » » » raktasaṃjñâṃ »
D. » » » siktasaṃjñâ »
C. trayodaço » » trisikta »
c) A. dârdyakaṃ. R. dârthakaṃ. — *d*) A. D. R. siktakaṃ. (Le 2e hémistiche mq. dans B.)
e) A. R. asite dhâraṇe kupyaṃ. B. ṛsite dhâraṇe kupya. — *f*) A. R. pûrṇaṃ sârdhasitaṃ bhavet. B. pûrṇe sârdhaṃ bhavet. C. mudrâ sârdhaçataṃ bhavet.
165. Après 165, C. place la st. 169 de notre éd. avec une var. pour le 2e hémistiche. (*V. infra.*)
167. *c-d*) C. çvetavastreṇa tad vedyaṃ yâmakaṃ svedayet sudhîḥ.
168. *c-d*) C. kartṛmo bhaṃgam âyâti sahaja câpi dîpyate | iti çrîratnaparîkṣâçâstre çrî agastirṣipraṇîte mauktikasyotpatti | aṣṭajâtinirṇaya

çuktodbhavamauktikasya parîkṣâ navadoṣa`ṣaṭguṇa trividhachâyâ mola pramâṇo nâma dvitîyo dhyâyaḥ saṃpûrṇa | çubhaṃ bhavatu.

169. c-d) C. (qui reporte cette st. après 165) : te narâ câdhaṃâ jñeyâ ratnaçâstreṣu ninditâḥ.

170 b) C. purâ. — d) C. nipatito.

171. b) C. bhitir daityadaçânanâ.

172. a) A. B. C. D. çravaṇagaṅgâkhyâ. R. nadyâṃ râvaṇagaṅgâyâm. — b) C. D. R. siṃhalakodbhave.

173. c) C. khadyota iva tad dîptaṃ. — d) A. B. R. mûrdhni vahniprakâçitam. C. ûrdhvavahniprakâçikam. D. ûrdhvavartti prakâçakam.

174. a) R. padmarâgaṃ samudbhûtam. — c) C. D. sugandhiḥ. — d) C. D. padmarâgatrayaṃ saha.

175. b) R. bhedât.

176. a) C. çṛṇvantu. — f) A. B. R. châyâ tebhyaḥ.

177. a) B. kaççapure randhre. A. C. D. kalapure randhre. R. siṃhale kâlapure ca randhre ca tumbare tathâ. — d) R. madhyaloke.

178. c) A. tâmrabhâti bhaved randhre. B. ... ândhre. C. tâmrakântair bhaved andhre. D. tâmrakântir bhaved andhre. R. tâmrabhânuṇibhaṃ randhre.

179. d) A madhyaṃ madhyama tumbare. B. madhyamâdhyamatumbaraiḥ. C. tumbare câtha madhyamam.

180. b) A. B. tadvargaguṇasaṃyutam. C. °saṃyutâḥ. — c) A. B. châyâ tu ṣoḍaçâ. R. ṣoḍaçî.

181. c) A. B. C. komalaṃ. R. komalaṃ jaladhûmre ca maṇidoṣâṣṭadhâ smṛtâḥ.

183. e) C. sarvamunibhir.

184. a) R. vikṛti. — b) R. triṣu vargeṣu.

185. d) C. prâpnuvanty açubhaṃ phalam.

186. a) D. raṇe tu prâṅmukhatvaṃ. R. raneṣu prâṅmukhatvaṃ. — b) C. bhavet sadâ. D. labhet tathâ. — c) A. B. na prâpyaṃ guṇadoṣasya. C. D. prâpya tad bhinnadoṣaṃ ca. R. aprâptaguṇadoṣaṃ tu. — d) C. D. lakṣaṇavan maṇim.

188. c-d) C. vinâ maulyaṃ yadâ prâptaṃ tathâpi dûratas tyajet.

190. b) C. aṣṭau doṣâçritaṃ dhruvam. D. aṣṭadoṣâçritaṃ dhṛtam. — c) C. D. paçubandhûnâṃ. — d) C. vipattir vâ na saṃçayaḥ. D. vipattir vâkṣayân guṇân.

192. a) C. kaṅkelikâbhaṃ ca. D. kaṅkolikâ°. — d) A. B. C. R. komalaṃ.

193. a) C. dhanâdyâçokapatrabhaṃ. D. dhanâdy açokapatrâbhaṃ. R. dhanâyâçokapatrâbhaṃ. — b) A. B. R. ciraçrîr madhunâ nibham. C. vṛddhiçrir madhusannibham. — d) C. kolaphalasamaprabham. D. kaṅkoliphalasannibham. R. °sannibhe.

194. a) R. jalaṃ. — c) B. apavâdam. C. D. apavâdaṃ ca çokaṃ ca. — d) C D. vinâças tasya nirdiçet. R. cintâçokabhayaṃ sadâ.

195. a) C. D. siṃhale yaḥ samudbhûto. R. saridudbhûto. — c) A. bandhachâyâbhayaṃ tasya. R. madhyachâyâ°. C. buddhibhraṃçâ bhavet tasya. D. vinâçaç ca bhayaṃ tasya. R. vadhachâyâ bhayaṃ tasya.

196. Les pâdas a-b) mqq. dans C. -- D. les place à la suite de 192. — c) C. nirdoṣadhâraṇât. — d) D. çrûyatâṃ. R. çṛṇuto.

197. C.

snigdhacchâyaṃ gurutvaṃ ca bâlamârtaṇḍavatprabham
îdṛçaṃ padmarâgaṃ ca yaḥ kare dhârayet budhaḥ

198. *a*) A. B. R. bhûmiṣu. C. bhûmiç ca dhânyânâm. — *b*) R. açvamedhe. C. açvamedhaçatâni ca. D. °çatena ca. — *c*) A. R. datteṣu. B. datte py. C. D. datte vâ prâpyate puṇyaṃ.
199. *a*) A. B. C. nânâvarṇâç ca ye ratnâ. D. nânâvidhâç ca ye ratnâ. R. nânâvidhâç ca te varṇâ. — *b*) C. D. maṇayaḥ kâyasaṃbhavâḥ.
200 *a*) D. lâkṣârasanibhâç caiva. — *b*) A. D. R. padmavarnâç ca dûrataḥ. — *d*) D. lodhrapuṣpeṇa sannibhâḥ.
Après 200, D. insère ce demi-çloka :

çaçânkapratimâ bhâsâ indragopena sannibhâḥ.

201. *c*) D. sândrarâga.
202. *c*) D. siṃhaladyuti.
203. *a*) D. citrakojvala. (Les pâdas *a-b* mqq. dans R.) — *c*) D. kecit sârasasaṃkâsâ R. cakorasârasâkṣâbhâḥ.
204. *a*) D. khadyotarâgasadṛçâḥ.
Texte des vers 200-204 dans le ms. C.

çoṇapadmam ivâkârâḥ lodhrapuṣpasamaḥ prabhâḥ
lâkṣârasanibhâç caiva indragopasamadyutiḥ
bandhûkapuṣpaçobhâḍhyâ mañjiṣṭhâkunkumâkṛtiḥ
kecit sârasasaṃkâçâḥ kokilâkṣanibhâḥ punaḥ
cakorapakṣanetrâbhyâ saptângârasamaprabhâḥ
guñjâsindûrakausumbhadâḍimîbijasannibhâ
çâlmalipuṣpasaṃkâçâḥ châyâ ṣoḍaçadhâ smṛtâḥ

205. *a*) C. sarveṣâm api ratnânâṃ. R. maṇiratnânâṃ. — *d*) B. samâsataḥ. D. yathârthavat. R. yathâtatham.
207. *a-b*) C. indragopâgnisatprabhaṃ dâḍimîbijasadyutiḥ.
208. *a*) C. D. cakorapakṣinetrâbhaṃ. R. cakoranetrasambhâsaḥ.

Il y a contradiction entre *sapta* et l'énumération précédente, qui ne comprend que *six* couleurs.

209. *a*) R. çaçâsṛk.
Texte de 209-211 dans C.

lâksâbandhûkaguñjârdhamañjiṣṭâkunkumaprabhâ
lodhrakausumbhasindûra mâṇikyaṃ ca yadâ bhavet
atiraktaṃ ca pîtaṃ ca kuruvindam udâhṛtam || *ṣaṭpadî* ||
iṣatçyâmaṃ suraktaṃ ca çâlmalipuṣpasannibham
jaḍaṃ rûkṣaṃ niḥprabhaṃ ca jñeyaṃ saugandhikaṃ budhaiḥ
lâkṣârasanibhaṃ caiva nâmajaṃ kunkumaprabham
châyâ caiva trayâṇâm ca kathitâ ca suvistarâ

212. *a*) C. D. trivargeṇa dhṛtaṃ.
213. *a*) A. B. R. ûrdhvavartis tathâ dîptiḥ. C. ardhavartis. — *b*) A. trayo maṇiḥ. C. D tathâ maṇiḥ — *c-d*) C. piṇḍaṃ (D. piṇḍa) rangaḥ sa vijñeyo ratnaçâstraviçâradaiḥ. — *d*) R. madhyamaiḥ.
214. *a*) R. mucyate bâhye. — *c*) A. rangakâutis.
215. *a*) C. bâlârkâbhimukhaṃ kṛtvâ. R. bâlârkadinmukhaṃ caiva. — *c*) R. châyâmadhye maṇinâṃ tu. — *d*) R. kântirangaṃ.
216. *d*) A. B nâbhiviṃçakaiḥ. C. bhântiviṃçakaiḥ.

217. *a*) B. C. D. pramâṇakântis. — *c*) D. raṅgaṃ.
219. *c*) R. yan mâtramaṇivistâraṃ.
220. *a*) R. daçottara. — *b*) C. maulyakam. R. mûlyatâm. — *c*) R. kuruvinde padanyûnaṃ. — *d*) D. saugandhe cârdhabhâgakam.
221. *c*) R. pañcâdhike.
223. *a*) B. yavamâtra. — *d*) C. D. mâtrâṣṭabhir.
224. *a*) R. maṇimâtrâ ca pâdâṃça. — *b*) A. B. nyûnaṃ na ca. D. nyûnaṃ tac ca. R. nyûnâ caiva. — *c*) R. kriyate.
228. *d*) D. kṣipayed. R. sthâpayed.
229. *c*) A. B. gâtramûlyaṃ. C. mâna°. — *a-c*) R. adhamâ adhimâtraṃ tu viçvakântiç ca yo bhavet | kṣiyate gâtramûlyâni.
230. *a*) C. ṣaṭtriṃçat. — *c*) A. B. D. R. catuṣṭâla. — *d*) C. padmarâgâkarâḥ smṛtâḥ. R. padmarâgaḥ paraṃ smṛtam.
231. *a*) R. suchâyânibhagâtrâṇi. — *c*) siṃhalaç câpi. — *d*) R. randhra.
232. *c*) C. tribhâgasiṃhalaç câpi.

La méthode d'évaluation du rubis, telle qu'elle est exposée ici, comporte l'examen de quatre éléments : la variété (padmarâga, kuruvinda, saugandhika), le volume, l'éclat et la provenance. Il n'y a de difficulté sérieuse qu'en ce qui touche l'éclat. Autant qu'on peut le deviner à travers les incertitudes et les incorrections du texte, voici les grandes lignes du système. On évalue l'éclat en le convertissant en poids : le poids employé est le grain de moutarde blanche (sarṣapa). Comment établit-on cette équivalence? Il semble que le procédé à suivre se trouve énoncé dans la stance 215, mais en termes trop vagues pour qu'il soit possible de s'en rendre un compte exact. Jusqu'à concurrence de 20 sarṣapas, l'éclat est dit *kânti*, et le rubis, selon l'intensité de la *kânti* est appelé *ûrdhvavarti*, *pârçvavarti* ou *adhovarti*. A partir de 21 sarṣapas, l'éclat est dit *raṅga*, et le rubis qui possède ce degré supérieur d'éclat se nomme *kântiraṅga*. L'unité de volume est de 3 yavas : en voici les prix, suivant la variété et l'éclat de la pierre.

	kânti			raṅga
	ûrdhvavarti	pârçvavarti	adhovarti	
padmarâga	210	158	105	500
kuruvinda	158	105	77	250
saugandhika	105	77	25	125

Le texte est assez explicite, en ce qui concerne les variations de ce prix initial.

233. *d*) A. B. C. R. vinirdiçet.
234. *a*) R. jâto. — *b*) A. B. R. dhâryate yadi. — *c*) R. labhet.
235. *a*) R. komalatvaṃ. — *c-d*) C. prasaṃsiddhaṃ gurutve padmarâgajam
236. *c-d*) C. anyonyaṃ gharṣayed ratnaṃ yad açuddhaṃ tad vipadyate. R. lakṣayet sthânasaṃyuktam ubhau...
237. *a-b*) R. naçyate jâtyâ jâtir bhâtiṃ prakâçayet. — *c-d*) D. likhyate tena tad ratnaṃ taṃ dehaṃ ca parityajet. — Ce çloka mq. dans C.
238. *b*) B. lakṣaṇair vâpi lakṣayet. A. lakṣaṇair vâ vilakṣate (R. vilakṣyate). D. vajreṇaiva vilikhyate. — *c*) R. na cânyair lakṣyate lakṣyaṃ. — *d*) C. çastrair (D. çatair) vâpi na lekhayet. R. çânair nâpi vilekhayet.

241. *a*) A. B. mahànilà sadà.
243. *a-b*) A. B. R. patite locane yatra tatra jàtà mahâkaràḥ. — *c*) A. B. siṃhalasyâkarajàti. R. siṃhalasyâkaràd ye ca.
244. Les pàdas *b*) et *d*) sont intervertis dans A. B. R.
245. *a*) C. mṛtyulokàkarau. R. siṃhaliyâkarau.
246. *a*) R. caturvarṇaṃ vijàniyàt.
246-248. C.

caturdhà nilam àkhyàtaṃ varṇabhedena sûribhiḥ
utpattir viçiṣà tasya âkaradvayayogataḥ
çvetanilaṃ raktanilaṃ pitanilam athàpi và
kṛṣṇanilas tathà jñeyaṃ brahmaṇàdikrameṇa tu
kaliṅgajà indranilà gavà cakṣurnibhà bhavet
kaliṅgàdhamà nilàs tu seṇacakṣusamadyutiḥ

248. *a*) R. kàlapûràkare.
249. *e-f*) R. yat puṇyaṃ... dvijaiḥ.
252. *a*) R. abhrikà. — *b*) C. karburàtràsa. R. bhinnake. — *c*) pàṣâṇakaṃ ṣaṭ ca.
253. *d*) R. vidyutpàto pi.
254. *a*) C. doṣakarbura.
257. *a*) D. bhinnadoṣeṇa yuktasya. — *d*) C. dhṛte và maraṇaṃ bhavet.
258. *c*) R. keçeṣu
259. *a*) C. doṣapàṣâṇaṃ. — *b*) C. maṇimadhye. D. doṣo madhye.
260. *d*) B. doṣàn uktvà suvistaram. R. çṛṇudhvaṃ.
261. *b*) C. D. rañjakaḥ.
263. *d*) A. B. R. dhavali. C. kavali. — Note de Ràm Dàs Sen : « dhavali dhavavṛkṣapuṣpaṃ cinakarpûraṃ và. » (PW. ne donne point ces sens.)
264-265. C.

atasipuṣpasaṃkàçà pitakaṇṭhasamadyuti
gaulocanasamaḥ kànti chàyà caikàdaça smṛtàḥ
alipicchasamadyoti çiriṣakusumàkṛtiḥ
indivaranibhà kecit çukakaṇṭhasamadyutiḥ

265. *c*) R. kṛṣṇendivarabhàḥ.
269. *d*) C. D. nânyatejo pi hanti ca. R. na tyàjyo hy api hanti yaḥ.
274. *c*) A. R. ekamûlyaṃ và. — *d*) A. pañcàd vàpi. R. pañcàçad và. — Ces 2 pàdas mqq. dans C. D.
275. Comme pour le rubis, le prix est doublé chaque fois que le poids du saphir augmente de 3 yavas : en doublant 8 fois le prix initial, 500, on obtient en effet 64.000.
277. *c*) C. D. tathà ca succhàya. — *d*) A. C. D. R. çrayant. Stance indravajrà.
278. *a*) A. B. gharmàṃçupuṣpaṃ. R. °çuṣkaṃ. — *b*) D. raçmitaptaṃ. — *c*) E. pràptavivarṇarûpaṃ — *d*) A. B. sudiptiḥ. R bhaven na diptiḥ. Stance upajàti.
279. *a*) A. B. tuṣàrataptaṃ. — *b*) A. B. suryàstamàne paripakvalûnam. R. sûrye 'stamàne... D. sûryàptamàne paripakṣalûnam. E. sûryàstame yat. (Il faudrait *sûryâstamane* : mais alors le vers serait faux.) — *c*) C. na pàṇḍuraṃ komala°. R. âpâṇḍudurvàṅkura°.

280. *b*) A. B. dṛçyante ca vasuṃdharâḥ. R. dṛçyante ca pṛthagvidhâḥ.
281. *d*) C. D. puruṣo bhavet. C. iti çrîratna° mahâindranîlamaṇisyotpatticaturvarṇaviçeṣadoṣaguṇanirṇaya-ekâdaçachâyâlakṣaṇamolapramâṇam bâlavṛddhavarṇano caturtho 'dhyâyaḥ.
282. Ce çloka mq. dans B.
283. *c-d*) C. tasya gṛhitaṃ ca palaṃ vâsukenâsurâdhipaḥ. D. tasya gṛhataṃ tu pâtâlapâtâlapatinâ tadâ.
284. C. D. gṛhîtvâ tatphalaṃ vegât yâvad gaccha (D. gacchet) svam âlayam | sa dṛṣṭaç câutirakṣe tu pakṣi râjam upâgataḥ. ||
« Sauriḥ sûrybhrâtâ garuḍaḥ. » (Râm Dás Sen.)
285. R. tasya vegagatiṃ jñâtvâ. C. D. E. tâvat takṣyena (D. târksena. E. târkṣyeṇa) saṃsmṛtya jananîmokṣakâraṇam | tatsamîpe yadâ dṛṣṭaṃ mûrchitaḥ pannagâdhipaḥ | gatibhaṅgas tadâ jâto vihvalo bhrântacetanaḥ (D. vântalocanaḥ).
286. *d*) C. D. parvate durdhareṣu ca.
287. *a*) A. B. puradyuviṣame. C. turuṣke viṣame. D. turaṣka viṣama. E. turuṣkaviṣaya. R. turuṣkaviṣaye.
288. *a-b*) C. D. çreṣṭhâkarâ jâtâ mahâmarakatasya vâ (D. ca).
289. *a*) C. doṣâḥ sapta guṇâḥ sapta.
290. *c*) A. karkaro. R. çarkaro. — *d*) C. sithalaç.
291. *d*) C. D. lalâṭe mastake tathâ.
292. *a*) C. D. bandhavaiḥ saha vairaṃ tu. — *b*) C. doṣapâṣâṇadhâraṇât. D. pâṣâṇe saṃyute pi ca.
294. *a*) A. B. R. sarvadoṣais tu. C. sithalena tu.
297. *a*) A. B. suchâyaṃ guru varṇaṃ ca. D. svacchaṃ guru suvarṇaṃ ca.— *a-d*) C. svacchatvaṃ ca gurutvaṃ ca snigdhatvaṃ piṇḍagauravam | haritaṃ rañjakaṃ kântaṃ saptaitai marakato guṇâḥ || .
298. *a-b*) C. padmapatragataḥ svaccho jalabindur yathâ bhavet. — *d*) A. B. R. nirmalaṃ guru saṃbhavet.
299 *a-b*) C. yas tu bhâskarasaṃparkvât hastanyasto mahâmaṇi.
C. fait suivre ce çloka du suivant :

çuklapakṣanibhâḥ kaçcit jayantîpatrakomalâ
tutthakasya bhavet kânti câṣapicchasamadyutiḥ
evaṃ bahuvidhâḥ kânti dṛçyante harite maṇau

Viennent ensuite les st. 310, 306, 307, 308 et 309 de notre texte, puis les deux suivantes :

tâdṛgvidhâni ratnâni guṇasaptayutâni ca
kâlakûṭâdikaḥ sarve viṣavegahate dhruvaṃ
hiyate kântibhiḥ kâle kâkiṇîbhir mahâmaṇi.
vikriyate mahîtale svarṇakoṭiçatair api

Stances 311-312. Puis :

garuḍodgâraç caṃdragâvo vaṃçapatra caturthake
catvâra syur marakatâḥ çuddhâ tad viṣadarpahâ
caturvidhaṃ ca yan maulyaṃ padmarâge prakirtitam
tathâ marakatasyâpi çyâmâlpe maulyam âdiçet

301. *a*) D. bhujaṃgarisupakṣâbhaṃ. — *c-d*) R. haritkâcanibhaṃ kiṃcit çaivâlasaṃnibhaṃ bhavet.

302. *b*) A. B. ṣaḍvidhaṃ pṛṣṭivarcasam. D. khadyotasamavarcasam.
Entre les deux hémistiches de ce çloka, A. B. ont le suivant évidemment interpolé et que nous avons retranché :

bhânukarkarake sthitvâ yâ châyâ çabalâ bhavet

La st. 302 est remplacée dans R. par les deux suivantes, où se trouve aussi l'interpolation signalée :

kiṃcit çâdvalasaṃkâçaṃ tathâ bâlaçukasya ca
pakṣâgravarcasaṃ tadvat khadyotapṛṣṭhavarcasam
bhânukasya kare chitvâ yâ châyâ savalâ bhavet
kiṃcit çiriṣapuṣpâbhâ châyâ câṣṭavidhâ smṛtâ

303. *b*) B. tribhiḥ çabalikâ. D. tisraḥbhiḥ çyâmalikâ.
305. *a*) R. kâ châya. — *c*) R. kusumasyaiva.
306. *d*) D. nilaçyâmalâ.
307. *c-d*) C. çiriṣapatravad bhâti vijñeyâ çvetaçyâmalâ.
308. *c-d*) C. tadvarṇa çukapicccḥasya vijñeyâ pîtanilabhâḥ.
309. *c*) C. D. kântimadhyaṃ. R. kântiman madhye.
310. *c-d*) C. D. vijñeyâç caturvarṇâḥ.
312. *b*) C. purâ maulyaṃ ca yat kṛtaṃ. — *d*) C. yathârthânupramâṇataḥ. D. yathârthaṃ tu
316. *d*) A. B. R. yâvad gâtrâṣṭakaṃ bhavet.
318. *a*) C. yavair. — C. fait suivre la st. 318 de celle-ci :

garuḍodgârakaṃ ratnaṃ sarvalakṣaṇasaṃyutam
dhâryate tad viṣaṃ nasyât dhanado madanottamaḥ

319 *a*) C. sadoṣapadmarâgasya.
Suivent dans C. 2 stances qui terminent le chapitre :

kartṛmatvaṃ yadâ ratnaṃ saṃdehotpadyate kvacit
gharṣîyât prastare ratnaṃ yaḥ kâcaḥ tad vipadyate
kathito naikadhâ raṃgai yan maulya tutthake hi tat
bhavet pañcaçataṃ maulyaṃ vaṃçapatre tadardhakam

iti çrîratnaparîkṣâçâstre agastirṣipraṇîte mahâmaṛakatasyotpatticaturthajâtinirṇayaguṇadoṣachâyâkathanacaturvarṇaviçeṣamaulyapramâṇavarṇano nâma pañcamo dhyâyaḥ

320. *c-d*) R. tathâ ca vardhate mûlyaṃ maṇḍali drâk pradâpayet. — *d*) A. B. yugânâṃ caiva.
321. *a*) D. dânavendrabalasyâṅgân. R. dânavendrâvanityâgân.
322. Le titre est emprunté à D. Les autres mss. n'en ont aucun. R. atha prakîrṇakaṃ. — *a*) A. B R. sphurantîdâḍimî. — *d*) A. B. R. na ca raṅgas triraṅgayoḥ. D. navaraṅgaṃ suraṅgakam.
323. *a*) D. kanakâbhaṃ. A R. virûkṣaṃ ca. -- *b*) A. R. meghais tan nilakâdhikam. D. meghanîlaṃ sugandhakam.
324. *a*) A. B. R karasphaṭika. — *c*) A. B. lâkṣâ tatvena. R. lakṣyate tena lakṣyaṃ tu.
326. *b-c*) A. B. R. sarvaiḥ sphaṭikasaṃjñakam | tayor bâhyâni.
328. *b*) A. R. gomedasphaṭikaprabhaṃ. D. sphaṭikaṃ tathâ. — *c*) D. pañcoparatnalasanaṃ.

329. *b*) D. mauktikasya. — *c*) D. dṛçyate.

331. *a*) A. B. R. gâtrâṣṭabhiç. — *c*) R. adha ûrdhvam. — *d*) A. B. karma madhye niyojayet. D. mûlyam eva vinirdiçet.

332. *b*) R. çobhakṛt yathâ. — *c-d*) R. dhâryatvaṃ ca pramâṇena tenaiva dhara ucyate.

334. *e-f*) R. sâdhyate tridaçais tasmât parîkṣâ ratnavijjanaiḥ.

335. *a*) A. çitalaç. R. çîtalaç ca talâçoko. — *b*) A. merubhaṅge. B. meruçṛṅgaiḥ. — *c*) D. bandhûkakusumâbhaṃ ca. — *d*) B. maṅgalyânâṃ vibhûṣaṇaiḥ. R. maṅgalyâni vibhûṣaṇâ. D. devâṅgulivibhûṣaṇam.

336. *b*) B. margatatrayaṃ. R. mârgataḥ svayaṃ. — *c*) B. caturvarṇâ. R. caturtho jñair. — *d*) A. lakṣaç. B. yajño rghe lakâç. — Le 2e hém. mq. dans D.

337. *a*) B. ṣaḍvidhâ saṃjñâ. D. devânâṃ ṣaḍvidhâ jñeyâ. — *b*) B. kaṇṭhasthâbharaṇaṃ çubham. D. karṇâbharaṇakârakâ. — *d*) R. mehaḥ.

338. *a*) A. R. caturvidhâ çikhâ triṇi. B. caturvaktrâ... — *b*) A. R. pañcamaṃ ca iti smṛtaṃ. B. tribhiç caiva kṛtaḥ smṛtaḥ. — *c*) A. R. kaṇṭhâbharaṇakaṃ dṛṣṭvâ. B. kaṇṭhâbharaṇâṣṭam ekenau. — *d*) B. ratnaçâstre py udâhṛtaḥ. D. ratnaçâstreṣu nâkinâm.

339. *a*) B. D. miçrakaṃ baddhayâ. — *b*) A. R. sârathir ucyate. B. soktaṃ ca ucyate. — *c*) A. kaṇṭhâbharaṇa deyâ tu. R. kaṇṭhâbharaṇake deyâ. D. kaṇṭhâbharaṇakaṃ sthâne.

340. *a-b*) B. pañcabhis tu mahâratnaiḥ kanakaiḥ svarcitâni ca. D. mahâratnâni pañcaiva svavarṇajaṭitâni ca. — *c*) La leçon du texte est celle de R. A. vahnaktâni. B. bahunyâni. D. bahûktena. — *d*) B. tatsaṃjñâ jñâyate budhaiḥ. D. saṃjñâyâ khyâpayed.

341. *a*) B. vaṃçârṇabhagavṛttau. D. karṇâbharaṇa tadvṛttau. — *b*) D. viçâradaiḥ. — *d*) D. svavarṇajaṭitais tathâ. — Le 2e hém. mq. dans B.

A. fait suivre la st. 341 de la souscription : « iti agastimâtaṃ samâptam. » Mais les 4 çlokas suivants ne peuvent se rattacher qu'à l'*Agastimata* : le début du *Ratnasaṃgraha*, qui suit dans ce ms., est clairement marqué par les mots *praṇamya paramaṃ brahma*. Cette division est, du reste, confirmée par R. — B. arrête, sans aucune souscription, le texte de l'*A.M.* au 1er hémistiche de 341 et passe à la *Laghuratnaparîkṣâ : varṇaraçmi*, etc. — D. place entre 341 et 342 la souscription de l'*Agastimata* et le titre de départ du *Ratnasaṃgraha* : « iti çrî agastimunipraṇîtaratnaparikṣâyâṃ sphaṭikaparîkṣâ samâptâ | atha ratnaparîkṣâsamuccaya prarabhyate. »

343. *c*) C. kuje pravâlam ity uktaṃ.

NAVARATNAPARÎKṢÂ

2. *c*) La leçon *upa meror* est suspecte, d'autant plus que le pâda *c*) a une syllabe de trop. — Bâdarikâ est aujourd'hui Badrinâth, dans la province de Srînagar, sur la rive occidentale de l'Alakanandâ. (R. Mitra, *Notices*, V. p. 39.)
7-8. Les pâdas 7 *c-d*) et 8 *a-b*) semblent interpolés.
31. Je ne sais ce que signifie *grâmaṇe tan niyojayet*.
43. *d*) T. viprajâter vidhâraṇât. B. çûdrajâter hi.
48. *d*) B. saṃjñayâ. T. saṃsthitâḥ.
54. *d*) B. T. saṃsthitâ.
57. *b*) L. janayed dhruvam.
60. *c d*) L. mauktikaṃ labhyate çreṣṭbam âkareṣu kalau triṣu.
62. *d*) L. mandadîptibham. Selon toute apparence, *kamboja* désigne ici le Cambodge, dont les éléphants sont renommés.
64. *Var*. L. kolakaṃkolasadṛçam.
66. *b*) L. kaṅkola. *kaṅkola* n'est pas identifié par PW. Mais, d'après l'*Agastimata*, 190-191, *kaṅkolaka = kambojîphala. kambojî =* Abrus precatorius. *kaṅkola* serait donc synonyme de *guñjâ*.
71. *b*) B. pramuktikam. L. tasya jâtasya mauktikam.
75. *daça*. Dans les stances qui suivent, il n'y a que 9 défauts énumérés.
81. *d*) B. T. tasya kîrtir bhavet sadâ.
84. *b*) B. T. khaṇḍasambhinna.
87. *c*) L. bhramarekhâ.
93. *c*) B. paladvaye.
99. *d*) T. tac chreṣṭhaṃ syâd yathottaram.
104. *d*) T. bahumûlyatâ.
108. *d*) T. tumburam.
110. *c*) B. T. tumburu. — *d*) L. nîlagandha.
111. *b*) B. tumburodbhavam.
115. *a*) B. dugdhena samâliptaṃ tu. L. dugdhena ca samâliptaṃ.
116. L. komalam.
116. *c-d*) B. T. dhûmraṃ dhûmrasamâkâraṃ vaidyutaṃ bhayam âvahet.
117. *c-d*) B T. dhûmraṃ dhûmrasamâkâraṃ vaidyutaṃ bhayam âvahet.
118. *c*) B. T. api prâpya.
119 (après *atiraktatâ*). T. iti mâṇikyam atha padmarâgaḥ.
120. *a*) T. saṃpanne. — *d*) T. âyur dhanam.
121. *a*) B. châyâ yâ.
124. *a*) B. L. lâkṣî. — *b*). B. adhakakṣîravamabhâ.
132. *b*) B. lakṣyate.

135. Dans ce çloka et les deux suivants, tous les adjectifs sont au sg. fém. sans aucun substantif exprimé. Ce substantif (pb. *châyâ*) se trouvait sans doute dans un çloka qui est tombé, soit avant 135, soit après 137.
138. *c*) T. yasya debe.
139. *b*) T. kṣîraṃ tan. B. kṣîraṃ cen.

Ravinandana = *Ravija*, Saturne. Le saphir est consacré à cette planète. Cf. st. 173.

143. *c*) L. sphoṭaka syâ sapiḍakaṃ. — *d*) B. T. dhṛte.
144. *d*) L. vyâdhis tena prajâyate.
145. *b*) B. T. putraçokapradaṃ dhṛtam. — *d*) B. bhayâvaham.
146. *b*) B. T. tato mṛtyu°.
152. Ce çloka paraît interpolé.
154. *b*) T. sthûlam (au lieu de *svaccham*). — *c*) B. T. (ici et plus bas) suryakântaṃ.
155. *b*) B. dhamati.
157. *d*) B. T. °kântikam.
158. *b*) L. nîlakâmbike.
161. *b*) T. gomûtraugha. — *d*) L. kathitaṃ somabhûbhujâ.
162. *a*) B. T. setau sagaramadhye tu.
167. *b*) L. vibhîyate.
168. *c*) L. vipraratnajñaḥ. — *d*) B. vijñeyaṃ kṛtrimaṃ budhaiḥ. T. vijñânârthaṃ tu kṛtrime.
170. *d*) T. prayacchanti nirantaram.
178. *c*) T. cûrṇaṃ.
179 *a*) T. çîtatvena kaṣâyeṇa.
180. *a*) T. tilakaṃ nîli°.

RATNASAMGRAHA[1]

---

1. *b*) D. E. kumbhajena mahâtmanâ. — *c*) D. E. devasamûhasya.
2. *b*) D. vajre. — *d*) D. E. nîlaṃ (au lieu de *kṛṣṇaṃ*).
3. *b*) A. B. câruca (au lieu de *câraba*, D. E.). — *d*) A. B. pitojjvalaçobhanâni.
4. *b*) D. lohitaiḥ. E sphaṭikaiç câtilohitaiḥ.
5. *c*) D. E. pârçveṣu.
9. *c*) D. E. snigdhaḥ.
11. *a-b*) D. E. nîlâḥ sarvottamâ jñeyâḥ siṃhale surasindhujâḥ.
13. *b*) A. kîṭapakṣa. — *c*) A. sindhu.
15. *a*) D. lasano (et plus bas, *lasana*). — *d*) B. vipulâkṣo prabho. D. vikalâkṣi.
16. *c*) B. çaṅkhapadmasamo niyo. D. °samâno yo.
19. *c-d*) A. rucakaḥ çyâmalacchâyaḥ sa garbharucalakṣaṇaḥ.
20. *a*) B. dṛṣṭer. — *d*) B. kṛṣṇaṃ syâd viṣa°.
22. *a*) B. tat tad varṇaviyuktatvâd sphaṭikâd vâpi nirmalâm (D. nirmiṭaṃ).
Colophon. — B. iti sarvaratnaṃ. D. iti sarvaratnaparîkṣâ samâptâ.

---

1. Les mss. sont les mêmes que ceux de l'*Agastimata* (p. 77).

MAṆIMÂHÂTMYA[1]

---

1. *a*) D. E. çikhare ramye. — *d*) B. maṇînâṃ lakṣaṇaṃ çubham.
2. *a-b*) B. maṇinâṃ lakṣaṇaṃ brûhi siddhidaṃ puṇyadehinâṃ || çiva uvâca || ratnaparvata, *etc.* (= st. 8. — Les st 3-7 mqq. dans ce ms.). — *d*) gatakilbiṣâḥ.
3. *d*) D. E. labhante manavâḥ prabho.
5. *a*) D. E. dṛṣṭirogaṃ. — *d-e*) prasâdât tvaṃ mahâdeva sphuṭaṃ vada yathâ prabho. D. E. yathâkr«nam.
6. *b*) A. tvayâ ca paripṛcchati. — *d*) E. vakṣyâmi.
7. *a*) D. E. purâhaṃ devi girije. — *c*) D. E. gato ramye.
8. *d*) A. makṣaki suravanditaḥ. B. kâṃcikâ suravanditaḥ. E. sardadeva; vaçaṃkaraḥ.
9. *c-d*) B. rogamukto bhaved rogî mṛto yâti parâṃ gatiṃ.
10. *b*) D. E. pûjyâṃ kurvanti mânavâḥ. — *d*) D. E. darçanasaṃsthitam. La st. 10 mq. dans B.
11-13. Le 2e hémistiche de 11 mq. dans B. — 11-13 mqq. dans E. — 12 mq. dans B. E. — Les pâdas *b-d* de 13 mqq. dans B. et la stance entière dans E.
14. *b-c*) B. pûrṇâyâṃ pûjanaṃ caret | sarvârthasiddhim âpnoti. (La st. n'a que 3 pâdas.)
15. *c*) D. sa tirthasiddhisaṃpannaṃ. (E. saṃpannâḥ) La st. mq. dans B.
16. *b*) A. B. çokaṃ.
17. *a*) B. garuḍasya. — *b*) B. maṇikâlâ. — *c*) E. viniçritâ. Les pâdas *c-d* mqq. dans B.
18. *c-d*) B. bhogamokṣapradâḥ sarve upâyaṃ grahaṇe çṛṇu. — *d*) D. E. doṣavinâçakâḥ.
19. Mq. dans B.
20. *a-b*) B. kîdṛçaṃ ca kathaṃ dânaṃ pûjanaṃ kiṃ kriyâpi kâ. — *d*) D. E. vada çaṃkara. Les pâdas *c-d*) mqq. dans B.
21 *b*) D. E. sarvapâpapraṇâçanam.
22-23. Ces 2 stances n'en forment qu'une dans B :

> kṣetrapâle mahâraiçyaṃ (?) pûjayet phalakâṅkṣayâ
> sarvadikṣu baliṃ datvâ vidhânena maṃ pûjayet

---

1. Voy. la liste des mss. p. 203.

24. *b*) E. surasamanvitaḥ. — *c*) E. tato mahânadiṃ gatvâ.
25. *c-d*) B. ratnâni vîkṣya kartavyaṃ gṛhîtvâ tu parîkṣaṇam.
26. *a-b*) mqq. dans B.
27. *b-c*) D. E. pîtarekhâdharas tathâ | raktarekhâsamâyuktaḥ.
27-28. B. y substitue cette unique stance :

çvetarekhâraktarekhâpîtakṛṣṇarekhâyutaḥ
nîlakaṇṭhaḥ sa vijñeyo bhogado jñânado 'labhaḥ

29. *d*) E. çvetabindu.
30. *a*) D. E. kṛṣṇarekhâsamâyukto. — *b-d*) B. vilvalasamalocanaḥ | dhanalâbhâya sa jñeyo raktavarṇo rthakâyakṛt.
31. *a*) D. E. pârada. — *b*) A. indranîlasamudbhavaḥ.

Dans B., les st. 31 et 32 *a-b*) ne sont représentées que par les 2 pâda suivants :

dyutimân indranîlotthaḥ çvetarekhâyutaḥ viṣṇuḥ

33. *c-d*) B. çvetarekhaḥ svacchaḥ guṇânâm âkaro gadân hanti. — *d*) D. svaccha iti smṛtaḥ.
34. *b*) A. savyâpto ...çataiḥ. B. saṃkhyâto. — *c-d*) B. âstâkakulajo hanti viṣaṃ vari pi cet tu yaḥ.
35. *a*) A. sâraṃsâgaramatprabhudyutidharo mattobhavittâkṛtiḥ. *c*) C. D. prakṣâlana. — C. viṣaṃ vâraṇam. —*d*) C. D. yat sarvaṃ vitataṃ tathâ.

Le pâda *c*) (*tatprakṣâlita*...) est, dans les mss., en tête de la stance. Nous l'avons transporté au 5e rang, où il paraît mieux à sa place. — Il y a un pâda de trop, pb. le 5e (*saṃgrâme*...) qui manque dans les mss. C. D.

36. *a*) C. D. kecin nîlapadâs tato ruṇarucaḥ kecic ca vidyutprabhâḥ.— *b*) C. kecit kâñcanasaprabhâḥ. — *c*) C. bahuvidhâbaddho, D. bahuvidho baddho.
37. *d*) C. D. prakhyâto bahujâtasiddhijananaiḥ.
38. *c*) A. raṇe. B. rago. E. ruṇo.
39. *b*) D. rekhâbhiḥ suprakâçakaḥ.
44. A partir du 2e hémistiche de cette stance, B. diffère sensiblement des autre mss. Le plus simple est de reproduire intégralement la fin de l'ouvrage dans ce manuscrit:

çvetabindur dhuktajîrṇam kurudvepyatrirvidukaḥ (?)
rakto rekhâṅgaçuddhaç ca û[r]dhvâṅge rakta eva ca
netraçûlaṃ raktaçûlaṃ hanti kiṃcit tu raktakaḥ
çuddhasphaṭikasaṃkâçaḥ vṛçcikânâṃ viṣâpahaḥ
raktam arddha ca kṛṣṇârddhaṃ çvetaṃ kiṃcit sa sarpajam
viṣaṃ hanty atha pîtâṅgaḥ pîtarekhaḥ sito pi ca
sarvavyâdhiharo thâpaṃ paripânâd viṣâpahaḥ
rakto nânâbinduyukto tejasvi viṣanâçanaḥ
bindunâbho mahâkântiḥ kṛṣṇabinduvibhûṣitaḥ
sarvarogavinâçâya mâñjiṣṭhapîtavarṇakaḥ
tâmrabindur vyâdhiharo bhûtajvaraharas tathâ
dâḍimîpuṣpasaṃkâçaṃ kṛṣṇabindu subhâgyadam
bhramarekhâyutaṃ câtha kundâbhaṃ vartulaṃ viṣâri

hanti gajâkṣibham viḍâlâkṣaprabham (*sic*)
târkṣyatulyaṃ mahâtejâḥ pûjanîyaṃ prayatnataḥ
tîrthakâras tutetâç (*corr.* sutejâç) ca dyutimân iti dṛçyate
samastaviṣahâ jñeyaḥ sa maṇir grâptakovidaiḥ (?)

iti ratnâdiparîkṣâçâstre 'ṣṭamo 'dhyâyaḥ

46. *b*) D. kiṃcid raktaç ca pîtakaḥ. — *d*) A. kâmikaḥ.
53. *a*) C. bindunâ bhaumakântiç ca. — *c*) E. vinâçâya. — *d*) C. dhṛte saubhâgyadâyakam.
55. *d*) E. çubhrarekhâyutaḥ priyaḥ. — *c-d*) C. çubhrarekhâs tu saṃyukto sa saubhâgyaphalapradaḥ.
56. *b*) A. tulâste. E. tulyaṃ te ca yuta priye. — *d*) D. syân maṇir. E. sa maṇiḥ.
57. *c*) D. E. târkṣyasya tejasâ tulyaḥ. — *d*) D. E. pûjanîyaḥ satâṃ sadâ.

Après 57, le texte continue et se termine comme il suit dans les mss. D. E.

mayûracitrako nîlaḥ kiṃcit sphaṭikasannibhaḥ
sa bhaven maṇirâjo sau manobhîṣṭaphalapradaḥ
çukapakṣasamânaç ca çvetabinduvibhûṣitaḥ
sarvavighnaharo nityaṃ mayoktas te varânane
jvalatpâradavarṇâbhaḥ çvetarekhâvibhûṣitaḥ
svacchandajîvitaṃ tasya kurute nâtra saṃçayaḥ
sarvavarṇadharo nityaṃ nânârekhâvibhûṣitaḥ
arthakârye titejasvî biḍâlasamalocanaḥ
anekacihnarûpeṇa dṛçyante maṇinâyakâḥ
sarve ca târkṣyarûpâç ca sarve te viṣamardakâḥ
udare çvetavarṇaç ca kṛṣṇavarṇaç ca pṛṣṭhataḥ
ahirûpo bhaved yas tu sa maṇir viṣanâçanaḥ
etad devi mayâ khyâtaṃ maṇimâhâtmyam îdṛçam
jñâtavyaṃ maṇijanena (E. °yatnena) sarvakâryeṣu sarvadam (E. °dâ).

Colophon. D. iti maṇiparîkṣâ samâptâ. — E. iti agastyarṣipraṇîte ratnasamuccaye maṇimâhâtmyaṃ samâptam.

FIN DES VARIANTES ET NOTES

INDICES

I. — INDEX DES MOTS SANSCRITS*.

aṃçu. 9.
aṃçumâlin. 138.
akṛtrima. 24.
akledya. 180.
agasti, *agastya*. 79. 137.
aguṇa. 19. 107. 200. 201.
agnikâraka. 138.
agra. XXVII. 7. 9. 62. 148. 151. 195.
**aṅka*. 137.
aṅga. 84. 87. 102. 182. 199-201.
aṅgâra. 199.
accha. 56. 161.
acchatâ. 28.
ajâti. 115.
ajâtya. 13.
ajya. 171.
añjana. a) antimoine. 54-72. — *b) 137.
atasî, Linum usitatissimum. 65. 120-122. 163. 187.
atipuṣṭi (tejotipuṣṭi). 50.
atirakta. XXXIV. 106. 111. 130. 155. 184.
atiraktaka. 97.
atiraktatâ. XXXIX. 161.
atirâga. 72.
atirucikṛt. 197.
atiçuddha. 54.
atisûkṣma (mauktikâ). 22.
adâhya. 180.
adîptitva. 44.
adrikarṇikâ, Clitoria Ternatea. 163.
adhas (=*adhovarti*). 113.
adhojyotis. XLI.
adhomukha. 87.
adhoraṅga. 128.
adhovarti. 111. 184. 234.
anardhin. 183.
anumauktika. XXXVI.
anekavarṇa. 43.
antarbhava. 82.
antarbheda. 35. 36.
antaḥprabha. 72.
andhra 28. 106. 114. 159. 196.
apabhaktâṅga. 199.
**aparâjita*. 138.

* Les chiffres renvoient aux pages. Les noms de pierres sont précédés d'un astérisque. Les racines sont imprimées en petites capitales. L'index ne comprend en principe que les leçons du texte, exceptionnellement quelques variantes.

apasavya. apasavyâ rekhâ. 83. apasavyakaḥ parivartaḥ. 150.
apiḍika. 186.
apratibaddha. 37.
abhedya. 62. 90. 115. 180.
abhra. 196.
abhraka. 40. 118. 162.
abhracchâya. 118.
abhravat. 162.
amala. 9. 125.
amṛtasrâvin. 138. 197.
amla. 181.
ayas. 12.
arajaska. XLIV. 166.
aratna. 173.
aruṇa. 138. 184.
aruṇâ. 49.
areṇuka. XLIV. 125. 166.
argha. 67-69.
arci. 17.
arcis. 28. 35.
arciṣmat. 72.
arciṣmattâ. 28.
ardhaka. 231.
ardhaguccha. 70.
ardhamâṇavaka. 70.
ardharûpa. XXXIII. 23.
ardhahâra. 70.
ardhâ. 67.
alaṃkâra. 12.
alaṃkṛti. 197.
alekhya. 184.
alpaharita. 125.
avakraka. 193.
avadâta. 8.
avabaddha. 31.
avabhâsa. 7. 9. 27. 36. 39. 43.
avabhâsin. 40.
avṛtta. 22. (avṛttavalaya) 155.
avedhya. 69.
avaiçadya. XL. 185.
açubha. 59. 82-84. 158.
açoka. a) Jonesia Açoka. 61. 108. 130. 159. 167. 184. — *b) Nom d'une pierre. 138. — c) Nom d'une parure. 132.
açobhana. 160.
açoṣya. 180.
açmagarbha. *a) Émeraude. XIX. — b) Défaut du saphir. 163.
açman. 196.
açra. 180. 181.
aṣṭadala. 83.
aṣṭaphalaka. 180.
aṣṭâṅga. 84. 138.
aṣṭâçra. 180.
asâra. 23.
asita. 61. 65. 201.
asnigdha. XLIV. 165.
asphuṭika. 156.
âkara. II. XX. 5. 7. 19. 34. 35. 43. 44. 46. 61. 64. 79-81. 88-95. 96. 98. 106. 114-117. 120. 124. 125. 132. 143. 146. 152. 158. 186-188.
âkaraja. — guṇa. 9; — viçeṣa. 19. 30.
âkaratâ. 34. 52.
âtâmra. 7. 29. 41. 49. 60. 65. 92. 152.
âdhûmra. 74.
ânîla. 27. 120. (°çukla) 47.
âpîta. 15. 47. 49. 60. 96.
**âbhaṃkara*. 138.
âbharaṇa. III. 12. 79. 132. 133.
âyasa. 34.
ârakta. 81. 97. 117.
âraba. XXV. 195.
ârabaka. 223.
âravâṭa. 96. 154.
âravâṭaka. 153.

aravâṭî. XXXIII. 95.
ârâvaṭî. 19.
âryaka. 231.
âlohita. 47.
âvarta. 83. 149. 150. 206.
icchâ. 132.
indragopa. 26. 196.
indragopaka. 55. 216.
indracchanda. 70.
**indranîla*. III. XVI. XVII. XIX. XLII. 30. 39-42. 45. 47. 60. 118-122. 131. 133. 137. 162-164. 177. 186. 196. 206.
indrâyudha. 9. 13. 41.
ÎKṢ. *parîkṣay*-. 40. 97. 148. 195.
uccasthâna. 136.
ujjvala. 16. 26. 50. 93. 195.
ujjvalatva. 44.
ujjvalana. 49.
ujjvalita. 49.
uttara (mauktika). 22.
uttaradeça. 52.
uttuṅga. 9.
utpatti. XX. 79. 91. 103. 106. 117. 125. 135. 142. 143. 158. 179. 184. 186. 188.
**utpala*. XLIII. 41.
uddhṛta. 99.
uddhṛtya. 100.
unnata. 190.
unmàpakṛta, *unmâpita*, *unmita*. 20. 21. 45. Cf. *samunmâpita*.
uparatna. XV. XLV. 131. 134. 179.
upala. II. XLVII. 60. (°ratna) 59.
**ummâpuppha*. (Pâli.) XIX.
uragâ. 132.
uru (vajram). 181.
ullekhana. XXXI. 12. 131
ùrdhvagâ (châyâ). 83.
ùrdhvagâminî (bhâ). 37.
ùrdhvajyotis. XLI. 185.
ùrdhvavarti. XLI. 105. 111-113. 127. 184. 234.
ṛju. 22.
ekacchâya. 186.
ekadeçaprabhâvat. 23.
ekâṅga. 199.
ekâvalî. 71.
kaṅkola. 239.
kaṅkolaka. 108.
kaṅkolî. 93. 153.
**kajjopakkamaka*. (Pâli.) XIX.
kaṭhina. 41. 135. 191.
kaṇṭaka. 157.
kaṇṭakârî, Solanum Jacquini. 27.
kaṇḍura. 193.
kadalî, Musa sapientum. 8. 61. 75.
kapila. 190.
kambu. 15.
**karavîra*. XLIII. 41.
karasaṃjñâ. V. 89. 136.
karka. 196.
karkara. XXXIX. XLIV. 28. 107. 160. 165. 186. 196. 199. 200.
karkarâ. 40. 108. 118. 124.
karkarâvat. XXXIII. 23.
karkaça. XXXIII. 23. 135. 182. 188. 190. 191.
**karketana*. III (prâcrit *kakkeraa*.) XVI. XVII. 49-51. 60. 137.
**karkoṭaka*. 138.
**karkoda*. 135.
karṇakâmpila. 212.
karṇikâra, Pterospermum acerifolium. 61. 190,

kardama. 199. 200.
karbura. 196.
karmajña. 87.
karman. III. 87. 120. 131.
karṣa. XL. XLI. 73. 216.
karṣaṇa. 216.
kalaṅka. 7. 195.
kalañja. XI. XXXV. 98-101. 156. 157. 228-230.
kalapura. 106 114. 117. 196.
kalaçapura. 29. Cf. Additions.
kalahastha. 134.
kaliṅga. XXV. XXVI. 60. 148. 179.
kaliṅgaka. 195.
kaliṅgaja. 186.
kaluṣa. 50. 51. 62. 73. 200.
kalmàṣa. XLIV. 166.
kâṃsyavarṇa. XXXIII. 23.
kàkapada. 62. 82. 83. 147. 148. 150. 180.
kàkapadaka. 7. 195.
kàkârbhaka. 199.
kàca. 12. 24. 36. 41. 44. 126. 166. 195.
kâṭhinya. 27. 172.
kânti. 36. 68. 102. 112. 114. 126-128. 130. 134. 151. 163. 165-167. 169. 172. 176. 180. 184. 185. 188. 189. 197. 234.
kântimat. 22.
kàntiraṅga. XLI. 111-114. 120.
kàntisarṣapa. 114.
kâmala. XXXIX. 107. 108. 160.
kàmalatva. 115.
kâya. 85. 108 109. 119.
kàrkaçya. XL. 185.
kârṣâpaṇa. XXIII. XXXIV. 65. 216.
kàrṣṇa. 34.
kârṣṇya. 29.
kàlapura. 159.
kàlikâ. 30.
kàliṅga. 7. 80 116. 117.
kâveri. 56.
kàçmìra. 88.
**kàṣâyaka*. XVII. 47.
kiṃçuka, Butea frondosa. 27. 111. 161.
kiraṇa. 35.
kîrti. 132.
kîlana. 136 221.
kîlay-. 87. 88. 136. 157. 220. 221.
kuṅkuma. 27. 96. 110. 111. 154.
kuṅkumodaka. 161.
kuṭala. 190.
kuṇṭha. 181.
kuṇḍala. 157.
kupya. 103.
kuraṅga. 200.
**kuruvinda*. XVI. XXXVIII. 13. 30. 72. 106. 107. 110. 111. 113. 114. 159. 161. 184. 185. 193. 234.
**kuruvindaja*. XXXVII. 26. 28.
**kuruvindabhava*. XXXVII. 72.
**kula*. XVII. 50.
**kuliça*. 13. 148. 180.
kusuma. 132.
kùpya. 231.
kùpyà. 21.
kṛtrima. 24. 90. 104. 115. 173. 183. 185. 195.
kṛtrimatva. 181
kṛtrimaratnaprakâra. 176.
kṛça. 155.
**kṛçana*. XXXI.
kṛçapàrçva. XXXIII. 97. 155.
kṛçàṅga. 87.
kṛṣṇala. XXXIV. 47. 66.
keça. 62.

koṅga. 43.
koṭi. XXVII. 9. 13. 84. 195.
koṇa. XXVII. 82 87. 136. 149. 181.
kontara. 19.
komala. XXXIII. XXXIX. 35. 58. 96. 186. 188. 195.
komalatva. 130.
kola. 15. 95. 153.
kolaka. 26.
koçala. XXV. XXVI. 7. 80. 148 179. 180. 195.
kaubera. 64. 65. °vâṭa. 19.
kauçala. 7.
kauçalaka. 60.
**kaustubha*. 31. 138.
kramahâra. 133.
kvathana. 173.
kvathita. 172. 173.
kvâtha. 176.
kṣâra. 12. 104. 181.
kṣâlita. 173.
**kṣîratailasphaṭika*. 138.
kṣoḍa. 90.
khacita. 133.
khaṇḍa. 73. 155.
khaṇḍaças. 146.
khani. 61.
khedâ. 136.
**gaṅgodaka*. 138.
**gaṇḍûviṣaya*. 92.
gadyâṇa. 231.
gandhamâdana. 184.
**gandhasasyaka*. XVIII.
gandhâḍhya. 130.
**garuḍa*. 206.
**garuḍamaṇi*. 188.
**garuḍodgâra*. 138. 196. 236. 237.
garbha. 130. 163.
garbhapâkin. 231.
garbhita. 186. 191.
gâtra. 85. 86. 88. 113. 132. 184. 199. 200.
girikarṇi, °*kâ*, Clitoria Ternatea. 39. 120.
**girikâca*. 44.
guccha. 21. 70.
guñjâ. XI. XXIX. XXXIV. XXXV. 19. 20. 26. 54. 57 65. 66. 93. 100. 111. 139. 153. 156. 161. 183. 184. 193. 196. 229-231.
guḍarûpa. 200.
guṇa. XXII. 6. 8. 11. 12. 19. 21-23. 26-28. 30-32. 34-37. 40. 41. 46 53. 57. 65-68. 73-75. 79. 82-84. 88. 89. 92. 96-99. 106-109. 117-120. 124. 125. 127 132-134. 138. 139. 143. 146. 148-151. 155. 156. 158. 160. 162. 163. 165. 166. 172. 179-181. 186. 187. 195. 199. 200. 201. 203. 230.
**guṇamâlin*. 138.
guṇavat. 7. 8. 12. 22. 23. 36. 44. 109. 148. 149. 156.
guru. 11. 22. 41. 49. 65. 72. 96. 98. 102. 119. 125. 134. 135. 152. 158. 166. 182. 184. 186. 189-191. 195. 196. 199-201.
gurutâ. 11.
gurutva. 10. 11. 27. 28. 30. 85. 109. 115. 131. 156. 161. 163. 181.
gulika. 70.
guhya. 61.
gṛha (grahâṇâm). 136.
gṛhîta. 108.
godhûma. XI.
**gomeda*. XVI. 131. 133-135. 137. 174. 175. 179. 189. 193. 195. 197.

*gomedaka. 12. 47. 60. 130. 171. 193. 200.
gaura. 200. 201.
gaurava. 11. 20. 23. 32. 35. 45. 84. 172. 184. 185.
granthi. XXXIII. 23. 222.
granthika. XXXIII. 182.
GRAH. upagṛhyante (doṣaiḥ). 6.
graha. 88. 136. 137.
grahamudrikà. 175.
ghaṭay-. III. IV. 131.
ghana. 28. 85. 156. 196.
GHARṢ. gharṣay- . III. IV. 185. parigharṣay- . 30.
gharṣaṇa. 173.
gharṣita. 139.
cakora. 27. 111. 184.
caturaçra. 139.
caturmukha. 132.
catuṣkoṇa. 136. 139.
*candrakànta. XIX. XLVII. 137. 138. 197.
*candrakânti. 167.
*candraprabha. 138.
CAR. vicàray-. III. 89. 103. 104. 174.
câṭukâra. 70.
cikkaṇa. XXXVI. 180. 184. 190.
cikvaṇa. 134.
citra. 9. 26. 54. 182.
citraka. 186.
citrakolaka. 110.
*cintâmaṇi. 138.
cipiṭa. XXXIII. XL. 12. 22. 62. 69. 97. 155. 185. 186. 188. 189. 191. 199.
cîna. 55. 56.
cûrṇa. 35. 65. 67. 177.
cùrṇay-. 176.
çhadi. 200.
chavi. 139. 153. 162. 188.
chàyà. XXI. 40. 82. 84. 88. 93. 97. 98. 102. 106. 107. 109. 111. 112. 117-121. 124-127. 148. 149. 152-156. 158-163. 165-167. 169. 184. 186. 189. 190. 193. 195-197. 199. 200.
chàyàvat. 103.
CHID. III.
chidra. 28. 156. 157. 182. 199. 200.
chinna. 200.
cheda. 150.
chedagà (rekhâ). 150.
chedana. XXXI. 131.
chedâcchedâ (rekhâ). 83.
jaṭila. 35.
jaṭhara. XXXIV. 36. 90. 97. 124. 125. 155. 181. Cf. jaraṭha.
jaḍa. XL. 107. 109. 160.
jambîrarasa. XXXVI.
jambudvîpa. 81.
jambù, Eugenia Jambolana. 72.
jayantî, Sesbania ægyptiaca. 188.
jaraṭha. XXXIV. XLIV. 165. Cf. jaṭhara.
jarjara. 65.
*jalakânta. XLVII. 137. 138. 197.
jalagarbhatâ. 182.
jalanîla. XLII. 186.
*jalabindu. 99. 101. 125. 131. 152. 153. 157.
jalasphoṭin. 138. 197.
javana. 49.
javâ. 8. 26. 57. 216.
jâtaka. 40.
jâti. XXI. XXXI. 22. 28. 30. 79. 81. 88. 90. 92. 103. 106.

115. 131. 145. 148. 182. 195.
°*bheda*. 134. 180.
jâti. 96. 154.
jâtya. 13. 31.
jîrṇavarṇa. 122.
jîvagṛha. 136.
jña. 132.
jyotis. 87. 120. 200.
**jyotiṣkara*. 138.
jyotiṣmat. 65.
**jyotîrasa*. XVII-XIX. 60.
**jvarakara*. 137.
jvalarûkṣa. 96.
taṇḍula. XI. XXVIII. XXIX. XL. 10. 11. 32. 61. 84. 85. 231.
tamoviyukta. 64.
taralaka. 70.
taruṇa. 52.
tala. 55. 84. 87.
tâpîtaṭa. 167.
tâmra. a) cuivré. XXXIV. 15. 60. 64. 67. 106. 162. 182. 195. 196. — b) = *tâmraparṇa*. 19. 64.
tâmraparṇi. XXXII-III. 64.
târa. XXXIII. 24. 195. Cf. *sutâra*.
târakadyuti. 156.
târâ. 199.
**târkṣya*. 188. 193. 207.
tâla. a) Poids. 99. 229. b) Parure. 132.
tâlaka. 177.
tîkṣṇa. 7. 9. 83. 84. 148. 180. 199.
tuṅga. 180. 182. Cf. *uttuṅga*.
tutthaka. 126. 128. 196.
tumbara. 28. 29. 106. 114. 159. 196.
tumburu. 215.
turaṣka. 188.
turuṣka. 33. 124. 165.
TUL. *tolay-* . 157.
tulâ. 19. 37. 84. 87. 98. 99. 157.
tulita. 32. 42. 45. 51.
tuṣa. 29. 30.
tṛṇagrâhitva. XLIII. 163.
tṛṇacara. XLIII. 196.
tṛṇaprota. 176.
tejas. 17. 50. 65. 74.
tejastva. 188.
tejodhika. 196.
tejovat. 65. 146.
taila. 56. 176.
toraṇa. 157.
tolana. 156-158.
taulya. XXIII. 84-86. 91. 97. 102. 103. 131. 180.
tyakta. 103.
tyaktajalâ (muktâ). 199.
trasta. 62.
trâsa. 7. 40. 49. 99. 100. 118. 127. 147. 148. 151. 163. 166. 182. 186. 195. 196. 199. 200.
trika. 101. 230.
trikoṇa. 136. 139. 155.
tripuṭa. 63. 65.
trivṛtta. XXXIII. 97. 155.
trisikta. 231.
tryaçra. 12 22. 97. 155.
tviṣ. 27. 34. 40. 120. 153. 161.
daṇḍa. 157.
dadhi. 65.
dadhîcit. XXXII. 61.
darada. 177.
darthaka, *dardhaka*. 103. 231.
darpaṇa. 112.
dala. 83. 148. 151.
dalita. 62.
dâḍima. 26. 65. 216.
dâḍimî. 109. 130. 135. 167. 184. 193.

dârvika. 21.
dàdhika. 213.
dâhadoṣa. 41.
digdha. 62.
dîdhiti. 152. 162. 187.
dînâra. 103.
DÎP. *atidîpyate*. 181. 183.
dîpaçikhà. 73.
dîpta. 189.
dîpti. 8. 16. 29. 32. 35. 36. 45. 50. 81. 94. 115. 122. 135. 153. 155. 196. 200.
dìptibhâsura. 139.
dîptimat. 135. 196.
dîrgha. XXXIII. 12. 97. 155.
durviddha. 73.
duṣṭa. 185. 186.
dûrvà, Panicum Dactylon. 188.
dûṣaṇa. 118. 186.
dṛḍha. 200. 201.
devaka. XLVIII. 57.
devacchanda. 70.
devabhûṣaṇa. 24. 84.
*devânanda. 138.
deha. 55.
doṣa. XXII. 6. 9-12. 23. 29. 31. 32. 35. 37. 38. 40. 41. 44. 46. 73. 74. 79. 82. 83. 86-89. 91. 97. 106-109. 117-121. 124. 125. 128. 132. 133. 138. 143. 146. 148-151. 154-156. 158. 160. 162. 163. 165. 166. 172. 180-182. 186. 187. 197. 200.
dyut. 109.
dyuti. 17. 27. 35. 39. 43. 44. 53. 68. 72. 110. 112. 153. 163. 196.
dvarga. 62. 157. 177.
dviguṇâçrin. 62.
dvicchàya. XXXIX. 160.
dvipada. XXXIX. 107. 160.
dvirùpa. XXXIX. 160.
DHAR. a) porter [un joyau]. 8. 50. 63. 101. 107. 118. 126. 137. 155. 156. — b) peser. 20. 84. 100. — c) placer. 112. 148.
dharaṇa. XI. XXXIV. 20. 21. 47. 66. 67. 103.
dharmatulà. 98.
dhavala. 56. 134. 189.
dhâtu. 12. 62. 72. 73.
dhâtuvàda. 147.
dhâtrî, Emblica officinalis. 92. 152.
dhàraṇa. 6. 10. 11. 40. 48. 81. 82. 98. 107. 109. 117. 122. 125. 149. 162. 201.
dhârâ. 7. 9. 82. 84. 87. 151. 180. 195. 199.
dhàrya. 8. 15. 31. 36. 37. 158. 160. 181.
dhâryamàṇa. 38. 40.
dhùmanirbhinna. 44.
dhùmavarṇa. 160.
dhùmra. 107. 109. 160. 170.
dhṛta. a) pesé. 19. 21. 65-67. 73. 216. — b) porté. 68. 69. 108. 118. 119. 162. 164-166. 193.
**dhṛtikara*. 138.
dhriyamâṇa. 9.
dhvajàkâra. 136.
nakṣatramâlâ. 70.
**navamaṇi*. 139.
narmadâ 55.
navanîta. 64.
navaratna. 137.
nàgavallîdala. 136
nàraṅga. 184.
nikaraçîrṣa. 213.
nikṛṣṭavarṇa. 19.
nikta. 223.

nigara. 67.
nigharṣaṇa. XXXVI.
nimba, Azadirachta indica. 65.
nirarcis. 28.
nirgaura. 201.
nirdala. 189.
nirdoṣa. 180. 183. 189.
nirbhara. 193.
nirmala. XXXIII. XLIV. 22. 98. 109. 135. 153. 154. 156. 166. 182. 191. 195. 197. 200.
nirmalaka. 138.
nirmalatva. 96. 148.
nirmalaçyâma. 182.
nivida 93. 152.
niṣka. 223.
niṣprabha. 182. 189. 190.
nîla. a) Bleu. XXXIII. 16. 44. 50. 68. 93. 111. 117. 120. 122. 135. 138. 139. 153. 156. 159. 179. 186. 188. 197. 200. 201. — *b) Saphir. III. XVI. 41. 115. 117. 118-121. 134. 135. 137. 163. 172. 174. 179. 186. 187. 193. 196. 200.
nîlaka. 175.
**nîlakaṇṭha*. 205.
**nîlagandhi*. XVI. XXXVIII. 159. 161. 184.
**nîlagandhika*. 130. 168.
nîlâ. 27.
nîlimâ. 192.
nîlî. 40. 42. 119. 163. 177.
netra. 132.
nepâla. 56.
nairmalya. XXXIX. 161.
paṅka. XXXIII. 23.
PAC. *pâcay-*. 177.
pañcakoṇa. 136.
paṭala. 40. 55. 118. 162.
pada. 101. 229.
**padmarâga*. III (prâcrit *paümerâa*). XVI. XVII. 26. 28-32. 37. 40-42. 44. 47. 60. 73. 74. 106. 107. 109-111. 120. 127. 128. 131. 133. 135. 137. 159. 161. 168. 172. 176-178. 184. 185. 196. 234.
**padmarâgaka*. 115.
parikarman. XXX. 12.
parikalpya. 73.
parigraha. 8. Cf. *saṃparigraha*.
paricchettar. 6.
paridhâraṇa. 193.
parivarta. 149. 150.
pariçuddha. 6.
parîkṣaka. IV. 6. 88. 156. 169. 170.
parîkṣaṇa. 12. 24.
parîkṣâ. 6. 40. 41. 104. 132. 142. 173. 183. 187.
parîkṣita. 51. 120. 133.
parîkṣya. 59.
paruṣa. 23. 28. 53. 200.
pala. XI. XL. XLI. 45. 47. 66. 73. 177.
**pavi*. 149. 150. 169.
pavitra. 35. 49. 54. 68. 94.
pâcita. 176.
pâṭala. 182. 186. 200.
pâṭalavat. 199.
pâṭalî. 93. 153.
pâṇḍu. 47. 188. 190. 193.
pâṇḍura. 55. 135. 139.
pâṇḍyavâṭa. 64. 65.
pâṇḍyahâṭaka. 212.
pâda. 99. 229.
pâralaukika. 19. 64.
pâraçava. 64. 65.
pârasîka. XXXIII. 19. 95. 96. 153. 154.
pârijâta. 132.

pârijâtaka. 110.
pârçva. 7. 9. 30. 113 (=pârçvavarti). 127 (d°). 195.
pârçvajyotis. XLI. 185.
pârçvarañjana. 119. 121. 163.
pârçvavarti. XLI. 111. 184. 186. 234.
pârçvavedhita. 102.
pâṣâṇa. 36. 40. 47. 52. 108. 118. 119. 122. 124. 125. 165.
pâṣâṇatva. 172.
pikkâ. 67.
piṅga. 7. 81.
picca. 67.
piñjara. 134. 135. 152. 179. 189.
piṭaka. 165. 188. Cf. *sapiṭaka*.
piṇḍa. XXIX. XXXVI. 84-86. 121. 180. 181. 184. 185. 188. 199. 200.
piṇḍamûla. 214.
piṇḍaraṅga. 111.
piṇḍastha. 120. 121.
pitta. 33. 34. 38. 123. 124.
pîta. XXXIII. 7. 49. 53. 61. 64. 81. 83. 84. 92. 98. 106. 134. 135. 138. 149. 150. 154. 156. 159. 162. 169. 179. 180. 183. 190. 195-197. 200.
pîtaka. 22. 67. 189.
pîtatva. 102.
pîtanîla. 117. 186.
pîtaçyâmala. 127.
pîtaçveta. 182.
pîroja, °*ka*. XVIII. 138.
pîlu. Careya arborea *ou* Salvadora persica. 55.
puṭaka. 176.
puṭapâka. XXXVII.
puṇḍra. 210.
**putrikâ*. 36.
purâṇa. 216.
**pulaka*. XVI. XVII. 54. 60. 138. 197.
**puṣṭikara*. 138.
puṣpa. 132. (= puṣparâga) 193.
**puṣparâga*. Voir *puṣyarâga*.
**puṣyarâga*. III (prâcrit *pussarâa* et non *pupphârâa*, correction de Stenzler). XVI. XIX (pâli *phussarâga*). XLV. 12. 47. 60. 131. 133-135. 137. 169. 179. 190. 193. 195-197. 200.
**puṣyarâgaka*. 174.
**puṣyâkhya*. 175.
pûrṇa. 22. 103.
pûrvadeça. 88.
pṛṣata. 9.
**perojâ*. XVIII. 197.
pauṇḍra. XXV. XXVI. 7. 19. 60. 80. 179.
pauṇḍraka. 148.
prakâça. 44. 49. 50. 54. 120.
pratibaddha. 12. 46. 52.
pratibhâ. 81.
pratibhâga. 47.
pratiyojita. 37.
pratirûpa. 12.
pratirûpaka. 29.
pradîrgha. 62.
pradyotarâga. 110.
**prabha*. XVI.
**prabhaṃkara*. 138.
prabhâ. 7. 15. 16. 26-28. 33. 35. 41. 53. 61. 65. 68. 72. 73. 75. 81. 93. 110. 111. 131. 135. 138. 161. 163. 171. 182. 184. 187. 192. 193. 196.
**prabhânâtha*. 138.
prabhâva. 27.
prabhâvat. 23. 45. 52.

prabhâvavat. 28.
pramâṇa. XXIII. 19. 20. 23. 30. 68. 71. 73. 84. 89. 91. 93-95. 100. 103. 112. 113. 115. 121. 127. 128. 131. 139. 146. 153. 185.
pramâṇavat. 23. 65.
pramṛṣṭa. 30.
pramauktika. 154.
pramlâna. 50.
prayujyamâna. 46.
**pravâla*. III. (prâcrit *pabâla*.) XV. XVI. XIX. 60. 131. 133. 135. 137. 172. 174-176. 179. 193. 200. 201.
**pravâlaka*. 134. 179. 197.
prasanna. 58.
**priyaṃkara*. 138.
phala. XXIII. 48. 81. 82. 84. 98. 107. 118. 161.
phalaka. 180.
badarî, Zizyphus Jujuba. 94. 182.
baddha. 138.
BANDH. III. IV.
bandhana. 131.
bandhûka, Pentapetes phoenicea. 26. 110. 111. 135. 184. 193. 196.
babhru. 8.
barbara. XXXIII. 19. 34. 95. 96. 153. 154.
bala. 4. 60. 80. 95.
balin. 90.
bâlavṛddha. XLII. 121.
bindu. 7. 9. 13. 82. 83. 146-150. 154. 180. 182. 196. 199. 200.
bimbî, Momordica monadelpha. 193.
budbuda. 62.
bṛhat. 65. 83. °pramâṇa, 68.
bṛhattara. 146.
**brahmamaṇi*. XVII. 60.
bhagna. 151. 182.
bhaṅga. 183.
BHAJ. *vibhajyate*. 173.
**bhadraṃkara*. 138.
BHAR. a) porter. 29-32. 41. 73. b) peser. 10. 11.
bhartar. 23. 31.
bhallâta, Semecarpus Anacardium. 36.
bhavaka. 213.
BHÂ. *vi*°. 49.
bhâ. 27. 30. 35. 37. 41. 44. 95. 115. 126. 127.
bhâṇḍa. XXXVI. 104. 135. 176.
bhâṇḍâḍya. 89.
bhâti. 106. 108. 127.
bhâra. 183.
bhâs. 14. 26. 27. 31. 50. 163. 166.
bhâsin. 40.
bhâskara. 180.
BHID. 90. 185.
**bhidura*. 193.
bhinna. XXXIX. 36. 84. 107-109. 118. 151. 160. 163. 199. 200.
bhinnaka. 118.
bhîma. 201.
**bhîṣma*. XVI. XVII. 52. 53.
bhûṣaṇa. 12. 70. 71. 142.
bheda. 90. 106. 110. 126. 130. 163.
bhramarekhâ. 196.
bhrâjiṣṇu. 26. 69.
makaraçîrṣa. 21.
makarasiṃha. 213.
makṣa. 200.
makṣikâ. 62.

magadha. XXV. 179.
mañjalì. XI. XXXV. 98. 99. Cf. *màñjalî*.
mañjiṣṭhâ. 110. 177. 196.
maṇi. II. XV. 10. 12. 18. 26-31. 34. 36. 39-41. 43-47. 52. 53. 70. 71. 73. 107-110. 112-114. 119. 125. 129. 134. 135. 138. 139. 160. 161. 179. 181. 182. 184. 185. 187. 188. 196.
maṇikalâ. 204.
**maṇitridhà*. 138.
maṇibandha. 136.
maṇiratna. 18. 32. 39. 72. 205.
maṇiçàstra. 106.
maṇisopâna. 70.
maṇḍala. IV. 87. 88.
maṇḍalika. 79. 89. 143.
maṇḍalin. IV. 88-91. 131.
**maṇḍùkamaṇi*. 139.
matañga. 60. 210.
matsyapuṭa. XXXVI.
matsyàkṣa, *matsyàkṣi*.XXXIII. 68. 97. 102. 115.
**manohara*. XIX.
manda. (kânti) 167. 172; (dîpti) 92; (dyuti) 72. 73; (dìdhiti) 152.
mandara. 70.
**marakata*. III (prâcrit *maragaa*). XVI. 34-38. 60. 75. 125. 133. 137. 165. 166. 174. 175. 177. 179. 188. 196. 199. 200.
**maraḳta*. 34. 124. 125. 127. 128. 130. 131. 135.
maru. 33.
MARD. *marday-*. 104. 176. 183. — mardanîya. 24.
mala. 9. 28. 82. 148. 149. 180. 195. 196. 199. 200.
malaya. 184.
malina. XLIV. 36. 124. 165. 182. 199.
malinatâ. 149.
maçṛṇaka. 193.
**masâragarbha* (pâli °*galla*), XIX. 197. Cf. *musâra*°.
**masàramaṇi*. 197.
masṛṇa. 189. 190.
mastaka. 199.
mahat. 182.
mahattà. 28.
mahàguṇa. 18. 31. 32. 35. 40. 42. 44. 45. 47. 57. 65. 69. 109. 119. 186.
mahâdoṣa. 154.
mahàdyuti. 153.
**mahânîla*. XVI. XVII. XIX. XLII. 42. 60. 116. 117. 118. 121. 137. 186. 196.
mahâmaṇi. 138. 163.
mahâmarakata. XLIV. 123 126. 127.
mahâratna. XV. XVI. 124. 131. 133. 134. 147. 152. 179. 214.
mahârgha. 92.
**mâṃsakhaṇḍa*, *mâṃsapiṇḍa*. XVI. 184.
mâkarâ. 132.
mâgadha. 188.
mâṅgalya. 14. 15. 54. 132.
mâñjalî. 156. Cf. *mañjalî*.
mâṇa. 99.
mâṇavaka. 70.
**mâṇikya*. III. XVI. 134. 135. 159-161. 173. 174. 179. 184. 185. 193. 199.
mâtañga. XXV. 7. 15. 148. 195.
mâtrâ. 86. 113. 114. 128. 131. 182. 185.
mâna. 134. 139. 154. 185.
mânaka. 143. 157.

mânava. 19.
mânasa. 112.
mârakata (doṣa). 38.
mârga. 103.
mârgatas. 132.
mârjâranayana. 135. 191.
mârdava. 173.
mâlâ. 133.
mâlinya. XL. 147. 185.
mâṣa. XXXIV. 42. 99.
mâṣaka. XI. XL. XLI. 19. 20. 22. 32. 47. 65. 66. 73. 216.
mâhâtmya. 81.
**muktapânîya*. 215.
**muktamâlîya*. 29.
**muktâ*. XV. XVI. XIX. 18. 19. 37. 60. 66-68. 98. 153. 154. 174. 175. 182. 183. 195. 199. °kaṇâ, XXXVI.
**muktâphala*, 14. 16. 17. 24. 64. 69. 137. 152-154. 193.
mukhya (ratna). 145. 179.
mudrâ. 193. — °prakâra. 175.
mudrikâ. 157.
**musâragarbha*, °*galva* (pâli, °*galla*). XVIII. XIX.
mûrdhan. 30.
mûlya. XXIII. 10-12. 14. 17. 19. 21-23. 28. 32. 37. 42. 45. 46-48. 51. 53. 56. 57. 61. 62. 65-67. 73. 74. 79. 82. 84-86. 88-90. 96-103. 106. 108. 111. 113-115. 118. 119-121. 124. 125. 127. 128. 131-133. 135. 154. 158. 160. 180.
mûlyaka. 121.
mûlyatâ. 96. 106. 113. 117.
mûlyapramâṇa. 20.
mûlyamâtrâ. 6.
mûlyârpaṇa. 136.
mṛṇâla. 54. 56.
mṛt. XXXVI. 40.
mṛttikâ. 163. 196.
mṛdâ. 118. 119.
mṛdu. 186. 190. 199. 200. 214.
mṛdutâ. 29. 45.
mṛdula. 200.
megha. 17.
mecaka. 197.
meru. 132.
mauktika. III (prâcr. *mottia*). XXXVI. 15. 22-24. 91-103. 131. 133-135. 137. 152-158. 173. 179. 182. 195.
mauktikatâ. 18.
maulya. 91. 128. 134. 143. 146. 155. 158. 179-181. 183. 185-188. 193.
mleccha. 135. 196.
yava. XI. XXIX. XLI. 61. 82. 85. 112. 113. 120. 121. 131. 150. 180. 185.
yavana. 56.
yavapada. 83.
yavâkṛti. 83. 149.
yavâtmaka. 83.
yavâgû. 176.
yaṣṭi. 71.
YUJ. *yojay-*. 99. 120. *niyojay-*. 121.
yoga. 23.
yoni. XXXI. 15. 90.
rakta. XXXIV. 7. 61. 83. 84. 149. 150. 159. 161. 172. 180. 182. 192. 195. 197. 199. 200.
raktagandhi. 186.
raktagarbha. 191.
raktanîla. 184. 186.
raktapîta. 184.
raktaçveta. 184.
rakti. 185.
raṅga. XL. 38. 88. 109. 111.

112. 130. 132. 163. 166. 199. 201.
RAJ. *rañjay-*. 120. 126; *anurañjay-*. 27.
rajju. 156. 157.
rañjana. 128.
ratna. II. III. XV. 5. 6. 12. 15-17. 26. 32. 33. 36. 44. 47. 52. 56. 59. 60. 79. 87-90. 93-97. 106-109. 123. 125. 127. 128. 130-139. 142. 143. 145. 148. 153. 158. 161. 165. 167. 169-174. 179. 180. 182. 185. 186. 193. 195. 197.
ratnaka. 182.
ratnakûṭa. 80.
ratnakovida. 163. 180.
ratnagarbha. 143.
ratnaja. 172.
ratnajâla. 145.
ratnatattva. 156.
ratnatraya. 4.
ratnaparîkṣâ. I sqq.
ratnaparvata. 203.
ratnabîja. 5. 25. 43.
ratnarûpin. 172.
ratnalakṣaṇa. 154.
ratnavarga. 11.
ratnavid. 35. 47. 51. 82. 97. 173.
ratnaçâstra. 4. 48. 82. 85. 90. 92. 93. 95-98. 104. 109. 112. 120. 121. 132. 133. 139. 180. 183. 221.
rathâkâra. 136.
randhra. XL. 40. 185. 193. 196.
ramya. 153.
ravaka. 67.
ravi. 132.
ravikâ. 103.
raçmi. 23. 27. 70. 180. 199.
raçmivat. 62. 182.
rasa. 72.
rasarâja. 24.
rasendra. 90.
rasona, Allium ascalonicum. 135. 191.
râga. II. XL. XLIV. 27. 28. 32. 35. 50. 72. 88. 102. 126. 130. 160. 166. 182. 189. 199. 200.
**râgakara*. 137.
râjata. 193.
**râjapaṭṭa*. XVIII.
**râjavarta*. XVIII. 201.
**râjamaṇi*. XVII. 60.
râmaka. XLVIII. 57.
râvaṇagaṅgâ. 26. 28. 105. 159. 162.
râçikrama, *râçivartaka*. 101.
**riṣṭa*. 137.
**rukmiṇî*. 96. 154.
ruc. 138.
**rucaka*. 137.
ruci. 81. 183.
rucira. 7. 38. 69. 81.
rudhira. 49. 50.
**rudhirâkṣa*, *rudhirâkhya*. XVI. XVII. 55. 60.
rûkṣa. XXXIII. XL. 23. 36. 90. 122. 124. 154. 165. 185. 186. 188-190. 193. 199. 200.
rûkṣatva. 196.
rûpa. 19. 26. 36. 51. 54. 66. 90. 94. 167. 173.
rûpaka. XXIII. XXIX. XXXIV. 10. 19. 47. 66. 67. 98. 99. 156.
rûpyaçaila. 222.
rekhâ. 7. 13. 82. 83. 102. 138. 146-148. 150. 156. 180. 182. 196. 199. 200.
revâtîra. 203.

*rogahara. 137.
rodhra, Symplocos racemosa. 161.
romaka. XLVIII. 57.
raukṣya. 166.
LAKṢ. lakṣay- 90. 111. 115. upa°. 24.
lakṣa. 61. 89. 130. 132. 185.
lakṣaṇa. 63. 81. 82. 84. 86. 87. 91. 97. 98. 103. 107. 112. 114. 115. 117. 120. 121. 128. 139. 154. 161. 162. 188.
lakṣita. 83.
lakṣmi. 30.
lakṣya. 88. 115. 130.
laghu. XL. 7. 9. 15. 23. 62. 65. 83. 84. 86. 94. 115. 138. 153. 158. 180. 182. 185. 186. 189. 191. 199-201.
laghutâ. 86.
laghutva. 29. 45. 115. 130. 148.
laghubhâva. 44.
latâ. 70.
lavaṇa. 24. 104. 173. 182. 199.
lavalî, Averrhoa acida. 119. 163.
laçunapada, laçunâ°. XXXIX. 107. 108. 160.
*lasaṇîyâ. XVIII. 135.
*lasuna. XVIII. 196.
lâkṣâ. 44. 111. 161. 184. (°rasa) 27. 109.
lâghava. 36. 85. 86. 93. 128. 188.
lâghavatva. 87. 131. 172. 192.
*lâjavarta. XVIII. 191.
LIKH. vilikh-. 12. 13. 30. 90. lekhay-. vilekhay-. 115.
liṅga. 146. (°guṇa) 30.
LIP. lepay-. 181.
LUḌ. loḍay-, vi°. 177.
lekhana. 30.
lekhâ. 73.
lekhya. 115. 193.
lodhrapuṣpa, Bassia latifolia. 109. 111.
loha. 12. 90. 161. 184. 185. 195.
lohita. 9. 57. 135. 179. 184. 185. 193. (lohitâpîta) 47.
*lohitaṅka. XIX.
*lohitamukta. XIX.
*lohitâkṣa. 137.
vakra. XXXIX. XL. 185. 201.
vaṅga. XXV. 80.
*vajra. II. XVI. XIX. 6-13. 30. 32. 37. 52. 59. 60. 62. 63. 80-91. 115. 130. 131. 133-138. 143. 145. 146-151. 173-175. 179-181. 193. 195. 199.
vajrâsura. 143-145.
vadarî. 51. Voy. badarî.
vapus. 50.
varâha[mihira]. 137.
varga. 106. 107. 111.
varcasa. 110. 126.
varṇa. XXI. 7-9. 15. 16. 19. 23. 26-28. 30. 32. 35. 36. 40-45. 49-51. 54-56. 72-74. 79-83. 92. 94-96. 98. 106. 109-111. 117. 120. 122. 127. 133. 134. 143. 150. 160. 170. 181. 182. 186. 196. 199.
varṇâḍhya. 172. 186. 189.
varti. 88. 128. 221.
vartika. 130.
vartikâ. 83.
vartula. 136. 138. 139. 150. 153. 181.
vartulatva. 188.
varṣopala. 16. 68. 94. 153. 177. 178.
vala. 54. Voy. bala.
vali. 155.

vallapuṣpa. 60.
vallarî. 166. 172.
vàmanavaktrâ (rekhâ). 150.
vàritara. 180.
vàlika. 43.
vikaṭa. 182. 188. 199.
vikalàkṣa. 196.
vikṛtacchàya. 107.
vikṛti. 104.
vikraya. 88. 89.
vikrayin. 89.
vikhyàti. 81.
viguṇa. 6. 31. 36.
vigrahatuṅga. 103.
vicàra. 189.
vicârin. 173.
vicitra. 17. 18. 49.
vicchàya. XXXIX. XLIV. 107. 165. 189.
vijayacchanda. 70.
vijàti. 29. 31. 36. 37. 41. 44. 45.
viḍùra. 196.
**viḍùraka*. 193.
vitânapatti. XXXVI.
vidalita. 8.
vidùra. XLVI. 43.
viddha. XXXVI. 22. 62. 72. 73.
**vidruma*. XLVIII. 8. 57. 135. 137. 155. 172. 193.
VIDH. *vedhay-*. 173.
vidhṛta. 75. 216.
vinikṣipta. III.
vinîla. 51. 218.
vindhya. 56. 167.
vipakva. XXXVI.
**vibhavakara*. 137.
vibhàvana. 36.
vibhùṣaṇa. 132.
vimala. 9. 93. 102.
vimalaka. XVII. 60.
viraṅga. 200.
viràkṣa. 50.
viràpàkṣa. 130.
vilekhana. 90.
vivarṇa, XXXIV. 23. 28. 53. 122. 200. (°rûpa) 50.
viçada. 81.
viçàlàkṣa. 200.
viçîrṇa. 8. 9. 13. 62.
viçuddha. 16. 18. 30. 35. 49. 55. 60. 72.
viṣama. 64. 65. 67. 69.
**viṣahara*. 137.
**viṣṇu*. 205.
visaṃsthâna. 65.
vistàrakânti. 127.
vistîrṇâṅga. 87.
visphoṭa. XXXIII. XLIV. 23. 124. 165.
vihata. 186.
vihâraka. 210.
**vîtàçoka*. 138.
vṛtta. XXXIII. 16. 22. 69. 102. 146. 152. 156. 182. 195. 199. 200.
vṛttavâsa. 99.
vṛttàyata. 184. 193.
vṛddha. 201.
veṇâtaṭa. XXV. XXVI. 60.
veṇu. XXV. 80.
veṇvàtaṭa. 210.
vedha. 22. 23. 68.
vedhya. 14. 95.
veçman. 136.
vaicitrya. 60.
**vaiḍùrya*. III (prâcrit *verulia*). XVI. XIX (pâli *velùriya*). XLV sqq. 12. 41. 43-45. 48. 60. 130. 131. 133-135. 137. 170. 174. 175. 179. 191. 193. 196. 200.

*vaiḍūryaka. 200.
vaiṇava. XI.
vaiṇyâtaṭa. XXV. 7.
vairàgara. XXV. XXVI. 148.
vaivarṇya. 24. 181.
vaiṣṇavî, Asparagus racemosus. 163.
vyakta. XI.
vyâḍi. XXXVI.
vyàla. 49.
vyàsa. 137.
vraṇa. 23. 49. 74. 196.
vrîhi. 24. (°tuṣa) 104.
çakambala. XLVIII. 57.
çakti. 132.
çakranîla. 186. 187. Cf. indranîla.
*çaṅkha III. XVII. XVIII. XIX. XXXI. 8. 14. 15. 52. 56. 60. 64. 69. 81. 92 94. 95. 152. 176. 177. 182. 195. 197.
çaṅkhaja. 183.
çaṇapuṣpi, °puṣpa, Crotolaria verrucosa. 134. 190.
*çatruhara. 137.
çabala. XLIV. 36. 53. 72. 124. 125. 166.
çarkara, çarkarà. XXXIII. XXXIX. XLIV. 36. 62. 64. 102. 160. 162. 165.
çalàkâ. 157.
*çaçikànta. XVII. 60. 68. Cf. candrakànta.
çaṣyâ. 213.
çàṇa. III. XXXIV. 19. 22. 46. 47. 90. 115.
çàṇà. 12. 30. 195.
çàdvala. 34. 35. 166.
çàlituṣya. 183.
çàlmalì, Salmalia malabarica. 110.
çâstra. 6. 40. 87. 88. 96. 98-100. 103. 104. 120. 130-132.
çâstrajña. 90.
çàstrabâhya. 122.
çàstravid. 6.
çâstrin. 139.
çiktha. 213.
çikya. 213.
çikva. 213.
çikhâ. 132.
çiras. 84. 87. 200.
çirîṣa, Acacia Sirissa. 34. 60. 75. 120. 126-128. 166.
çilà. 40.
çilàjatu. XLV. 36.
çilpin. III (prâcr. sippin). 56. 57.
*çivakànta. 137.
*çivaṃkara. 138.
çivaṃ mukham. 87.
çiṣya. 213.
cukti. 14. 18. 19. 64. 92. 96. 152. 153. 154. 182. 195.
çuktikà. 18. 95.
çuktikàṇḍa. XXXVI.
çuktija. 97.
çuktilagna. XXXIII. 154.
çuktisparça. XXXIII. 97.
çukla. XXXIII. 47. 52. 61. 98. 156.
çuklatîrtha. 203.
çukletara. 39.
çuci. XXXVI. 96. 182.
çuddha. 9. 50. 56. 130. 148. 173. 189. 195. 196. 199-201.
çUDH. çodhay-. 173. pari°. 30. 181.
çubha. 59. 61-63. ·82. 84. 132. 150. 153. 154. 158. 161. 189-191. 193. 196. 200.
çubhra. 65.
çulva (= çulla, cuivre). 193.

çuvaka. 21.
**çûlahara*. 137.
çṛṅga. 8. 9. 132.
çṛṅgâṭaka. 61. 63.
**çeṣa*. XVI. 38.
çairîṣa, çairîṣaka. 7. 61.
çaivala, çairâla, Blyxa octandra. 34. 122. 126. 127. 166. 188.
çaiçupâla. 44.
çobha. 40. 43. 110.
çobhana. 193. 195. 196.
çobhâ. 26. 44. 45.
çyâma. 7. 60. 125. 154. 182. 190. 191. 197.
çyâmaka. 138.
**çyâmagandhi*. 184. Cf. *nîlagandhi*.
çyâmala. 127.
çyâmalika. XLIV. 126.
**çrîkânta*. 137.
çrîtaru. 132.
**çrîpûrṇaka*. 29.
çroṇî. 63.
çleṣita. 23.
çleṣma. 38.
çveta. 64. 65. 83. 84. 135. 138. 149. 150. 179. 180. 182. 183. 186. 199-201.
çvetaka. 67.
çvetanîla. 186.
**çvetaruci*. 138.
ṣaṭkoṭi. 9. 199.
ṣaṭkoṇa. 83. 84. 138. 180.
ṣaṭkoṇatva. 148.
ṣaḍaçrin. 61.
saṃyojita. 71. 79.
saṃlâsaka. XLVIII. 57.
saṃviddha. 199.
saṃskṛta. 56.
saṃsthâna. 19. 35. 55. 61. 64. 68. 72.
sakoṭara. 201.
saguṇa. 185. 187.
saṃkâça. 60. 65. 93. 109-111. 120. 139. 152. 153. 155. 156. 163. 166. 167. 170. 187.
saṃkhyâ. 20.
saṃgraha. 6.
saṃghaṭṭa. IV. 131.
sacchidra. 182.
sajjyotis. 186.
saṃjñâ. 101. 102.
sattvavat. 146.
satrâsa. 199.
sadoṣa. 23. 155.
sadratna. 127.
sadhâtu. 73.
saṃdhârita. 155.
saṃdhi. 196. °çleṣita, 36. °sûtra 135.
saṃdhyâ. 49. 110.
sapâṣâṇa. XLIV. 165.
sapiṭaka. XLIV. 165.
sapratibhâga. 47.
sabâhya. 118. °abhyantara, 84. 88.
sabinduka. 182.
sabheda. 160.
sama. 7. 9. 23. 148. 184. 189-191. 195. 199-201.
samatâ. 28.
samarâga. 35.
samarâgin. 49.
samastaka. 199.
**samâragalla*. 137.
samudra. 103.
**samunmâpita, samunmita*. 32. 42.
saṃmita. 216.
saṃmelana. 142.
sara (?) 193.
sarûkṣa. 186.

sarṣapa. XI. XXIX. XLI. 10. 61. 112. 114. 185.
savartula. 84.
savya, *savyavaktra* (rekhâ). 83.
savyavartana (âvarta). 150.
savraṇa. 23. 193.
saçarkara. 64. 73. 162.
sasyaka. XVII. XVIII. 60.
sahaja. XLIV. 104. 115. 126-128. 139. 181. 183. 185.
**sàgaraprabha*. 138.
sàdhâraṇa. 182.
sàdhu. 64.
sàndra. 27. 35. 36. 39. 109.
sâmànya. 84. 85.
sâra. 133.
sàrasa. 27. 110. 161. 184.
siṃhala. XXXIII. 19. 24. 29. 39. 64. 88. 95. 96. 105-107. 109. 114. 116. 117. 134. 153. 154. 159. 161. 162. 167. 184. 186. 196.
siṃhalì. 25.
sikta, *siktahasta*. 21.
siktha. 67. 103.
sikvahasta. 213.
sita. XXXIII. 7. 22. 23. 38. 61. 81. 83. 102. 117. 150. 154. 156. 162. 182. 195. 201.
sitakàça. 24.
sitatva. 96.
sitaçyàmala. 127.
siddhàrtha. 84.
sindùra. 27. 111. 135. 161. 176. 184. 193.
sindhudeça. 221.
sindhupârçva. 88.
**sirîsapuppha* (pâli). XIX.
**sugandhi*. 114.
**sugandhika*. 107.
sugàtra. 114.
succhàya. 94. 96. 98. 114.
sutàra. XXXIII. 22. 98. 156.
sutejas. 146.
sunirmala. 84.
sunîla. 47.
supakva. 176.
suparîkṣaṇa. 205.
supârçva. 9.
supìta. 111.
suprabha. 93. 94. 183. 184.
**subhaga*. 138.
**sumàṇikya*. 175.
surakta. 111. 172. 184.
suraṅga. 119. 163. 166.
suraṅgaka. 130.
surabhùṣaṇa. 70.
surà. XXXVI.
surâga. XLIV. 57. 166.
surâṣṭra. XXV. 148.
surùpa. 66.
sulohita. 47. 184.
suvarṇa. a) d'une belle couleur: XLIV. 125. 199. — b) or : III. 17. 70. 197. — c) poids : XI. XXIX. 42. 45. 47.
suvartula. 153.
suvṛtta. 15. 23. 93. 96. 98. 102. 156. 182. 183.
suvṛttaka. 98.
suvela. 184.
susnigdha. 47. 96. 127.
sùkṣma. 15. 22. 23. 102. 154. 158.
sùkṣmàṅga. 182.
sùtra. III. 54. 135.
sùrpàrà. XXV. XXVI. 7. 80. 195.
**sùryakânta*. XIX. XLVII. 137. 138. 197.
sùryakànti. 167.
sopàra. XXV. XXVI. 148.
somabhùbhuj. 151. 158. 171.

somàlaka. XVII. 47. 52.
saukṣmya. 147.
**saugandhi*. XVI. XXXVII. 106. 113.
**saugandhika*. XVII. XXXVII. XXXVIII. 26. 27. 60. 72. 110. 111. 113. 120. 138. 159. 161. 184.
**saubhàgyakara*. 138.
sauràṣṭra. 7. 64. 80. 179.
sauràṣṭraka. 60. 64.
sauràṣṭrika. 19.
saurpàraka 60.
sauvìra. 210.
sthala. 136.
sthàna. 82. 88. 136.
sthàpana. 131. 132.
sthùla. 64. 154. 190. 193.
sthaulya. XXIII. 153. 180.
snigdha. XXXIII. XXXIX. XLIII. XLIV. 22. 35. 49. 57. 62. 64. 68. 72. 81. 96. 98. 102. 109. 119. 120. 125. 127. 134. 135. 154. 156. 161. 163. 166. 176. 182. 184. 186. 189. 190. 191. 193. 195. 199. 200.
snigdhatà. 28.
snigdhatva. 188.
snu. 84.
sneha. 24. 29. 30. 45.
spaṣṭa. 200.
sphaṭika. XVI. XVII. XXXVIII, n. 5 (rubis). 8. 12. 26-28. 41. 44. 56. 60. 69. 72. 81. 102. 130. 131. 138. 167. 172. 195. 197. 205. 206.
**sphaṭikaprasùta*, °*bhava*, XXXVII.
sphuṭa. 27. 98. 110. 184. 191. 199. 200.
sphuṭika. 147. 155.
sphuṭita. 9.
sphuliṅga. 43.
sphoṭa. XXXVI.
smṛtisàroddhàra. 178.
srota. 61.
svaccha. XXXIII. XLIV. 7. 35. 47. 72. 102. 125. 134. 154. 156. 166. 167. 182. 184. 186. 189-191. 196. 199-201.
svacchatà. 172.
svajàtika. 30.
svarṇa. 135. 193.
SVID. *sveday-*. 104. 183.
**haṃsa*. 64.
haṃsagarbha. XLVII. 137. 138. 197.
**haṃsamàlin*. 138.
hari. 182.
haricchàya. 106.
harita. 7. 35. 38. 126. 127. 135. 179. 188.
haritapàṇḍura. 179.
haritàla. 65.
haritkàca. 166.
haridrà. 8.
hariçveta. 182.
**harihara*. 38.
hasta. 70. 71.
hastasaṃjñà. V. 79. 135. 136. 143.
hàra. 70.
hàraphalaka. 70.
hikvà. 213. (Cf. l'Erratum.)
hiṅgula. 110. 111. 184.
hiṅgulaka. 27.
himacchàya. 200.
himavat. 52. 60.
himaçaila. 7.
himàcala. 195.
himàdri. 167.
himàlaya. XXV. 148. 167. 179.

hîna (=kuruvinda). 120.
**hîra*. 137.
**hîraka*. 148.
hema°. 49. 50. 52. 53. 127. 200. 201. *hema*. 87. *heman*. 103.
hemakanda. 135.
hemakartar. XV. 46.
hemaja. 80.
haima. 7. 19. 64. 65.

II. INDEX ANALYTIQUE

ABEILLE (*ali, bhṛṅga, bhramara*). Nuance du saphir, 39. 120. 163 ; — du rubis, 72 ; — de la pierre de serpent, 73.

ÂBHÎRAS. Inhabiles à apprécier les gemmes, XLIX.

ACIDES. Employés pour éprouver les gemmes, XXX.

AÇOKA. Nuance du diamant, 61 ; — du rubis, 103. 159. 184 ; — du cristal de roche, 130. 168.

AGASTI, AGASTYA. Auteur mythique d'ouvrages sur les gemmes : *Agastimata*, X-XII ; *Ratnaparîkṣâ*, XIII ; *Ratnaçâstra*, XIV, n.

AGNI. Diamant et perle qui lui sont consacrés, 7. 61. 65.

Agnipurâṇa. XVIII. XIX.

AIGLE (Œil d'). Nuance du saphir, XLII.

AJAYAPÂLA. Lexicographe cité, XXXI. XXXIII.

ALCOOL Employé dans la fabrication des perles, XXXVII.

AMÉTHYSTE. XVIII.

AMULETTE. Voy. Index I : *mâṅgalya*.

ANTIMOINE. Nuance du grenat, 54 ; du rubis, 72.

APPAYADIKṢITA. Auteur d'une *Ratnaparîkṣâ*, traité philosophique, XIV, n.

APPÉTIT. Excité par l'onyx, 38.

ARC-EN-CIEL (Gemmes ayant des reflets d'). Saphir, XLII. Diamant, 9. 13. 62.

ARÊTES du diamant. Voy. Index I : *dhârâ*.

ARGENT. Valeur de l'hyacinthe et du corail exprimée en a. 135.

ARGILE. Défaut du saphir, XLIII.

AVORTEMENT. Causé par le diamant, XXIII. XXVIII.

BALA. Asura dont le corps foudroyé se mue en pierres précieuses, XX. XXIV. XXXII. XXXVII. XLI. XLIII. XLV. 43. 49. 52. 54. 55-57.

BALANCE. 99. 156-157.

BAMBOU (Tige du). Produit des perles, XXXI. Employée dans la fabrication du corail, 176.— Feuille de bambou : nuance de l'émeraude, 75. 188. 196 ; — de l'œil-de-chat, 44. 200.

BANNIÈRE (*dhvaja*). Forme de la demeure de Ketu, 136.

BEHAR. Voy. PUṆḌRA.

BENGALE. Un des gîtes du diamant, XXVI ; — de l'émeraude, XLIV.

BÉTEL (Feuille de). Forme de la demeure de Mercure, 136.

BEURRE. Nuance de la perle, 65 ; — de l'hyacinthe, 71.

BILE de Bala, origine de l'émeraude, XLIII. 33. 123. 188; — de l'onyx, 38.
BLANC. Voy. Index I : *avadâta, dhavala, çveta, sita.*
BLEU. Voy. Index I : *nîla, vinila.*
BOUNDALKHAND (Mines de diamant du), XXVI.
BOURRELET. Défaut de la perle, XXXIII. 23. 97. 155.
BRAHMANE. Voy. CASTES.
BRUN. Voy. Index I : *kapila, piṅga, piñjara, babhru.*
BUDDHA. Le diamant vert lui est consacré, 7. Forme abrégée de Buddhabhaṭṭa, X.
BUDDHABHAṬṬA. VI-X.
BUDDHIVARA. Altération du nom de Buddhabhaṭṭa. IX.
BULLES D'AIR. Défaut du diamant, 63.
ÇAKAMBALA (?). Gite du corail, XLVIII.
CAMBAYE. (Pêcheries de perles du golfe de). XXXII.
CAMPHRE. Nuance de la perle du bambou, 69.
CARMIN. Nuance du rubis, 27.
CARTHAME (Fleur de). Nuance du rubis, 110.
CASTES des gemmes, XXII; — du diamant, XXVII; — du rubis, XXXIX; — du saphir, XLII; — de l'émeraude, 127; — de l'hyacinthe, 134. 189; — de la perle, 183.
CEYLAN. Produit la perle, XXXII; — le rubis, XXXVIII; — le saphir, XLII; — la topaze, XLV; — des perles artificielles, XXXVI; — des rubis faux, XLI.
CHAIR. Nuance du rubis, 184.
CHAṆḌEÇVARA. Auteur de la *Ratnadîpikâ.* XIV, n.
CHAR. Forme de la demeure de Saturne, 136.
CHATON (Composition du), 175. (Cf. l'Erratum.)
CHEVEU. Défaut du diamant, 62.
CHINE. Produit le cristal de roche, XLVIII; — la cornaline, 55.
CHIVARAÏ. Pourrait être identifié avec le mont Vidûra ou Vâlavâya, XLVII.
CHOC. Procédé de vérification, 90.
CHRYSOBÉRYL (*karketana*), XVI.
CHUTIA NAGPUR (Mines du), XXVI.
CHYLE de Bala, origine de la cornaline, 55.
CINABRE (Rubis dérivé du), XVI. XXXVII. Cf. VERMILLON.
CITRON. Employé dans la fabrication des perles artificielles, XXXVI.
ÇIVA (Gorge de). Nuance du saphir, 39. 119. 163.
COCCINELLE. Nuance du rubis, 26: — de la cornaline, 55; — de l'émeraude, 196.
COLAS (?). Bornés par le mont Vidûra, XLVI.
CONQUE. III. Produit une perle, XXXI. Nuance du diamant, 8. 81; — du bhiṣma, 52; — du cristal de roche, 56; — du grenat, 197.
CONTREFAÇONS. XXIV. 31; — du diamant, XXX; — de la perle, XXXVI. 173; — du rubis, XLI; — du saphir, XLIII; — de l'émeraude, XLV; de l'œil-de-chat, XLVII; — du corail, XLVIII.
CORAIL XLVIII. N'appartient pas à l'espèce *sphaṭika*, 131. Consacré à la planète Mars, 133. 175. Sa place dans le chaton, 137. 175. Perle de cette couleur, 155.
CORIANDRE (Grain de). Diamant de cette forme, 63. Dimension de la perle de Pâṇḍya, 65.
CORNALINE (*rudhirâkṣa*), XVI.
COULEURS des pierres, XXI.
CRI de Bala, origine de l'œil-de-chat, 43.
CRISTAL DE ROCHE (*sphaṭika*), XLVII.

Contrefaçon du diamant, XXX; — du saphir, XLIII; — de l'œil-de-chat, XLVII. Rubis dérivé du cr., XVI. XXXVII. Le kâṣâya variété du cr., XVII. Gemmes ressemblant au cristal : diamant, 8. 81; — perle, 69.

ÇÛDRA. Voy. CASTES.

CUIVRE. Diamant cuivré consacré aux Maruts, 7. Provient de l'Himalaya ou du Surâṣṭra. 7. 60. — Perle de l'éléphant, 15. 92. 152; de Tâmraparṇî, 64. Défaut, 67. 182. Consacrée à Vâyu, 65. — Rubis de Tumbara, 29; d'Andhra, 106. — Saphir kṣatriya, 162; faux, 41. — Chrysobéryl, 49. — Corail, 193.

Cullacagga. Liste de gemmes, XIX.

CYGNE. Nuance de la perle, 64.

DADHÎCIT. Origine des pierres précieuses, XX.

DENTS de Bala, origine des perles, 18. 95.

DEVAKA (?). Gîte du corail, XLVIII.

Devîpurâṇa. Contient la légende de Bala, XX.

DIAMANT. XXIV-XXXI; — mahâratna de l'espèce sphaṭika, 131; — consacré à la planète Vénus, 133. 175; — sa place dans le chaton, 137. 175. — Topaze ayant le reflet du diamant. 169.

DOIGTS (Langage des), V.

DURETÉ. Qualité des gemmes, XXII.

EAU. Employée pour la vérification des perles, XXXVI, et la fabrication des perles artificielles. XXXVII. Un des 3 ratnas, XV. Séparée du lait par le masâragarbha, XVIII. Diamant plus léger que l'eau, XXVIII-IX. XLVIII. Gemmes couleur d'eau : saphir, XLII; — émeraude, 126; — perle, 182. Défaut des gemmes (*jalagarbhatâ*), 182. Eau du cristal de roche, XLVII. XLIX.

ÉCLAIR (Gemmes comparées à l'). Diamant, 62. Perle, 68. Émeraude, 35.

ÉCLAT. Qualité des gemmes, XXII.

EFFETS des gemmes, XXIII.

ÉLÉPHANT. Produit des perles, XXXI.

ÉMERAUDE. XLIII. Variété du cristal de roche, XLVII. 130. Consacrée à la planète Mercure, 133. 175. Sa place dans le chaton, 137. 175.

ÉPÉE (Gemmes ayant un reflet d'). Diamant, 61. 81. 84. Perle de serpent, 16

ÉTOILE. Éclat de la perle, XXXIII.

EXPERT. III-VI.

FACETTES du diamant. Voy. Index I : *aṅga*, *dala*, *pârçca*, *phalaka*.

FAUVE (Couleur). Voy. Index I : *harit*, *piñjara*.

FEMELLE (Diamant), XXVIII.

FEMMES. Quel diamant elles peuvent porter, XXVIII. Rendues fécondes par la topaze, 48.

FER. Employé dans les contrefaçons du diamant, XXX. Emeraude ressemblant au fer, 34. Fer rouge, nuance du rubis, 161.

FEU. Moyen d'éprouver le diamant et autres gemmes, XXX. 173. Prohibé, 41. Nuance du diamant, 62; — de la perle, 65; — du rubis, 111. 161.

FLEGME. Dissous par l'onyx, 38.

FROTTEMENT. Moyen d'éprouver le rubis et autres gemmes, 173. 185.

FUMÉE. Utilisée dans les contrefaçons de l'œil-de-chat, XLVII. Nuance du rubis, XL.

GARANCE. Employée dans la contrefaçon de l'émeraude, XLV. Nuance du rubis, 110. 196; — du chrysobéryl, 49.

Garuḍapurâṇa. Contient le traité de Buddhabhaṭṭa. IX-X.

GAZON. Nuance de l'émeraude, 34. 35.

GEAI (Aile de). Nuance de l'œil-de-chat, 44; — de l'émeraude, 126; — du saphir, 163.

GEBEL ZABARAH (Émeraudes du), XLIV.

GÎTES des pierres. XX

GOLCONDE (Mines de), XXVI.

GOMME. Employée dans la fabrication des perles artificielles, XXXVII.

GOUTTE. Voy. Index I : *bindu*.

GRAISSE de Bala, origine du cristal de roche et du corail, 56. 57.

GRATTAGE. Procédé pour vérifier le diamant, XXX.

GRAVIER. Défaut des gemmes, 28. 73; — du diamant, 62; — de la perle, 23. 65. 102; — de l'émeraude, 36. 124. 165; — du rubis, 160; — du saphir, 118. 162.

GRÊLONS (Perles ressemblant aux), 16. 94. 153.

GRENADE (Gemmes ayant la couleur de la) : corail, 135. 193; — cristal de roche, 130. 168; — perle, 65; — rubis, 26. 109. 184.

GRENAT (*pulaka*), XVI. 54. 197.

GRIS. Voy. Index I : *çyâma*.

HAÏDERABAD (Rubis de), XXXVIII.

HAZARIBAGH (Émeraudes de), XLIV.

HÉLIOTROPE (*jyotirasa*), XVIII.

HEMACANDRA. Lexicographe cité, XVI. XIX.

HEMADRI. Cite le *Garuḍa-Purâṇa*, X; — l'*Agastiprokta*, XI.

HEMAKANDA (Lac du mont), produisant du corail, XLVIII.

HIMALAYA. Un des gites du diamant, XXV; — de la perle, XXXII-III; de la topaze, XLV; — du cristal de roche, XLVIII; — du *bhîṣma*, 52.

HOMME (Pierre qui nait dans la tête de l'), XX.

HUILE. Utilisée pour la vérification des perles, XXXVI. — Huile de sésame employée dans la fabrication du corail, 176; — nuance du cristal de roche, 56.

HUÎTRE perlière, XXXI-II. — Adhérence à l'huître, défaut de la perle, XXXIII.

HYACINTHE (*gomeda*), XVI. 47. 189. 197. 200. Variété du cristal de roche, XLVII. Contrefaçon du diamant, XXX. Consacré à Râhu, 133. 175. Sa place dans le chaton, 137. 175.

INDIGO. Employé dans les contrefaçons du saphir, XLIII; — de l'émeraude, XLV. Nuance du saphir, 40. 119. 163; — du rubis, 27.

INDRA. Diamant et perle qui lui sont consacrés, 7. 61. 65.

JASMIN. Nuance du *bhîṣma*, 53.

JASPE SANGUIN. Voy. HÉLIOTROPE.

JAUNE. Voy. Index I : *pîta*, *âpîta*, *supîta*, *pâṇḍura*.

JUJUBIER (Fruit du). Nuance du chrysobéryl, 51. Dimension de la perle du bambou et du sanglier, 94. 95.

JUPITER (Planète). La topaze lui est consacrée, 133. 175. 193. Forme de sa demeure, 136.

KALAHASTA (?). Gîte de la topaze, XLV.

KALIÑGA. Un des gites du diamant, XXVI.

Kâmasûtra. Mentionne la ratnaparîkṣâ, II.

KARKA (?). Gîte de la topaze, XLV.

KATTHIAVAR. Voy. SURÂṢṬRA.

KAUVERAVAṬA. Gîte de la perle, XXXII.

KAVERÎ. Gîte du cristal de roche, XLVIII.

KETU (nœud lunaire). L'œil-de-chat lui est consacré, 133. 175. 193. Forme de sa demeure, 136.

KOÇA A. Un des gîtes du diamant, XXVI.

KOṄGA. Contrée où est situé le mont Vidûra, gîte de l'œil-de-chat, XLVI.

KṚṢṆA. Nuance du saphir, 39.

KṢATRIYA. Voy. CASTES.

KṢEMENDRA. Prescrit au poète l'étude de la ratnaparikṣâ, III.

LAIT. Séparé de l'eau par le masâragarbha, XVIII. Employé dans la fabrication des perles artificielles, XXXVII; — du corail, etc., 176. Coloré en bleu par le saphir, XLII. Rubis qui semble oint de lait, défaut, XXXIX. Rubis d'où le lait paraît jaillir, qualité, XXXIX.

LAITON (Perle couleur de), défaut, XXXIV.

LAPIS-LAZULI (*lâjavarta*), XVIII.

LAQUE. Employée dans les contrefaçons de l'œil-de-chat, 44. Nuance du rubis, 27. 109. 111. 161. 184.

LÈPRE. Causée par la perle et le saphir défectueux, 97. 119.

LIÈVRE. Œil de lièvre, nuance du diamant de la 2e caste, 8. Sang de lièvre, nuance du rubis et du corail, 26. 57.

LIMPIDITÉ. Qualité des gemmes, XXII.

LOTUS. Lotus blanc, nuance du diamant de la 1re caste, 8; — du *bhîṣma*, 52; — du grenat, 197. — Lotus bleu, nuance du rubis, 161; — du saphir, 39. 120. 163. — Lotus rouge, nuance de la perle, 65; — du rubis, 27. 28. 72. 100. 161. 184. — Fibres du lotus, nuance du grenat, 54; — du cristal de roche, 56.

LUNE. La perle lui est consacrée, 133. 175. 193. — Forme de sa demeure, 136. — Gemmes comparées à la lune : diamant, 7. 81; perle, 65. 69. 102. 153. 156; *bhîṣma*, 53; cornaline, 55. — Pierre de lune (*candrakânta*), XLVII. — Perle ressemblant à la pierre de lune, 68. (Cf. l'Erratum.)

LYMPHE de Bala, origine du grenat, 54.

MAIGRE (Perle), XXXIII.

MAIN (Langage de la), V.

MÂLE (Diamant), XXVIII.

MALLINÂTHA. Cite Buddhabhaṭṭa, X; — l'*Agastimata*, XI.

MANAAR (Pêcheries de perles du golfe de), XXXIII.

MANU. Sens qu'il attribue à *maṇi*, XV. Cité par Buddhabhaṭṭa, 19 47.

MARS (Planète). Le corail lui est consacré, 133. 175. 193. Forme de sa demeure, 136.

MARUTS. Le diamant cuivré leur est consacré, 7.

MATAṄGA. Un des gîtes du diamant, XXV-XXVI.

MERCURE. a) *Métal*. Employé dans la fabrication des perles, XXXVI. Comparé au diamant, 90. — b) *Planète*. L'émeraude lui est consacrée, 133. 175. 193. Forme de sa demeure, 136.

MIEL (Gemmes ayant la couleur du): chrysobéryl, 49; cristal de roche, 130; grenat, 54; rubis, 108. 160.

Milindapañha. Liste de gemmes, XIX.

MINIUM. Nuance du corail, 135. 193; — du rubis, 27. 110. 184.

MIROIR. Employé pour mesurer l'éclat des rubis, 112.

MONNAIES. XXIII. Cf. Index I *kârṣâpaṇa*, *dinâra*, *rûpaka*, *vigrahatuṅga*.

MOUCHE. Défaut du diamant, 62.

MOUSSE D'EAU. (Émeraude couleur de), XLIV.

MOUTARDE (Grain de), poids. Voy. Index I : *sarṣapa*.
Mṛcchakaṭikâ (L'auteur de la) connaît la ratnaparikṣâ, III.
MUSCADE. Dimension de la perle de l'huitre rukmiṇi. 96.
MYRRHE. Nuance du rubis, 72.
NACRE. XVIII. Employée dans la fabrication des perles, XXXVI-VII; — du rubis, du saphir, du corail, de l'èmeraude, XLI. 176-178.
NÂRÂYAṆA PAṇḍITA. Auteur du *Smṛtisâroddhâra*. XIII.
NÉPAL. Produit le cristal de roche, XLVIII.
NEUTRE (Diamant). XXVIII.
NOIR. Voy. Index I: *asita, kârṣṇya, kâlikâ, kṛṣṇa*.
NUAGE. Perle du nuage, XXXI. Gemmes couleur de nuage: *bhîṣma*, 53; diamant, 7; pierre de serpent, 139; rubis, 29; saphir, XLII-III.
ŒIL-DE-CHAT (*vaiḍûrya*). XLV-VII. Contrefaçon du diamant, XXX; — du saphir, XLIII. Variété du cristal de roche, 130. Équivalent à la topaze, 48. Consacré à Ketu, 133. 175. 193. Sa place dans le chaton, 137. 175. 193.
ONCTUEUSE (Surface). Défaut de l'èmeraude, XLV; du diamant, 62.
ONYX (*çeṣa*). XVII.
OR. Nuance du chrysobéryl, 49. 50; — du cristal de roche, 130; de l'émeraude, 35. 127. 199. Guirlande de bulles d'or et de gemmes, 70. Montures d'or, 37. 52. 133. Valeur en or du chrysobéryl, 51; — de l'œil-de-chat et du rubis, 135.
ORANGE. Nuance du rubis, 184.
ORGE (Grain d'). a) Défaut du diamant. b) Poids. Voy. Index I: *yava*. — Diamant en forme de grain d'orge, 61.
ORIGINE des gemmes. XI.
ORPIMENT. Utilisé dans la contrefaçon de l'émeraude. XLV. Nuance de la perle. 65.
OS de Vṛtra changés en perles, XXXII; — de Bala, en diamants, 6.
OUDH. Voy. KOÇALA.
PAÇUPATI. Auteur de la *Ratnamâlâ*, XIV, n.
PÂṇḍYA. Produit des perles, XXXII.
PÂṇINI. Sûtra sur l'étym. de « vaiḍûrya », XLVI.
PANNA (Mines de diamant de), XXVI.
PAON (Plumes du). Nuance de l'émeraude, 34. 126. 188. — (Plumes de la gorge) : nuance de l'œil-de-chat, 44. 196. 200; — de la pierre de serpent, 73; — du saphir, 40. 120. 163. 187.
PARALOKA. Produit des perles, XXXII.
PARURES. XXXVII. 132-133.
PEAU de Bala, origine de la topaze, 47. Maladies de la peau causées par le saphir défectueux, 163.
PELLICULES. Défaut du rubis, 29. 30.
PERLE. La p. dans le Veda, XV. XXXI-VII. N'appartient pas à l'espèce du cristal de roche, 131. — Consacrée à la Lune, 133. 175. 193. Sa place dans le chaton, 137. 175. 193.
PERROQUET (Plumage de). Nuance de l'émeraude, XLIV; — de la cornaline, 55.
PERSE. Pays producteur de perles, XXXII, et de corail, XLVIII.
PIED-DE-CORNEILLE. Défaut du diamant. Voy. Index I: *kâkapâda*.
PIERRE DE TOUCHE. XXX. 30. 46.
PIGEON (Œuf de). Volume et forme de la perle de la conque, 95. 153.
PLANÈTES. Leur relation avec les

gemmes, 88. 133. 136. 137. 175. 193.

POÈTES. Doivent étudier la ratnaparîkṣâ. III.

POIDS des gemmes, XXII. XXIII.

POINTES du diamant, XXVII-VIII.

POISSON. Produit une perle, XXXI. Œil-de-poisson, défaut de la perle, XXXIII. Écailles de poisson, employées dans la fabrication des perles, XXXVII.

POLI. Qualité des gemmes, XXII.

POLISSAGE. XXX-I.

POULE (Œuf de). Volume de la perle du nuage, 152.

POUSSIÈRE. Défaut de la perle, 23; — de l'émeraude, 125.

PRIX des gemmes, XXIII.

PUṆḌRA. Un des gîtes du diamant, XXVI.

RÂHU. L'hyacinthe lui est consacrée, 133. 175. 193. Forme de sa demeure, 136.

RAIE. Défaut. Voy. Index I: *rekhâ*.

Ratnavyavasâya (Extrait du) dans un ms. de l'AM., XIV.

RÂVAṆAGAṄGÂ, fleuve de Ceylan où se trouvent le rubis, XXXVIII, et le saphir, XLII.

RIZ. Employé pour la vérification du diamant, XXX, et de la perle, XXXVI; — dans la fabrication du corail, 176. Grain de riz, poids. *Voy.* Index I : *taṇḍula*.

ROIS. Doivent étudier la ratnaparîkṣâ, II. Diamants qui leur sont réservés, 8.

ROMAKA. Pays producteur de corail, XLVIII.

ROSE DE CHINE. Nuance du diamant, 8; — du rubis, 26.

ROUGE. Voy. Index I : *atirakta*, *ârakta*, *rakta*, *râga*, *lohita*, *çoṇa*, *surakta*.

RUBIS. XVI. XXXVII sqq. Le premier des joyaux, XXIV, n. 2. Variété du cristal de roche, XLVII. Sa valeur, 234, — par rapport à l'émeraude, 37. 127-128, — et au saphir, 42. — Consacré au Soleil, 133. 175. 193. — Sa place dans le chaton, 137. 175. 193.

SAFRAN. Nuance du diamant, 8; — de la perle, 96. 154; — du rubis, 27. 110. 111. 161. 196.

SALEM (District de). XLVI-VII.

Sâmañña Phala Sutta. Condamne le métier d'expert en pierres fines, VI.

SAṂLÂSAKA (?). Gite du corail. XLVIII.

SANG. Nuance du chrysobéryl, 49. 50; — du corail, 57; — du diamant, 9; — du rubis, 26. 111. 161. Sang de Bala, origine du rubis, 25. 105.

SANGLIER. Produit une perle, XXXI.

SANTAL. Nuance du cristal de roche, 130.

SAPHIR. XVI. XLI-III. — Rapport de sa valeur à celle de l'œil-de-chat, 45. — Consacré à Saturne, 133. 175. 193. — Sa place dans le chaton, 137. 175. 193. — Cornaline de la couleur du saphir, 55.

SATURNE (Planète). Le saphir lui est consacré, 133. 164. 175. 193. — Forme de sa demeure, 136.

SEL. Employé pour la vérification des perles, XXXVI. Perle ressemblant au sel, 182. 199.

SERPENT. Pierre de serpent, XX. Perle de la tête du s., XXXI. Morsure des s. guérie par l'émeraude, XXIII. Diamant en forme de gueule de s., 61. Émeraude couleur de s., 188.

SHAH JAHAN. Son habileté à apprécier les gemmes. III.

SILURE (Dos du). Nuance de la perle du poisson, 15.

SIMLA (Diamants trouvés près de). XXV.
SINGE. Diamant de cette couleur, 81.
SOLEIL. Le rubis lui est consacré, 133. 175. 193. Forme de sa demeure, 136. Pierre de soleil (*sûryakânta*), XLVII.
SOMABHÛBHUJ. Auteur d'un traité sur les gemmes, XII.
SOPÂRÂ. Voy. SÛRPÂRÂ.
SOUFRE (Rubis dérivé du), XVI. XXXVII.
Sukhacatiryûha. Liste de gemmes, XIX.
SURÂṢṬRA. Pays producteur de diamants, XXV, et de perles, XXXII.
SÛRPÂRÂ, SOPÂRA. Exporte des diamants, XXV. XXVI.
SVÂTÎ. Constellation qui préside à la formation des perles, XXXII.
TACHE. Voy. Index I : *mala*.
TAILLE. XXX-I.
TÂMRAPARṆÎ. Produit des perles, XXXII.
TAPTI, rivière dont les bords contiennent du cristal de roche, XLVIII.
TAVERNIER. III. V.
TÊTE du diamant, 84. 87.
TIGRE (Œil de). Diamant de cette couleur, 61.
TOPAZE. XLV. Contrefaçon du diamant, XXX. Consacrée à Jupiter, 133. 175 193. Sa place dans le chaton, 137. 175. 193.
TRAVANCORE (Monts de), XXXVIII.
TRIANGULAIRE. Diamant, 12. 61. 63. Perle, 22. 97. 155. Pierre de grenouille, 139. Demeure de Mars, 136.
TURQUOISE (*pîrojâ*, *perojâ*). XVIII. 138. 197.
VACHE. Lait de vache, employé dans la fabrication du corail, etc. 176 — Œil de v., nuance du saphir, XLII. — Urine de v., employée pour la vérification des perles, XXXVI ; couleur de l'hyacinthe, 134. 171. 197. 200.
VAIÇYA. Voy. CASTES.
VAIRÂGARA (*Vairagarh*). Un des gîtes du diamant, XXVI.
VAJRA. Asura dont le corps foudroyé donne naissance aux gemmes, XXIV.
VÂLAVÂYA (Mont). Gîte de l'œil-de-chat, XLVI.
VARÂHAMIHIRA. VI-IX. XV.
VARUṆA. Diamant et perle qui lui sont consacrés, 7. 61. 65.
VÂYU. Diamant et perle qui lui sont consacrés, 61. 65.
VEDA (Les pierres précieuses dans le). XV.
VEINGANGA. Voy. VEṆÂ.
VEṆÂ. Rivière où se trouvent des diamants, XXVI.
VÉNUS (*Planète*). Le diamant lui est consacré, 133. 175. 193. — Forme de sa demeure, 136.
VERMILLON. Employé dans la contrefaçon du rubis, XLI, et du corail, XLVIII. Nuance du rubis, 161. Cf. CINABRE.
VERRE. Contrefaçon du diamant, XXX, du saphir, XLIII, de l'émeraude, XLV, de l'œil-de-chat, XLVII. Nuance de l'émeraude, 126. Perles artificielles ressemblant à du verre blanc, 24.
VERT. Voy. Index I : *harit*, *harita*.
VIDÛRA. Ville ou montagne d'où provient l'œil-de-chat, XLVI.
VINDHYA. Gîte du cristal de roche, XLVIII.
VIṢṆU. Diamant et perle qui lui sont consacrés, 61-65. — Nuance du saphir, 119. 163.
VITRIOL (Émeraude couleur de), XLIV.

VOLUME des gemmes en général, XXII. XXIII.

VṚTRA. La perle est née de lui d'après l'Atharva-Veda, XXXII.

VYÂḌI, auteur d'une recette pour la fabrication des perles, XXXVII.

YAÇODHARA, commentateur du *Kâma-sûtra*, II.

YAMA. Diamant et perle qui lui sont consacrés, 7. 61. 65.

YAVANAS (Pays des), producteur de cristal de roche. XLVIII.

YEUX de Bala, origine du saphir, 39. 116.

Yuktikalpataru. Cite la RP. de Buddhabhaṭṭa d'après le *Garuḍa-Purâṇa*, X. Définition du « kâṣâya », XVII.

ADDITIONS ET CORRECTIONS

P. IV, l. 13, *lire* 332.
P. XII, ll. 11 et 13, *lire* 321.
P. XV, note 3, *lire* 341-344.
P. XVI, l. 16, *lire* 174.
P. XVII, l. 9, *lire* somâlaka.
P. XVIII, l. 9, *lire* 93.
P. XIX, l. 16, *supprimer* III.
P. XXVII, notes 3 et 4, *après* VM., *ajouter* LXXX.
P. XXXIII, note 4, et p. XXXIV, note 1, *au lieu de* RPA., *lire* ARP.
P. XL, l. 33, *au lieu de* 143, *lire* 145.
P. XLII, ll. 7 et 13, *au lieu de* rubis, *lire* saphir.
P. XLVII, l. 6. (Cette hypothèse contredit celle de Weber, qui identifie le mont Vidûra avec le Belur-Tagh. *Omina*, p. 326, et *Ind. St.*, XIII, 370; mais elle paraît mieux s'accorder avec Varâhamihira, BS. XIV, 14, qui place le *Vaiḍûryadvîpa* dans l'Inde méridionale. Il est possible aussi que ce nom ait été appliqué à des lieux différents.)
P. XLIX, note 3. (Voici, d'après de nouveaux renseignements, le titre exact de la collection de Lapidaires de M. de Mély : *Histoire des sciences, publiée sous les auspices du Ministère de l'Instruction publique et de l'Académie des sciences. Les Lapidaires de l'antiquité :* T. Ier, *Lapidaires chinois.* T. II, *Lapidaires grecs.* — Le tome Ier est sur le point de paraître.)
P. LV. (M. Cecil Bendall m'a récemment signalé un traité de minéralogie compilé des auteurs sanscrits : le *Rasarâjasundara*, par Dattarâma Chaube. Mathura, 1888-1891, 4 part.)
P. 2, l. 13. (Notre édition a pour base la première famille : A, B, C.)
P. 4, l. 8, *au lieu de* ciraḥ, *lire* çiraḥ.
P. 6, l. 12, *lire* vajrapûrvâ parîkṣeyaṃ (*cf. Variantes*) ; — l. 32, *lire* cette Parîkṣâ commence par le diamant.

P. 7, ll. 16 et 21, *lire* Kaliṅga; — l. 27, *au lieu de* bien, *lire* séjour.
P. 8, l. 1, *lire* çaṅkha.
P. 9, l. 7, *lire* dhriyamâṇam.
P. 11, l. 17, *lire* lakṣyâlakṣyeṇa.
P. 12, l. 2, *lire* svamûlyâc ; — l. 8, *lire* bhûṣaṇâya.
P. 14, l. 8, *lire* çeṣâṇy.
P. 19, l, 3, *lire* nâtinikṛṣṭa; — l. 6, *lire* ârâvaṭî. (*Cf. Variantes.*)
P. 20, l. 15, *lire* guñjâç.
P. 21, l. 1, *lire* dharaṇe.
P. 25, l. 5, *lire* jetrâ surâṇâṃ ; — l. 10, *lire* vikṣobhita.
P. 27, ll. 11 et 30, *lire* kaṇṭakârî.
P. 29, l. 7. (La ville de Kalaçapura figure, comme siège d'un dhâtugarbha, dans l'*Aṣṭamahâcaityastotra* de Harṣa, p. p. Sylvain Lévi, *Actes du X*[e] *congrès des orientalistes*, p. 200.)
P. 30, l. 17, *lire* çâṇâyâṃ.
P. 31, l. 8, *lire* vijâtiṃ.
P. 32, l. 6, *lire* mûlyaṃ.
P. 40. l. 8, *lire* abhraka.
P. 43, note, *lire* E. koratolaka.
P. 47, l. 13, *lire* somâlaka; — l. 18, *au lieu de* porte, etc., *lire* a une division nommée rûpaka.
P. 52, l. 4, *lire* bhîṣmapâṣâṇâḥ.
P. 60, l. 27, *lire* hyacinthe.
P. 62, l. 24, *au lieu de* arêtes, *lire* angles.
P. 62, note, 1re colonne, *au lieu de* 20, 10, 18, *lire* 20, 18, 16.
P. 68, l. 30, *au lieu de* de la lune, *lire* de la pierre de lune.
P. 80, l. 4, *lire* tadvajreṇa ; — l. 18, la foudre : *ajouter* de Çakra. (Dans *tadvajreṇa*, *tad* = çakrasya. Jeu de mots sur le double sens de *çakra :* puissant, Indra.)
P. 82, l. 3, *lire* bahûpârjita.
P. 86, l. 17, *lire* le prix est.
P. 88, l. 13, *au lieu de* maṇḍalî, *lire* maṇḍala (*cf. Variantes.*) ; — l. 33, au milieu : *ajouter* du cercle.
P. 94, l. 11, *lire* pâñcajanyasya.
P. 97, l. 8, *lire* sâmânyâḥ.
P. 101, l. 19, *lire* à 14 guñjâs.
P. 108, l. 5, *lire* kâyam.
P. 116, ll. 20, 21 et p. 117, ll. 20, 29, *lire* Kaliṅga.
P. 119, l. 3, *reporter l'appel de note après* madhye.
P. 123, l. 2, *lire* pañcamaṃ.

P. 125, l. 2, *lire* badhiro.
P. 127, l. 4, *lire* pîtaçyâmalâ.
P. 128, l. 8, *lire* mûlyaṃ ; — l. 9, *lire* lakṣaṇaiḥ.
P. 133, l. 1, *lire* miçrakaṃ.
P. 134, l. 14, *lire* cikvaṇaḥ.
P. 135, l. 21, *lire* añguli.
P. 136, l. 3, *lire* saptâṣṭa ; — ll. 17-18, *au lieu de* 342, 343, *lire* 343, 344.
P. 137, l. 17, *lire* varâhâdi.
P. 138, l. 4, *lire* haṃsamâlî ; — l. 22, *lire* cintâmaṇiḥ.
P. 139, l. 4, *lire* ratnaṃ ; — l. 21, *lire* tâvan.
P. 146, l. 26, *lire :* Si quelqu'un, ignorant les qualités et les défauts, fixe maladroitement le prix, la foudre...
P. 162, l. 3, *lire* bhaved.
P. 163, l. 8, *lire* guṇâḥ.
P. 175, l. 7, *lire :* Manière de composer le chaton d'une bague ; — l. 17, *lire :* Tel est le chaton planétaire.
P. 176, l. 3, *lire* mardayed; — l. 8, *lire* kvâthe.
P. 182, l. 2, *lire* vijñeyâç ; — l. 8, *correction :* kṣetrato yadbhavâ.
P. 184, l. 4. *lire* piṇḍa ; — l. 15, *lire* guñjâ.
P. 186, l. 9, *lire* nîlam âkhyâtaṃ ; — n. 3, *lire* niḥsâram.
P. 187, l. 7, *lire* nîlaṃ.
P. 188, l. 9, *lire* saṃsthitiḥ.
P. 193, l. 4, *lire* maṣṛṇakaṃ.
P. 201, l. 7, *lire* ratnaparîkṣâ.
P. 206, l. 26, *lire* maṇiḥ.
P. 209, note 2, *remplacer le second* A *par* B.
P. 213, l. 15, *au lieu de* 85 d, *lire* 86 b.
P. 229, l. 15, *lire* mâṣa, mâṇa.
P. 236, l. 10, *lire* sûryabhrâtâ.

TABLE DES MATIÈRES

		Pages
Introduction		I
Ratnaparīkṣā de Buddhabhaṭṭa		1
I.	Diamant	4
II.	Perle	14
III.	Rubis	25
IV.	Émeraude	33
V.	Onyx	38
VI.	Saphir	39
VII.	Œil-de-chat	43
VIII.	Topaze	46
IX.	Chrysobéryl	49
X.	Bhīṣma	52
XI.	Grenat	54
XII.	Cornaline	55
XIII.	Cristal de roche	56
XIV.	Corail	57
Bṛhatsaṃhitâ de Varâhamihira (LXXX-LXXXIII)		59
LXXX.	Diamant	59
LXXXI.	Perle	64
LXXXII.	Rubis	72
LXXXIII.	Émeraude	75
Agastimata		77
I.	Diamant	79
II.	Perle	91
III.	Rubis	105
IV.	Saphir	116
V.	Émeraude	123
VI.	Cristal de roche	130
Appendice		134
Navaratnaparīkṣā		141
I.	Préambule	142

Pages

II. Diamant 148
III. Perle 152
IV. Rubis 159
V. Saphir 162
VI. Émeraude 165
VII. Cristal de roche 167
VIII. Topaze 169
IX. Œil-de-chat 170
X. Hyacinthe 171
XI. Corail 172
XII. Manière de reconnaître les pierres fausses 173
XIII. Manière de composer le chaton d'une bague 175
XIV. Manière de fabriquer des pierres précieuses 176

Agastiyá Ratnaparikṣá 179
I. Diamant 179
II. Perle 182
III. Rubis 184
IV. Saphir 186
V. Émeraude 188
VI. Hyacinthe 189
VII. Topaze 190
VIII. Œil-de-chat 191
IX. Lapis lazuli 192
X. Corail 193

Ratnasaṃgraha 195

Laghu-Ratnaparikṣá 199

Maṇimáhátmya 203

Variantes et notes 209

Indices 245
I. Index des mots sanscrits 245
II. Index analytique 265

Additions et corrections 275

CHALON-SUR-SAÔNE, IMP. FRANÇAISE ET ORIENTALE DE L. MARCEAU

www.ingramcontent.com/pod-product-compliance
Lightning Source LLC
Chambersburg PA
CBHW060459170426
43199CB00011B/1256
9782012695801